国家社科基金
后期资助项目

鹿博/著

晚明清初儒学转型研究

上海古籍出版社

**2021年度国家社科基金后期资助项目**

（项目批准号：21FZXB033）

# 国家社科基金后期资助项目
# 出版说明

　　后期资助项目是国家社科基金设立的一类重要项目,旨在鼓励广大社科研究者潜心治学,支持基础研究多出优秀成果。它是经过严格评审,从接近完成的科研成果中遴选立项的。为扩大后期资助项目的影响,更好地推动学术发展,促进成果转化,全国哲学社会科学工作办公室按照"统一设计、统一标识、统一版式、形成系列"的总体要求,组织出版国家社科基金后期资助项目成果。

全国哲学社会科学工作办公室

# 序

盼望已久的一部厚重扎实的思想史著作，鹿博的《晚明清初儒学转型研究》，呈现在眼前，我感到分外惊喜。鹿博这部著作旨在研究中国思想史上一个最重要的天崩地解时代的思想巨变与转型，这是一个高难的文化思想研究课题，历来说法很多。在20世纪，对这一重大问题的研究还如雾里观花，总隔一层，流行的看法是认为晚明清初是一个启蒙思想生成的巨变时代，但说法显得笼统空泛，缺乏真实的历史感，有套用西方思想发展模式的痕迹。有人把晚明说成是"思想裂变"的时代（比"思想巨变"的说法还厉害），但又不知"裂变"在哪里。更多的人还局限在"清代有无哲学"的争论上，不得要领。21世纪以来，人们思想眼界大开，新说纷呈，对这一时代的思想巨变与思想转型逐渐有了明晰的认识。"思想巨变"的空泛说法遭到质疑，人们不再泛泛研究晚明清初的"思想巨变"，而开始由对"思想巨变"的认识转向对"思想转向"的探讨，对明清儒学的演化与脉络作了多重描述：如尊德性向道问学的转向；宋学向汉学的转向；阳明学向朱子学的转向；思辨哲学向人文实证主义的转向等。尽管这些说法还多各执一偏，视界狭窄，但"思想转型"的宏大认识已呼之欲出。鹿博在前人研究的基础上更进一层，明确提出了晚明清初的"儒学转型"问题，有了突破性的进展。与前人不同，她花了十年时间潜心研究这一重大问题，从全面开拓、搜辑、考定文献资料入手，把宏大的共时的探讨与细密的历时辨析结合起来，全面摸清了晚明清初各个派系复杂的思想走向，各个派系的思想演变的脉络及其分合纠葛；从概念史与范畴史的演化切入，发掘晚明清初儒学核心范畴的诠释思路与解读方法之变，融思想史研究与哲学研究为一体，把问题的研究从泛泛的"思想巨变"研究聚焦到"晚明清初儒学转型"上来。她是从五大思想维度上展开了对晚明清初的儒学转型的明晰探讨：

一是从整体上厘清了有关明清儒学思想转型的历史分期与思想分期的脉络，由此揭示了晚明清初的儒学转型实际上是经历了一个"泛阳明学"由漫衍到解体的过程。

二是借由对龙溪学脉、近溪学脉其师承、学承的流变的梳理,及对泰州门人子弟与东林党人、学人关系的研究,深入考察了晚明心学士人的流动、走向与"泛阳明学时代"解体之势的形成之间的关系,将注意力投向了对"人"的活动,即阳明心学末派人士的交游活动的考察,厘清了龙溪一脉及近溪开创的"盱江一脉"在晚明清初活动的实情,进而揭示了"二溪"各自后学思想的演化、转承的基本趋向。又以泰州、东林为例,详考了泰州人士与东林学派、党派之间的往来交游,梳理出两大思想流派之间关系从切近到疏远的过程。由此指出"泛阳明学"后期众儒者因流动间域的扩展,其学脉意识越发淡薄,呈现更为强烈的主体建构意志。

三是梳理、剖析了晚明清初阳明学、朱子学新的诠释路径与演变实况,更为细密地探讨了明清之际所谓"由王返朱"之说,心学修正思想流行之说,道学重构思潮泛滥之说等。在以个案探讨呈现晚明心学、朱子学基本面貌之后,又以学案研究切入对晚明清初重构道学之努力的考察,为晚明清初儒者的道统理解与传承提供了合理解释。

四是细致厘清了阳明心学境界诉求的衍化趋势,发掘"效验"议题经由阳明学至清初诸儒的发挥、重诠的重要价值与影响,由此揭明了清学的特具要素——实证主义生成的契机和具体显现。作者重点分析了阳明心学境界诉求及后期演化的必然趋势,围绕"工夫境界"与"境界工夫"在阳明后学思想家哲学体系中的发展、演变,境界诉求与共证渐趋发展为晚明清初文化界的共同诉求。由此作者梳理彰显出了"效验"议题在晚明清初的显现过程,揭示出了心学"效验"论向实证主义的过渡、转进历程。

五是对晚明清初儒学主体性思维的迁移历程与宋明道德性命之学在此之际的衰颓之势做了系统梳理与分析,揭示了明清儒学转型的哲学实现过程与表现。作者立足于晚明清初儒学主体性思维内涵的发掘,呈现出了晚明清初阳明心学由"合一"意志趋向"二分"思维的经过,系统厘清了晚明以降延至清中期的儒学性命论由形上义趋向世俗化的过程,并最终揭示出基于"天人合一"理念下的道德性命论于晚明清初已完成向突显个体感性人生、现实人生的世俗性命观的转进,促使心性之学暂退历史舞台成为定势。

在此基础之上,鹿博进一步从总体上对晚明清初的儒学转型作了四条简约醒目的总结:(1)晚明清初的儒学演化实质上就是一个"泛阳明学"解体的过程,王学成员从派系、思想两个层面走出,促成了晚明以降思想大融合趋势的形成;(2)明清之际儒者深入理学的方式,也是造成明清儒学思想转型的重要因素;(3)晚明诸类境界工夫论发展至清初,已具求真求实之诉求,明清儒学转型的重要内涵即为认识论向知识论的全面回归;(4)宋明道德性命之学的衰颓为晚明清初儒学转型提供了众多契机,而儒学转型实现的标志正在性命论世俗化的完成,儒学主体性思维从超越义解脱。

显然,鹿博对晚明清初的儒学转型的思想轨迹的描述十分清晰,她以充分的文献资料与过人的思辨眼光揭开了晚明清初儒学转型的真貌,视界博大,辨析细致,历史内涵丰富,给人以深刻的启迪,为后人提供了研究晚明清初儒学思想发展演变的更大空间。

我以为,由于中国封建君权社会长期发展的停滞性及儒家思想超强的文化保守惯性,中国古代社会并没有出现过"思想巨变"的时代,几千年的古代社会中发生的思想变化,都只是儒家在自身的惯性文化价值思想体系内部作着自我的调节、重构与转换,没有能突破儒家思想的牢固模式的禁锢,真正的思想巨变的出现还是到了"五四"时期。鹿博用"思想转型"来描述中国古代大变动时代的思想变化,我认为是很精确的,这对我们认识整个一部中国思想史都具有重要意义。

读罢鹿博的这部著作,我深感欣慰,觉得新一代的学者成熟发展起来了。他们有自己的新思想,新观点,不为旧说所宥。他们凭资料史实说话,不说空话大话。他们的眼光贯通中西,返本开新,善于同世界各国展开文明对话交流。振兴中国未来文化学术的希望就寄托在这一代身上。在晚明清初的儒家思想转型的研究上,鹿博跨出了坚实的一步,也是最关键的一步,她用充分的文献资料证成了晚明清初儒学转型的生成与演进,这就如同破解"哥德巴赫猜想"一样,她把晚明清初儒学转型这一"哥德巴赫猜想"的文化之谜破解到"1+2",完全破解晚明清初的儒学思想转型也就为期不远了。

束景南

2023 年 11 月 7 日

# 目 录

序 ································································· 1

引 言 ······························································· 1
  一、清代有无哲学？
    ——关于历史遗留问题的厘清和回应 ······················· 2
  二、关于以往研究方法、研究内容的省察 ························· 7
  三、关于本书学术努力蕲向的说明 ······························ 13

第一章　有关明清儒学转型之历史分期与学术分期的厘清 ··········· 17
  第一节　"晚明清初"之历史分期、学术分期考 ····················· 17
    一、有关"晚明清初"的概念界定 ······························ 17
    二、"历史"眼光与学派意识介入的"晚明清初"儒学理解 ········· 20
  第二节　"泛阳明学"的漫衍：从"阳明后学"到"阳明后学之后" ····· 25
    一、"阳明后学"的流变与"泛阳明学"时代的形成 ················ 26
    二、阳明后学之后诸儒重构儒学之准备：阳明"学"与"人"在清初
       遭遇激烈评判 ············································ 31

第二章　晚明心学人士的流动、走出与"泛阳明学"时代解体之势的
      形成 ····················································· 43
  第一节　阳明学脉的传承之难：以龙溪一脉为例的分析 ··········· 44
    一、高足或私淑：龙溪"真传"难于定断 ······················· 44
    二、门人身份存疑背后的阳明学学派意识的弱化 ··············· 45
  第二节　明末阳明学士群的分流：以"旴江一脉"为中心的考察 ···· 46
    一、对以往近溪一脉学承、师承关系考察情况的梳理 ··········· 47
    二、近溪再传及三传弟子于王学的批判和重构 ················· 49

第三节　学争、党争的双向延伸：以泰州、东林关系考为焦点的研究 ………………………………………………………… 54
　　一、东林、泰州之政治勾连 ……………………………………… 54
　　二、由政派到学派：诸儒立场、观念之争的激化和延续 ……… 58

第三章　晚明清初的阳明学、朱子学诠释与思想衍化 …………… 61
　第一节　晚明心学是"谁"的心学？——杨起元"致虚立本"说溯源 ………………………………………………………………… 61
　第二节　"由王返朱"进程中的朱子学是怎样的朱子学？——以高攀龙、许孚远关于朱子"格物"说的理解、论辩为例 ……………… 73
　第三节　立足哲学立场的史学书写：晚明清初学案纷呈背后的儒学修正与判教之思 …………………………………………… 82
　　一、以阳明学为主场的学案撰写及相关研究梳理 ……………… 83
　　二、借史学总结实现哲学修正：晚明清初学案书写之陋及其成因、影响 …………………………………………………………… 86
　　三、"理"与"势"的冲突：史学努力难挽哲学演化之所趋 …… 93
　第四节　由世儒深入理学之方式牵动的明清之际思潮与学风的转向 …………………………………………………………… 95
　　一、从"理"的解释到"理"的求证：顾炎武批判进路的儒学建设 … 96
　　二、凭子学之力反理学之形上建构：傅山道学重建之意识与思路的显露 …………………………………………………………… 99
　　三、批判吸收与开拓推进：黄宗羲"理""气"论内容、特色及影响重勘 …………………………………………………………… 102

第四章　阳明心学境界诉求的衍化与清学特具因素生成契机的涌现 …………………………………………………………… 134
　第一节　阳明心学之境界诉求及其显学特色的呈现 …………… 134
　　一、境界蕲向与存在建构：境界哲学视角的阳明心学考察 …… 134
　　二、境界区分与思想判摄：阳明心学作为"显学"的证立 …… 150
　第二节　晚明境界工夫的衍化及清初儒学的知识论回归 ……… 163
　　一、"境界工夫"的泛化与晚明王学的流变 …………………… 164
　　二、晚明清初心学工夫论的知识论转向——以"默识"为例 … 176
　第三节　心性哲学"效验"论向实证主义的过渡、转进 ……… 189

一、由阳明心学境界诉求促发的心性哲学检证问题的凸显 …… 190
二、良知自证与唯识自证之别 …………………………………… 194
三、晚明清初"效验"议题的突显与实证主义的兴起 ………… 205

## 第五章 明清儒学转型的哲学实现：主体性思维的迁转与道德性命学的衰颓 …… 228

### 第一节 有关晚明儒学主体性思维研究路径的反省和检讨 …… 229
一、有关"主体性"能否贯通中国哲学问题的探讨 …………… 229
二、儒家主体性哲学的研究内容和诠释理路 …………………… 235
三、个体化因素的突显：晚明清初儒家主体性哲学的发展 …… 241

### 第二节 明清儒学"心"之义的诠释变迁与主体性思维转向 …… 256
一、晚明以降"以知觉为心"论的强化：从"心即理"到"心具理"
 ……………………………………………………………… 256
二、从"心为气之灵"到"心则形气之主"：明清"道"学变迁下的
 主体关切的演化 ………………………………………… 271

### 第三节 晚明清初道德性命论的衰颓与个体"人"格的挺立 …… 278
一、"理""气""心"的复杂交织：中晚明"性命论"纷争的集中
 爆发 ……………………………………………………… 279
二、从反"高谈"到反理学：晚明清初儒学性命论诠释风格及内容
 的平实化转向 …………………………………………… 293
三、"天""人"分治：道德性命论向世俗性命观迁转中的主体性
 思维重构的完成 ………………………………………… 308

## 结 语 …………………………………………………………… 345

## 参考文献 ………………………………………………………… 350

## 后 记 …………………………………………………………… 361

# 引　言

晚明清初的儒学演化议题向来备受关注,现存研究范式及相关结论也较为丰富。大体上,学界对于明清儒学的发展趋势和演进脉络有四种描述:尊德性向道问学的转向,宋学向汉学的转向,阳明学向朱子学的转向,以及思辨哲学向人文实证主义的转向。上述四种说法实际都承认了儒学在明清更迭之际,其学术风格、思维进路、哲学形态等层面都切实发生了转变。

有关以上四种流行说法,笔者以为,明清儒学的转型既非一步到位的转进,亦非截然分明的过渡,而是经历一曲折、起伏的进程。因此,虽有尊德性向道问学的转向,但实际明清儒者都未放弃过德性追求,只是方式、方法,以及强调程度具有区别;亦有宋学向汉学的转向,但这种描述乃是宋学(理学)自身寻求发展、突破的诉求的体现,因而本质上可以说,宋学内部的演进趋向与汉学并无必然关联。至于说由思辨哲学向人文实证主义的转向,实际晚明以降,思辨哲学(心性哲学)已有客观化之趋势,可以说呈现了实证主义特征,但哲学无不是思辨的,亦无不追求实践检验,故不可以截然相分断定之;再至于说阳明心学向朱子学的迁转,笔者以为,持此观点者是忽略了清初理学家对于儒学的独断、重构意识。换句话讲,晚明清初的儒学界学脉意识本已越发薄弱,主流学者面对社会现实,多有独自立说的诉求。这即是讲,此阶段并不存在纯粹的阳明学、朱子学的衣钵传承者,而在重构意识面前,武断是可以被理解和同情的。

概言之,如有学者曾揭出,明清学术的转向并非传统所认为的从理学到考据学的"一步到位"[1],而是"清初理学家基于理学的基本价值关怀,一反晚明从理学教条出发的治学思路,推崇以问题为导向,兼容并包,致力于中国 17 世纪危机的解决及理学基本价值与社会现实的再平衡,'清初新理学'

---

[1] 王坚:《明清学术转换的桥梁与清初学术主流:论清初新理学》,载《文史哲》2017 年第 6 期,第 66 页。

应运而生"①。与之相应地，我们要说，明清儒学的演化、转型亦非指义截然不同的两种学术形态、路径的过渡，或云"交接"。因出于对清初理学家基于问题意识重构儒学、道统的意识、意志的考虑，首先便是需要避免以往非此即彼、两相对峙的研究思维，其后给出一历史与逻辑相统一的考察过程及结论。鉴于此，笔者试图延续前人努力，聚焦"晚明清初"，以更为细部的历史考述和哲学分析，挖掘明清儒学演化、转型的客观依据，发掘此一"转型"趋势得以形成、漫衍的历史使然和逻辑必然。在此之前，笔者将就课题研究所关涉的历史遗留问题，及以往研究内容、探讨路径等，给出省察和回应，并对研究的具体目标和总体蕲向给出说明。

**一、清代有无哲学？**
——关于历史遗留问题的厘清和回应

晚明清初儒学转型研究的再展开需要首先回应个别历史遗留问题。其中就有一关键问题——清代有无哲学？假设我们不能明确清代是否有哲学，那么有关明清"儒学转型"的探讨，其计划探讨的内容、路径将大为受限。具体地说，由比较研究的视角来看，明清儒学"转型"一说是否精确，以及探讨这一"转型"进程如何促成明清儒学过渡的"中间环节"——晚明清初儒学其特殊形态的呈现，都需要从明清两代成熟时期儒学形态之特色予以考察。但一直以来，有关明代成熟时期的主流思想形态，学术界公认乃是心性哲学，儒学尤以阳明心学为典型。至于清代成熟时期的儒学形态，向存两种观点。一种观点认为，清代儒学以考据学为主，在义理阐释层面较为欠缺，故无哲学可论。另一种观点则不以为然。相较而言，前一种观点较为普遍。梁启超、胡适、牟宗三、章太炎、刘师培等近现代学者皆持此说。梁启超是在评王安石之学的基础上，引出自身对明清儒学流变的大概看法。其云：

> 明代姚江崛兴，其在宋学范围中，诚自树一帜。语于经术，则其功罪亦适与濂、洛、关、闽相等而已。本朝承宋明末流之敝……自乾嘉迄今，则诸经皆有新疏，片词单义，必求所出，空言臆说，悬为厉禁，训故名物制度，钩比研索，刮垢磨光，遂使诸经无不可读之字，无不可解之句，厥功懋矣……由宋迄明，是为别子，虽有所得，无与大宗。而两汉、隋唐之绪，发挥光大以极于本朝，其最伟之绩，不越章句。夫并章句而未解，

---

① 王坚：《明清学术转换的桥梁与清初学术主流：论清初新理学》，载《文史哲》2017年第6期，第66页。

更靡论于大义，斯固然矣。①

梁启超从经学演化的视角观望先秦至清代的儒学发展历程，其基本主张是认为明清时代的经学已然与原始儒学大相径庭。其中，明代经学与宋代经学"是为别子，虽有所得，无与大宗"，因不重章句训诂，而"靡论于大义"，相较宋明，清代学术功绩正在重拾考据，树立实学，使得"诸经无不可读之字，无不可解之句"。据此考察，由明至清，确实存在一转折形态，更具体地说，清学似有拯救、重塑宋明儒学之意。此一拯救、重塑的路径在梁启超看来，便是在反省前代之失的基础上，以"怀疑""求是"的精神、"躬行""求实"的践履，一反宋明妄徇"臆见"之长。正如他又道：

> 习斋有《存性》《存学》《存治》《存人》四编……号之曰周、孔之学，以自别于程朱，其言曰："以讲读为求道，其距千里也；以书为道，其距万里也。"盖其学颇有类于怀疑派。而事事而躬之，物物而肄之，以求其是，实宋、明学之一大反动力，而亦清学最初一机栝也。②
>
> 本朝学者，以实事求是为学鹄，颇饶有科学的精神，而更辅以分业的组织，惜乎其用不广，而仅寄诸琐琐之考据。所谓科学的精神，何也？善怀疑，善寻问，不肯妄徇古人之成说、一己之臆见，而必力求真是真非之所存，一也……善用比较法，胪举多数之异说，而下正确之折衷，四也。③

此说可见梁启超对清代学术确有褒奖，而此褒奖实质上正是认可了清初儒者对明代学术的省察之力，并肯定了清儒力挽狂澜之功。难能可贵的是，梁启超在肯定清初诸儒贡献的同时，也指出了宋明儒学亦有其优胜之处，而相较来说，部分清儒出于对时务的考量，逞其私意，左右学界，最终迫使清初儒者开创之良局趋向极端——以手段为目的，专于考据，学而不思。按其所说：

> 自有所谓以名臣兼名儒者，而清学始不竞矣……程朱陆王之学统，

---

① 梁启超：《王荆公》，汤志钧、汤仁泽编：《梁启超全集》第6集，北京：中国人民大学出版社，2018年，第469页。
② 梁启超：《近世之学术（起明亡以迄今日）》，汪学群编：《清代学问的门径》，北京：中华书局，2009年，第68页。
③ 梁启超：《近世之学术（起明亡以迄今日）》，汪学群编：《清代学问的门径》，第73页。

不幸而见篡于竖子,自兹以往,而宋明理学之末日至矣。毛奇龄乘时得位,虽不及昆山、睢州、安溪,而挟其雕虫炙輠之才,行以狂悖恣肆之态,其戕贼学界,亦颇有力……上既有汤、李辈以伪君子相率,下复有奇龄等以真小人自豪,而皆负一世重名,以左右学界,清学之每下愈况也,复何怪焉……自此以往,宋、明学全绝,惟余经学考据,独专学界,烂然光华,遂入于近世第二期。①

此便是指名道姓地揭出宋明学术之绝正赖于"汤、李辈以伪君子相率,下复有奇龄等以真小人自豪"。以之为认识前提,梁启超终道出"综举有清一代之学术,大抵述而无作,学而不思,故可谓之为思想最衰时代"②。此为"清代无哲学"之说的重要由来。

梁启超以经学诠释形态的不同发掘明清儒学的断裂势态,在当时乃至现今的学界具有深远影响。与之差异较大的是,钱穆对待明清儒学形态的看法虽然同样依据对经学的考察,但他认为,经学原本是理学发展的重要内容,因此经学在明清皆有不同面向的发展,某种程度上意味理学从未如梁氏所云由人为因素导致断绝,而是呈现一延展之过程。既以延续的目光看待清学,是否意味着清代的理学也承继了宋明理学的哲学特色呢? 不尽其然。钱穆云:

理学之兴,浅言之,若为蔑弃汉唐而别创……清代经学,亦依然延续宋元以来,而不过切磋琢磨之益精益纯而已。理学本包孕经学为再生,则清代乾嘉经学考据之盛,亦理学进展中应有之一节目……当明之末叶,王学发展已臻顶点,东林继起,駸駸有由王返朱之势……中国士大夫既不能长守晚明诸遗老之志节,而建州诸酋乃亦倡导正学以牢笼当世之人心。于是理学道统,遂与朝廷之刀锯鼎镬更施迭使,以为学不免为乡愿,论人不免为回邪,此亦一述朱,彼亦一述朱……故当乾嘉考据极盛之际,而理学旧公案之讨究亦复起……明遗之所以胜乾嘉,正为晚明诸遗老能推衍宋明而尽其变,乾嘉则意在蔑弃宋明而反之古。故乾嘉之所得,转不过为宋明拾遗补阙。③

钱穆先生上述所说,究其实质,乃是站在理学的立场看待明清学术发展

---

① 梁启超:《近世之学术(起明亡以迄今日)》,汪学群编:《清代学问的门径》,第76—78页。
② 梁启超:《近世之学术(起明亡以迄今日)》,汪学群编:《清代学问的门径》,第88页。
③ 钱穆:《清儒学案序》,汪学群编:《清代学问的门径》,第176—179页。

之过程。与梁启超一样，钱穆对清初崇朱、崇王之潮流也提出了质疑，尤其是指出了一众崇朱者其背后的朝廷势力及士人的时王意识。在此基础上，钱先生指出明清理学终未断裂，乃是经历一起伏过程，大致上，清代理学仍是在推衍宋明议题中提出新解，而专注训诂考据不过是清人矫枉过正之表现。这一表现不仅体现在清中后期儒者抛却义理，专注考据、训诂的做法上，也呈现于清儒对宋明理学有失公允、客观之理解和看法，如戴震道："程朱以理为'如有物焉，得于天而具于心'，启天下后世人人凭在己之意见而执之曰理，以祸斯民。更淆以无欲之说，于得理益远，于执其意见益坚，而祸斯民益烈。岂理祸斯民哉，不自知为意见也。离人情而求诸心之所具，安得不以心之意见当之，则依然本心者之所为。"①客观言之，戴震所云于程朱理学确有误解。首先，程朱讲的"存天理灭人欲"并非要人"无欲"；其次，程朱理学"心统性情"之论即可驳斥东原所谓"离人情而求诸心之所具，安得不以心之意见当之"之论。应该说，戴震之意实际指向的乃是对程朱于形上学的过多发挥，但其以上评论实难深服人心。于此，明清儒学的演化便不存在反动、断裂之说，只是理学发展的兴衰显隐、诠释轻重具有不同。按钱先生以上观点，再以"转型"界定明清儒学，其成立之依据不在内里，仅在其表现形态。以此而言，世人眼中心性之学向经世之学、考据之学（实学、史学）的过渡和转折，在钱穆看来亦是理学形态的新呈现。如其又云："清儒学术，直承晚明而来，但未依晚明的路向发展。在晚明诸老心中，藏有两大问题：一是宋明儒的心学，愈走愈向里，愈逼愈渺茫，结果不得不转身向外来重新找新天地，这是学术上的穷途；另一则是身世上的穷途。晚明不比北宋初，正当宋代无事将及百年，社会文物隆盛，他们不甘再没溺于道佛方外消沉的圈子里，一时翻身来讲人文大群政治教育一切积极事业……晚明遗老则不然，他们是亡国之余，孑遗的黎民，他们对中国传统文化政治教育各方面都想从头有一番仔细的认识……因此北宋初期的心情是高扬的喜剧式的，晚明诸遗老则是低沉的悲剧式的……晚明诸遗老则在穷途路绝之际，重回头来仔细审量与考察，他们的心情常是理智的，社会的，与史学的……晚明诸遗老的史学，其实是一种变相的理学，亦可说是一种新理学，他们要用史学来救世救人，现在则世已太平，人已安业……晚明诸遗老的史学，于是到清儒手里便变成一种专尚考据的经学了。"②既以史学一概晚明以降儒学发展之趋势，故在钱穆看来，严格来说，清代学术发展的实质乃是极具宗教意味的经

---

① （清）戴震：《答彭进士允初书》，《戴震全书》第6册，合肥：黄山书社，2010年，第360页。
② 钱穆：《前期清儒思想之新天地》，汪学群编：《清代学问的门径》，第201—202页。

学,"是变了质的史学",却非儒学本身。如其又云:"经学本来带宗教气味,中寓极浓重的人生理想,但清儒经学则不然,清儒经学,其实仍还是一种史学,只是变了质的史学,是在发展路上受了病的史学。经学在外面是准则的,在内面是信仰的,因此治经学者必带几许宗教心情与道德情味,但清儒经学则是批评的,他们所研究的几部经籍,只是他们批评的对象,他们并不敢批评经籍本身,却批评那些经籍的一切版本形式与文字义训……再换言之,他们只是经学,而非儒学。东汉经学还有儒生气,清儒经学则只有学究气,更无儒生气。总之是不沾着人生。"①既为"受了病的史学",又"不沾着人生",可见清代儒学在钱穆眼中虽与宋明理学探讨之话题具有内在延续性,但已大失思辨哲学的风格,而呈现出浓厚的史学特色。

综上,无论是梁启超还是钱穆对明清儒学演化皆有一番看法,前者以反动、割裂言之,后者以延续、起伏看待,而在一番评判之后,二者究其实质乃是从哲学层面否定了清代学术的哲学贡献。以此为据,如以"转型"界定明清儒学的变迁所涉研究深度各有不同。然如以相反主张为基点,即如果认为清代不仅有哲学,甚至于儒学具有突出贡献,那么"转型"之说的探讨其研究内容、研究难度都将有所延展和提升。此一观点的持有者在当代以吴根友教授为突出代表。其评成熟时期的清代学术——乾嘉学术时讲到:

> 乾嘉时代的思想家们通过以"道"为核心概念而建构的哲学或思想体系,将前代分别以理、以心、以气为核心概念而建构的哲学或思想体系,变成了自己体系内的一个部分……无论是戴震还是章学诚,其哲学思想都是通过回归先秦儒家的复古方式,超越宋明理学的思想框架,努力实现哲学上的突破与创新。在思维方式上表现出"由气化而求道""即器以明道""即事以求理"的"经验论"和实证化的倾向,拒斥宋明理学中思辨的理学与心学思想传统。②

> 乾嘉学术在"道论"方面的追求,以及在"道论"方面所体现出的历史深层意识的变化,恰恰表现了中国传统哲学在扬弃宋明气学、理学、心学诸哲学形态的过程中,以恢复先秦哲学"道论"思想的复古面貌,展示了中国哲学走出传统形态,走向重视实证与未来的现代性特征。③

---

① 钱穆:《前期清儒思想之新天地》,汪学群编:《清代学问的门径》,第 202 页。
② 吴根友、孙邦金:《戴震、乾嘉学术与中国文化》,福州:福建教育出版社,2015 年,第 297 页。
③ 吴根友、孙邦金:《戴震、乾嘉学术与中国文化》,第 298 页。

吴根友教授认为,清代学术成熟时期不仅形成了自身的哲学体系,并且极好地推进了儒学的实证化转向,使儒学呈现出显明的现代性特征。在此基础上,吴根友教授评乾嘉时代与中国哲学的新转向时,更为明确地驳斥了"清代无哲学"之说。其道:

> 从哲学形态来看,清代哲学从根本特征来看是以道论为形上学,以人文学的实证方法为方法论体系的新哲学形态……借用现代逻辑实证主义或分析哲学的话语来说,哲学是一个有"意义"而无固定"指称"的语词,没有任何人、任何哲学流派可以垄断"哲学"一词的定义权,人们可以从不同的角度来丰富"哲学"一词的内涵。①
>
> 乾嘉时代不仅有属于他们自己时代的哲学,而且开启了中国传统哲学的新方向,这种新方向即是通过人文实证的方法,如语言、文字训诂法,典章制度史研究法或曰知识考古法,"言性命必究于史"的历史学方法,"大其心以体古贤圣与天地之心相协"的哲学诠释法等,展开对道、天道、心、性、命、才、情、欲、理、气、器、仁、礼、一贯、权等传统哲学概念的重新解释,从而形成了乾嘉时代特有的哲学精神。②

以上即是对清代无哲学观点的明确反驳。按吴根友教授以上阐发,研究明清儒学的转型则需厘清新旧问题意识的过渡,以及儒学核心议题诠释路径、结论的变迁。

经上梳理,笔者赞成吴根友教授的看法。一方面,先辈诸位学者"清代无哲学"的观点的形成并非立足整全意义上的哲学研究进路的客观论述,而多立足于以传统义理之学为主要内容的思辨哲学或谓分析哲学来论清代"哲学"的有无。于此,限缩了"哲学"研究的概念理解和内容诠释。另一方面,以吴根友教授为代表的部分清学研究者已经发掘到清代儒学,或言儒家义理之学的诸多重要内容及其特出之处,并形成了较具创新价值的思辨方法——"即哲学史讲哲学",就此而言,清代哲学"大有可为"。

**二、关于以往研究方法、研究内容的省察**

按上述阐释,以"转型"界定明清儒学的演化,乃据研究者对待明、清鼎盛期之学术特色的看法不同,研究思路具有不同。大致上,无论是以经学视

---

① 吴根友:《中国哲学通史·清代卷》,南京:凤凰出版社,2021年,第17—18页。
② 吴根友:《中国哲学通史·清代卷》,第18页。

角,或以理学视野,又无论是以梁启超为代表的"反动""断裂"之说,抑或以钱穆为代表的"推衍"、延展之论,于任一学术形态演化断裂之间隙、延展之过程,"转型"呈现之端倪、趋势、影响皆可窥见一二。然当前的问题是,既可以"转型"一概明清演化之过程,其核心研究内容又包含哪些方面?可开拓的研究空间何在?纵观前人研究,有立足史学视野,将儒学转型的研究带入明清历史更迭之际整体世风、学风的思潮变异、涌动中予以观瞻。如此,儒学转型的研究涉及内容相当宽泛,所得结论也深具时代特色。比如侯外庐、萧萐父等人对"启蒙"思想的发掘及其于明清儒学转型问题的揭示。萧先生讲到:

> 早期启蒙学术中包含着中国社会从传统走向现代化的历史前进运动的三大主题:个性解放的新道德、科学与民主。①
> 中世纪哲学意识发展到王阳明的心学,已走到极端。王阳明的心学唯心主义的彻底性孕育着自我否定的因素,使泰州学派必然分化……王夫之以一定的历史自觉,从哲学上总其成,"学成于聚,新故相资而新其故"……一个"明日之吾"、"大公之理所凝"的新的"自我"即将诞生……尔后,颜元、戴震继续揭露宋明道学所强调的天理人欲对立的伦理异化是"以理杀人"外,颜元重"习行",倡"实学",戴震则重"心知",察"分理",分别显示了唯物主义经验论和唯物主义唯理论的哲学倾向,历史地预示着朴素形态的唯物辩证法必将代之以形而上学方法为特征的新的哲学形态。②

萧萐父先生以启蒙精神和现代性因素的出现界定"转型",乃是倾向于宏大叙事,较为重视社会背景因素对于儒学演进的影响。近年来,该范式的明清学术研究又引来"价值要求在先、事实认定在后"的质疑,甚至有学者认为相关研究乃是以西方文明来衡量中国文化。如其直言:"为什么我们要以西方的文明作为标准来衡量中国文化有没有现代工业性因素,能不能成为现代文明的源头活水?宋明理学究竟是创造了'以理杀人'的理学,还是培养了民族气节……20世纪的宋元明清的学术与思想研究,尤其是明清学术与思想研究,价值要求在先、事实认定在后的程序倒置,使得明清学术与思

---

① 萧萐父:《慧命相沿话启蒙——明清启蒙学术流变导论》,《萧萐父文选》(下),武汉:武汉大学出版社,2007年,第16页。
② 萧萐父:《中国哲学启蒙的坎坷道路》,《萧萐父文选》(上),第8—9页。

想研究产生了很多主观臆断的学术结论,对宋明理学的价值贞定也表现得相当偏颇。广义的意识形态要求——现代性的宏观叙事方式在很大程度上成为明清学术与思想研究的蔽障。"①对于上述言论,我们认为,批评者虽意在指出宏大叙事范式的研究或存在不严谨之处,但其批判思路或缺乏对时代因素的考量,更缺乏对世界文明容纳、汲取之胸怀。且萧萐父先生从明清历史"现代化"转向讲到晚明清初儒学"现代性"的呈现,涉及具体问题有明清社会政治史的变迁,有儒家哲学形态的演变,有儒者主体性思维的转化等,此于之后的明清儒学研究有重要启发。比如吴根友教授承继萧先生之说,对此又有新的发挥和拓展,"试图以中国传统哲学概念——'道论'为核心,揭示乾嘉时代的哲学形上学追求,挑战乾嘉时代无哲学的流行说法。一方面使'乾嘉时代'的哲学形态与清代前期的'后理学时代'和宋明理学的哲学形态区别开来。另一方面,透过中国传统哲学'道论'思想的变化,揭示中国社会内部伦理思想、哲学方法论变化的形上学基础。从而在继承梁启超—胡适,侯外庐—萧萐父、许苏民两系有关明清哲学中的现代性内容论述的基础上,借鉴余英时的'内在理路说'理念,深化对明清哲学中蕴涵的现代性思想的论述"②。参见萧萐父到吴根友的研究,严格来说,"现代性"议题乃是从史学诞生,推衍至哲学。更值得关注的是,这一史学根基不仅呈现在研究内容上,在研究方法上也从未缺席。比如吴根友教授曾提出"即哲学史讲哲学"③的观点。该观点的提出即反驳了学界向来强调的哲学对哲学史的绝对优先性。也正基于此,吴根友教授认为,晚明清初儒学实由思辨哲学转向人文实证主义哲学。

可以说,经吴根友教授的拓展研究,基于"即哲学史讲哲学"之立场、方法,明清儒学转型的研究内容、研究空间可以得到相当程度的延展。与此同时,学术界也存在另一种声音,即认为明清之际的儒学研究更应立于纯粹的哲学研究视角,具体而言是理学研究视角,深掘由理学义理之演化及士人心态之转变引发的世人思想观念的诸面向变化。此便是遵循由哲学看向思想之路径。由此路径,明清儒学的转型研究更为集中地呈现在对具体哲学观点、思想观念的深入探讨上。比如台湾地区学者吕妙芬对明清儒学转型的研究视角、研究路径有过总结、评判:

---

① 臧峰宇主编:《比较哲学与当代中国哲学创新》,北京:中国人民大学出版社,2019年,第72页。
② 吴根友、孙邦金:《戴震、乾嘉学术与中国文化》,第298页。
③ 吴根友:《即哲学史讲哲学——关于哲学与哲学史研究方法的再思考》,《哲学前沿问题与方法论》,北京:人民出版社,2020年,第199页。

描述或解释明末清初学风转变的著作十分丰富，尤以经世学风的兴起最受瞩目……但除了气学思潮等少数研究课题紧扣着理学讨论外，大多数的研究则是以"理学衰微"为前提，以探究清代新兴学风为主要问题意识。简言之，既往学界对明末清初时期的思想史研究，主要关注的是新思潮、新方法、新学术社群的形成，是学术典范转移的问题。加上清代理学又如钱穆所云是"脉络筋节不易寻""无主峰可指"，故相对受到忽略。因此，尽管此时期留下的理学文献并不少，但目前针对理学的研究成果仍然有限。①

吕妙芬认为，理学仍是贯穿清代学术建构的重要环节和基本线索，故明清儒学转型的研究仍是要侧重理学研究。即如她所言："强调'理学持续存在社会并参与清代的学术发展'，认为应充分考虑理学的思维与价值在中国近代史中的持续作用与自我更新，比较贴近历史事实。"②在谈到理学转型研究的现状时，吕妙芬讲到：

过去学者研究明清之际学术变化与发展，往往在"程朱 VS 陆王"的分析架构中进行，认为明代心学在晚明逐渐衰微，从东林以降到清初，学界主流思潮再次摆荡回到程朱学。这样的见解虽大抵不错，但并不完全，清初程朱学者对于某些问题的看法与宋儒并不相同，甚至有明确批评程朱的论点的出现……以"程朱 VS 陆王"作为此时期学术史的诠释框架是有限制的。③

吕妙芬此说即在提示，以往理学转型研究其研究框架、研究结论已经固化，然事实上，此框架、诸结论皆可商榷，比如理学的转向并非可以"由王返朱"简单描绘。笔者认为，以程朱、陆王作主要考察面向，持先有立场地选择其一予以阐发，该范式的研究本自清儒开创，故而要求该路径的拓展性研究首先要突破清儒的惯性思维，然后才能是创新视角的新研究。吕妙芬在强调理学优先的前提下，尤其关注"气"论诠释在晚明清初内容、思路的转向，并由此发掘了其间儒学问题意识在德福关系、天人关系等方面的新发展。由前者延伸出来的议题便是明清儒学生死观念的转变。如其云：

---

① 吕妙芬：《成圣与家庭人伦：宗教对话脉络下的明清之际儒学》，台北：联经出版事业股份有限公司，2017年，第13页。
② 吕妙芬：《成圣与家庭人伦：宗教对话脉络下的明清之际儒学》，第367页。
③ 吕妙芬：《成圣与家庭人伦：宗教对话脉络下的明清之际儒学》，第25页。

儒学若不能对生死及永恒价值提出深刻的解释,绝不能满足人们对生命问题的思索与意义的追求。类似的想法普遍存在 17 世纪的儒学论述中,例如王夫之说:"使一死而消散无余,则谚所谓伯夷、盗跖同归一丘者,又何恤而不逞志纵欲,不亡以待尽乎!"……他认为唯有存神尽性的工夫到极致时,才能达到生物不滞、万物皆备、生死为一、全性归天地的境界……此处和上文引罗汝芳之说相近,均以为只有存神尽性者,才能与太虚为一体,奸孽浊乱之气则无法回归太虚。①

按吕妙芬观点,罗汝芳、王夫之等人的"存神尽性者,才能与太虚为一体"的生死观念与先儒皆有分别。因"程朱等宋儒认为人若能体悟到生死即道之自然运行,并不需畏惧死亡,只要存顺殁宁,他们也批评佛、道二氏试图用不自然的方式来操弄生死,正是不能知'道'的表现。这样的看法或许代表崇高的智慧与高贵的心灵,但一般人较难体悟这样的境界"②。对比之下,晚明清初儒者直面感性生命之旦夕祸福,渴求与天地同归永恒的观念已有别于程朱所继承的孔孟"不需畏惧死亡,只要存顺殁宁"的生死观。应该说,吕妙芬上述所揭引导我们重新思考明清儒者多有阐发的"性命之学"。学界周知,儒家有"道德性命之学",而上述罗汝芳、王船山等人的生死观念终牵引儒学"道德性命之论"从形上建构落到地面,回归经验世界。此时"道德"二字虽然仍在,但已成世间可触摸、可成就"效验"之手段,而非目的。吕妙芬道:

> 当儒者对于个体性不朽的信念加强,他们对于儒学的内涵与期许也相应有所变化。例如,谢文洊将死后永恒对比今生之短暂,便要人轻看今世的痛苦,又因相信死时的德性状态决定死后之归趋,他的思想翻转了儒学重生轻死的态度,转而极力看重死亡、时时警醒预备迎接死亡的到来……关中学者杨屾相信所有人都禀赋永不磨灭的上帝之灵,人死后,其灵要按着生前的行为接受审判……这些儒家士人对于个人灵魂、永生、死后情境的想像,以及生命意义的表述与追求,实已赋予儒学深刻的宗教意涵。③

据此,吕妙芬以上所说实际暗含一种观点,即从德福关系问题出发,晚

---

① 吕妙芬:《成圣与家庭人伦:宗教对话脉络下的明清之际儒学》,第 49—50 页。
② 吕妙芬:《成圣与家庭人伦:宗教对话脉络下的明清之际儒学》,第 364 页。
③ 吕妙芬:《成圣与家庭人伦:宗教对话脉络下的明清之际儒学》,第 56—57 页。

明以降，宗教化趋向的延伸同样会迫使道德行为成为一手段、工具，而非目的。该意义上，宋明以降，向来盛行的"道德性命论"其"道德"在追求个体福报面前终将滑落。

"德福关系"议题之外，吕妙芬还特别关注了清初以降的"天人关系"问题，及与此相关的儒学工夫论的迁转问题。其云：

> 17世纪气学论者因着对"性"的定义不同，其所构想的天人关系与道德工夫论，亦呈现与程朱学、阳明学明显的差异，此也是清代儒学的重要转折。①
>
> 从晚明到清初……无论礼法、五伦、人性，均以"天"作为源头，此是传统儒学的基本预设和信念；也唯有诉诸此信念，清儒才能从理论上去绾合主客观价值，并论述一套寓个人成圣于克尽家庭伦职的圣学工夫。②
>
> 清儒多数不认为人可透过修行全然掌握天理，他们更多主张即事以求道、即用以求体，在日用人伦中修习圣人之道，尽人道以达天道……他们所设想的，是一种"本于善性，以至于至善"的工夫进程。③

参照上述阐发，吕妙芬有关明清工夫论变迁趋势的理解正是集由理学气论展开，而其源头则在其关于明清诸儒"天人关系"论的分析。应该说，由哲学进入，聚焦理学，由理学问题意识的转变剖析儒家具体思想观点的变迁，此路径的探讨进一步深化、细化了晚明清初儒学转型研究的研究内容及思路。沿该思路，任何新视角、新议题的补入皆可从理学义理上追本溯源，就此而言，其后的研究空间也能够得以持续性的开拓。比如，吕妙芬建构了明清"气"论研究与当时儒学基本问题意识、基本观念演化研究之间的关联，但此间仍有诸多细部问题有待开展更为深入的探讨。具体包括：其一，晚明清初"气"论具体经历了怎样的关键演化，才促成和人的感性生命紧密相系的"气"的材质之性得到普遍认同与提倡？其二，"气"的材质之性的流行促使儒学世俗性命观发生转变，此性命观又和宋明道德性命论相关，由此，宋明儒学性命论在晚明清初又发生了怎样的演化？总而言之，晚明清初的"气"论演化对当时儒学生死观念具有重要影响，然对此"影响"还需开展细化研究。

---

① 吕妙芬：《成圣与家庭人伦：宗教对话脉络下的明清之际儒学》，第326页。
② 吕妙芬：《成圣与家庭人伦：宗教对话脉络下的明清之际儒学》，第367—368页。
③ 吕妙芬：《成圣与家庭人伦：宗教对话脉络下的明清之际儒学》，第329页。

### 三、关于本书学术努力蕲向的说明

鉴于以上梳理、分析,有关明清儒学转型的研究看似框架已成,结论已定,但实际上无论遵循"史学→哲学"的路径,抑或遵循"哲学→思想史、社会史"的路径,与之相关的研究内容、研究空间皆有待进一步地细致推进、大力开拓。然在此之前,极为重要的一步还在,需要研究者在研究观念、研究方法上作出适当调整。

首先,在研究观念层面,需审慎对待"效果历史主义"观念。无论是以"连续的"抑或"断裂的"视野看待晚明清初之儒学转化,实际皆为"效果历史主义"理念的呈现。该理念往往将历史作为一实存的结构诠释之,且对"进步"多持固执之信仰,故如哈贝马斯评判科瑟勒克的历史观念那般,"忽视了这样一个事实:进步概念并非只是用来使末世论的希望此岸化,并开启一种乌托邦的期待视野;进步概念同时也借助目的论的历史结构来阻塞一种作为不安之来源的未来"①。这即警示反省者以及研究者或可放弃乌托邦色彩的期待视野,专心就历史事实出发,发掘思想史演化的真情实况。

其次,在研究方法上应兼顾历史证明与逻辑分析。如此,无论言其断裂性或论其连续性才有充分的依据。而此处言及的"历史证明",具体来说是要回归儒学,即回到儒学思想史视域中考察明清学术、思想演变之线索和趋势;所谓"逻辑分析"亦是要兼顾旧概念的理解和新议题的诠释,借此检视明清儒学发展过程中的微细变化及深远影响。然如何兼顾历史证明与逻辑分析,做到史论结合?对此,笔者做了三方面努力:

第一,回归晚明清初儒学主流形态、主流学派——阳明心学的历史流变、逻辑演化的研究,发掘顺时代变迁涌现之儒学新议题,给以深化探讨。晚明清初,阳明学的发展形态及演变趋势直接关系清学将以何种面貌、何种方式走向历史舞台。事实上,以往研究中,从晚明王学的流变切入明清儒学转化的探讨向来不乏佳作。如杨国荣撰《心学之思——王阳明哲学的阐释》一书专设《心学的分化与演变》一章,从阳明心学领域透视晚明清初的儒学演进,特别是通过对刘宗周心性之辨、意知之辨的分析,揭示了当时儒学内部"性体回归"之趋势。其研究即是以概念分析再现明清儒学转型之关键线索。此外,又有以阳明心学边缘学派、衍生学脉的诞生、发展、解体来讲述或展现晚明清初儒学演进的历史面貌。如张天杰撰《蕺山学派与明清学术转型》一书详细阐释了蕺山学派的发展、流变对明清儒学转型的多方面影响。

---

① 〔德〕哈贝马斯著,曹卫东译:《现代性的哲学话语》,南京:译林出版社,2019年,第15页。

诸如上述研究虽聚焦晚明王学,或者可谓深受王学影响之儒学流派的演进,发掘明清儒学转化之线索和趋势,但存在两方面不足。其一,聚焦王学者,其相关研究多集中于惯有议题的探讨,甚少关切新议题的发掘、梳理和分析;其二,聚焦蕺山学派抑或东林学派之流变,来观望阳明学乃至儒学整体演进之趋势,又普遍忽略了一则事实,即蕺山学派与阳明学之间,无论就师承传递,还是义理建构,实际已经存在较大隔阂。更直接地讲,蕺山学脉、东林学派等虽为晚明儒学之代表儒学流派,且与阳明学学人往来甚密,但其存续期间已经是"泛阳明学"时代趋于解体之时,蕺山、东林不仅不能视为阳明学学脉延续之典范,其交往的阳明学人士中,诸人"阳明后学"之身份也有待考辨。故而研究者以此作为考察面向,事实上更多是考虑到时间因素,而忽略了一重大议题,即晚明以降的阳明学学脉如何演变,"泛阳明学"时代如何解体,又如何在矛盾纷争中孕育新机。就此类议题,本书于第一、第二章,从概念考辨进入,又结合新辑史料文献的分析,提供了解答思路。

  第二,聚焦明清儒学研究诸"矛盾"现象的考述和分析,从中提炼儒学转型之端倪及线索。该方面,如有研究者围绕焦竑思想的定位有过争论,一部分人士以焦氏为例,揭示以焦竑为代表引领了晚明理学向清代考据学的过渡,但又有学者认为焦竑实际为"不易归类"之人士,不能够作为明清儒学转型之典型案例。如黄熹曾道:

    焦竑是晚明不易归类的一位学者,他开创了博学考证,是晚明儒学向清代考据学转向的过渡性人物。梁启超、余英时、李淖然等均以焦竑来论证他们关于晚明儒学转向的观点,而正是在此处,我们可以发现晚明儒学转向说自身的理论缺陷和内在矛盾。①

  应该说,黄熹对以梁启超、余英时、李淖然等人为代表的,用焦竑论证晚明儒学转向之实况的批评确有其合理性,但其由此质疑明清儒学转向说尚缺乏充分依据,仍需商榷。实际此处,无论是前辈学者抑或黄熹本人,都在有意无意间承认了一则现象,即焦竑确为"不易归类"之个案。然如何"不易归类"?"不易归类"者又何止焦氏一人? 故笔者认为,与其就"不易归类"之人物的界定,来检讨晚明清初儒学转型之研究范式,不若深入讨论如此"不易归类"之现象产生之渊源。大体上,这一渊源实际可追溯到宋明

---

① 黄熹:《晚明儒学转向与内在理路说的问题与实质:以焦竑为中心的考察》,《华中国学》,武汉:华中科技大学出版社,2013年。

"为己之学"的演变,即遵循"为己"—"由己"—为"我"这样一条发展路径。更具体地讲,按晚明王学解体之趋势,以焦竑为代表的诸位"不易归类"思想人士的集中呈现,实是晚明以降个体性思维演进的必然结果。故强行归类则有违思想史史实,以"不易归类"说明明清之际儒学整体出现转向之端倪实则不足为证。至于说焦竑兼顾心性之学与考证、考据等"道问学"工夫,实际是晚明"效验"问题延续而出的儒者对"公理"的普遍诉求,亦无所谓"矛盾"突显之说。因而在某种意义上,明清儒学演进面临之真正问题实是以个体性为代表的现代性因素的持续强化与"效验""公理"诉求如何共进的问题。对该问题的回答,涉及"泛阳明学"时代终结之际,现代性因素于"整体主义"突破之后,儒学面临新的公共理性的建构问题,此即推进心性哲学境界化的"效验"追求逐步发展为对可共证、可明见,且具稳定性的"公理"的追求。这是从逻辑层面展开,若从历史证明上讲,大概还需关注当时学者的独断意识和个体性举措,而此处的独断更大程度上要追溯到学者所接受的学习,所经历的特殊事件,及其最终的反省和推进。更需要正视黄宗羲之后,清初人士对于阳明学人士学派归属问题的认知,还原其中原因,解释其与黄宗羲认识不同之原因。实际罗汝芳、刘宗周等人的弟子于其师的理解大有解缚其师与阳明心学之关联之意,此可见"泛阳明学"体系的溃败,这一溃败之势直接导致明清之际阳明学学脉意识的普遍消解,此后,黄宗羲本人作为晚明遗老的理学立场又与清初儒者立于新时代重构儒学"公理"之初衷毕竟不同,因为前者严格来说是继刘宗周之志,于心学内部完成对宋明理学的整体修正,后者如陆陇其等人则是立于朱子学立场,重构新时代亟需之儒学。上述分析、解读详见本书第三、第四章。

第三,延续唐宋儒学转型时期,即宋明理学兴起之初,儒学关键议题的讨论,考察明清儒学转型阶段儒学演化的关键内容。目前学界围绕唐宋之际、明清之际等历史更迭时期儒学转型议题开展的研究成果繁多,然而其中多数研究仍局限在单一视野的探讨,尚未能给予整体考察。故而如果能够延续唐宋儒学转型研究中关键议题的讨论,切入明清儒学演变的研究,或可获得更多启发,亦可对唐宋元明清儒学发展脉络作一更为整全的考察,尤其可对宋明理学兴衰之经过作一更为细致的探讨。比如徐洪兴教授撰有《唐宋之际儒学转型研究》一书,此书对唐宋"儒学转型"的根本理解在于,宋明理学开出的儒学乃是与唐季及其之前时代尤为不同的"圣人之学",由此以往,"学以成圣"成为儒学发展之基本主题[①]。如作者具体道出:"在宋明儒

---

[①] 徐洪兴:《唐宋之际儒学转型研究》,上海:上海人民出版社,2018年,第426—427页。

的眼里,汉唐儒疏离了孔孟原旨,偏于'齐家'之方、'治平'之术,而佛教东来后,'儒门淡泊,收拾不住,皆归释氏'。上自读书人下到平头百姓正心修身的资源,多被释老二家夺去了。于是有'北宋五子'为思想代表的儒者起而回应,在儒家道德理性形上本体化,以及做人精神、人生的信念上狠下气力。至南宋朱子学出而基本完成,但朱熹也留了块短板,即儒家道德理性向主体性落实上没能点透,于是就有了陆九渊的反拨,及后来'阳明学'的崛起。"①徐洪兴教授此说极为精辟地归纳了宋明理学不同汉唐儒学之整体特色,即渐次趋向道德主体性的成就,亦即"成圣""成德"之学的落实。该意义上,徐洪兴教授之关切虽为唐宋之际的儒学转型研究,然其探讨内容和主要观点却为明清儒学转型的讨论提供重要思路。换言之,如按徐洪兴教授之言,宋明理学的兴起乃是开创"成圣"之学的典范,是以成就道德主体为根本鹄的,那么宋明理学衰颓之际,有关明清儒学转化、过渡的研究便可借助儒学主体性问题的探讨,揭示宋明儒者力倡之道德主体性于晚明清初迁转之历程。有鉴于此,笔者于书稿第五章,分三节就晚明清初儒学主体性思维的转向展开了细致分析。

概言之,笔者认为,学术界对明清儒学转型的探索虽成果繁多、范式多元,但如何综合历史研究与哲学研究的各自优势,令人信服地阐释明清儒学转型的历史使然和逻辑必然,更多维度地发掘并呈现明清学术演变的复杂因素和丰富内容,还需提供"转型"前后,儒者问题意识、学术思想过渡、重构之明证。这些亟需给出的明证包括,转型前,"泛阳明学"时代因循何种新兴问题意识趋于解体?在趋向终结的过程中,呈现哪些细微然关系甚重之变化?该系列变化又为新兴学术形态的诞生提供怎样的生成契机?转型中,儒学主流学派如何回应新兴问题?如何消化新问题,转变思路,以应对冲击?转型后,主流学者出于怎样的思考重构儒学?其重构之儒学相较以往,呈现怎样的时代性因素和关键性变化?鉴于上述思考,我们的研究即是从"泛阳明学"时代的分流、解体论起,发掘了晚明清初儒学重构之契机的生成过程,阐释了该时代儒学演化之基本脉络、一般趋势,及其对于中国近现代乃至当代哲学发展之影响。

---

① 徐洪兴:《唐宋之际儒学转型研究》,第 427 页。

# 第一章　有关明清儒学转型之历史分期与学术分期的厘清

当前,围绕晚明清初儒学转型议题展开的学术研究及其相关成果极为丰硕,这些成果为明清学术、文化的探讨提供了诸多创新思路和重要启发。然严格来看,以往研究普遍缺乏对特定时期的学术研究给予细致的历史分期与学术分期的考察和厘清。有鉴于此,本书开展研究之首要工作,即在给出"晚明清初"一相对清晰的历史界定,并在此基础上,进一步展开对该历史时段主流儒者——"阳明后学"及"阳明后学之后"等群体,其思想、观念所涉之学术分期问题的探讨。

## 第一节　"晚明清初"之历史分期、学术分期考

一般意义上,学界将明清儒学转型的发生时间限定在"晚明清初",然对"晚明清初"概念之所指却鲜少给出较为清楚明了的揭示。就历史理解层面来说,"晚明清初"的概念不仅涉及学术分期的界定,更关系历史分期的探讨。就"历史分期"来讲,我们清楚地知道,"晚明清初"的儒学转型研究不能单就时代划分展开,毕竟如部分学者认为,"所谓时代划分是一种说明原理的方式,是假设性、建构性的概念,其本身的目的化是不合情理的"①。但是,忽略时代划分的儒学史研究即丧失了"史学"之基本维度。因而,笔者主张,晚明清初儒学转型研究首要任务便是要结合历史分期的厘析,明确"晚明清初"儒学研究的时段、范围,然后才是研究内容、研究对象的展开,最后才是研究结论的给出。

### 一、有关"晚明清初"的概念界定

首先,从历史分期上讲,"晚明"概念的界定,一般是由明亡之迹已定于

---

① 〔日〕伊东贵之:《中国近世的思想典范》,台北:台大出版中心,2016年,第6页。

万历为据,故以"万历以降"指代之。孟森《明史讲义》即持此说。而结合学术分期来说,"晚明"所指并不必然与历史时代完全相应。《清儒学案》载张烈语曰:"学孔子者舍朱子莫由,而王尽翻朱子,与之为水火,其说盛行于嘉、隆,天下讲者莫不以诋朱为能。万历之世,仙佛杂霸并行,士子不复知有儒矣;间有高明特立有志儒术者,稍稍知朱子未可厚非,而意所专主仍在王陆,盖习气使然也。本朝厘定文体,朱注复兴,讲者称周、程、张、朱,而仍与王、陆并列,盖习气使然也。"①张烈将王学盛行时期认定为嘉靖、隆庆、万历,此可谓"中晚明"之所指。又结合学术界对晚明学术形态的基本认识,所谓"仙佛杂霸并行,士子不复知有儒矣"所表征的"万历之世"正是"晚明"学术的绝佳写照。故此说揭示之"晚明"概念,与以孟森为代表的历史学家所揭"晚明"之历史分期较为一致。然又如嵇文甫《晚明思想史论》中曾明确揭示,"晚明"所指并非限定于万历时期。据他道:"本书所要讲的晚明时代,是一个动荡时代,是一个斑驳陆离的过渡时代……这样一个思想史上的转型期,大体上断自隆万以后,约略相当于西历16世纪的下半期以及17世纪的上半期。"②根据嵇文甫此说,"晚明"所自乃是隆庆,所终乃在明灭亡之际。该段历史正贯穿阳明后学由兴至衰,乃至分流、解体的整个过程。故从学术上讲,目前"晚明"概念的时间跨度乃是遵循研究者的思想史理解而定。

至于"清初"的界定,如果单纯从历史学视角考察,一种流行的观点是判清太祖努尔哈赤至世祖顺治帝为"清初",圣祖康熙帝至仁宗嘉庆帝为清中期,宣宗道光帝至恭宗宣统帝为清末。来到学术史、思想史领域,相关讨论又相当繁多。如中外主流学者对清代学术的分期,较为流行的看法是将顺、康、雍作为清初期,将乾嘉作为清中期,将道光之后作为清朝末期。比如日本学者森三树三郎在《中国思想史》一书中提及清朝思想的发展脉络,即是持此观点③。《清代理学史》中,史革新道:"清初儒学由王返朱或调和朱、王,由宋学返汉学。至乾隆、嘉庆间,汉学独盛,居学术主流。于是论及清代学术之发展变化者,多以汉学为脉络。"④此便是将乾嘉之前,即同样是将顺、康、雍视为"清初"所指。

实际对清代学术,尤其是"清初"概念持有最为明晰的学术分期主张的,当属梁启超、钱穆等人。前者在《近世之学术》一篇中曾道:"吾略以时代区

---

① (清)张烈:《王学质疑》,徐世昌编:《清儒学案》第2册,北京:人民出版社,2010年,第583页。
② 嵇文甫:《晚明思想史论》,北京:北京出版社,2014年,第3页。
③ 参见〔日〕森三树三郎:《中国思想史》,东京:第三文明社,2016年,第410—428页。
④ 史革新:《清代理学史》(上卷),广州:广东教育出版社,2007年,第6—7页。

分之,则自明永历(即清顺治)以讫康熙中叶,为近世第一期。于其间承旧学派之终者,得六人,曰孙(夏峰)、李(二曲)、陆(桴亭)、二张(嵩庵、杨园)、吕(晚村);为新旧学派之过渡者,得五人,曰顾(亭林)、黄(梨洲)、王(船山)、颜(习斋)、刘(继庄);开新学派之始者,得五人,曰阎(百诗)、二万(充宗、季野)、胡(东樵)、王(寅旭);自余或传薪,或别起,皆附庸也,不足以当大师,凡为大师十有六人。其为学界蟊贼者,得四人,曰徐(昆山)、汤(睢州)、毛(西河)、李(安溪)。"①梁启超对于近世第一期的考察实际便是指出了"清初"的大概所指,即"自明永历以讫康熙中叶"。此后梁氏又指出顺、康期间,学界主要关注的问题乃是程、朱、陆、王问题②。钱穆对清初学者有按地域、按时间段两方面划分之提示。其道:"道德、经济、学问兼而有之,惟清初诸儒而已……其在北方者,有夏峰、有二曲、有习斋,南疆则梨洲、船山、桴亭,而亭林则以南人居北,皆为风气宗主……同时有朱舜水,独居异邦,遂开东国士风。唐子大陶著《潜书》,亦与诸贤桴鼓。其一时兴起,如张嵩庵、李天生、王尔缉、陈确庵、刘献廷、李恕谷、王昆绳、万季野兄弟,皆笃学博闻,能措之世用,与空谈心性及溺意训诂考据者异其趋。"③又道:

> 大较而言,清代理学,当分四阶段论之。一曰晚明诸遗老……其次曰顺康雍。遗民不世袭,中国士大夫既不能长守晚明诸遗老之志节,而建州诸酋乃亦唱导正学以牢笼当世之人心。于是理学道统,遂与朝廷之刀锯鼎镬更施迭使,以为压束社会之利器。④

钱穆回避了一般的"初""中""末"三期分法,完全是从理学演化的视角划分清代学术发展。按其言论,"清初"的学术分期大体囊括"晚明遗老期"与"顺康雍"。

理学史如此分期,而按考据学来分则又有不同。孙钦善曾对清代考据学作如下梳理:

> 如果严格限于考据学而论,清代考据学的发展大致可分为四期:第一期为清初期,包括顺、康两朝,江藩、龚自珍、皮锡瑞、章炳麟、刘师

---

① 梁启超:《近世之学术(起明亡以迄今日)》,汪学群编:《清代学问的门径》,第61—62页。
② 梁启超:《近世之学术(起明亡以迄今日)》,汪学群编:《清代学问的门径》,第91页。
③ 钱穆:《中国学术思想史论丛》(五),《钱宾四先生全集》第22册,台北:联经出版事业股份有限公司,1998年,第1—3页。
④ 钱穆:《中国学术思想史论丛》(五),《钱宾四先生全集》第22册,第590页。

培、梁启超均持此说,此期考据学的特点亦如诸家所云,一是"汉宋兼采",二是经世致用。主要学者有顾炎武、黄宗羲、王夫之和晚一辈的阎若璩、胡渭、姚际恒等。第二期为清中期,主要包括乾、嘉两朝,作为过渡,雍正朝亦可划入。此期是考据学的高峰期,或者说全盛期。①

依据孙钦善上述阐发,考据学意义上的"清初"应限于顺、康两朝,而雍正朝则被视为过渡期,列入清中期。

综合以往研究,且结合对历史分期、学术分期两方面因素的考虑,"晚明清初"儒学转型研究,其时间线起码囊括明隆庆、万历之后,至崇祯,又至清初顺治、康熙两朝,整期跨越一个半世纪。

## 二、"历史"眼光与学派意识介入的"晚明清初"儒学理解

学界针对晚明清初儒学开展研究的过程中,存在将学术分期建构于历史分期基础上,而以历史发展推导儒学演化趋势之惯例。这一惯例中,"历史"眼光会极大程度地引导研究者将变革、转型作为特定历史阶段之思想文化的演变趋势,却对学术内部问题意识的演化缺乏充分的细部考察和逻辑分析。与此同时,还有一条研究路线也尤为流行,即立足于对某一学派发展、演化的考察,来勘定明清儒学转型的时间、线索。由学派意识主导的探讨路径虽有以点窥面的优势,但也存在以哲学立场主导思想史研究的可能。概言之,很长时间以来,"历史"眼光与学派意识双双介入的"晚明清初"儒学理解在历史证明与逻辑推演的结合方面仍是欠缺的。

比如柴德赓《清代学术史讲义》中列清初学者多人,他讲到:"清朝初期的学者,生在万历年间的,那更多了。如严衍生万历三年,钱谦益生万历十年,孙奇逢生十二年,朱舜水生二十八年,李清生三十年,傅山生三十三年,黄宗羲生三十八年,张尔岐生四十年,顾炎武生四十一年,王船山生四十七年,马骕生四十八年。这些鼎鼎大名的学者,都生于万历年间,开花结果都在清朝。这不能不说是偶然,也不能不说他们是受了新风气而长成的。这种学术风气的养成,和社党的组织有关系,和西学东渐也有关系。"②据此,柴德赓认为的"晚明清初"学者按时间线梳理,大多是生于晚明,而成就于清初的一众思想人士。就学术分期上讲,此众人士本身代表一整期的学术史分段,即同受党社运动与西学东渐之影响,故可界定为明清学术变革之特定

---

① 孙钦善:《清代考据学》,北京:中华书局,2018年,第33页。
② 柴德赓:《清代学术史讲义》,北京:商务印书馆,2013年,第26—27页。

时段。应该说,上述判断给出了晚明清初儒学发展、演变的一二线索,但并未提供明清儒学于晚明清初发生变革之必然性的说明。

又如嵇文甫曾将整个 17 世纪作为晚明清初儒学研究之时间线条,并将该阶段中国思想发展、演化大势分为五派:其一,王学修正派,代表群体有东林学派、刘蕺山,及明亡清兴时期的孙夏峰、李二曲,"他们都不拘守阳明门户,斟酌调剂于程、朱、陆、王间以救时弊,这是明清间思想界转向朴学的先声"①。其二,程朱派,代表人物有陆桴亭、张杨园、陆稼书、王白田等。其三,经世派,代表人物有黄梨洲、顾亭林、王船山、颜习斋、李恕谷、朱舜水、费燕峰、唐铸万、刘继庄,"以上诸儒,都是不名一家,多方面的人物。但其精神所注,都在经世致用。这种学风一时曾笼罩整个的思想界,和宋明道学家终日求明心见性,恰成一个对立"②。其四,自然研究派,"当明清间,大家崇尚实学,又颇受西学的影响,一时自然研究的兴趣颇盛,最显著的是天算学"③,代表人物有王寅旭、梅定九。其五,考证派,代表人物有阎百诗、胡朏明等。嵇文甫先生总结道:"以上五派,虽然各有特点,但舍虚而就实都是他们共同的倾向。从王学左派的掉弄玄机到王学修正派的崇尚实践,从陆王学派的专求本心到程朱学派的读书穷理,从道学家的明心见性到经世派的经世致用,从读死书到研究自然,从主观的冥想到客观的考证,都是舍虚就实同一倾向的各样表现。这种舍虚就实的倾向,初表现为道学内部的变化,再表现为经世致用的一大潮流,最后转入专门学者窄而深的研究,恰形成 17 世纪中国思想转变的三个阶段。"④嵇文甫上述判断乃是将 17 世纪视为晚明清初儒学转型集中凸显之时段,对此一百余年间诸学者作系统归类,终归为五类,即王学修正派、程朱派、经世派、自然研究派、考证派。又汇此五类,将 17 世纪中国思想划分三阶段,即由阳明心学到程朱理学之回归为初始阶段,之后进阶为经世潮流的兴起,最后转入自然研究、考证学等窄而深的学术研究趋势。嵇文甫上述归纳实是将晚明清初一个半世纪的思想演化视为一逐次呈现之过程,而忽略了多种情势同步涌现之可能。相应地,嵇文甫更是将自身历史观融入晚明思想史的探讨中。如其提出,晚明思想演变实际经历三个阶段,而"这思想转变的三个阶段,实和当时社会转变的过程正相照应。从明心见性到经世致用,是地主阶级自救运动兴起的反映;从经世致

---

① 嵇文甫:《晚明思想史论》,第 232 页。
② 嵇文甫:《晚明思想史论》,第 235 页。
③ 嵇文甫:《晚明思想史论》,第 235 页。
④ 嵇文甫:《晚明思想史论》,第 236—237 页。

用到专门考古,是地主阶级自救运动衰落的反映"①。这便进一步揭示了晚明思想演化与当时社会发展、历史进程之间的绵密关联。可以说,从思想史研究之视角来看,嵇先生的上述探讨极为清晰地揭示了17世纪儒学发展的一般趋势和复杂因素,然其将思想演化的研究全然建立于史学视野的"发展"思维之基础上,无形中便忽略了从哲学层面展开的逻辑必然性的探讨。虽其也曾提及晚明思想界呈现若干显明趋势,诸如"从悟到修""从思到学""从体到用""从理到气"等,却也是在"历史"眼光之下展开的宏观视角的哲学考察。

除了以上依据历史发展的眼光观照思想演化的探讨之外,包括傅斯年、周予同、萧萐父在内的一批学者则偏向从学术史视角对晚明清初的哲学、思想之路径和性质给以反思、考察。这一偏向极为突出的表现即在,学者多以学派意识先入,而后谈晚明清初的学术分期问题。比如傅斯年曾道:

> 至于我所谓清代学问的范围,足以四派为限。第一是朴学派……第二是今文学派……第三是理学派,这派里只包括颜习斋、李刚主等两三人。第四是浙东学派,这派里有黄梨洲、万氏兄弟、全谢山、章实斋等。其他如王船山、陈兰甫诸君虽然不能算浙东学派,可是就学问的性质上分来,有非常相同之点,很当以类相从,归成一派……至于就时期而论,又可分做五期。第一期称它做胚胎期,从王应麟到焦竑,一般朴学的先进,都归在里头(这在清朝以前)。第二期称它做发展期,从顾亭林到江慎修的时代。第三期称它做极盛期,就是钱晓征、戴东原、段懋堂、王怀祖的时代。第四期称它做再变期,就是从孔众仲到俞曲园的时代。第五期称它做结束期,这一期的代表,只有康有为和章太炎先生两人。这都是中国的学艺再兴时代的各阶段。②

傅斯年上述划分,便是遵循先分派,后分期,再论代表人士。这即是思想先行的表现。再如周予同先生谈清初学问,首先即是谈分派问题。周先生曾将清初的学问分为三派,即北派以颜李为代表,传至王源,此派注重实践;南派细分为二,其中,吴中派以顾炎武为代表,主于经学;浙东派以黄宗羲为代表,注重史学。王夫之则被认为"不形成学派"③。周予同先生以南、北为界,为

---

① 嵇文甫:《晚明思想史论》,第237页。
② 傅斯年:《清代学问的门径书几种》,汪学群编:《清代学问的门径》,第4页。
③ 周予同:《清学》,朱维铮编:《周予同经学史论著选集》,上海:上海人民出版社,1996年,第901页。

清初学问的派系划分提供了地域学术特色的说明。然其有关王夫之的态度又显示,其分派依据实则仍以思想归属作为考量重心,之所以呈"南""北"之界,不过是其将学术思想的考量推展至地域学术传统的广阔视域。

相较傅斯年、周予同等人极为显明的派别意识,萧萐父则以明清启蒙学术为主潮,依据晚明到清初的经济政治形势的变迁,划分晚明清初思想学术为三个阶段,强调三阶段各有其思想动态的特点。此便是典型地以学术分期判儒学分期,于此,单纯历史时代的分期不再被特别强调,思想史与历史在学科意义上分界显明。萧萐父针对晚明清初儒学演化进程的问题讲到:

> 第一阶段:晚明时期(即从嘉靖至崇祯,约16世纪30年代至17世纪40年代)。其思想动态的特点,可以概括为:抗议权威,冲破囚缚,立论尖新而不够成熟。其思想旗帜,可以李贽为代表。
> 
> 第二阶段:明末清初时期(即从南明至清康熙、雍正,约17世纪40年代至18世纪30年代)。其思想动态的特点,可以概括为:深沉反思,推陈出新,致思周全而衡虑较多。其思想旗帜,可以王夫之为代表。
> 
> 第三阶段:清中叶时期(即从乾隆至道光二十年,约18世纪30年代至19世纪30年代)。其思想动态的特点,可以概括为:执著追求,潜心开拓,身处洄流而心游未来。其思想旗帜,可以戴震为代表。①

据上,萧萐父先生对"晚明""清初",以及"明末清初"的时段划分已然越出历史分期的界限,全然依学术思想推进之情状分判。

当代学者中,又有鱼宏亮曾总结以往晚明清初儒学研究之大致内容,归纳明清学术转化的基本历程(即学术分期)及所涉内容大致有以下几种:

> 反理学思潮。梁启超首倡此说,以明末清初之经世致用思潮为理学的反动。
> 
> 早期启蒙思潮。以侯外庐为代表,张岂之等学者都继承了这一观点。
> 
> 经世致用思潮。起源于晚清、民初,实际上是受梁氏影响提出的。
> 
> 实学思潮。从20世纪80年代起,以葛荣晋、陈鼓应等学者为代表的主张。

---

① 萧萐父:《历史情节话启蒙——明清启蒙学术流变一书的跋语》,《萧萐父文选》(下),第11页。

此外,尚有批判思潮、个性解放和人文主义思潮、市民文学和市民哲学思潮、中国古代哲学总结思潮等概括。①

鱼宏亮的上述归纳大体囊括了以往乃至当前的晚明清初儒学研究诸关键议题、主要路数,同时暗含其自身基本认同的晚明清初学术分期之大概情势。这一默认的态度实际仍是以过往思想史研究路数、立场乃至结论为基点,而缺乏针对性的儒家哲学的讨论。

相较鱼宏亮极为宽泛的思想史探讨路数,吴根友集中对"理学"的关注,兼顾历史分期与学术分期,讲出了以"后理学时代"为标签的"清初"儒学发展之概况。他道:

> "后理学时代"的历史时间段,即是在明王朝灭亡后,清政权全面稳定之前大约五十年的历史时期。以历史人物而论,康熙三十四年(1695)明末清初三大家之一黄宗羲的逝世,标志着"后理学时代"的结束。若以政治事件为标准,则以康熙二十二年平定台湾,全面稳固了清政权为标志。就哲学思想史而言,当以黄宗羲的去世为标志。②
> 
> "后理学时代",即是以广义的理学(包括气学与心学)为理论批评与改造对象的时代。这是从哲学思想史的角度对近半个世纪历史时期主流思想特征的概述。"后理学时代"的哲学问题意识均来自理学时代,但他们对理学时代里的诸命题进行了理论的改造,或从反命题的角度重新阐述理学时代的问题。③

吴根友将"清初"的历史概念界定为明亡之后至清政权稳定。此间近五十年。又以三大家中最晚离世之人——黄宗羲的辞世作为"后理学时代"的结束。应该说吴根友教授有关"清初"儒学的分期思路为本书的研究提供了重要启发,即如若兼顾"晚明""清初"探讨儒学发展、转型之基本趋势,便需发掘核心线索、关键议题的研究。而探索贯穿"晚明""清初"历史进程之线索、议题,即可由"后理学时代"前溯至"前理学时代"发展之巅峰阶段——"泛阳明学时代",揭示此时代向"阳明后学之后"("后理学时代")过渡之实况。

---

① 鱼宏亮:《知识与救世:明清之际经世之学研究》,北京:北京大学出版社,2008年,第3页。
② 吴根友:《中国哲学通史·清代卷》,第5页。
③ 吴根友:《中国哲学通史·清代卷》,第5页。

综上，如若力求兼顾、统合思想史讨论与哲学讨论各自研究优势，则需紧扣关键线索开展研究工作。有鉴于此，我们认为，始自明隆、万，延至清顺、康年间的儒学发展脉络中，思想界围绕阳明学展开的修正之努力、重构之意志完整地贯穿其中，故可作为晚明清初儒学转型研究之重心。而此阶段正由"泛阳明学"时代过渡至"阳明后学之后"时代。就此来说，"晚明清初"与学界一段时间内较为流行的"明清之际"概念具有区别。首先是哲学视野与历史视野的区别。"晚明心学""清初理学"，这些在明清学术研究中都是已经得到公认的儒学议题，"晚明""清初"结合而论，就是要突出作为思想与哲学的儒学研究，相较之下，当讲"周秦之际""唐宋之际""明清之际"，显然更为倾向于历史眼光，历史分期有"之际"，但思想、哲学的演化却不可截然相分。其次，研究内容具有区别。以"晚明清初"的儒学作为探讨领域，聚焦晚明儒学的主流学派、学者的研究，故以阳明后学为考察主体；推演至清初，乃是以"阳明后学之后"仍聚焦阳明学讨论，但在师承关系、学脉意识上已不必然与阳明心学具有联系的众思想人士为主要研究对象。而聚焦"明清之际"的研究，一方面主线不定，即非必然聚焦阳明学，另一方面则更集中于顾、黄、王三者，即"晚明遗老"或云"清初人士"的思想学说的探讨。再者，研究时间范围的限定不同。从"阳明后学"到阳明后学之后，围绕阳明学的讨论是有时空限度的。这个限度按前文梳理，最晚是在顺、康年间。然以"明清之际"来说，此间多类儒学议题涌现，理学的、考据学的、现代性的，种种视角，如前所述，其设定的时间线都有不同。

## 第二节 "泛阳明学"的漫衍：从"阳明后学" 到"阳明后学之后"

探讨明清儒学转型，学界多是以阳明心学的演化为研究线索，解释明季隆万以降至乾嘉时段的儒学发展趋势及概况。这一研究思路隐含着学界对王学在中晚明文化界的主体地位的肯认。如嵇文甫道："当晚明时代，王学的余焰方炽，而正在解体。一部晚明思想史，几乎可以说是一部王学解体史。这个解体过程结束了，新时代也就出现了。"① 依据此说，对阳明心学酝酿、兴起、发展、演化之过程作细致考察，乃是深研明清儒学思想史必备之工作。中晚明以至清初，阳明学的演化进程大致可分三期，分别

---

① 嵇文甫：《晚明思想史论》，第17页。

是：阳明学兴起时期，即王阳明本人开创之时代；泛阳明学时代，即一般意义上的阳明后学时代；阳明后学之后时段，即阳明学学派意识消解，学脉建设崩塌时段。综合学术分期与历史分期两个层面的考量，以阳明学为主导的"晚明"至"清初"的儒学发展、演化之历程，正跨度"阳明后学"与"阳明后学之后"，而探讨晚明清初的儒学转型，更明确地讲即是在探讨16世纪60年代以至18世纪20年代的中国儒学如何走出"泛阳明学"时代，实现转型与重构的问题。

## 一、"阳明后学"的流变与"泛阳明学"时代的形成

关于"阳明后学"的概念所指，一般理解是以"致良知"思想的传承为线索，来认定阳明"后学"的人选。钱明在其主编的《阳明后学文献丛书》序言中曾讲道："王守仁继承并发展了中国传统儒家的心性之学和浙东地区的学术传统，创立了以'致良知'学说为核心的阳明学，又称'王学'。由王守仁开创，并由其门人后学继承、发展而形成的思想学派，统称'阳明学派'或'姚江学派'。王守仁的弟子和传人众多，门下流派纷呈，他们对王守仁思想各有新的创设与展开，形成了后世所称的阳明后学。"[①]钱明所说，即在指出"阳明后学"概念内涵的核心要素，是对王阳明"致良知"思想有所继承、发挥，以及再创造。这便可理解为广义层面的"阳明后学"。故广义上讲的"阳明后学"究其实质，是纯粹基于思想传承考虑，而相对忽视了现实层面师承关系的考察，这即无限延展了"传承"的时间与空间之历史限定。由此现今我们看到的诸"阳明后学"人士及其流行之文集，实际更多是思想传承意义的"后学"。而众"后学"与阳明本人，与阳明亲传、再传弟子之间究竟有无师承关系，此种关系是否稳定延续，皆尚待考辨。以陶望龄的学派归属为例，自《明儒学案》，黄宗羲即已将陶望龄纳入周汝登门下，又将周汝登归于罗汝芳一脉、泰州一脉。然就师承关系上说，按吴震教授所指出的，周汝登既已属泰州边缘人士，那么陶望龄的泰州归属则更有待商榷。事实上，即便就"致良知"的思想传承上讲，陶望龄之于近溪、于泰州，更大程度上是思想推崇，这一态度实际不仅于近溪，于龙溪亦是如此，区别仅在陶氏对于近溪思想更为向往。又按学界已有理解，晚明阶段学派传承意识实则渐趋淡漠，则陶望龄可否归于近溪后学、泰州后学，皆有待商榷。按陶望龄语曰："新建之道，传之者为心斋、龙溪。心斋之徒最显盛，而龙溪晚出寿考，益阐其说，

---

① 钱明：《〈阳明后学文献丛书〉出版缘起》，《张元忭集》篇首，上海：上海古籍出版社，2020年，第1页。

学者称为二王先生。心斋数传至近溪,近溪与龙溪一时并主讲席于江右……余生既晚而愚,未尝见二先生,独嗜其书耳。而嗜近溪语尤甚……吾友何显臣,志道者也,嗜爱之有过于人,故刻而传之。"① 按陶望龄生平未得与罗汝芳谋面,仅嗜其语,且当时嗜爱近溪语之人不止他一人,故将其纳入盱江一脉实属勉强。有鉴于此,我们主张,"阳明后学"之界定应兼顾历史分期的考虑,充分关切师承关系的时空限定。在此前提下,"阳明后学"之前为王阳明时代,之后亦有"阳明后学之后"时代,而对两个时代过渡历程的考察正是切入明清儒学转型研究的关键。

综上所说,晚明清初儒学研究涉及"泛阳明学"时代向"阳明后学之后"时代的过渡、演化和转型研究。该研究领域,学界鲜有关注,相关研究成果亦尚付阙如。而此项研究的展开还需进一步理清"泛阳明学时代""阳明后学之后时代"各学术群体其各自问题意识与一般议题,以及尚待突破之瓶颈。就"泛阳明学时代"而言,有关"阳明后学"之界定,关系到阳明心学之流弊、裂变、分流、发展等诸说的梳理和重察,仅就"流弊"说,就有源正,乃为后所祸,源不正,则后必不止等两种意见。至于"阳明后学之后时代"学术、思想动态的揭示,则有待历史具体的还原。以近溪后学的分流、演化为例,其关涉重大。经由对该历史进程的细致考察可揭示明末清初学者针对宋明学术展开的整体性、规模化的省察、批判运动之理论背景和社会实情,亦可深掘明清儒学转型之条件与契机,重构之内容与影响。

关于"泛阳明学时代"之说,吕妙芬有如下提示:

> 此时(嘉靖年间)阳明学派脱离了跟随一位老师学习,以老师为依归的学派形式,逐渐转化为以各地方读书人相互切磋论学为主的讲会模式……由于讲会活动广泛地在各地兴起,加上没有统一的组织或固定的内容,各人以所学入教、以所得切磋,于是以同门意识结合的阳明学派便逐渐蜕变成一种泛阳明学的学术活动,这也是弥漫在后王阳明时期的学术氛围。②

基本上,吕妙芬所谓"泛阳明学"时代,所谓"后王阳明时期",具体所指正是一般意义上的阳明后学时期。所谓"一般意义"指的便是以尚有清晰师

---

① (明)陶望龄:《盱江要语序》,李会富编校:《陶望龄全集》,上海:上海古籍出版社,2019年,第160页。
② 吕妙芬:《阳明学士人社群——历史、思想与实践》,北京:北京师范大学出版社,2017年,第54页。

承关系的王阳明亲传、再传,乃至三传弟子为代表的阳明学士群。应该说,很长时段内,直至目前,围绕该群体展开的阳明学研究渐趋成为儒学研究之焦点,其间关涉阳明学分期问题,又系王阳明之后心学发展形态问题,诸如裂变、分流之说。

首先来看阳明学的分期问题。嵇文甫曾据《明儒学案》记录,归纳出阳明心学演进实历经三变,分别是"默坐澄心""致良知""四无"。并提出:"这第一变分明就是后来双江、念庵所走路径,而前引念庵《甲寅夏游记》中那段话已庶几达到第二变。这第二变乃是王门普通口诀,龙溪讲得格外明朗。至龙溪四无之说,则庶几乎第三变了。照这样说,岂不是龙溪远非念庵所能及么? 这倒不然。他们的高低是不容轻易判定的。"①如按嵇文甫对阳明心学"三变"的总结,实际是将阳明心学之诞生溯源于宋儒李延平,延续至明季陈白沙之"默识""静坐"传统,后将"致良知"作为王阳明自身之创见,终将"四无"之教视为阳明心学之旨归。并以此为阳明后学作了大致归类,认为阳明诸弟子各有所承,无分高低。如果说嵇文甫乃是立足哲学观察,开展对阳明心学分期、流变的研究,那么当代学者中,束景南先生的阳明学分期主张则是回归历史具体的过程中,依据严格考证、编年,于《阳明大传:"心"的救赎之路》中,极为详尽地呈现了王阳明心学四悟酝酿、发展的具体情境,及其与"八句教"之提出、演进的细密关系。此便是以发展的眼光观照宏大叙事,全面且系统地厘清了阳明学从诞生到发展成熟的完整历程。可以说,嵇文甫、束景南两位先生乃是分别从哲学、历史的视野,对阳明学作了较为细致的分期研究,并据此分期理念,对阳明后学各门派的学术宗旨又作创新阐发。而其阐发思路乃是将阳明学视作一整体,将阳明后学的理论发挥视为对阳明主张各有选择的继承。一定程度上,正是因为"各有选择",才有"真传"与"私淑","正统""异端"之判。

其次来看阳明学的后期传承和演化的问题。在该问题上,众说纷纭,都有先在立场。早于晚明时期,阳明学"法脉"一事主要由湛甘泉一脉来评判,其后清初,则由黄宗羲界定。而"正统""异端"多赖梨洲一家之言。其中,湛甘泉及弟子对阳明学传承法脉的基本认识是以邹守益为阳明真传。如湛氏与东廓曾有两札书信往来,其道:

> 所望于大贤,转此风教,无负王门首科者重矣。水尝有言:"良知必

---

① 嵇文甫:《晚明思想史论》,第51—52页。

用天理,天理莫非良知。"尽之矣。何常不同? 其嘐嘐呶呶者,不知者也。①

今谓常知常觉、灵灵明明为良知,大坏阳明公之教矣。东廓公为王门首科,岂不为虑乎? 杨慈湖欲去意,遂非诚意等语,遂非圣经,不亦自娱以娱人乎?②

湛甘泉以上所说是将邹守益视为阳明"首科",将邹氏之学视为阳明心学真传。此举虽得江右王学大力支持,但于浙中王学后人来看,恐难以服众。可以说,阳明学经王阳明后学的倡导、继承和发挥,在晚明时段占据了重要话语地位。同时,也因其自身演化势态的漫衍,"泛阳明学"时代的形成过程本就伴随诸多纷争。即便至当代,围绕阳明后学的讨论实际也难脱离有关"泛阳明学"时代演化局势,及各派优劣、高下之判。比如何俊教授有阳明心学"裂变"之说:

晚明思想状态概之以"裂变"是适宜的,这种裂变是明代学术演变的结果。③

作为一个事实,阳明逝后,"门下各以意见撺和,说玄说妙,几同射覆"。由于阳明学说风靡大江南北,门徒遍天下,流传逾百年,故其道术为弟子所裂,直接呈现出了整个晚明思想的裂变。④

心学的宗旨只能是完整的四句教。王阳明心学在阳明处没有最后完整地得到陈述。也正是在这个意义上,明代儒学在王阳明之后的根本任务就是要在不失儒家对人的本质(心体)确认的前提下,使成就人的本质的功夫得到新的真正落实。⑤

何俊教授上述阐发已经揭示其对待阳明心学之基本判断、基本立场:第一,阳明心学立教宗旨在"四句教";第二,阳明主张为其后学各以意见撺和,故为其所裂。这一讲法本质上是将王阳明自身思想视作一完善建构,参照此完善建构,阳明后学任一向度的、不完整的思想阐发皆有片面、割裂之嫌。在此基点上,何俊对阳明后学的思想建树作了系统性的分析、归类与研

---

① (明)湛若水:《甘泉先生续编大全》,台北:"中研院"文哲研究所,2018年,第212页。
② (明)湛若水:《甘泉先生续编大全》,第215页。
③ 何俊:《西学与晚明思想的裂变》,上海:上海人民出版社,1998年,第2页。
④ 何俊:《西学与晚明思想的裂变》,第3页。
⑤ 何俊:《西学与晚明思想的裂变》,第6页。

究。如其将钱德洪思想归结为"以知性训心体"①,并将阳明门下功夫派依次划分为主事(钱德洪)、主敬(邹守益)、主意(王时槐)、归寂(聂双江)四说。他讲道:

> 主意说的代表是王阳明的再传王时槐……主意说的根本观点是要将功夫专注于意识最初的萌动上。正如钱德洪以知性训良知本体一样,王时槐是将意识的最初萌动看成是本体的呈现……主意说与钱德洪的区别是将钱德洪于事上运用知性的功夫向前移动,即进一步落实在人的意识萌动的体悟与分析上。②

> 尽管他(钱德洪)对王阳明哲学的推进方向是朝向现实的社会生活落实,但他并没有真正使阳明哲学走出思辨的形上形态。以知性来规定良知,良知本体的确立是通过知性于实践(事)上的应用达到的,然而这知性并不能保证避免道德认识与实践上的相对性。因此,钱德洪没有、也不可能摆脱王阳明哲学的"主观性",更谈不上使阳明哲学成为已呈价值分流、新因素的日益涌现和强劲发展已使社会结构呈现变动趋势的明代社会重新走向有序的思想基础。至于将致良知功夫的关注点更向意识萌动处移近的王时槐主意说,自然更不必再置一词。③

何俊教授上述言论一方面揭示了钱德洪、王时槐理论建设失败实具必然性,另一方面也透露出其对阳明后学莫名之期许——成为带动社会重新走向有序的思想基础。这便是以"上帝"视角,赋予特定思想家群体时代性要求和现实性考察。这也是何俊教授尤其推崇刘宗周思想建构与社会实践的原因所在。如在对阳明亲传及再传弟子的思想一一解析过后,何俊教授讲述了西学为晚明思想带来的新冲击,继而比较、诠释了刘宗周《人谱》与天主教"七克"工夫之间的关系,并暗指刘宗周撰《人谱》即有对治佛教、天主教基于功利观念所倡"劝善"思想。最终判定刘宗周思想基调乃是"言本体是有善无过,言功夫是有过无善"④。

此外,何俊教授又对聂豹、邹守益、王畿、泰州、东林等一一作了评判。但其总体认为,阳明后学对王阳明本人的哲学建构皆有片面理解,甚至割裂

---

① 何俊:《西学与晚明思想的裂变》,第10页。
② 何俊:《西学与晚明思想的裂变》,第10—11页。
③ 何俊:《西学与晚明思想的裂变》,第12页。
④ 何俊:《西学与晚明思想的裂变》,第337—338页。

之害。与之相应地,何俊教授判定阳明亲传、再传弟子思想建构失败的标准便在从现实性出发,考察诸位思想人士于当时学界思潮与现实社会之救正实效。然而,当我们真切面对当时纷乱历史,诸位思想人士皆是努力继承师说的同时,挽救人心之陷溺,在此初衷下,其摸索之过程皆为后世的哲学建构和社会实践提供重要启发。与何俊教授"裂变"一说不同,吴震教授对待王阳明之后的阳明后学之理论建设则以"分流发展"界定之①,此说便是对阳明后学总体持一中立态度。

实际无论以"裂变"抑或"分流"描述之,我们大致可得出一则结论——阳明之后,阳明后学的确呈现宗旨纷呈、门户林立之情势,该情势又以"裂变""分流"等演化样态进一步催化了阳明心学的解体。先说宗旨林立。自阳明主张说王学宗旨,最得侧重的就有两则,其一,"知行合一",其二,"致良知"。前者,据徐爱与王阳明的对话中可见。《传习录》卷下也有记载阳明一段较为知名的言论:"此须识我立言宗旨。今人学问,只因知、行分作两件,故有一念发动,虽是不善,然却未曾行,便不去禁止。我今说个知行合一,正要人晓得一念发动处,便即是行了;发动处有不善,善将这不善的念克倒了,须要彻根彻底,不使那一念不善潜伏在胸中。此是我立言宗旨。"②后者为阳明晚年提出,由此引发了钱德洪、王畿有关"四有""四无"说的立教之辩。钱、王之后,王学宗旨又有新说。正如黄宗羲道:"有明学术,宗旨纷如。或泥成言,或创新渠。导水入海而反填淤。"③再说"解体"一事。阳明心学从王阳明创立,到阳明后学之延伸,始终不离"致良知"宗旨,该意义上,阳明学自始至终皆为一整体。至于"裂变""分流""解体",及"法脉""异端"诸说实际多是他者、后人从外部观望所得。而对于这些评判,笔者的态度是,所有的意见皆乃阳明学泛化之表现,为儒学重构之序章。

**二、阳明后学之后诸儒重构儒学之准备:阳明"学"与"人"在清初遭遇激烈评判**

延至清初,当时儒者出于重构儒学的努力,对阳明学之传承、流变多有新见。嵇文甫先生在《晚明思想史论》一书中讲到:"阳明学派和17世纪的中国思想界,并不是简单的对立着。前者对于后者,除从反面把它激动外,从正面也给它不少影响。在新时代中,有许多情形还是顺着阳明学派自然

---

① 吴震:《阳明后学研究》(增订本),上海:上海人民出版社,2016年,第1页。
② 陈荣捷:《王阳明〈传习录〉详注集评》,重庆:重庆出版社,2017年,第246页。
③ (清)黄宗羲:《陈乾初先生墓志铭》(二稿),《黄宗羲全集》第10册,杭州:浙江古籍出版社,2005年,第367页。

发展出来的。新时代并没有把阳明学派完全抛弃,而实在是把它'扬弃'了。"①此便主张对17世纪即晚明清初儒学的探讨,始终需要关注阳明学派演进之线索,由此发掘清儒对阳明学派思想主张"扬弃"之历程,进而发掘明清儒学转型之关键端倪和大概趋势。然欲揭明清儒如何"扬弃"阳明学思想,还需厘清后者对待前贤学问持哪些意见。基本上,这些意见可作两类处理:其一,支持并维续;其二,批评并指正。两种意见交融、判摄,实际皆为儒学重构做准备。

首先来看部分清初儒者如何看待阳明学在晚明清初的维续,如何看待晚明以降之学术热点——阳明学与朱子学的接替关系。陆陇其曾曰:"有明诸儒,不特龙溪、绪山、心斋、东廓、念庵、近溪显树姚江之帜,以与紫阳相角,即泾阳、景逸亦无能脱姚江之藩篱,谓其尊朱子即可,谓其为朱子之正脉则未也。"②此便是指出晚明诸儒,即便是对阳明学多有批评,对朱子学多有尊崇的东林人士,其实深受阳明学影响,而与朱子学已隔藩篱。又,邵廷采云:"昔郑端简成《吾学编》而尊王,茅鹿门文士也知尊王,此两人皆非专于讲学。至泾阳始大兴讲学,天下之正人相遇类聚矣,而持说乃与阳明二。然同时如邹南皋、冯少墟、高景逸,皆不左阳明;刘蕺山虽不言良知,然补偏救弊,阳明之学实得蕺山益彰。本朝大儒如孙征君、汤潜庵皆勤勤阳明。"③邵廷采此说提供了清儒理解的阳明学发展的基本情况:明中期始,尊阳明然不讲学的代表有郑晓、茅坤;晚明阶段,东林学派论学实有分别,顾宪成持说与阳明有异,而邹元标、冯从吾、高攀龙等与阳明学士群有广泛交流之人"皆不左阳明";刘宗周为阳明学之殿军;清初孙奇逢、汤斌等人皆推崇阳明学。如此理解,那么我们该如何看待彭定求、李二曲等人对待阳明学之态度呢?事实上,孙奇逢、汤斌之外,仍有部分清初学者对待阳明学确有推崇,但这份尊崇并非可以阳明学派界定之。换言之,犹有"尊王"之人,但此众亦非可以"王学正脉"言之。比如高攀龙弟子彭定求在某种程度上回护了阳明学及高攀龙、顾宪成之功,乃至陆象山之学,更至宋明理学之整体。如其道:

> 三鱼堂之不满于忠宪、端文,乃因姚江而迁怒也,其意根总在帖括起见,故抵死为天盖楼束缚,真是含沙射影。愚谓今日果有实心好学者,则莫若姚江之近裹著己、敲骨吸髓,一步不肯放松,有起死回生之

---

① 嵇文甫:《晚明思想史论》,第213页。
② (清)陆陇其:《答李子乔书》,徐世昌编纂:《清儒学案》第1册,第316页。
③ (清)邵廷采:《候毛西河先生书》,徐世昌编纂:《清儒学案》第1册,第83页。

功,并不必以忠宪未脱姚江藩篱为讳,庶乎浮云拨而青天出矣。①

若象山陆子鹅湖之会,讲"君子喻义小人喻利"章,淋漓痛快,闻者为之流涕;阳明王子著《拔本塞源论》直接孟子正人心之义,未尝不深切著明;白沙陈子亦曰"名节者道之藩篱",固未有理学而不名节者也。②

大约圣学必要动静合一,而下学之始须由静坐。延平先生观未发以前气象,的是师传心法;今之讲学者徒以著书辨论为长,一言静坐,便是二氏余习。仆断不敢附会其说,草堂枯坐,日若深山;如足下游兴可鼓,秋冬间担簦至止,晨夕观摩,彼此有益。③

彭定求对以陆陇其为代表的排王学者持批评意见,认为阳明亦有"深切著明"处,并极为认同阳明学人首选之"静坐"工夫的必要性。彭定求对其师高攀龙的回护,对阳明学的赞许和认同,某种程度上乃是肯定了高氏与阳明学之关联。

彭定求之外,李二曲对阳明后学人士也有部分认同之意:

问得力之要,曰:其静乎? 曰:学须该动静,偏静恐流于禅。曰:学固该动静,而动则必本于静。动之无妄,由于静之能纯;静而不纯,安保动而不妄? 昔罗旴江揭万物一体之旨,门人谓如此恐流于兼爱,罗曰:"子恐乎? 吾亦恐也。心尚残忍,恐无爱之可流。"今吾辈思虑纷拏,亦恐无静之可流。④

如欲做个德业名儒、醇正好人,则程氏《遗书》、朱子《录要》、薛氏《读书录》、胡氏《居业录》,言纯师,行纯法,于下学绳墨无毫发走作,精研力践,尽足自树;若欲究极性命大事,一彻尽彻,一了百了,不容不以《龙溪集》为点雪红炉、岚雾指南,辅以象山、阳明、近溪《语录》及《圣学宗传》,日日寓目,食寝与俱可也。⑤

清初儒者对阳明学"人"与"学"多有排斥,尤对泰州门人罗汝芳、浙中代表王龙溪更是批评居多。然参考二曲先生上述所说,可见其甚是拥护二溪之论。与之相应地,面对世人对近溪、李贽等"高谈性命"、异端之举的普

---

① (清)彭定求:《与顾畇滋书》,徐世昌编纂:《清儒学案》第3册,第1093页。
② (清)彭定求:《与林云翯书》,徐世昌编纂:《清儒学案》第3册,第1094页。
③ (清)彭定求:《与林云翯书三》,徐世昌编纂:《清儒学案》第3册,第1095—1096页。
④ (清)李颙:《学髓》,徐世昌编纂:《清儒学案》第2册,第737页。
⑤ (清)李颙:《答张敦庵书》,徐世昌编纂:《清儒学案》第2册,第739页。

遍批驳，二曲本人仅将脱离"平常日用即道"之流视为"理学之异端"。如其道："理者，人心固有之天理，即愚夫愚妇同然之良而已。此中庸平常之道也，乃世之究心理学者多舍日用平常，而穷玄极赜，索之无何有之乡，谓之反经，而实异于经；谓之兴行，而实不同于日用平常之行。其发端起念，固卓出流俗、词章之上，而流荡失中，究异于四书平实之言，是亦理学中之异端也。"①综合彭定求、李二曲等人对待阳明学及阳明学学人的评介，清初儒者亦有尤为"尊王"之士。然此尊崇态度一方面早已脱离师承授受关系，另一方面亦脱离王学"致良知"宗旨，别有创见。仍以李二曲为例，其于阳明学虽有赞赏，然亦有批评。如其又道："姚江当学术支离蔽锢之余，倡致良知，直指人心一念独知之微，以为是王霸义利人鬼关也。当几亲体直下，令人洞悟本性，简易痛快，大有功于世教；而末流多玩，实致者鲜，往往舍下学而希上达，其弊不失之空疏杜撰鲜实用，则失之恍惚虚寂杂于禅，故须救之以考亭。然世之从考亭者多辟姚江，而竟至讳言上达，惟以闻见渊博、辩订精密为学问之极则，又矫枉失直，劳罔一生，而究无关于性灵，亦非所以善学考亭也……必也以致良知为本体，以主敬、穷理、存养、省察为工夫，由一念之微致慎，从视听言动加修，庶内外兼尽，姚江、考亭之旨不至偏废，下学上达，一以贯之。"②据此，思想家虽极为赞同阳明"致良知"之说，但同时也曾指出阳明后学有过，更曾揭出阳明学与朱子学彼此救正的必要性和可行性。因此，无论从学派师承上讲，抑或思想建构来说，上述学者只能视为赞同阳明学部分主张，也可说部分汲取了阳明学思想，但并不可界定为阳明学者。仅从师承上讲，晚明时期，阳明学学派意识已尽蜕，清初学人无论对待阳明学持怎样的态度，实际皆显重构儒学之努力。

对比支持者相对平和的态度，清初更多儒者乃以明亡之悲愤，代入针对阳明学所掀起之反对声浪中。而众人针对阳明学所展开之批判思潮，首先是从学理层面展开，其基本路径便是在认定阳明学于儒学有过的前提下，细剖此过所在、所由，及其所祸。而其批判范围也是非常广泛，批判力度也是相当深入。

有评王阳明之过。如顾炎武将责任直推阳明，其道："王门高弟为泰州、龙溪二人。泰州之学一传而为颜山农，再传而为罗近溪、赵大洲。龙溪之学一传而为何心隐，再传而为李卓吾、陶石篑。昔范武子论王弼、何晏二人之罪深于桀纣，以为一世之患轻、历代之害重，自丧之恶小、迷众之罪大；而苏

---

① （清）李颙：《四书反身录》，徐世昌编纂：《清儒学案》第2册，第733页。
② （清）李颙：《富平答问》，徐世昌编纂：《清儒学案》第2册，第738页。

子瞻谓李斯乱天下,至于焚书坑儒,皆出于其师荀卿高谈异论而不顾者也。《困知》之记、《学蔀》之编,固今日中流之砥柱矣!"①顾炎武上述言论首先揭示了阳明学的分派问题。有关阳明后学的门户分派,历来尊崇黄宗羲《明儒学案》之观点,然梨洲之外,同时代又有诸多看法。以顾炎武主张为例,其常举泰州、龙溪学脉之传承借以阐述心学流弊之缘由。这里涉及两个问题:其一,两大学脉究竟如何在人为、法理等方面各自继承、发挥,又误宣了阳明学术;其二,两大学脉从开创者到各自亲传、再传、三传,及至末学之间从交游到论学的具体情况如何,又如何殊途同归,终走向现成良知之观点。顾氏引李斯之过归于荀卿"高谈异论而不顾",实是揭泰州、龙溪祸世之过乃在阳明。又有张烈道:"若有明一代,堪立《道学传》者谁乎?纯正如曹月川、薛文清,不能过真西山、许鲁斋。而光芒横肆如阳明者,假孔、孟以文禅宗,藉权谋以标道德,破坏程、朱之规矩,蹂躏圣贤之门庭;嘉、隆而下,讲学者遍天下,人人各树宗旨,卒之纳降于佛、老,流遁于杂霸,总以成其争名利攘富贵之私,辱圣门甚焉,而溯其原始,阳明实为首祸。"②此便是将漫衍于晚明时期,并于儒学造成相当不利影响的讲学之举、杂佛之风全然归因于王阳明本人,而张烈所指"人人各树宗旨"一方面是为当时现实情势,另一方面实际亦由阳明学,甚至可说陆王心学学理内部因素促成。如当代学者张锡勤指出的那样:"陆王提出心即理的命题,意图是欲将普遍的道德准则、观念意识根植于人心,内化为人们自心的道德信念。然而一旦以心释理、以心为理,则终将以个体的观念意识取代普遍的准则、理念。于是,客观的精神意识遂成为主观的精神意志,普遍准则遂成为'自家准则'。"③张锡勤所揭即为说明晚明学界"各树宗旨"之实况与陆王心学向为侧重之主体意志、个体观念有关。就此来说,流弊情势的漫衍从根本上来说乃阳明心学主旨演进之必然。

有直揭阳明后学之失。较为典型的有黄宗羲、孙奇逢、邵廷采、陆世仪等。如黄宗羲道:"向无姚江,则学脉中绝;向无蕺山,则流弊充塞……是程子高第弟子已不能无流弊……如以弟子追疑其师,则田常作乱之宰予,杀妻求将之吴起,皆足为孔、曾累矣。"④此便是对世人常以阳明后学之过推责阳明的批评。换言之,即认为阳明后学之流弊不该归罪阳明。孙奇逢则道:"念庵,阳明功臣、龙溪益友也。阳明良知之说本之孟子'不虑而知',龙溪

---

① (清)顾炎武:《日知录》,徐世昌编纂:《清儒学案》第1册,第202页。
② (清)张烈:《读史质疑》,徐世昌编纂:《清儒学案》第2册,第588页。
③ 张锡勤:《论陆王心学中可能诱发"异端"思想的因素》,《哲学研究》2001年第5期,第55页。
④ (清)黄宗羲:《移史馆论不宜立理学传书》,徐世昌编纂:《清儒学案》第1册,第68页。

遂以为一念灵明,无内外,无寂感,吾人不昧此一念灵明,便是致知;或以良知不足以尽天下之变,必加见闻知识补益而助发之,便是俗学。此以一念之明为极则,一觉之顷为实际也。念庵曰:不然。阳明常以入井怵惕、孩提爱敬、平旦好恶三言为证,盖以一端之发见,未能即复其本体,故言怵惕矣,必以扩充继之;言好恶矣,必以长养继之;言爱敬矣,必以达之天下继之。孟子之意可见。阳明,得其意者也,故亦不以良知为足,而以致知为功。"①此便是将心学裂变归因于龙溪悄然转移了阳明立教的重心,即责其将阳明学之重心从工夫论转移至本体论层面。邵廷采则谓:"阳明之后,惟钱绪山、邹东廓、欧阳南野能守师传;再传弥失,如李贽之狂僻,亦自附于王学。而斯时密云湛然,宗教炽行,高明罔知裁正,辄混儒、佛为一,托于四无宗旨。以故蕺山先生承其后,不肯称说良知,是实因衰激极、补偏起废之道,正可谓之王门功臣,未尝相左。"②据上,邵廷采将阳明心学流弊归因于多种因素,其一便是师教未得真传,此即揭阳明后学实未解阳明真旨,其次又是狂者自附高明,且逢禅宗、天台学说盛行,故阳明学流弊之漫衍又有佛学影响之因素。又有《桴亭学案》载:

> 问:"王心斋《语录》以格物为格眼之格,如何?"曰:"凡人论理切不可好奇,一好奇,则入于异端矣。"③
> 心斋之学虽粗,然以一不识字灶丁而能如此,却是豪杰,有气魄,鼓动得人,故当时泰州一脉亦盛。然接引者多是布衣,又多死非命;如颜山农、邓豁渠、何心隐之属,亦学问粗疏,一往不顾之所致也。④

陆世仪上述所说,便是将阳明学流弊归于泰州王心斋,认为其以"好奇"论理,本身即易入于异端,又全然不顾学问粗疏,故于世祸害甚矣。

又有施闰章将晚明之弊归于后学者"空说本体",不做"致知"工夫之故,而非阳明"良知之过"。其道:"姚江立教,有间涉禅语处,其徒从而张之,致滋口实。然'致知''良知',语本孔孟,姚江从万死一生中体验得来,正大用功;苦在学者循声失实,空说本体,咎在不致其知,非良知之罪也……近日谈道之儒遂举阳明而斥之,绝以异端,且自谓能辟王氏即为有功斯道,心窃惑之。譬有人于此,无立锥之地而日讼其邻人,与争界址、角门户,亦徒

---

① (清)孙奇逢:《题念庵集后》,徐世昌编纂:《清儒学案》第1册,第16页。
② (清)邵廷采:《答蠡吾李恕谷书》,徐世昌编纂:《清儒学案》第1册,第85页。
③ (清)陆世仪:《思辨录辑要》,徐世昌编纂:《清儒学案》第1册,第100页。
④ (清)陆世仪:《思辨录辑要后集》,徐世昌编纂:《清儒学案》第1册,第127页。

见其太早计也。"①此即直指阳明末学的过失乃是丢失实践工夫,即认为阳明"良知"之教并无过错,错在末学"空说本体",未曾"致知"。

有评阳明及其后学皆有过失。比如尤奉程、朱的儒者。陆陇其就是其一。陆氏道:"但见明季诸儒为王氏之学者亦有大贤君子出其间,而不知向使其悉遵程朱遗法,不谈良知,不言无善无恶,不指心为性,不偏于静坐,不以一贯、尽心为入门,不以物格为知本,则其造诣亦岂仅如是而已耶?"②陆陇其设想了一种情况,即贤德之人若不习良知之教,不讲"四无"之说,则可成大才。这一设想隐含的话语却是,中晚明以降的学术、学风、学人不仅毁于王阳明的立教宗旨,倡导"无善无恶"的阳明后学亦难逃其咎。陆氏之外,王夫之从经典诠释视角指出王学之弊,又从阳明学工夫论视角直指泰州之弊及其缘由:

> 自姚江王氏者出,而《大学》复乱。盖其所从入,以释氏不立文字之宗为虚妄悟入之本,故以《章句》八条目归重格物为非……其徒效之,猖狂益甚,乃有如罗汝芳之以自谦为逊让者,文义不通,见笑塾师而恬不知耻……大道之必有序,学之必有渐,古今之不能违也;特所谓先后者,初非终一事而后及其次,则经传章句本末相生之旨,亦无往而不著,王氏之徒特未知察耳。③

> 后之学者于心知无功,以无善无恶为心知,不加正致之功。始专恃慎独为至要,遏之而不胜遏,危矣。即遏之已密,但还其虚,虚又受邪之壑,前者扑而后者熺矣。泰州之徒无能期月守者,不亦宜乎!④

总结王夫之上述观点,大致是认为王学实际祸乱了《大学》经典的释义和传播,其尤指泰州之过,乃是认为以罗汝芳为代表的泰州人士不仅传学有误,更尤长空疏之风。由此或可推知,晚明清初以王夫之、黄宗羲、顾炎武为代表的思想家群体对泰州学人排斥意见尤甚,某种程度上乃是精英阶层对于儒学经典的回护,也是当时实学思潮的突显。王夫之外,又有邵廷采所谓的"勤勤阳明"之士汤斌,对阳明心学也有省察,这一省察相较王夫之等人的全体否定,更具客观性。大体上,汤斌将王阳明及其后学之过归于"语上而遗下""虚见承袭"。其道:"王守仁致良知之教返本归原,正以救末学之

---

① (清)施闰章:《复孙征君钟元书》,徐世昌编纂:《清儒学案》第2册,第554页。
② (清)陆陇其:《学术辨下》,徐世昌编纂:《清儒学案》第1册,第314页。
③ (清)王夫之:《大学衍》,徐世昌编纂:《清儒学案》第1册,第248页。
④ (清)王夫之:《思问录内篇》,徐世昌编纂:《清儒学案》第1册,第276页。

流弊,然或语上而遗下,偏重而失中,门人以虚见承袭,不知所以致之之方。至王畿四无之说出,益汪洋恣肆,失其宗旨,其流弊有甚焉者。故罗洪先有世间无现成良知之说,而顾宪成、高攀龙亦主性善之论。"①应该说,汤斌对阳明学"虚见"问题的指出实际代表相当一部分清儒的意见。这些意见具体指向阳明"四句教",指向"无善无恶心之体"一说。比如陆世仪曾道:"阳明'致良知'三字尚不妨,独'无善无恶谓之性,有善有恶谓之意,知善知恶是致知,为善去恶是格物'四语宗旨未妥;不但'无善无恶'句未妥,即'为善去恶'句此是修身,如何谓之格物?"②此即是将"致良知"与"四句教"区别对待,而肯定前者之功,否定后者之教。又有对阳明学脉,尤其是江右王学颇有好感的黄宗羲,在评价阳明学立教宗旨的问题上,同样否定"无善无恶"之论。面对当时同僚以阳明四句教质疑其师刘宗周主"意"思想,黄宗羲讲到:

> 四句之弊,不言可知。故阳明曰:"良知是未发之中。"则已明言意是未发,第习熟于意者心之所发,旧诂未曾道破耳……龙溪亦知此四句非师门教人定本,故以四无之说救之。阳明不言四无之非,而坚主四句,盖亦自知于致良知宗旨不能尽合也。然则先师"意为心之所存"与阳明"良知是未发之中",其宗旨正相印合也。如以阳明之四句定阳明之宗旨,则反失之矣。然先师此言,固不专为阳明而发也,从来儒者之得失,此是一大节目,无人说到此处……使早知"意为心之所存",则操功只是一意;破除拦截,方可言前后内外浑然一体也。③

《答董吴仲论学书》中,黄宗羲作为与阳明学尤具因缘的清初人士,对"四句之弊"亦无回护。甚至直道此弊"不言可知",同时认为阳明真旨当在阐发"良知是未发之中"。以此理解为前提,黄宗羲更为尊崇刘宗周,认为刘宗周之功绩即在以主"意"论实现对阳明真切宗旨"良知是未发之中"的继承,以此维护、阐发刘宗周"意为心之所存"之说。黄宗羲此番认识在其弟子中亦有流传。如邵廷采道:"蕺山之所谓独,盖即良知之本体,道心之微,与朱子殊,不与文成殊……少时入姚江书院,见浅学纷纷读得致良知三字滑,遂成骨董;其贤者罔不高论禅宗。去先贤曾几何时,流弊若此!文成恐学者支离于学问,蕺山恐学者荒忽于灵明,兴衰起坠,同一苦心;其相羽翼于孔孟

---

① (清)汤斌:《学言》,徐世昌编纂:《清儒学案》第1册,第295页。
② (清)陆世仪:《思辨录辑要后集》,徐世昌编纂:《清儒学案》第1册,第127页。
③ (清)黄宗羲:《答董吴仲论学书》,徐世昌编纂:《清儒学案》第1册,第47—48页。

之门,后先固一也。"①故黄宗羲、邵廷采无形当中都有将刘宗周主"意"之学、"慎独"之教与阳明诸说区别看待的倾向,其中缘由皆在对王阳明"四句教",乃至对以浙中王学、泰州王学为代表的阳明后学忽略良知之"致"之工夫持批评态度。

事实上,清初儒者不仅对阳明学有直截了当的是非批判,更有对中晚明以降阳明学修正运动的批判。这些评判一定程度上也反映了"泛阳明学"时代以至阳明后学之后时代,阳明学的发展、演进遭受杯葛之大概历程。陆世仪道:"罗念庵虽讲良知,而能深知王门之弊。特是时狂澜方倒,不能力救耳。讲学之风,嘉隆之末、万历之初而弊极。凡诸老相聚,专拈四无,掉弄机锋,闲话过日,其失更不止如晋人之清淡矣。海门周汝登,当时推为宗主,著《圣学宗传》,自以为得心宗之正,讲无善无恶于南都。许敬庵闻而疑之,作《九谛》相难,汝登作《九解》以解之。敬庵之学于时独为纯正,然所得亦浅,一杯水岂能救一车薪之火哉!"②又道:"顾泾阳先生当三王之学之后特起,无师承,能以性善之旨破无善无恶之说;小心二字,塞无忌惮之门。横砥颓流,可谓豪杰之士。"③又道:"念台《人谱》编是为接引初学而设,俾得躬行实践,极是妙法。"④此便是将阳明学的救正运动溯至罗洪先,而后指出甘泉再传尤其是许孚远对心学的竭力斧正,后又推至顾宪成,又推至刘宗周。又有陆陇其在极力批判王学的同时,也曾对以顾宪成、高攀龙为代表的东林学人于阳明学之修正行动作出评介。其曰:

> 若夫禅者,则以知觉为性,而以知觉之发动者为心……阳明言性无善无恶,盖亦指知觉为性也,其所谓良知、所谓天理、所谓至善,莫非指此而已……其倡之者,虽不敢自居于禅,阴合而阳离。其继起者则直以禅自任,不复有所忌惮……泾阳、景逸深惩其弊,知夫知觉之非性,而无善无恶不可以言性,其所以排击阳明者,亦可谓得其本矣;然其学也,专以静坐为主,其所重仍在知觉……阳明之病在认心为性,高、顾之病在恶动求静……则高、顾之学虽针砭阳明多切中其病,至于本源地,仍不能出其范围,岂非阳明之说浸淫于人心,虽有大贤,不免犹蹈其弊乎?⑤

---

① (清)邵廷采:《候毛西河先生书》,徐世昌编纂:《清儒学案》第1册,第81页。
② (清)陆世仪:《思辨录辑要后集》,徐世昌编纂:《清儒学案》第1册,第128页。
③ (清)陆世仪:《思辨录辑要后集》,徐世昌编纂:《清儒学案》第1册,第128页。
④ (清)陆世仪:《思辨录辑要后集》,徐世昌编纂:《清儒学案》第1册,第128页。
⑤ (清)陆陇其:《学术辨中》,徐世昌编纂:《清儒学案》第1册,第313页。

参照上文,陆陇其对阳明学的最大意见,在于认定后者"认心为性",更明确的讲,乃是认定阳明学所阐之"性"乃是佛家认"知觉"为"性"的思路。陆陇其此说应得学界充分重视,因阳明学对心体"无善无恶"的描述,以及对良知知是知非等良能的强调,乃至现当代学者对良知如何作用,比如其动力因的讨论,原则上皆可视为"认知觉为性"。又由此见,湛甘泉在很长一段时间内并不认同"良知即天理"之说或是意识到阳明"认知觉为性"之过失。与此同时,陆陇其认为东林学者有关阳明学的修正举措虽"多切中其病",然其实仍有"恶动求静"之弊,故其宗旨尤其是其工夫主张仍不出阳明学范围。陆陇其上述主张实际是极为敏锐地观察到明末儒学流派与阳明学之间的绵密关联。

综上所述,清初儒者对于阳明、阳明后学的哲学宗旨及思想建构的理解和阐发实际是非常全面和深入的。在此意义上,我们并不完全认同徐复观先生所说"清代汉学家在完全不了解宋学中排斥宋学"①,更倾向于赞同这样一种说法,即清儒乃是在一种独断意志下,有选择地扬弃宋明理学,尤其是阳明学之主张,此为其重构儒学之努力所在。更明确地讲,以上述为代表的清初诸儒,其针对旧学有批判,有吸收,更有对前人救正行动之再省察,而无论是抵制、推崇,乃至理性分析道学内部之修正行动,实皆为清儒建构新学之先声。

如果说清初学者对阳明心学的反思、扬弃,对儒学整体的救正、重构揭开了清代学术之序章,那么实际上这一序章究其全貌,乃是渗透了深重的史学观念和淑世意识。这即特殊时代赋予其学者特殊之关怀。如以张烈、陆陇其为代表的清初儒者,及部分清中期学者便将明代的灭亡归咎于阳明道学的盛行及其后救正运动的不彻底,又将"与朝廷有预"释为其自取灭亡之要因。张烈道:

> 夫窃良知之说以胜诸儒,又窃无善无恶之说以敌佛氏,此其用心亦劳矣,而究为佛氏所不许……阳明欲以无善恶屈天下,而学佛者终不之许也。然则阳明欲为儒而显叛夫儒,欲窃佛而见嗤于佛,两无所容,而邪遁之苦亦已甚矣!故隆、万之初,天下学者群然学佛,不屑言良知……当是时,几案有《楞严》《南华》者为名士,挟妓呼卢、裸而夜饮者为高致……故高谈必趋于佛老,佛老必趋于夸诈,夸诈必趋于杀戮。阳

---

① 徐复观:《中国思想史论集续编》,北京:九州出版社,2014年,第629页。

明一出,而尽变天下之学术,尽坏天下之人心,卒以酿乱亡之祸。①

张烈谓阳明"叛夫儒",又"欲窃佛而见嗤于佛",此即斥阳明学人士有违儒学宗旨,又讽其盗佛学精义然不为丛林认可。最终,以"夸诈"之名评判阳明学士群于学术之害,坏天下人心,进而促成乱世之祸。

张烈之外,又有陆陇其从对阳明学正脉,及阳明修正学派的批评谈起,直揭阳明学的发展、演化与明亡之关系。其道:

> 自阳明王氏倡为良知之说,以禅之实而托儒之名……其弊也,至于荡轶礼法,蔑视伦常,天下之人恣睢横肆,不复自安于规矩绳墨之内,而百病交作……故愚以为明之天下不亡于寇盗,不亡于朋党,而亡于学术!学术之坏,所以酿成寇盗、朋党之祸也……学程朱而偏执固滞,是末学之弊也。若夫阳明之所以为教,则其源先已病矣,是岂可徒咎末学哉!②

按陆陇其认为,阳明学之坏,首在学术,学术坏而风俗坏,如此,礼法又为其所祸,继而明之天下因阳明学漫衍而亡。张烈、陆陇其等人上述说法延续至清中期仍有相当深重之影响力。比如纪晓岚亦曾道:大抵门户构争之见,莫甚于讲学,而论文次之。讲学者聚党分朋,往往祸延宗社。操觚之士,笔舌相攻,则未有不乱及国事者。盖讲学者必辨是非,辨是非必及时政。其事与权势相连,故其患大。③纪晓岚此说是将毁坏宗社、家国稳定的要素归咎于"讲学"一事。而"讲学"正是阳明学士群极力宣扬之教化举措。可见,直至清中期,以阳明学者为代表的晚明思想家其教化实践仍不为清人接纳,就此来说,清代经世思想与晚明是有区别的。这一区别大致在明清之际即已成形。鱼宏亮道:"明清之际的经世之学不仅继承了前代关注解决实际社会问题的知识体系,同时也继承了宋明以来对王朝统治秩序纲常伦教的理论化探讨的成果,诸儒一方面以程朱理学的理论来重建专制社会的意识形态的合理性,另一方面又强调能有效地实现这些统治原则的政治体制的合理性以及行政事务的效率性。"④此处即揭,明清经世之学的不同与诸儒借以阐发经世思想的理论依据——阳明学或朱子学具有重要关联,抑或可谓,

---

① (清)张烈:《读史质疑》,徐世昌编纂:《清儒学案》第2册,第590页。
② (清)陆陇其:《学术辨上》,徐世昌编纂:《清儒学案》第1册,第312页。
③ (清)纪昀:《四库全书总目提要》,石家庄:河北人民出版社,2000年,第3811—3812页。
④ 鱼宏亮:《知识与救世:明清之际经世之学研究》,第78页。

明清之际"由王返朱"趋势的形成、进展、完成，为清代经世思想的建构提供了关键契机。

综上所述，我们先后厘清了"晚明清初"之历史分期与学术分期，此是为明清儒学转型研究的系统展开确立探讨内容和研究范域；又特别说明"阳明后学"发展至"阳明后学之后"正是历经"泛阳明学"盛极而衰，清学属性初露端倪之时。在此梳理、分析过后，我们方有充分理据为晚明清初的儒学转型研究确立"心"学探讨之主线，同时开拓社会学、政治学等考察新视角、新路径、新空间。

# 第二章 晚明心学人士的流动、走出与"泛阳明学"时代解体之势的形成

有关晚明清初学统、学脉的传承，近现代以来众说纷纭，一个大概的结论便是，此阶段学统、学脉与以往相较，似渐趋模糊。如梁启超评论晚明清初思想传承时讲到："其可称近世学术史之特色者，必推顾、黄、王、颜、刘五先生……五先生皆抱经世之志，怀不世之才，深不愿以学著，而为时势所驱迫所限制，使不得不仅以学著。于近世学术史上叙述五先生，五先生之遗痛也……五先生之学，若顾、若王、若颜、若刘，皆前无所受。船山、习斋，更崛起山谷，与一时宿儒名士绝交通，可谓自得而深造者也……五先生中，其所承学统最明者，莫若梨洲。梨洲亲受业蕺山，以接姚江之传。虽然，梨洲学自梨洲学，非阳明亦非蕺山也。要之，五先生者，皆时势所造之英雄，卓然成一家言。"① 梁启超此说即指明清初道统、学派意识的模糊化，同时揭出这一模糊化的结果或是当时儒者出于独创、担当之精神——抱经世之志，成一家之言。可以说，梁启超指出学脉传承断裂之现实，但未探究其过程。而此过程如何探讨，如何呈现？笔者认为，当我们观望一个时代的发展趋势，尤其是历史特定阶段社会发展实情，又欲从中探寻思想潮流涌动之路向，则不可避免地需要对其当时学派、政派、党派人员流动，及思想互动作审慎考察，这是哲学探讨之前的必要步骤。某种意义上，唯有充分了解"人"的行为，掌握众人哲学努力之初衷、鹄的，及其思想转承之机缘、趋势才能更为具体地呈现，也才能为哲学证明、逻辑分析提供更为充分的文献依据。而晚明以降，"人"的活动较为集中地涌现在两个方面：其一，学术交游与思想互动；其二，政治实践与党派纷争。就前者而言，晚明学派林立，考其互动仍需以阳明学士群为坐标，然王阳明之后，其门人弟子中，能够为后人称为王学之圆熟者，且能够获得晚明以至清初学界广泛关注的，除了王龙溪，又有罗近溪。

---

① 梁启超：《近世之学术（起明亡以迄今日）》，汪学群编：《清代学问的门径》，第64—65页。

就后者来说,中晚明以降,朝堂政派、党派之争愈演愈烈,而阳明后学人士与朝廷重臣、权贵多有往来。比如泰州学派、"旴江一脉"众人士与东林党人、学人有深交,随着党争的持续,阳明学人士参与的各类学术讨论多有政治因素的介入,又随着东林势微,阳明学群体中的从政者大受牵连。经此两方面影响,阳明学占据之象征资本渐趋流失的同时,其学派凝聚力也在逐步减弱。

## 第一节　阳明学脉的传承之难:
## 以龙溪一脉为例的分析

阳明学在晚明社会呈现一虚假繁荣的景象。这一景象最为显明的特色即阳明学士群在各文化领域都有踊跃表现和广泛交游,然其队伍却日益庞杂,学术传承更日愈艰难。

**一、高足或私淑:龙溪"真传"难于定断**

龙溪之学的传承梳理起来较为复杂,原因在于王龙溪本人传学较广,私淑其学者众多,然得其真传者却鲜见记载。徐阶《龙溪王先生传》里曾有一段描述:

> 故公名虽高,仕乃竟不达。然公不以是动其心,而益孳孳以讲学为务。尝谓"天下无不可与之人,淑慝贤愚皆可取资于己"。所至接引,无倦色。故自两都及吴、楚、闽、粤皆有讲舍,江浙为尤盛。会常数百人,公为宗盟……公门人知名者甚众,最后所器许,如嵊邑周梦秀、平湖陆光宅、嘉善丁宾数人。尝语三生及季子应吉曰:"言有相似而非者。识似知,然识有分别,而知融;意似心,然意有往来,而心寂;解似见,然解有推测,而见圆。反是,则识为默识,意为诚意,解为神解。惟悟者自得之。"又曰:"学贵有悟,悟入有三:从言得者,谓之解悟,譬之门外之宾,非己家珍;从静得者,谓之证悟,譬之潦水初澄,浊根尚在;从磨炼得者,谓之彻悟,到处逢源,常感常寂,不可得而澄且清也。"……予久与公同事于学,公之友若东廓、绪山、南野、水洲、荆川、念庵诸公及今游从张阳和、邓定宇、沈少林三太史,皆予所知。①

---

①　(明)王畿:《王畿集》,南京:凤凰出版社,2007年,第825—826页。

据徐阶上述所说，龙溪收徒、授教与其师阳明有一共同处，即广泛接引，并无一定入门之规格。这一理念下，龙溪弟子众多，所器许者有周梦秀、陆光宅、丁宾等人。徐阶对龙溪弟子的介绍在沈懋学《王龙翁老师八十寿序》中也有呈现。沈氏云："已杜子质揖沈生曰：'……嘉靖乙未，先生为南职方，讲王门良知之学，吾郡贡先生玄略、周先生顺之、梅先生纯甫、子大人思畏并受业于先生，而学因得闻其概……'"①综上，按徐阶所记，龙溪寄予厚望之弟子有三人，分别是周梦秀、陆光宅、丁宾；然据沈懋学记，贡安国、周顺之、梅纯甫、沈思畏等人皆曾受业王龙溪。两组人士最为根本的区别在于前三人乃龙溪寄托众望之入室弟子，后四者或仅限于曾受教于龙溪。据两组人士的分类，实预示龙溪学术思想难以传承之隐患。比如王龙溪最为重视弟子周梦秀，按日本学者早坂俊广考证，周梦秀即周继实，乃王龙溪弟子中最具宗教实践经历的人士，也是龙溪晚年甚为心许的门人，其与同时期的龙溪门人袁黄、周汝登，以及当时佛教大德云栖袾宏皆有广泛往来，尤其对周汝登影响甚大。②然因其杂禅倾向过于显明，其言论极难在儒学典籍里得以流传，即便在《王畿集》中，亦难留存其篇章、语录，此一"边缘人"的角色更难以思想家身份在当时施教、传学。又有丁宾，历经三朝，宦海沉浮，汲汲于为朝廷效力，为百姓平难，作为晚明江南士绅，更无暇传学③。至于贡安国、沈思畏等人，二人并非龙溪学术传承人。贡安国初为邹守益门生，又曾从学欧阳德；沈思畏曾学于欧阳德，又师事钱德洪，与罗汝芳亦有来往。二人学无常主，更无可能以龙溪学术为宗旨，传续下去。

## 二、门人身份存疑背后的阳明学学派意识的弱化

龙溪门人弟子中还存在一批向存众多争议者，比如袁黄、周汝登。《王畿集》收录《先师画像记后语》一篇，篇中题"门人袁黄坤仪甫编辑，丁宾礼原甫校阅"④，此处，袁黄以龙溪门人自称，但众所周知的是，袁黄与泰州一脉亦大有牵连；又，《祀阳明先生文》一篇中题"门人陆光宅与中甫编辑，周汝登继元甫校阅"⑤，周汝登的学派归属问题更为复杂。黄宗羲《明儒学案》中将其列为罗汝芳后学，当代学者就此颇有意见。有学者认为"无论是从地

---

① （明）王畿：《王畿集》，第853页。
② 参见〔日〕早坂俊广撰，申绪璐、刘心奕译：《沉默的周梦秀——王畿与嵊县周氏》，《贵阳学院学报》（社会科学版）2017年第6期。
③ 参见杨茜：《丁宾与嘉善：晚明江南士绅的权利运作与地方维护》，《浙江学刊》2016年第2期。
④ （明）王畿：《王畿集》，第410页。
⑤ （明）王畿：《王畿集》，第567页。

域、思想传承还是自我认同来看,周汝登都属于王畿后学,王阳明—王畿—周汝登—陶望龄构成了阳明学在浙东传承的一条重要线索"①;又有学者认为"周汝登与王畿并不构成真实的学承关系,而是一种有意要'追认先师'的认同行动……黄宗羲在更晚时期写作的《明儒学案》不是一部可以在'学派归属问题上修正的著作,而是作为'理学之书'构成思想史的一部分"②。有鉴于此,实际在复杂的背后是研究者强烈的学派意识与被研究对象自主传道、立学之个体精神的冲突和对立。大体上,晚明儒学界众多学者即已经历从游走到自立,从批判到重构,这一从心态到行动的实践过程正体现了晚明心学内外学统、道统的融汇与整合之经过。在心学内部,以周汝登、陶望龄为代表;于心学外部,自道学之整体立场出发,以李贽、焦竑为代表。

综上,王畿属意之人就其实际影响而言,皆不在道学事业上,或有一定声誉,然无多立言,其从游之人众多,其中不乏颇有建树之人,然诸人多以游学态度对待王畿所传之道,却以自身立言为终身夙愿,或在某些方面受启发于王畿,或借其学说立证,或出于人脉交往等初衷多边游走,以"弟子"称之恐不妥。相较龙溪一脉,近溪学说所创"盱江一脉"其传承和延续更为清人乃至此后学界广泛关注。故对"盱江一脉"成员流动、思想转承及变迁的考察,可更为细致地呈现明末王学分流之实情。然晚明社会影响学术转型的因素中,政治因素是必须给予关注的面向,尤其是当研究者谈及明清之际经世之学复兴的议题,政治实践与党派纷争是最为显明、直接的经世活动,故而理应成为考察之焦点。又于主流清儒或认为明亡于讲学,或认为明亡于党争,那么学术活动、思想交流,乃至道德教化如何与政治纷争交互作用,又如何进一步助推当时社会、国家的崩盘,再如何同时反作用于自身,最终催化"泛阳明学"时代的解体,都应予以细致考察、研究。

## 第二节　明末阳明学士群的分流:
## 　　　　以"盱江一脉"为中心的考察

一直以来,依据思想义理的解析推导明末王学的分流及明清学术的转型之逻辑必然,是晚明清初儒学研究的主要思路。这一思路当然为哲学向

---

① 参见龚开喻:《构建心学道统:陶望龄与周汝登之交往》,《南阳理工学院学报》2019年第1期。

② 参见王格:《学承和学脉:周汝登"学派归属"的重新认定》,《中国哲学史》2018年第2期。

度的考察做出了重要贡献,但史学证明的问题却被忽视了。而众所周知的是,思想流变研究首先应当给予严谨的史学考察,该考察工作又首先当是对人与人之间交流、互动的细致梳理。因而在论及阳明学后期"分流""解体""裂变"诸类议题时,理应回归历史现实,作一史论结合的探讨。故笔者在此仅以罗汝芳一脉师承考述与研究为例,揭示明末心学分流、演变及重构之实情。基本上,对于近溪立学与泰州、阳明之别,以及近溪思想呈现出的"特出"之面貌,学界已有共识,然明末清初时段,近溪所创"盱江一脉"作为王学末流,其师承、学承传递情况如何,尚待开展细致的整理与研究。

## 一、对以往近溪一脉学承、师承关系考察情况的梳理

罗汝芳(1515—1588),字惟德,号近溪,阳明后学重要思想家,所创"盱江一脉"在晚明清初思想界具有重要影响力。一直以来,古今学者多关注近溪本人的生平经历和思想建构,而于其门人、弟子,除个别人士如杨起元之外,其他弟子鲜有涉及。按黄宗羲《明儒学案》记罗汝芳弟子周汝登、杨起元,记周汝登再传陶望龄、刘塙。万斯同《儒林宗派》记王畿传周汝登,周汝登传陶望龄;记王艮传颜钧,颜钧传罗汝芳,罗汝芳传杨起元、李东明、聂良杞、王岳、梅鼎祚、郭忠信、游于诗、郑宗化、陈王道、陈履祥,陈履祥传孙经、王念祖、施弘猷、汪有源、杨逊。① 又《明史·儒林传》载"艮传林春、徐樾,樾传颜钧,钧传罗汝芳、梁汝元,汝芳传杨起元、周汝登、蔡悉"②,载"焦竑……从督学御史耿定向学,复质疑于罗汝芳"③。《四库全书总目提要·史部·传记类存目》继《明史》发挥道:"起元清修婞节,然其学不讳禅。汝登更欲合儒释而会通之,辑《圣学宗传》,尽采先儒语类禅者以入。盖万历以后,士大夫讲学者多类此云云。"④据此,晚明至清中期,有关近溪及其门人、弟子的学术归属议题,思想界向来各有主张,然目前看来,仍是《明儒学案》影响力最为深重。只是《明儒学案》划分派系的方式和结果存在更多争议。对此,吴震教授在《泰州学派研究》一书中已有多处言及。他讲到:"黄宗羲在对人物作思想判定的时候,他的标准是不够明晰和确定的,其结果使得那些所谓的'异端'人物都被归入泰州学派,以至于整部泰州学案几乎成了一个

---

① (清)万斯同:《儒林宗派》,《文渊阁四库全书》第458册,台北:台湾商务印书馆,1983年,第581—582页。
② (清)张廷玉等撰:《明史》第24册,北京:中华书局,2020年,第7275页。
③ (清)张廷玉等撰:《明史》第24册,第7392页。
④ (清)纪昀:《四库全书总目提要》,第1697页。

异端百出的'大杂烩'。"①吴震教授之外,程玉瑛著《晚明被遗忘的思想家罗汝芳(近溪)诗文事迹编年》,记罗氏亲传弟子十一位,分别是杨起元(广东)、李登(云南)、杜应奎(江西)、汤显祖(江西)、詹事讲(江西)、曾凤仪(湖南)、崔子肖(福建)、曹胤儒(江苏)、陈履祥(安徽)、潘雪松(安徽)、周汝登(浙江)。记杨起元又传黄堦、黄玠、龚仲辅,陈履祥又传施宏猷、章仲辅,周汝登又传陶望龄。总此六位为罗汝芳再传弟子。② 程玉瑛先生对上述罗汝芳再传弟子只有简单载录,对其讲学、交游诸事不曾考述,对罗氏亲传弟子交游活动虽有些许考述,但作者述其交游过程仅限其与罗氏及同门之间,且甚少展开考真辨伪的工作。如其记万历十一年,有门人吴道南、陈致和等留学听讲③,但未曾考明二人实与罗氏亲传弟子杨起元又有师徒之宜。又记罗氏门人沈懋学流失于张居正,后指责罗氏近禅,言其"授徒过杂,大坏门户"。④ 沈懋学所揭,实际已经暗示罗汝芳后期,其泰州学人、阳明学人,乃至圣学门人之身份已渐趋消弭,此阶段的罗氏更如吴疆教授所谓"学道人"。这便涉及泰州学脉众人如何向"学道人"群体转化,阳明学自创立即鼓励个体性,但这种个体性原则上乃是建立在宋明道德性命学之"纵贯"传统的基础上,而阳明后学乃至其后这种"个体性"建构之基础则有变,以突破门户的方式挺立而出。然较为遗憾,上述内容于书中未得呈现。且程玉瑛先生此考虽大致给出了沈懋学流失之缘由,但并未考清沈懋学除受张居正父子牵扯之外,与姚江诸派交游概况及思想判摄实情。又记杨复所、邓元锡等人皆与许孚远相交,道许孚远接近江右一系,且传学刘宗周,刘宗周传黄宗羲,黄宗羲对江右王门态度固有所自。⑤ 该推断即与学界向来将许氏列入甘泉后学之惯例存在冲突,而其有关邓元锡、许孚远学术的归属问题皆有待考定。

罗伽禄《汤显祖与罗汝芳》记罗汝芳弟子八十三位⑥,可谓是对罗氏弟子较为全面的考述。其记王岳、董尚行、董润喜谈"性命",启发笔者重考罗汝芳向来所倡"性命之学"在其后学中的扬弃情况。又据笔者考察,董润与董蓉山为同族,这即涉及罗氏弟子与江西流坑董氏之交,进而可揭及地方氏族实际在阳明学发展、流变过程中实际发挥极为重要的作用。换言之,地方

---

① 吴震:《泰州学派研究》,北京:中国人民大学出版社,2009年,第40页。
② 程玉瑛:《晚明被遗忘的思想家罗汝芳(近溪)诗文事迹编年》,台北:广文书局,1995年,第206页。
③ 程玉瑛:《晚明被遗忘的思想家罗汝芳(近溪)诗文事迹编年》,第139页。
④ 程玉瑛:《晚明被遗忘的思想家罗汝芳(近溪)诗文事迹编年》,第119页。
⑤ 程玉瑛:《晚明被遗忘的思想家罗汝芳(近溪)诗文事迹编年》,第136页。
⑥ 参见罗伽禄:《汤显祖与罗汝芳》,南昌:江西高校出版社,2016年,第57—70页。

氏族之兴衰某种程度上也必定深刻影响了晚明思想家的交游活动和实践方式。然这些极为重要的内容尚未得以展现。又记左宗郢、陈希圣、涂云雁、袁黄等人，此四人既有杨起元同门之义，又有杨起元弟子之嫌，故仍待逐一考辨。陈梛《杨复所与晚明思潮研究》记其部分交游情况①，涉及对杨复所与明末诸派人士交游往来的考述，包括杨氏与其前辈思想家周柳塘、李卓吾、耿定向之交，与甘泉后学许孚远、唐伯元之交，与东林学者邹元标、赵南星之交，与泰州后学徐樾再传弟子孟我疆之交，与其同门黎允儒、曹胤儒之交，与江右王门王时槐之交，与龙溪门人张元忭之交，与居士冯梦桢之交，与佛界人士憨山德清之交，与其弟子杨东明、袁了凡、吴道南、蔡献臣等人之交等。然其考述过于简略，且作者列杨东明、袁了凡、吴道南、蔡献臣共为杨起元后学，但并未考四人门人、弟子之别。如四人中，杨东明后列"北方王门"缘由何在？袁了凡几度易师，据何归入杨起元门下？两则问题关系重大，但皆未得考。至于吴道南、蔡献臣等人与杨起元师承关系更为薄弱，而作者仅据书札有称即定弟子之实，恐失严谨。又据《证学编》收录《论学书》一文载，杨复所自称尤重弟子佘常吉，然佘常吉生平事迹及对杨起元思想如何继承、如何发挥并未见考。除杨复所之外，学界对罗汝芳亲传弟子汤显祖也有探讨，如谢梦洁《汤显祖交游述考》记汤显祖与其弟子李至清曾谈及罗汝芳"明明德"之说，然学界对李至清的生平、思想仍欠缺关注。

## 二、近溪再传及三传弟子于王学的批判和重构

综上，有关罗汝芳门人、弟子的考辨、整理，及其交游互动的研究虽已陆续展开，但仍留存偌大空间有待开拓。比如众人皆知杨起元为近溪高足，然就师承而言，罗汝芳去世之后，杨起元与周柳塘、李贽、耿天台等皆来往甚密，多得三人教诲。《复耿侗老》载其语曰："不佞向未知学，近蒙罗、周二师提诲，稍有醒觉。"②又，《周柳翁座主书》记其语曰："起自受知门下，幸蒙提诲……诚能一旦之间，泯其知识，歇其念虑，而惟心是从，如鼓答桴，如声应响，如水行地，如镜现形，安得而不舍，安得而不从……此中甚蒙耿老先生教受，附闻。"③《李卓吾先生》中杨起元语曰："近得先生与焦漪园丈书，又得我柳师教札，知我柳师之于先生，有相信相爱之深者……生于先生大教，私淑有年……读祭近老文，不觉泪下长叹。盖自以世不复有知我师者，奈何茫茫

---

① 参见陈梛：《杨复所与晚明思潮研究》，中山大学博士论文，2013年，第17—31页。
② （明）杨起元：《复耿侗老》，《证学编》卷二，上海：上海古籍出版社，2016年，第68页。
③ （明）杨起元：《周柳翁座主书》，《证学编》卷二，第62—63页。

宇宙之中，又有先生在焉。"①据此可知，杨起元在继承近溪之教的同时，实际于后期也不同程度接受了李贽、耿天台、周柳塘三人的教诲。此便为杨起元之后，近溪学的维系、传承埋下隐患。就同门之交而言，现得确考的仅为杨起元与黎允儒、曹鲁川之交。至于管东溟、周海门、焦竑等人虽曾为近溪门人，但或于师教有疑，或转学他人。又，《管东溟公祖》中，杨起元道："鲁川丈至，再奉教札……门下之学不出于吾师，则似乎无所事守。"②此便是对管东溟无守师教的指责。《焦漪园会长》一篇中，杨起元道："执事与生同师，犹同气也，安敢不相正也……生性极钝极拙，惟确守师说，一字不敢易。窃谓孔子一线真脉，至我师始全体承受者，正在于此，而其学亦可谓至矣！若乃宣扬而光大之，如执事力量，岂能两有？生忝同门之末，实不能不厚望也。披露肝胆，惟执事一意扶植。"③此便揭示焦竑实有篡改师说之嫌。又，虽然杨起元在《许甸南给谏》《邹南皋年丈》等篇中对周海门之学都有称赞，如其道："周海门年兄于学问甚切，望大家共证之。"④然周海门是否为近溪弟子，仍待商榷。

杨起元之外，"盱江一脉真儒"还有吴道南，吴道南又有门人钱士升。程玉瑛将吴道南列为罗汝芳门人，陈椰却将其列入杨起元门人，如此，吴道南的归属究竟如何？结合对吴道南自身交游经历、思想建构的考察，及于严格意义上的"门人""弟子"概念之间区别的顾虑，我们大致认为，吴道南总体上受罗汝芳启发尤甚，其论学、作为皆具泰州遗风，但在近溪思想乃至王学宗旨的传承上却有极为显明的批判意识。

首先，吴道南的师承归属，按其同僚、后辈看待，正应纳入"盱江一脉"。如有朱国祯（按，于吴道南自称"弟"，入明内阁，叶向高手下）为其作《墓志铭》，其中提及吴道南"特以生平未究性命之学，负笈从罗盱江先生游，尽抉理学之奥……己丑登第，出杨复所先生门"⑤。又有林尧俞（按，于吴道南自称"弟"，南京礼部尚书，不阿阉党）为其作《吴文恪公像赞》，称其"是古大臣之模，而盱江一脉之真儒者耶！"⑥据考，吴道南确曾受教于罗汝芳、杨复所等人，然按其自道，还师李茹真。《宝唐语略序》载吴氏自语曰："二吴辈出，振我宝唐，先正象山近居尤甚，吾乡始未尝不邹鲁其风……李师独握真承，

---

① （明）杨起元：《李卓吾先生》，《证学编》卷二，第84页。
② （明）杨起元：《管东溟公祖》，《证学编》卷二，第123页。
③ （明）杨起元：《焦漪园会长》，《证学编》卷二，第99—100页。
④ （明）杨起元：《邹南皋年丈》，《证学编》卷二，第93页。
⑤ （明）吴道南：《吴文恪公文集》附录《墓志铭》，明崇祯吴之京刻本，第2页。
⑥ （明）吴道南：《吴文恪公文集》附录《像赞》，第1页。

雅怀达善,日与二三子于宝水之上亲授受焉,一时问学之士,靡不踏景应声,共聆至诲,黄君明条而记之……总之,标仁体以命宗,揭默识以开悟。"①此处的"李师",按吴道南有《送李茹真师》一篇,其中亦提及其师"雅怀达善,多士依依"②,故应为李茹真。按文中揭示,吴道南对李师极为尊崇,但并未言及其师思想创见和哲学主旨。事实上,依据对吴道南更多篇章的分析、解读,我们认为吴道南在思想归属上更倾向于泰州,而其交游活动也多与泰州人士牵连,即便在仕途上,也多番受到与罗汝芳、杨起元向有故交的东林人士的回护和辅益。《罗近溪先生外编序》一篇载吴道南称罗汝芳"吾师",并极赞近溪"精一"之学。其道:"夫道一,吾师之言亦一……吾师之学糟粕胥神,化性命、经济非两也,微咏长歌,天机鸣籁,清裁雅制,灵苗敷芬,演乡约,则圣训,洋洋昭揭,闾巷其振铎之遗响耶!"③此便将罗汝芳学说的精粹理解为义理之学与经世之学的合一,并着重强调了后者的现实意义。又,吴道南与罗汝芳门人詹事讲有过密交往,《侍御詹养贞先生传》一篇载其评詹氏曰:"公性嗜学,不自多其文艺,尝就邹文庄公、罗文恭公罗近溪先生究慎独、致知之旨……又建王心斋先生祠,广厉诸郡贤士……公澹然罔营,唯是讲学延贤,有以自好如怡也……独念公之在余,情意宛如家人,至其相成,又俨然师友,乃同官半载,公即弃余。"④吴道南此评提及三则重要信息:其一,詹事讲不仅曾向罗汝芳求教"致知之旨",更曾为泰州创始人王艮建祠;其二,詹氏讲学延贤,亦有泰州遗风;其三,詹事讲于吴道南情意宛如家人,又有师友、同官之谊。据此可知,吴道南与詹事讲之交更似同门之交。至于吴道南与杨复所之间授受关系,详情可见吴道南为杨起元所作墓志铭中记:

> 同门戴士衡君以其侄见昕状来征铭……忆自己丑岁,先生分役礼闱,蒙收不肖为门下士,先生不以文章器不肖,进而与谈性命之学,奈机缘浅薄,无能时承密诲,方幸先生晋少宰,获遂私愿,不虞有太夫人之丧,又不虞甫期年而先生从游地下……吾师乎!吾师乎!非不肖之铭,而谁铭焉!⑤

按吴道南上述所说,首先,杨起元于己丑岁,即罗汝芳逝后一年,确曾收

---

① (明)吴道南:《吴文恪公文集》卷十四,第24页。
② (明)吴道南:《吴文恪公文集》卷二十七,第1页。
③ (明)吴道南:《吴文恪公文集》卷十四,第19—20页。
④ (明)吴道南:《吴文恪公文集》卷二十,第1—3页。
⑤ (明)吴道南:《吴文恪公文集》卷十七,第21—22页。

其为门下;其次,杨起元向其宣讲罗汝芳所授"性命之学",然其并未得合适机缘;再者,杨起元门下另一人士戴士衡曾向其为杨起元请墓志铭。戴士衡,按吴道南称,即为其同门,据《明清进士录》载,为"明万历十七年(1589)三甲三十四名进士。福建莆田人,字章君。由新建知县,历吏科给事中,屡有建白,皆裨时政。上备倭八策,后皆如所言。其后以力争国本,谪戍二十余年。释还卒,赠太仆少卿"①。由此可知,吴道南在罗汝芳过世之后,确曾拜入杨起元门下,但据他讲述,虽入其门下,然未得机缘承听杨起元由近溪处所得"性命学"之密诲。而此密诲依吴道南对杨起元学术宗旨、思想特色的评介,乃为杨氏视作"真诠"。就此来说,从师承上,吴道南确为近溪一脉再传弟子,但在学承上,则大有疏离。更须关注的问题是,由吴道南,正式为近溪学说重划范域。《李泰宇丈》一篇载吴道南语曰:"某自杜门以来,深自惩悔,细参语录。东越之学得于金川,乃知致知最为本体工夫肯綮处,真万死一生而捻出此也。惟一'良'字起疑,却原来阳明先生本《大学》,非《孟子》也。王龙溪先生语录商细入微矣,启发于慎悱而复反于三隅,乃知师严道尊正系于此。"②此即将阳明学从象山学讲起,但认为阳明学所尊经典实乃《大学》,而非《孟子》。这即从孟子学出发,为阳明、象山之学作出区分。《语录》又载其语曰:

  陆象山先生独窥性命之原,不作名相义理想……东越致良知,江右得之为独深……王阳明先生之学似得之象山先生……就把致良知作一大头脑,遗下格物……断然舍格物,终是无头脑学问,若乃各有所矫,各树赤帜,未敢以杏坛之流派许也。或以为象山先生之后有盱江,姑书之以俟知者。③

  吴道南此说再将阳明良知学溯至象山学,而将罗汝芳一脉向传之"性命"微旨溯至象山,但同时指出阳明"致良知"宗旨有"遗下格物"之弊陋。后又指出"象山先生之后有盱江",即揭近溪之学乃直承象山,又弥补阳明学之阙。又,吴道南弟子钱士升云:

  师学有宗传,大要在识仁体、达生机,见赤子之心,为大人,参不学

---

① 潘荣胜:《明清进士录》,北京:中华书局,2006年,第575页。
② (明)吴道南:《吴文恪公文集》卷二十五,第12页。
③ (明)吴道南:《吴文恪公文集》卷二十六,第8—9页。

不虑之知能为圣,解人我封畛,浑然大同。《宝唐语录》由旴江以接金溪。而事业经济,以及一切记载声律之文,直本体中之余绪耳。所谓立诚居业合天下为一己者,非师其谁归耶!①

钱士升,按《吴文恪公文集》篇首有"门人钱士升顿首"②一语,又按《明清进士录》载其"明万历四十四年(1616)一甲一名进士。浙江嘉善人,字抑之。入翰林修撰,与钱龙锡、钱谦益、钱象坤并称'翰林四钱'。因时局动荡,乞养归。起左中允,不就,以避'东林党''阉党'之争。崇祯朝,起少詹事,进詹事,后又乞病归。诏授南京礼部侍郎,擢礼部尚书兼东阁大学士,参预机务。忤帝意,辞官。入清,卒于家。有《南宋书》《逊国逸书》"③。综合吴道南及其门人钱士升所讲,最终是将近溪之学单独拎出,直续象山。故而可说,吴道南确可入旴江一脉,但或已不可列为阳明学之追随者。《语录》又载吴道南之说:"予见讲学先生每每于圣言强要打成一片,不知月映万川固是一月,然影所见处,亦有江河、池港、沟涧之不齐。且可以语上,可以语下,圣言亦自分剖一贯之旨……何可以意决裂圣言也,慎之,慎之!"④此便是为力破合一主张,以攻阳明心学立学宗旨。这既有对阳明"学"与"派"双向度的突破性批判,又有重构宋明学统及儒学道统之倾向。

经以上梳理,近溪之后,杨起元、吴道南、钱士升是极具代表性的近溪亲传、再传弟子,然自近溪始,牟宗三即以泰州学"特出"者界定之。所谓"特出"大致可理解为,在理论建构、哲学成就方面,较泰州一脉其他人士,更具创见,更显圆熟。这在一定程度上既揭出了近溪立学实得泰州、阳明思想之精髓,同时也预示了近溪思想于先儒思想之传承已有"走出"嫌疑。至杨起元,虽其终身尊崇近溪所教,但近溪逝后,杨氏又师事周柳塘、李贽等人,在此期间,经其诠释的近溪之学杂糅过多他人宗旨,在未将近溪"明明德"思想及"性命"密旨传承下去的同时,引领阳明心学回归岭南心学之路径,又将儒学关键议题的诠释推向佛教义理深水区。再至吴道南,其于阳明心学立教宗旨的否定,于宋明理学整体学术风格的批评,可以说是彻底走出了特定学派、学脉立教宗旨、活动范围之限定,以新时代学者之担当,实现对阳明心学,乃至宋明理学的深入反省和批判。此便可视为王学分流、清学兴起之明证。

---

① (明)吴道南:《吴文恪公文集》卷首,第5—6页。
② (明)吴道南:《吴文恪公文集》卷首,第10页。
③ 潘荣胜:《明清进士录》,第662页。
④ (明)吴道南:《吴文恪公文集》卷二十六,第11页。

## 第三节　学争、党争的双向延伸：以泰州、东林关系考为焦点的研究

明清儒学的演进一方面受内部学争的影响，另一方面也有外部党争因素的深广介入。尤其在经世之学复兴一事上，更呈现出学争、党争双重因素之作用。而深涉学争、党争之中的，正是泰州与东林。故对泰州、东林两派人士之间来往事实的梳理，或可为晚明"人"与"学"的思想互动发掘其社会、政治的多元因素。

### 一、东林、泰州之政治勾连

言及东林与泰州之间的勾连，需要从东林学人、党人政治运动的分期问题展开考察。谢国桢在《明清之际党社运动考》载：

> 《明史》卷二百二十九《赵用贤传》上说"自是朋党论益炽，中行、用贤、植、东之创于前，元标、南星、宪成、攀龙继之，言事者益裁量执政，执政日与枝拄，水火薄射，讫于明亡云"，党论之兴，就燎原于此了。①
> 在万历二十年至三十年（1592—1602）是东林当政的时期，三十年以后是两党互持的时期，四十五年（1617）以后是三党专政的时期，天启初年（1621）东林又得到政权。②

参照谢国桢对东林党各阶段发展情况的介绍，可知东林参政时期实际正逢晚明学术呈复杂演变之期。此间，党争、学争参杂互现，各方势力盘根错节。然整体而言，在以党社为代表的团体势力日益增长的同时，个体理性因素愈发凸显，由此刺激当时士人学派意识、党派意识呈淡薄之势。在此情形下，学人之间思想交流更具批判意识和理性自主精神。东林人士在成立学派之前，其身份首先是朝廷政客，学界士子也多经其推荐，进入朝堂。如赵用贤就曾推举邓元锡、刘元卿等人，此二人皆为王学人士，其中邓元锡又有作为泰州特出者罗汝芳门人之经历，而刘元卿更是江右王学的代表思想家。东林鼎盛期，邹元标、赵南星二人与泰州后学，尤其是"盱江一脉"更是

---

① 谢国桢：《明清之际党社运动考》，北京：北京出版社，2014年，第13页。
② 谢国桢：《明清之际党社运动考》，第37页。

往来频繁。

众所周知，万历党争形势相当之复杂，内阁、言官、宦官三方势力介入其中，东林一派与当时一众道学（心学）人士实际同属被朝堂重点关注之对象。原因在今天看来大致可以想象，因两类人士皆好议论，前者直接参议朝廷各类政策的制定，各类人才的选用，后者则以在野士人的姿态讲学、论道，即以另一种方式"干预"朝堂决策。期间，以王学人士之身份介入党争的关键人物便有罗汝芳。学界有一种观点，即将东林重要人士邹元标列为罗氏门徒。张昭炜有《邹元标与泰州学派——以罗汝芳为中心》一文，其中曾列邹元标与罗汝芳及后学杨起元、焦竑、陈履祥、汤显祖等人之间的往来。实际上，邹元标确曾向罗汝芳请教，《愿学集》卷二有《答罗近溪》一篇，其道："不肖年来亦渐有路，妄谓此学一得即得，不得即终身不得。夫所谓得者非影响袭取，先儒所谓用力之久而一旦豁然贯通之谓也。吾学贯通，直是与天地同流，廓然无涯，更复何物可以易此。先生以为然否？望裁教之。"①也确曾受泰州影响，故其有"日用寻常事即性即天"②一说，然若将其列入泰州，列为罗汝芳门下，却也牵强。因邹氏作为东林党派之中坚力量，往往出于自身政治身份，于一众讲学人士实际也有批判，如其云："以龙溪先生见地，能小心翼翼不堕世间行，岂不照天照地？以近溪先生若再谨饬一下，后学谁得而议之？"③此即亦在批判近溪论学有阔略之嫌。邹元标之外，东林赵南星也与近溪一脉交往甚密。赵南星有《刻罗近溪先生语录抄序》一篇，其中记曰：

> 余往者以为学在力行耳，何必讲也……己丑之春，余与杨复所先生同事礼闱，余睹其人似有道者，知其讲学，问之曰：何修为而可为圣贤乎？先生曰：吾人与圣贤之性无二，何用修为？余应之曰：譬如世子之生即为侯王，若曰吾安得此分，神明去之矣。先生曰：得之矣。遂与余具言近溪先生之学，余于是乃知吾身之大也，为圣贤若此之易也……欣喜之深不可为比。既出闱，先生悉以近溪先生之书示余读之。时过先生，先生他出，则与其老友黎君文塘者谈，黎君亦学于近溪先生者也……余向言学不必讲，则圣贤之罪人也。④

---

① （明）邹元标：《答罗近溪》，《愿学集》卷二，《文渊阁四库全书》第1294册，第34页。
② （明）邹元标：《柬东林书院诸同盟》，《愿学集》卷三，《文渊阁四库全书》第1294册，第88页。
③ （明）邹元标：《答周海门少参》，《愿学集》卷三，《文渊阁四库全书》第1294册，第94页。
④ （明）赵南星：《刻罗近溪先生语录抄序》，《赵忠毅公诗文集》卷七，《四库禁毁书丛刊》集部68，第154—155页。

此即揭示赵南星乃是从杨起元处了解并接受了罗汝芳学说，而其接受之具体内容，应该是罗氏学说对实践精神及成圣意志的强调。这一点正与东林经世思想极为契合。东林人士对泰州一脉尤其是罗汝芳思想主张的接受，于当时甚有交织为一的倾向，故朝堂人士针对东林的批判往往夹杂对以罗汝芳为代表的王学人士的指责。黄道周《黄石斋先生文集》卷十二有《周忠愍公墓志》一篇，其中记："公之初为御史也，东林议初起，公疏言：东林之学起于杨时，今欲借道学以攻杨时，借杨时以攻顾宪成、罗汝芳皆非是。于是诋道学者愈沸，公自是亦不复言东林也。"①学界对周起元与罗汝芳、顾宪成之关系皆有了解，于罗汝芳，周起元曾在幼时执弟子礼；于顾宪成，周起元同是东林人士。故而，周起元为罗、顾二人上疏谏言，乃是出于统一的捍卫道学之初衷。因此，某种意义上，顾宪成对罗汝芳的多番批驳，如其道"罗近溪先生曰：由孩提之不学而能，便可到圣人之不勉而中；由孩提之不虑而知，便可到圣人之不思而得。此意见得极透。乃宗其说者因是类喜言自然图做个现成的圣人，则又误矣"②，又道"罗近溪以颜山农为圣人，杨复所以罗近溪为圣人，李卓吾以何心隐为圣人"③，等等，都是道学内部纷争。

又有周念祖《万历辛亥京察记事始末》曾记徐兆魁针对东林以及罗汝芳等阳明后学人士一致的批判，在此进程中，又有东林对罗氏的诸多回护。按徐兆魁云：

> 职观从古以来未有义利不明之理学，而甘利若饴，说事情保贪横，传食受馈无厌，则自近日东林托名讲学之诸臣始，凡缙绅士庶无不知之，而不敢发。职虑其坏人心世道不浅，顷因驳丁元荐一疏发之，职何尝一字失真，又何尝一念欲搤海内诸臣之进……王守仁何等功业！良知之说，至今犹有诋之者，今日东林似未必有二臣其人，理学何容易乎？近如罗汝芳、李材、徐用检、祝世禄皆讲学者，罗李二臣尤其高者，乃杨时乔曾疏及罗，以为无裨世风，李材则以冒功谪戍，用检则以守被论，世禄则以贪而计处。今东林中似亦未有罗李其人者，何必金为推尊……更乞陛下将臣前后三疏与救理学诸疏并敕下阁部科道从公议，覆使天日不蔽于阴霾谗言已。④

---

① （明）黄道周：《黄石斋先生文集》，《续修四库全书》第1384册，第281页。
② （明）顾宪成：《顾端文公遗书》，《续修四库全书》第943册，第136页。
③ （明）顾宪成：《顾端文公遗书》，《续修四库全书》第943册，第199页。
④ （明）周念祖：《万历辛亥京察记事始末》，《续修四库全书》435册，第348—350页。

第二章　晚明心学人士的流动、走出与"泛阳明学"时代解体之势的形成 ·57·

此有极贬东林，及以罗汝芳为代表的晚明讲学诸人之意，也显现出徐兆魁对讲学尤厌之态度。与此同时，也可见得，在部分朝臣看来，东林党派向有回护讲学诸儒罗汝芳、李材等人之传统。面对徐兆魁的批判，东林党人周起元，及钱一本之子钱春即刻反驳道：

> 近见太仆寺少卿徐兆魁与言官诋辩，学步玉国，已属纵恣矣……古今载籍多矣，兆魁何不摘名教中一二美事言之，而独引此伪学一条以为考信于载籍，甘同调于继祖三杰为也？最可恨者，杨时、罗汝芳等诸儒亦敢肆讥评。即就臣少时所识罗汝芳一人言之，汝芳学严屋漏，遵度率轨，一言一行为世准的，臣顷阅粤东请谥册，内称原任吏部侍郎杨起元执贽罗先生而禀学焉，往复参证，因大悟性命之宗；又云一闻罗先生之学，服膺，无须臾忘离，雕一小像出必告反必面，岁时约同志奠于所祀之居，以为常由。兹言之，是粤东之名臣且授业自汝芳以成性命而光地灵。兆魁顾妄加讥诮，其为粤有识者之共弃可知也。①

> 臣职在守法……狎不肖以轻君子，固无若太仆寺少卿徐兆魁者，臣敢嘿然不言以辜皇上拔擢至意乎？辄不胜款款之愚。各陈其概，幸皇上垂听焉。臣谨按兆魁恃小有才，恣大无忌，似子车之狠，偏噬异己……甚而贬杨时，訾吴与弼，讥李材，诋罗汝芳……此臣不能为兆魁解也。②

如果说周起元之反驳有个人交情之因素，那么钱春上述所说便是立于道学，以反击徐氏之责难。对此，徐兆魁又上一疏，云：

> 臣广东拙戆人也……只缘庚戌之春疏论淮抚李三才贪横不法，遂触其党，朋起交攻。职辨疏中曾及东林，遂为今日不可解之仇怨。福建道试御史钱春者，东林钱一本子也，吴亮，贺烺儿亲也。吴亮借顾宪成书攻臣，臣有驳疏。贺烺捏风影语攻臣，臣亦有驳疏。难自谁起，此何足为钱春狐兔深悲，乃春等构谋待发，要非一日之积……杨时、吴与弼、李材、罗汝芳皆讲学人，瑕瑜自不相掩。臣前疏特借之以明道学之难真，非有意贬之也。且臣所引之言，皆古今成说，原非臣创。春以此为能惑人噬己，不知所惑所噬者果何人耶？淮党之内，臣未尝泛攻他人，

---

① （明）周念祖：《万历辛亥京察记事始末》，《续修四库全书》第435册，第513页。
② （明）周念祖：《万历辛亥京察记事始末》，《续修四库全书》第435册，第501—502页。

东林有称贤者于玉立吴亮外,臣未尝轻诋一人。①

徐兆魁此次申辩,又提及东林党重要人物——李三才。按其陈述,东林之所以奋起攻击,即在维护朋党之私。至于其批判罗、李诸人,只为澄清道学难真。若按徐兆魁此说,东林于罗汝芳等人的回护,亦有携私之嫌。这一携私嫌疑不能不引人质疑,即东林学派、党派中明明有以顾宪成为代表者对泰州颇有微词,这又如何看待呢? 实际,我们认为,作为党人的东林和作为学人的东林是有明确观点分野的。整体上,顾宪成相较高攀龙、邹元标等具有更为显明的政治参与意识,故而列其为党人更为契合。在此需要点明的是,除顾氏之外,晚明阳明学又曾遭遇宰辅叶向高的压制。而叶向高也是东林党人重要一员。在此意义上,东林顾宪成之类对泰州部分人士的强硬态度和批判意识实际某种程度上代表朝堂,代表政界;而高攀龙之类有回避两相争执之嫌,又以邹元标为代表,则有偏袒泰州与阳明学之意。如高攀龙在回复叶向高的信中曾道:"攀龙迂鄙无似,少读孔孟之书,程朱之训……宁禀前哲之矩,跬跬为乡党自好,而不敢谈圆说通,自陷于无忌惮之中庸……门下辟邪卫正之意真矣至矣,而所取如龙者,则非其人。"②高攀龙婉拒叶向高"辟邪卫正"之托,并非不认同其主张,实际高氏本人也较为抵触以管东溟为代表的"谈圆说通"诸人士之观点。如在《与管东溟》一书中,高氏道:"窃窥先生大旨,要在统一三教,所以统一三教,为欲度尽众生。此是先生愿力,其他种种法门皆由此起用。盖先生实见得毗卢性海……然于圣人之道终有不合……先生从明哲悟入,以趋大觉之体,迨后读《华严》见性,益契无倚之智,至于儒者六籍,皆先生悟后印证。故究竟只成佛门见解。"③据此可知,高攀龙在儒佛边界一事上实持有较为明确、清醒的态度。在此意义上,高氏婉拒叶台山之托,实际有回避政界、学界纷争之意。然晚明局势并没有如其所愿。

## 二、由政派到学派:诸儒立场、观念之争的激化和延续

接上文所述,晚明学界"谈圆说通"者实并非仅管东溟,还有罗近溪等阳明后学人士。事实上,起码在黄宗羲看来,高攀龙与罗近溪在部分学术主张上是暗合的。按黄宗羲评曰:"忠宪又云:'人心湛然无一物时,乃是仁义礼

---

① (明)周念祖:《万历辛亥京察记事始末》,《续修四库全书》第435册,第503页。
② (明)高攀龙:《答叶台山》,《高攀龙全集》上册,南京:凤凰出版社,2020年,第431页。
③ (明)高攀龙:《高忠宪公诗集》,南京:凤凰出版社,2012年,第274—275页。

智也.'羲以为乍见之顷,一物不著,正是湛然。若空守此心,求见本体,便是禅学矣。罗近溪自述其不动心于生死得失之故于颜山农……此亦与忠宪之意相符。"①总而言之,不管出于思想上的认同,抑或出于道学同仁之谊,东林学人对罗汝芳的回护已是既成事实。而实际上,该回护态度并未止于罗汝芳,而是延续至近溪后学。近溪再传弟子吴道南同样多得以邹元标为代表的东林人士的辅益。《吴文恪公文集》载多通吴道南与邹元标的信札。如《邹南皋先生》一篇中,吴道南云:

> 道之废兴实本于命,某本无其道,安敢以废兴必之于命哉!②
> 翁台瑰望中外,拭目久矣,简在帝心,尚稽昭命。何敢以弟之谫劣,重劳殷注之悁悁也!感谢,感谢!抚台公祖曾转致翁台万物一体之旨,乃知正人君子所为,经世之妙用,自有大本原,非苟而已也。③

据上可见,邹元标对吴道南多有教诲、栽培之意。又考吴道南深交士人中,多位乃《东林点将录》成员,借此可考东林与泰州关系的绵延。其中,邹元标可谓前辈,叶向高可谓同僚,刘一燝可谓后生。具体地讲,吴道南有多通致叶向高的信件,如《叶台山先生》等,知其政治上与叶向高交往甚密,而这一甚密之关系同样有东林人士参与的因素。如此,邹元标曾推荐罗汝芳、杨复所,又荐吴道南,本身即可见东林党人于泰州后人,或者更准确的说,于盱江后学的扶持、教诲恩情向来深重。故而,吴道南作为朝中重臣,其"盱江一脉真儒"之身份大致确然,据其交游可见后期东林于泰州后学、近溪学人的辅益,同时以邹元标为代表的东林学人、党人,其价值与影响有待重估。如据邹元标《愿学集》载,邹氏向来对泰州学人持一定程度上的回护态度。其曰:"新建有泰州,犹金溪有慈湖,其两人发挥师传,亦似不殊。斯道不孤,德必有邻,予于兹益信。或曰泰州主乐,末世有猖狂自恣以为乐体,奈何?予曰:此非泰州之过,学者之流弊也。夫流弊,何代无之?终不可以流弊而疑其学。"④此便是为泰州争辩。卷二《答罗近溪》记其曾向罗汝芳请教⑤。卷四《识仁编序》又记其于罗汝芳请教,且为杨复所编近溪语录作序。《序》云:"此近溪先生论学语,太史杨子录而梓之,名曰《识仁编》,以传同志者

---

① (清)黄宗羲:《孟子师说》,《黄宗羲全集》第1册,第70页。
② (明)吴道南:《吴文恪公文集》卷二十四,第1页。
③ (明)吴道南:《吴文恪公文集》卷二十四,第8页。
④ (明)邹元标:《愿学集》卷八,《文渊阁四库全书》第1294册,第289页。
⑤ 参见(明)邹元标:《愿学集》卷二,《文渊阁四库全书》第1294册,第34页。

也。忆丁丑岁,先生入贺至都,予侍先生榻月余。"①此即揭邹氏曾受近溪教诲,并深服其说。卷六记其为杨起元作《传》②。卷三《柬许敬庵司马》记其劝谏许敬庵与杨起元之论争,对于后者亦有维护。其曰:"尝闻四方友人论翁与杨少宰学不同,大不相能,然耶?否耶?……吾侪今日学术流弊,为整顿法门则拈皮带骨,无之不可。若欲跻圣域,开一脉以俟千圣,则神髓处有人理会者,可轻置之乎?"③邹元标力谏许敬庵放下执见,识得杨起元学说精到之处,此即党争介入学争之明证。

  杨起元、吴道南与邹元标之交可以视为盱江一脉与东林关系之延续,亦可作为泰州学派参与当时学争、党争之明证。然泰州、东林关系的延续,以及当时思想界介入朝堂纷争的热情一样是有时空限定的。如至吴道南门人钱士升,情况即有变化。按《明清进士录》记其"避'东林党''阉党'之争"④,大致可以推知,从罗汝芳到杨起元,再到吴道南,再到吴道南弟子钱士升,作为"泛阳明学"后期衍化之学派——盱江一脉,其众人对待东林人士的态度或随党派之争中消极因素的突显而逐渐冷淡。这便是晚明儒者趋向理性反省、重构之端倪,非经此冷静时段,儒学转型之契机不得真正到来。

---

① (明)邹元标:《愿学集》卷三,《文渊阁四库全书》第1294册,第125页。
② 参见(明)邹元标:《愿学集》卷六,《文渊阁四库全书》第1294册,第276页。
③ (明)邹元标:《愿学集》卷三,《文渊阁四库全书》第1294册,第73页。
④ 潘荣胜:《明清进士录》,第662页。

# 第三章　晚明清初的阳明学、朱子学诠释与思想衍化

经由对人的活动的考述，前文大致呈现了晚明清初儒者其学脉意识越发淡薄的人为因素，本章将继续以上讨论，从思想史进路，深入发掘当时儒者"成""我"之学的大概过程与基本表现。比如在心学的诠释上，隆万以降，阳明后学及阳明后学之后的思想家其哲学建构各具特色。尤其是随着阳明"四句教"，及"四有""四无"传承之别，王学末派及持修正、批判主张的众人士诠释的部分"心"学主张亦非完善、精确的阳明心学。与此同时，和明季之初较为一致，朱子学再次成为学者批判他说、重构己说的重要工具。不同的是，晚明乃至清初，工具化的朱子学理解不再是为建构心学作准备，而是为解构阳明心学乃至整个宋明理学作铺垫。而于晚明清初各类"心"学、"朱子学"诠释纷纷涌现之际，学案编纂成为潮流。如果说此时主流儒者的阳明学、朱子学理解，往往凸显其各自学派观念，那么明清之际众多以道学自任的思想家有关宋明以降的学术总结、归纳和整理，则揭示了当时儒者的哲学重构蕲向和思想独立特色。

## 第一节　晚明心学是"谁"的心学？——杨起元"致虚立本"说溯源

尽管我们必须承认，在相当长的时间内，阳明心学占据晚明心学的主流，但这种主流身份在明末阶段出现松动。以杨起元为代表的王学末流，在诸多重要议题的理解和诠释上已有渐出阳明心学范域之征兆。作为罗汝芳高足，杨起元虽对近溪学术大力倡导，但其对近溪学术的阐发存在两方面重要问题：一方面，杨起元对近溪思想的发挥主要是对其师个别观点、个别主张的宣扬，非近溪哲学建构之全部；另一方面，虽同样具备融合特色与"善无常主"之精神，但杨起元对他家学术的融合并未达致近溪贯通、圆熟境界，故

其心学建构并非成熟、完善的阳明学传承,而深受岭南心学的影响,因此在诸议题的诠释上,杨起元之说往往不离对白沙学的推崇和理解。如《李斗野丈》一文载杨起元语:"吾乡白沙先生,亦不过继续先圣先贤之脉耳。白沙出,则先圣贤不死矣。吾人今日奋然有立,亦所以继续白沙先生之脉,使白沙不死也。"①《复吴悟老》亦载:"起晚末无识,素读吾乡白沙先生书,而不达'致虚立本'之说,因见近溪先生,后稍有所见。而敝座主柳塘先生书来云云,勿以一知半解为足,不足则足矣,足则不足矣。起读之,适与心会,因陈所见,而极言虚之义在于舍己从人。"②陈白沙"致虚立本"之说于阳明学具有广泛影响,除罗近溪曾有发挥,王龙溪亦有阐释。龙溪曾云:"学本平易切实,不离伦物应感。良知本虚,格物所以立本而致虚。精微中庸,正以证广大高明之实学。不如是,非所以凝道也。"③据此,龙溪便是以"立本致虚"讲良知之体与致良知之工夫。龙溪这一主张在当时学人文中也有记载。王宗沐《寿龙溪王先生序》中云:"余与同志友人赵君麟阳、徐君龙川间以游,雅及通家……阳明先生挺悟于绝学之后,独阐致知之教。龙溪先生在门高弟,独因无善无恶之旨悟人,深参密悟,结发以至白首,从事于此学而无二事,此先生之所以忘年而求其圣也。格物以为炼虚,致知以为归一,经纬于应物而非外,聚会于清寂而非内,时时照应而时时无起,此先生之所以健而人于深也。"④应该说,王宗沐理解的龙溪"致虚立本"之知更具宗教意味。其理解的龙溪此说,乃是将"格物""致知"作为"致虚""归一"之路径。就此而言,儒学本体论即偏于虚无,与道家"抱一"之旨近乎一致。

而杨起元即有借近溪学说以解白沙"致虚立本"宗旨之倾向。这其中便有一条诠释路线亟需揭明,第一,我们需要厘清陈白沙、罗近溪、杨起元在"致虚立本"议题上各自如何发挥;第二,需要揭示三者如何将"致虚立本"与自身学术创造融贯为一。

首先,来看陈白沙如何论"致虚立本"。湛甘泉《白沙先生改葬墓碑铭》记白沙曾语张东白曰:"夫学至无而动,至近而神,藏而后发,形而斯存。知至无于至近,则何动而非神?故藏而后发,明其机矣;形而斯存,道在我矣。夫动,已形者也;形,斯实矣。其未形者,虚而已矣。虚,其本也,致虚所以立本也。"⑤又记白

---

① (明)杨起元:《李斗野丈》,《证学编》卷二,第79页。
② (明)杨起元:《复吴悟老》,《证学编》卷二,第72页。
③ 语出徐阶《龙溪王先生传》,参见(明)王畿:《王畿集》,第826页。
④ (明)王畿:《王畿集》,第851—853页。
⑤ (明)湛甘泉:《白沙先生改葬墓碑铭》,参见(明)陈献章:《陈献章集》下册,北京:中华书局,2012年,第884页。

沙与己曰:"惟至虚受道,然而虚实一体矣。惟休乃得,然而休而非休矣。勿忘勿助,学其自然矣。"①鉴于此,白沙"致虚立本"一说的核心内涵实际在宣明一种观点,即本体本状至虚至明,立主此至近至神之本体正需经由勿忘勿助之工夫,此即可谓"至虚受道",可谓"自然之学"。进一步言之,如欲再行深入理解白沙主张,还需明确白沙所谓"虚""本"各自何指。与此同时,因理学家言及诸概念往往对言而论,故对"虚"的理解又涉及对"实"的分析。白沙言"虚",有《示湛雨》一篇,其中云:"有学无学,有觉无觉。千金一瓠,万金一诺……万化自然,太虚何说。"②白沙这里言"虚"之义有两层内涵:其一,以"太虚"言本体;其二,以有无相间言神化无形之工夫。故而湛甘泉释曰:千金一瓠,《鹖冠子》:"中流失船,一瓠千金。"此借引以言本心也。言学当超于言语之外,而致力于不睹不闻之体,《中庸》所谓天下之大本也。大本立,则有一瓠千金之重。③此便是将白沙之义诠释为,借勿忘勿助工夫致不睹不闻之本体。与言"虚"相较,白沙言"实"指向更为明确。其道:"文章、功业、气节,果皆自吾涵养中来,三者皆实学也。惟大本不立,徒以三者自名,所务者小,所丧者大。"④此处是将"实"学指向器下世界中的具体生活。然此"实"按白沙云非"大本"。而其所谓"大本"则指向具足核心义与广阔容纳性之"心"体。其诗有云:"岂无见在心,何必拟诸古?异体骨肉亲,有生皆我与。失之万里途,得之咫尺许。得失在斯须,谁能别来去?"⑤白沙讲到的"心"便是最为实在之本体,故结合其"仁,人心也,充是心也,足以保四海"⑥,此"心"为"实",一方面有本体之意,另一方面具足"仁"之内核。又按湛若水注云:"见在心者,人之本心,古今圣愚所同有,而何必拟古圣人之心哉?此二句指出心之本体也。又言民吾同胞,虽在异体,其实骨肉之亲。而天地间凡万物有生者,皆我之与,即浑然与天地万物为一体之意。此二句指出道之本体也。然以此心会此道,一而已矣。"⑦可见,白沙以此"心"为"实"的内涵按湛甘泉揭示,又有民胞物与之广阔意义。综合来说,因"仁"之核心,故其充实不虚,因一体之仁容纳万物,又显"虚"之行状。在此意义上,白沙言"虚"实大有"实"义。因此在学界认为,白沙"虚""实"对言的同时即有"虚实一体"之指向。如刘卫红《陈白沙心学的虚、实观》一文

---

① (明)湛甘泉:《白沙先生改葬墓碑铭》,(明)陈献章:《陈献章集》下册,第884页。
② (明)陈献章:《示湛雨》,《陈献章集》下册,第703页。
③ 参见(明)陈献章:《陈献章集》下册,第703页。
④ (明)陈献章:《书漫笔后》,《陈献章集》上册,第66页。
⑤ (明)陈献章:《偶得寄东所》,《陈献章集》下册,第779页。
⑥ (明)陈献章:《古蒙州学记》,《陈献章集》上册,第28页。
⑦ 参见(明)陈献章:《陈献章集》下册,第779—780页。

总结白沙虚、实观如下:"在陈白沙的心学体系中……虚是一种'无欲'的德性境界,致虚是陈白沙心学基本的工夫论,'闲邪存诚'与'勿助'是陈白沙心学致虚工夫的基本路径。陈白沙以体证仁、善之为人的本质作为立德的根基,在致虚工夫的基础上实现了人与物的贯通,即'惟仁与物同体'。实中有虚,虚中有实,虚实一体是陈白沙心学的核心内容。"①此说的是。陈白沙有关"虚"与"实"的阐释,以及湛甘泉有关白沙主张的理解和发挥,为我们深入掌握"致虚立本"之丰富内容大有助益。又,白沙有《答张内翰廷祥书,括而成诗,呈胡希仁提学》一篇,其中道:"至无有至动,至近至神焉。发用兹不穷,缄藏极渊泉……学患不用心,用心滋牵缠。本虚形乃实,立本贵自然。"②此处,白沙有"立本"之确言,而"虚"与"实"则在某种意义上成为"本"的修饰词汇。对此,湛甘泉释曰:"盖圣学以自然为本,本立则未发而虚,已发而即实,亦周子静无动有之意……朱子尝谓圣人之心,至虚至明,浑然之中,万理皆备,所谓虚也。而所谓一有感触则其应甚速,无所不通,皆本于此。故曰:'致虚所以立本也。'先生之意,总见先静而后动,须以静为之主;由虚乃至实,须以虚为之本。若不先从静虚中加存养,更何有于省察?故戒慎恐惧,虽是存养,而以此为主,以此为本,非偏于存养也。《中庸》先戒惧而后慎独,先致中而后致和,朱子谓体立而后用有以行,周子谓不专一则不能直遂,不翕聚则不能发散,皆是此意。周子之论学圣也,曰:'一为要。'一者,无欲也。无欲则静虚动直,其即先生主静致虚之学乎?"③甘泉以上注解极为明确地归纳了白沙"致虚立本"主张,同时,甘泉力证白沙所说为然之经典依据在于《中庸》,又在此基础上,将白沙所说归继于周子、朱子之论的延续。总而言之,按甘泉理解,"本"即"实","虚"既以"由虚""致虚"释之,则此"虚"具有两个层面的内涵:其一,对"本体""实体"形态的描绘;其二,追寻"本体""实体"过程中,经由之工夫相状的说明。前者是从朱子关于本体"至虚至明"的诠释发挥而来,后者是对周子主静工夫与《中庸》"戒惧""慎独"等主张延伸而来。按此,白沙"致虚立本"思想在甘泉理解,便是依据《中庸》,融合朱子本体论主张与周子主静工夫的再发挥,故而又可概括为"主静至虚之学"。

综上所述,白沙"致虚立本"主张的经典依据在于《中庸》,其诠释路径

---

① 刘卫红:《陈白沙心学的虚、实观》,《兰州大学学报》(社会科学版)2015年第4期,第93页。
② (明)陈献章:《答张内翰廷祥书,括而成诗,呈胡希仁提学》,《陈献章集》下册,第710页。
③ (明)陈献章:《答张内翰廷祥书,括而成诗,呈胡希仁提学》,《陈献章集》下册,第710—711页。

是于朱子、周子学说的融合。在此基础上,就哲学建构而言,白沙此说兼收本体论、工夫论,具足理论创新性;就现实意义而言,此说以平常日用、民胞物与阐释践仁践性、成己成德之学,具足理论操作性。故黄宗羲评白沙云:"先生之学,以虚为基本,以静为门户,以四方上下、往古来今穿纽凑合为匡郭,以日用、常行、分殊为功用,以勿忘、勿助之间为体认之则,以未尝致力而应用不遗为实得。"①梨洲此说不仅关注到白沙"致虚"所指,且理解其"立本"之"实",可谓是对白沙立学宗旨最为精确的总结。

其次,来看罗汝芳如何论"虚",如何论"本",又如何在学理建构上与陈白沙"致虚立本"主张具备一致性。整体言之,同样借鉴朱子,依据《中庸》。不同处在于,罗汝芳将所有哲学问题的诠释迂回至宗"性"的前提之下。其中包括"良知"的体用关系、"虚""实"关系等问题。故于《中庸》,近溪取率性成道、尽性至命诸论;又于朱子之外,取程明道"定性""识仁"诸论。以上种种最终促成罗汝芳"致虚立本"思想与白沙之间虽具一致性,但于细部又有微妙差别。如近溪论"虚"则从朱子"虚灵"一说讲起。其曰:

> 朱子云:明德者,虚灵不昧。虚灵虽是一言,却有二义。今若说良知是个灵的,便苦苦地去求他精明,殊不知要他精,则愈不精;要他明,则愈不明。岂惟不得精明,且反致坐下昏睡沉沉,更支持不过了。若肯反转头来,将一切都且放下,到得坦然荡荡,更无戚戚之怀,也无憧憧之扰,此却是从虚上用工了。世岂有其体既虚而其用不灵者哉?但此段道理,最要力量大,亦要见识高,稍稍不如,难以骤语。②

罗汝芳从朱子讲"明德"虚灵不昧之体性,明确揭出此"虚灵"作为"灵"的精明义及作为神化莫测之体的不可把捉义,由此引出"虚上用功"正是致此虚灵的根本工夫。就此而言,罗氏此说与湛甘泉诠释的白沙"致虚"主张实无差异,而在"立本"一事上,罗之说与陈、湛之说却大有不同。陈、湛所立之本,就称名上讲乃是"心",究其具体内容乃为"仁"心、"道"心;罗汝芳所立之本,就称名上讲是为"明德",究其核心内容正是"良知"。有鉴于此,罗汝芳、陈白沙在"致虚"工夫上理论相同,在"立本"一事上则较为显明地呈现了阳明心学与白沙心学的本体论差异。总而言之,罗汝芳对"致虚立本"的诠释即是直接由朱子关于虚体之描述,发挥"虚"之本体义与工夫义,同时

---

① (清)黄宗羲:《明儒学案》,北京:中华书局,2008年,第80页。
② (明)罗汝芳:《罗汝芳集》,南京:凤凰出版社,2007年,第115—116页。

佐以阳明致良知工夫论的延伸，进而阐释"致虚"工夫的必要性。

此外，罗汝芳"致虚"工夫主张的经典依据与白沙较为一致地也尊《中庸》。不同的是，经上文解析，陈白沙尤重《中庸》"慎独"主张，以与其专一、主静理念相契合，由此，"静""敬"相融，构成白沙"致虚"工夫与"自然之学"之根本。与白沙相较，罗汝芳"致虚"工夫吸收《中庸》之精髓则在《中庸》性命论，并在性命论基础上力倡"率性""修身"以任自然。罗氏关于《中庸》的评价可见于其评《语》《孟》《学》《庸》。其云："好古以时习圣神，信性以善充爱敬，运矩以身联家国，畏命以心一天人。"①最后一句即指向《中庸》。近溪以"畏命"为前提讲天人合一，即是将天道、性命贯通为一，纵贯地展开。其《中庸赞》又云："天命默流布，生生性浑全。鸢鱼显飞跃，凡庸体自然。日监兹不离，严畏相周旋。至敬纯于穆，圣跻象帝天。"②此便同样是在"畏命"的基础上，以性之浑全具备申明以率性自然、勿忘勿助等为主要内容的"致虚"工夫实施之必要性、合理性。相关依据又可见于罗汝芳以下言论：

> 《中庸》专谈性道，而性道首之天命……夫天则莫之为而为、莫之致而至者也，圣则不思而自得，不勉而自中者也。③
>
> 性原不虑不学，而应用无方，便是化不可为、神不可测也。④
>
> 盖性之为性，乃乾坤神理，无善亦无不善，无不善而亦无善。所谓上天之载，声臭俱泯，而为善之至焉者也……夫惟不见不闻而寂然不动，是以能为天下至无；夫惟体物不遗而感通天下之故，是以能为天下至有。⑤

据此，罗汝芳是用"专谈性道"总结《中庸》主旨，又以"天命"与其贯通，这便在一定程度上突出了"畏命"主题的同时，揭示了"性"体"无方"、"至有""至无"的神秘特性，申明了"不思""不勉"等"致虚"工夫的必要性。最终，在罗汝芳这里，"性""命"合一得以完成，本体与工夫的一致性也得以显现。于此，宋明理学"即本体即工夫"一说呈露第三方面内涵——就本体之"虚"态，展开"致虚"之工夫。该工夫类型实际指向不分别、不执著的直觉

---

① （明）罗汝芳：《罗汝芳集》，第285页。
② （明）罗汝芳：《罗汝芳集》，第596页。
③ （明）罗汝芳：《罗汝芳集》，第74页。
④ （明）罗汝芳：《罗汝芳集》，第204页。
⑤ （明）罗汝芳：《罗汝芳集》，第314页。

体证,这即与宋明以来主讲两种路径的"即本体即工夫"大有区别。宋明心性哲学中,一般情况下,"即本体即工夫"或指向专注于道体端持的不睹、不闻式的归寂体验和心性领悟,或借对"扩充善端"的诠释,以发展的、经世的目光,取消"本体"先验存在的设定,强调以具体工夫获得对道体的亲知和确证。前者可以江右王门邹守益"默识"工夫论为例。如其云:"子思戒慎不睹,恐惧不闻,正是默识工夫。不睹不闻,非无视无闻也。即视之而不见,听之而不闻。莫见莫显,即体物而不遗,故曰微之显。微字从唐虞相传道心惟微来。末章上天之载,无声无臭,正发此默识极则。"①后者则以刘宗周、黄宗羲等人的相关主张为典型。总体上,刘、黄二人所讲的"即工夫即本体",某种意义上是为强调个体工夫的实效性。如刘宗周道:"学者只有工夫可说,其本体处直是著不得一语。才著一语,便是工夫边事。然言工夫,而本体在其中矣。大体学者肯用工夫处,即是本体流露处;其善用工夫处,即是本体正当处。"②此外,刘宗周有"必学焉而后有以验其实"③一说,又有《讼过法》专讲工夫施展过程,每一层次皆有检验之标准。黄宗羲则有"工夫著到,即见道体"之主张。其云:"盈天地间皆心也,人与天地万物为一体,故穷天地万物之理,即在吾心之中。后之学者,错会前贤之意,以为此理悬空于天地万物之间,吾从而穷之,不几于义外乎?此处一差,则万殊不能归一。夫苟工夫著到,不离此心,则万殊总为一致。学术之不同,正以见道体之无尽也……今之好同恶异者,何以异是?"④黄宗羲判断工夫所至即得本体的理论依据便在此"心"广大,扩充善端具有无限可能。按黄宗羲所说,见证道体必由工夫,工夫所至终是道体。如此,则无须设定一固定不化之道体于工夫之前,而应将所有关注收摄于工夫本身。应该说,三种"即本体即工夫"类型各有侧重,邹氏倾向于对高度集中状态的、境界工夫化的心性体认工夫的描述;黄宗羲则意在消解形上学本体论关于最终实体的设定,这一选择或欲回归"此在"生活,回归经验世界。故于某种意义上也昭示了晚明清初儒学转型的细微线索;相较于此,陈白沙、罗汝芳等人就"虚体"言"致虚"工夫,其出发点即在本体先验存在之设定。虽其诠释思路逻辑合理,且圆融精透,但易落于言诠,极易造成玄谈阔论之嫌。这或可解释,为什么白沙有近禅之疑,而近溪多遭阔略之判。正如牟宗三先生曾认为近溪之学"清新俊逸,通

---

① (明)刘元卿:《诸儒学案》,《四库全书存目丛书》子部第12册,第413页。
② (明)刘宗周:《答履思二》,《刘宗周全集》第5册,杭州:浙江古籍出版社,2012年,第274页。
③ (明)刘宗周:《刘宗周全集》第3册,第242页。
④ (清)黄宗羲:《明儒学案》,第7页。

透圆熟",认为其之所以能够如此,"一因本泰州派之传统风格,二因特重光景之拆穿,三因归宗于仁,知体与仁体全然是一,以言生化与万物一体。阳明后,能调适上遂而完成王学之风格者是在龙溪与近溪,世称'二溪'"①,此便给予罗氏之学圆熟、上遂之评介。同时,牟先生又道:"顺王龙溪之风格,可误引至'玄虚而荡',顺罗近溪之风格(严格言之,当说顺泰州派之风格),可误引至'情识而肆'。然这是人病,而非法病。"②此即意在指出对近溪学说的理解稍有不慎,便会落入恣肆之地。结合对近溪后学众人思想理念的梳理,牟先生此说无差。

了解了罗汝芳式的"即本体即工夫"之说理模式,再来看其对《中庸》性命论的发挥,更可理解后世学人对其"误解"之因。近溪又道:

> 性之原是天命,率之便作圣功,争奈他知则自然而知,不假些子思想;能即自然而能,不费些子学习。③
> 天命之性,即是天生自然;率性而行,即是从容快活也。④

以上两段中,罗汝芳虽仍从"天命"讲"性体",但其以"自然而能""不费些子学习",及"从容快活"等境界化的描述词汇来彰显"性"体先具,工夫自然,似对"天命"之庄穆、可畏有所消损。若至于此,则近溪学术确有专言"性道",抛弃经验世界之嫌。所幸,近溪以《中庸》性命论作为以"率性"自然为主体内容的"致虚"工夫之诠释依据的同时,亦十分重视实践此等工夫之主体——人身("我")存在与活动的必要性。这便在一定程度上促使"率性"工夫有了落实于经验世界之可能。因而近溪讲"致虚"工夫虽一样如白沙宣称要落实于日用,但其间,因为"修身"不仅作为《中庸》主张,也关系到《大学》本末之学的重要内容,罗汝芳对此做了进一步的融会贯通工作。如在四书价值的排序上,罗汝芳认为:"义理勿论,而其次序则当先《中庸》,而后《大学》。"⑤而其对此观点的解释更是凸显了人身在日用实践中的主体能动性,近溪道:"吾人此身,与天下万世原是一个,其料理自身处,便是料理天下万世处。故圣贤最初用功,便须在日用常行……若不先认得日用皆是性,人性皆是善,荡荡平平,了无差别,则自己工夫,已先无着落处。又如何去通

---

① 牟宗三:《从陆象山到刘蕺山》,长春:吉林出版集团,2010年,第183页。
② 牟宗三:《从陆象山到刘蕺山》,第189页。
③ (明)罗汝芳:《罗汝芳集》,第274页。
④ (明)罗汝芳:《罗汝芳集》,第164页。
⑤ (明)罗汝芳:《罗汝芳集》,第10页。

得人,通得物,通得家国,而成大学于天下万世也哉?"①近溪此说即是直接从修身、修心处讲率性,讲日用,并欲申明以实体、实学亲致"虚"体,并广大其用。故而与白沙较为一致地,罗汝芳同样认定此"心"之表"至虚",然确有至实之内核——仁体、德性,且与之不同的是,在近溪看来,仁心的生发与作用全然要建立在此"身"得立的前提之下。故其道:

> 盖吾身躯壳,原止血肉,能视听而言动者,仁之生机为之体也。②
> 圣门之求仁也,曰"一以贯之"。一也者,兼天地万物,而我其浑融合德者也;贯也者,通天地万物,而我其运用周流者也。③
> 道虚而心实,心虚而人实也……人即道,道即人,则最初所谓人受天地之中以生,到此全盘捧出。信目以为明,任耳以为听,从心所欲以为矩,无为以守至正,是即所谓允执厥中也……《中庸》又谓思修身不可不知人,百世俟圣不惑,亦只知人。知人也者,知其性之皆善也。知性皆善,方思己身是道是中,自不容不反而求之矣。④

罗汝芳对"身"的总体描述,是视其为血肉与仁心结合为一的有机体,此有机体成就各"浑融合德"之主体——"我"。"我"身体力行、"率性""成德",便与至善之"道体"贯通为一。有鉴于此,罗汝芳的"致虚立本"与陈白沙之不同大致体现在两方面:其一,罗汝芳更明确地将致虚工夫之依据聚焦于程明道境界哲学追求和《中庸》性命论主旨。其二,在对"率性"工夫的诠释过程中保留住了个体人"身"存在的必要性和重要义。此于明代心学之整体而言,具有突破"整体主义"思维的倾向⑤。按杨国荣教授主张,所谓"整体主义",指向的是个体追求于整体理想实践过程中的消弭。其成因,就根源上讲,乃是宋明理学原本初衷即在灭除以"我"之诉求构成的"私"欲,就直接原因上讲,乃是宋明理学发展至王阳明,直言"人心只一无我",此说虽是从至善心体上讲出道德修养之臻善境界,但于言语上确有要人灭尽人之为人的主体意志之导向。而在罗汝芳这里,"身""我""人"重新被作为重点诠释之要素,此即有摆脱整体主义、注重个体化的主体人格建构之意愿。

---

① (明)罗汝芳:《罗汝芳集》,第11页。
② (明)罗汝芳:《罗汝芳集》,第111页。
③ (明)罗汝芳:《罗汝芳集》,第388页。
④ (明)罗汝芳:《罗汝芳集》,第34页。
⑤ 杨国荣:《王学通论——从王阳明到熊十力》,上海:华东师范大学出版社,2003年,第62页。

就该层面而言,此亦可视为晚明儒学现代性转向之端倪。当然,罗汝芳对人身及其相关主体性议题的诠释并非其个人创制,而是代表了泰州学派整体之风格。比如王艮即已有"明哲保身"之说,此说之重大意义便在从人格、人身两个层面宣扬了"我"之存在、完善的重要意义。这一意义发展到后来便是最大程度预留了个体意志的发挥。对此,杨国荣曾特别点出泰州学派具有显明的唯意志论倾向,又特举泰州"造命却由我""意为心之主宰"诸说。① 就这一点来说,罗汝芳于泰州思想确有较多继承和推进。

在突破杨国荣所谓的阳明心学整体主义趋向的同时,罗汝芳对此"身"、此在的重视,于部分现象学研究者而言,其独特性更凸显了近溪立学的圆融性和优胜处。如张祥龙教授曾总结罗汝芳思想学说的特点在于以下三方面:

> 首先,他继承了孟子和宋明心学的"心即理"和"致良知"的主流路子,要通过原发本心来进入终极真实和道德至理。②

> 其次,所有这些线索都被罗近溪极其生动、自然、自发地编织进了赤子之心及其孝悌慈之中,被以相当现象学的方式从多个角度开显出来。赤子既是身又是心,以不思不虑的方式直观明见地感受父母慈爱、兄姐友爱,同时构成和表达自身的孝爱和悌爱;并凭借此爱的人格和秩序之本体格式来认知世界和万物。③

> 再次,罗近溪阐发和当场实践的回复赤子之心的工夫论,达到了充分见在化、当场构意化和时中化的高妙境界,将"问答"或"对话"的本体原发生功能发挥得淋漓尽致,在这方面达到了宋明儒学的极致。④

张祥龙教授上述所说揭明了罗汝芳"赤子之心"一说的现象学意义即在将玄奥之理全全灌注于此身此在的当下生活情境,以见在化的方式极佳呈现了宋明理学诸如"不思不虑"之类的高妙境界——"致虚"之境。由此更可见罗汝芳虽与白沙同倡"致虚立本",但其主张实由王阳明"致良知"之教发挥而来。

在完成对陈白沙、罗近溪二位所立"致虚立本"一说的解析的基础上,我们再来看杨起元于前人、先师诸论如何理解,又如何展开。整体言之,杨起

---

① 杨国荣:《王学通论——从王阳明到熊十力》,第134页。
② 张祥龙:《儒家心学及其意识依据》,北京:商务印书馆,2019年,第504页。
③ 张祥龙:《儒家心学及其意识依据》,第504页。
④ 张祥龙:《儒家心学及其意识依据》,第505页。

元虽曾言及从近溪处得悟白沙"致虚立本"主旨,然考察其相关言论,实与前二者之说偏差远矣。先来看杨起元如何论"虚",如何论"本"。《证学编》载其语曰:

> 天地人物古今,皆太虚中所现之相,故曰万物皆备于我矣。反身而诚,则虚体复。虚体复,则天地人物古今一齐穿纽、一齐呈露目前。①
> 吾人之心,本无不虚,惟执己见,则有我而不能虚。②
> 窃揣吾人之心本属太虚,太虚何足之有?识此太虚无足之体,谓之自足,而非果有一物以充足于其中也。此太虚无足之体,人人有之,日日用之,物物同之,未尝有一物一人一时间歇。然第验之于赤子,验之于夫妇之愚不肖,则洞然明白,而仁智之见不与焉……盖不听即不虚,不虚即其本已发。③

参照以上,杨起元讲"本无不虚",讲"不虚即其本已发",皆是以"虚"之状描绘本体,但其并未明确此虚"体"的内核为儒家"仁"体,更进一步来讲,杨起元多番言及"太虚",此便有流入外道之嫌。事实上,杨起元除从此未知之"本"言其虚体之相外,也曾以"致虚"工夫讲"率性"任道。其曰:

> 故今日吾人此学,切须以知性为先。虚而信者,知性之根也;一了百当、不挂一丝者,知性之验也;贤愚平等不生分别,俱立俱达随感随应,知性之成也。④
> 夫谓不思不勉之为性也,非谓思勉之非性也……思勉,迹也,可睹可闻;不思不勉者,神也,不可睹、不可闻。择善者,择其不思不勉者也;明善者,明其不思不勉者也……而执思者勉者以为性,则其去性远矣。⑤

由此可见,杨起元与罗汝芳一样,尤倡"率性"自然的工夫论。其讲"虚而信者,知性之根",讲"不思不勉之为性",旨意皆在要人从"虚"上做工夫。然与近溪较为不同的是,如前文已述,近溪每讲"率性"自然,其路径往往是遵《中庸》性命论主旨,在"畏命"的前提下,贯通人道、天道,融会儒家四书

---

① (明)杨起元:《复吴悟老》,《证学编》卷二,第74页。
② (明)杨起元:《杨晋庵给谏》,《证学编》卷二,第77页。
③ (明)杨起元:《周柳翁座主书》,《证学编》卷二,第62—63页。
④ (明)杨起元:《周柳翁座主书》,《证学编》卷二,第65页。
⑤ (明)杨起元:《周柳翁座主书》,《证学编》卷二,第66页。

之教,故于其表是轻松自在,于其里则主静、敬合一的实修实证工夫。相较近溪,杨起元讲"致虚立本",不仅鲜少言及"本"之仁体、道体义,更鲜少立于儒家经典诠释路径开展相关讨论,故其理论多显阔略无据,在当时多番遭人质疑。如其《复耿侗老》一篇即记耿定向曾针对其言"虚"诸论提出批评。对此,杨起元道:

> 若不佞前书言"虚"之义,有云"视则舍目以从色,听则舍耳以从声"之类,盖即耳目口鼻之虚以验人心之虚,老先生已洞烛鄙衷矣。不佞决不以物交物则引之者为性,可不复自解也……性体莫大乎孝弟,而推至于经礼三百、曲礼三千,中和位育,皆性体之自然。知性者必知乎此,故足贵也。而如札教所称,则世之罪人也,哀之可也,渐而化之可也。其在亲故,善养而曲成之可也。孰能舍己而从之哉?①

杨起元此说究其实质,是于近溪所论《中庸》"率性之谓道"时讲到"见得万民万物,各寻其性之自然。无处不是道"②的再发挥。整段话是在否定耿天台对其舍己逐物的批评,以性体自然诠释"致虚立本",同时,将矛头指向现实礼教之束缚。故整体上由杨起元所说可见其于泰州、于近溪立说的部分继承即在"性情论"一项上。众所周知,泰州学于旧礼、俗礼向有冲破,其立论依据便在"性情论"。如近溪曾道:"夫情也者,性之所由生者也。情习于人,虽无所不至,而性本诸天,则固不容或伪者。反情以归性,而率靡以还朴,其惟教之之功为大也已。"③近溪此说便是从"天"之下放处,讲人性自然之本状,这便为杨起元破除"伪性"以趋礼之旧习提供依据。然相较近溪诸论,杨起元讲"视则舍目以从色,听则舍耳以从声"虽"即耳目口鼻之虚以验人心之虚",然却与近溪云"信目以为明,任耳以为听,从心所欲以为矩,无为以守至正,是即所谓'允执厥中'也"相隔甚远。因杨起元之论一方面有舍己从物、以物接物之嫌,另一方面又有割舍感官作用,搁置人身价值之端倪。

总结杨起元以上诸多言论,可以这样说,杨起元在"致虚立本"议题上大致发挥了白沙、近溪有关境界工夫、自然之学的主要理念,但其发挥过程中明显存在对儒学经典诠释不足,且流于外道之倾向。更为明显之缺漏在于,

---

① (明)杨起元:《复耿侗老》,《证学编》卷二,第70—71页。
② (明)罗汝芳:《罗汝芳集》,第226页。
③ (明)罗汝芳:《罗汝芳集》,第455页。

当杨起元讲"本无不虚,惟执己见,则有我而不能虚",并由此以"舍己从人"理解"致虚"内涵之时,不仅宣告其重新回归宋明理学整体主义大势之中,并且将"致虚立本"的心性哲学精义草率转换为世俗面向的道德教化内容。有鉴于此,可以说杨起元于罗汝芳仅习其表,未得其质。究其原因,乃在有意识偏离儒学形上学本体论坚持,抛弃儒学经典依据,杂糅外道的同时,弃此"身"此"心"于不顾。如此,其论"知性"于儒学而言多沦于空谈;论"致虚"工夫则将其演为阔论。而其"虚""实"诸论虽从"知性"立说,然尤显根基浅薄,其以舍目从色、舍己从人,验人心之虚、论虚体大义,明显限缩了"虚""实"议题在宋明理学哲学建构中的丰富内涵,加速心性哲学滑落经验世界之进程。概而言之,杨起元以陈白沙心学立场理解罗近溪,或以罗近溪主张诠释白沙之教,实际其诠释的"心"学工夫论既未得近溪深意、未得阳明心学精神,同时,即便从白沙心学视域观察,杨氏亦未得白沙心学真机,故其"心"学观点严格来说是不完善、不充分的重构,是对前人流于表面的宣传。就此来说,晚明以降乃至当今,世人皆指杨起元为近溪高足,杨起元也确对近溪学说极有捍卫之心,然其于近溪思想、阳明心学的理解实有较大偏差,诸种偏差又在其极端性地回护中同步得到强化、凸显,故而加剧了当时士人乃至后人,近如曾为近溪门人的邹元标、焦竑,远如一向对近溪立学多有质疑的许敬庵等人的批评。由此,一定程度上可谓近溪学术、思想之维系,成也复所,败也复所。

## 第二节 "由王返朱"进程中的朱子学是怎样的朱子学? ——以高攀龙、许孚远关于朱子"格物"说的 理解、论辩为例

一直以来,讲到晚明清初儒学转型,流行一种说法,即朱子学得到复兴。但有一基点却鲜少为学界申明,即当时的朱子学复归是在阳明心学的漫衍形势下展开的,故而值得追问的是,当时的朱子学呈现怎样的性格?是朱子本人的思想形态,还是经清人理解、重构之后呈现而出的新形态?日本学者伊东贵之在评价清初儒学的基本特征时讲到此阶段的朱子学研究实况。其道:"信奉朱子学的人士,也特别显著地对王学末流的流弊进行攻击……他们的主张有一个共同点,即在那里发现了在伦理性方面的一种松动,特别对蔑视具体修养进程与其客观性倾向,甚至对作为会撼动社会秩序的东西,吐露了急迫的危惧之念。在此,重要的并非是王学乃至阳明学现实本身是怎

样性质的东西,而是在他们眼中,那是作为怎样的东西而被呈现的？进而,通过这样的批判,他们欲求什么这一问题。"①清初诸儒欲求什么,或可据清中期儒者之现实成就得窥一二。有研究者曾依段玉裁《戴东原集序》对戴震学术理路的总结,提出清代中期儒学的最终目标乃是"要求由'考核'以明'性与天道'(内圣),从而'施政利民'(外王)一以贯之",在此意义上,"对秉持这种价值理念的儒家来说,'学术思想'只是起点,'改造社会'才是终点"。②此即意味,晚明清初阶段的阳明学、朱子学,乃至整体之学术思想必有新内容呈现,而诸新内容实是伴随着评判阳明学之主体——新起朱子学诠释者,或出于政治想法,或出于儒学重构等欲求而产生的。这一欲求之目标便是"对当时思想性、义理性混乱的展开与收拾,进而是表明其对政治性、社会性,或者思想性的'秩序'的恢复,即其再建的意志"③。问题是,晚明以降诸儒是如何将此欲求附着于其朱子学诠释,如何进入朱子学讨论,如何将这一讨论深化为新思想的表达的呢？我们还是要将宏观把握与个案探讨结合来论。

宏观层面上讲,章太炎曾评清代理学曰"竭而无余华"④；梁启超在其《中国近三百年学术史》中也讲到清初朱派"人独多而流品亦最杂"⑤,对于当时乃至目前学界颇为关切的程朱派人士亦不甚认可。比如评杨园,梁启超云:"杨园品格方严,践履笃实,固属可敬；但对于学术上,并没有什么新发明、新开拓,不过是一位独善其身的君子罢了。"⑥评陆世仪,云:"他(陆世仪)自述存养工夫,对于程朱所谓'静中验喜怒哀乐未发气象'者,亦有怀疑……据此看,桴亭和程朱门庭不尽相同,显然可见了。"⑦即便是陆陇其,梁启超亦不曾高看。评曰:"清朝讲理学的人,共推他为正统,清儒从祀孔庙的头一位便是他。他为什么独占这样高的位置呢？因为他门户之见最深最严……质而言之,他是要把朱子做成思想界的专制君主。"⑧总而言之,在梁启超看来,清初程朱理学人士大多是无有创建,甚至并未深入理解朱子学,而更多是流于附和,成为清王朝统治的文化工具。故他道:"清初程朱之盛,

---

① 〔日〕伊东贵之:《中国近世的思想典范》,第 91 页。
② 张循:《从此殊途:儒学社会性格的明清嬗变》,成都:巴蜀书社,2022 年,第 7 页。
③ 〔日〕伊东贵之:《中国近世的思想典范》,第 91—92 页。
④ 章太炎:《清儒》,傅杰编校:《章太炎学术史论集》,北京:中国社会科学出版社,1997 年,第 327 页。
⑤ 梁启超:《中国近三百年学术史》(新校本),北京:商务印书馆,2020 年,第 129 页。
⑥ 梁启超:《中国近三百年学术史》(新校本),第 122 页。
⑦ 梁启超:《中国近三百年学术史》(新校本),第 125 页。
⑧ 梁启超:《中国近三百年学术史》(新校本),第 126 页。

只怕不但是学术界的不幸,还是程朱的不幸。"① 如此说来,清初的程朱派人士对阳明学的"反动"并不比心学内部以刘宗周为代表的自省、批判来得真切。今天我们再来看清初朱子学,起码要揭示晚清民初学者为何这般不待见清初朱子学。经梳理、分析可见,清初朱子学"竭而无余华"具体表现在三个方面:其一,尊朱辟王的学者,以陆陇其为代表,出于对朱子学基本观点的维护,过多集中于对王学的批判,而荒于对朱子学核心议题的拓展、发挥;其二,调和朱王的学者,以李二曲、孙奇逢为例,出于"整合"之意识,汲取朱、王各自显明主张,忽略其细部建构,故不利于朱子学的系统发展;其三,尊朱辟王与调和朱王在清初的同时流行,促使朱子学呈现虚假繁荣,而实际已在论辩中滑落自身立学之问题意识,逐步沦为辩理、政统之工具,缺失学术研究价值。

展开来说,清初朱子学以陆陇其为典范,其朱子学立场无可置疑,但其判学的武断风格无不透露其对王学并未有深切的理解。陈祖武先生即曾借梁启超之言对陆陇其的门户之见提出质疑②。由陆陇其鲜明立见之判学态度即可见其在学术讨论上的专断倾向。这一态度下,晚明清初时期陆陇其、张履祥等尊朱学者对阳明学的批评虽然言辞犀利,实则人云亦云,如隔靴搔痒。张天杰等曾揭张履祥对王学的批判经由三个方面,首先是抓住了王阳明为学态度的不严谨,认为其学术往往有骄吝、诳人等弊病;其次是批判王学"三教一门";再者,认为王学之弊关键处在于排斥"格物穷理",吸收释老而形成了"直捷径省"的工夫论,即好走捷径而提倡直接去体悟良知、天理。③ 这些批判正如当时学者汤斌所言,实尚未触及阳明学学术精微,而"自快其笔舌"。④ 问题是尊朱之人是出于何种原因,如此维护朱子学而打压王学? 有学者曾给出分析,如单智伟就陆陇其的学术建构讲到:"陆陇其治学虽极尊崇朱子,但他倡导的朱子学绝非简单的宋学回归,而是被他赋予了实用、实学内容的新的理论形态。"⑤ 又以此展开,道出实情:"清初学者在对学术进行反思时,首先关注的便是朱子学中含有'经世'色彩的'形下'实

---

① 梁启超:《中国近三百年学术史》(新校本),第130页。
② 陈祖武:《论清初的朱子学》,载武夷山朱熹研究中心编:《朱子学新论——纪念朱熹诞辰860周年国际学术会议论文集》,上海:上海三联书店,1990年,第600页。
③ 张天杰、肖永明:《张履祥由王返朱的心路历程及其对王学的批判》,载《西北大学学报》(哲学社会科学版)2010年第5期。
④ (清)汤斌:《答陆稼书书》,范志亭等辑校:《汤斌集》(上),郑州:中州古籍出版社,2003年,第189页。
⑤ 单智伟、陈勇:《清初"朱王之争"与陆陇其对朱子学的"实学"诠释》,《朱子学研究》第40辑,第207页。

学,他们不再热衷于心性理气的义理阐发,而是寄希望于朱子学中道德原则和规范的实践,进而重新唤起因王学注重个体意志自由的满足而忽略掉的治国平天下的社会责任感及道德秩序的约束感。"①据此可见,尊朱者在内的清初学者其问题意识已发生转变,与其说众人是针对王学、批判王学,实际是对主体自律丧失信心和耐心,故转向他律,转向对原则、规则的尊崇。这一转向本身即掺杂过多的社会因素和政治因素,而尊朱学者立论愈是坚定,愈是强化了学术的社会功用。如果说晚明清初尊朱辟王学者的诸多努力对朱子学的长久发展并无突出贡献的话,那么调和朱王的一众人士对朱子学的系统发展则造成了阻碍。高海波教授曾指出:"由王龙溪开启的浙中王学重本体、轻工夫,有将良知导向'玄虚而荡''情识而肆',并逐渐与禅学合流的倾向,导致刘宗周进行此项正本清源的工作:即重新删定阳明文集,努力突出阳明学中体现儒学道德内涵的内容,并调和朱王之间的分歧……从刘宗周对阳明文献的选编、评判来看,其关注的焦点主要有以下几个方面:一、突出良知即是天理的内容。二、强调致良知就是慎独。三、强调意念之别。"②高海波理解的刘宗周调和朱王的努力实际集中体现在第二方面,第一方面内容是阳明从始至终都在坚持的理念,第三方面是刘宗周立学之肯綮,也是与阳明学最具差异的地方。然第二方面,说致良知即是慎独,某种程度上便是申明了"诚意"与"敬"的工夫。这便与朱子学具有相契之处。尽管如此,我们仍能觉察到,刘宗周诠释的"诚意""慎独"是具有超越意义的,而非仅仅是工夫论层面的呈现。这又是其与朱子学不同的点。就此来说,刘宗周的调和朱王实际更多是为救正阳明学、弥补心学之漏,于朱子学并无甚大益处。至于李二曲调和朱王之功,有学者说,其"更新阳明心学的另一创举就是撤去门户之私,兼摄程朱理学,而这种兼摄最为精致地体现在他对程朱'主敬穷理'工夫的接受、容纳和整合上",然"二曲整合理学、心学的两大工夫,将阳明心学主张的'致良知'作为本体,程朱一系强调的'主敬穷理''存养省察'作为工夫,前者从一念之几入手,后者从视听言动夹持,如此内外、本末兼顾,方能全备不失。这就给予'主敬穷理'以下学工夫的定性,但相对于阳明心学的'致良知',它还不是第一义的工夫"。③ 正因如此,李二曲兼摄朱子"主敬穷理"之工夫,亦是为更新阳

---

① 单智伟、陈勇:《清初"朱王之争"与陆陇其对朱子学的"实学"诠释》,《朱子学研究》第 40 辑,第 220 页。
② 高海波:《刘宗周与〈阳明传信录〉》,《中国哲学史》2019 年第 5 期。
③ 李敬峰:《李二曲的〈四书反身录〉与明清之际阳明心学的自我更新和转向》,《哲学动态》2022 年第 5 期。

明心学,弥补阳明学后期阔略恣肆、无着手处之阙。再说孙奇逢调和朱王之举,按有学者表彰孙奇逢"基于探究程朱之学与陆王之学异同,以'博'与'约'解'道问学'与'尊德性'的关系,终而超越'门户'之争,在更高层面将两种理路折衷于孔子之道"①。这一说法是准确的,但却不能说是真正解决了问题。某种意义上,甚至可说是回避了根本问题,而于朱、王学术皆无实际贡献。综合以上梳理、分析,晚明清初的朱子学总体处于论辩之中,虽有"调和"一派,但此亦是自立门户。这一论辩中开展的学术讨论究竟会将朱子学推向何方?我们可以高攀龙、许孚远之间的论争为例,得窥一二。从高、许论辩发生之背景来看,晚明性理学进入复兴高潮,甘泉学脉、东林学派、蕺山学脉等于阳明学多持修正态度的思想群体,批判阳明学多以朱子学诠释为工具和手段。就此来讲,晚明"由王返朱"进程中的朱子学是工具性、过渡化的呈现,亦是如冈田武彦所谓的新朱子学。其中,甘泉学脉向有程朱理学之传承,蕺山学脉与阳明心学渊源甚深,那么东林学派的朱子学理解则更能展示晚明朱子学诠释的矛盾,及参杂过多时代因素的儒学重构意识和端倪。东林学者中,顾宪成、高攀龙皆标举朱子学,并因各自朱子学理解之不同,与当时同论朱子学的学者有过争辩。

高攀龙曾反驳许孚远对朱子格物说的理解,其道:"又见先生举朱子云'凡天下之物,莫不因其已知之理而益穷之,以求至乎其极',谓是欲尽读天下之书,尽穷万物之理。却不然。此只就一物上说,因其所知一二分是处,穷到足十分是处,积之之久,自有豁然贯通处耳。若谓知得一物,必须穷尽物物,则尧舜之智而不遍物,宁有此等学问乎?今时错认文公格物者正在此,故不敢不辨。"②此即指责许孚远对朱子学格物之说的理解存在偏差。然朱子之意真实如何?朱子语曰:"格,至也。物,犹事也。穷至事物之理,欲其极处无不到也。"③此云"格物"虽指向"穷至事物之理",然并未明言是于一事上穷尽,抑或于事事尽得而穷理方为"尽"。又据《近思录》载朱子认同的格物观点如下:

> 凡一物上有一理。须是穷致其理。穷理亦多端,或读书讲明义理,或论古今人物别其是非,或应接事物而处其当,皆穷理也。或问格物须物物格之,还只格一物而万理皆知。曰:怎得便会贯通?若只格一物

---

① 程志华、王珏:《道问学与尊德性折衷于孔子之道——论孙奇逢解决朱陆五百年聚讼的理路》,《河北学刊》2022年第6期。
② (明)高攀龙:《与许敬庵先生》,《高忠宪公诗集》,第243页。
③ (宋)朱熹:《四书章句集注》,北京:中华书局,2012年,第4页。

便通众理,虽颜子亦不敢如此道。须是今日格一件,明日又格一件。积习既多,然后脱然自有贯通处。①

陈荣捷先生在《〈近思录〉详注集评》中又列举朱子"格物"主张若干,诸如:

> 所谓穷理者,事事物物,各自有个事物底道理。穷之须要周尽。若见得一边,不见一边,便不该通。穷之未得,更须款曲推明。②
>
> 物理无穷,故他说得来亦自多端。如读书以讲明道义,则是理存于书。如论古今人物,以别其是非邪正,则是理存于古今人物。如应接事物而审处其当否,则是理存于应接事物。所存既非一物能专,则所格亦非一端而尽。如曰一物格而万理通,虽颜子亦未至此。但当今日格一件,明日又格一件。积习既多,然后脱然有个贯通处。③
>
> 程子谓"今日格一件,明日又格一件。积习既多,然后脱然有贯通处",某尝谓他此语便是真实做工夫来。他也不说格一件后,便会通,也不说尽格天下物理后,方始通,只云"积习既多,然后脱然有个贯通处"。④
>
> 若其用力之方,则或考之事为之著,或察之念虑之微,或求之文字之中,或索之讲论之际。使于身心性情之德,人伦日用之常,以至天地鬼神之变,鸟兽草木之宜,自其一物之中,莫不有以见其所当然而不容已,与其所以然而不可易者,必其表里精粗,无所不尽。⑤

综合朱子上述言论,实际其所强调的正是"道问学"的"渐修"工夫,至于是于一事上得尽,还是于事事上展开,朱熹认为当初二程未明言,实为大智。此便指引世人既要于一事上尽量去穷尽,又要明白事事皆有理,皆可穷。这便是"积习既多,然后脱然有个贯通处"之真精髓。换言之,二程、朱熹如是认为,必然有其本体论、工夫论背景。从本体论来讲,"理一分殊"即要求"分殊体认"兼取"一"与"多"之间不一不异之关系。因此,朱熹、二程皆不言明,实际代表一基本态度——两者兼顾,不取分别。据此,高攀龙对

---

① 陈荣捷:《〈近思录〉详注集评》,上海:华东师范大学出版社,2007年,第105页。
② 陈荣捷:《〈近思录〉详注集评》,第105页。
③ 陈荣捷:《〈近思录〉详注集评》,第105—106页。
④ 陈荣捷:《〈近思录〉详注集评》,第106页。
⑤ 陈荣捷:《〈近思录〉详注集评》,第106页。

许孚远的批评有一方面的因素,即认为敬庵偏于"物物"的普遍穷尽。

实际上,高攀龙对许孚远朱子学主张的指正并非完全出于私意,而是凸显出晚明以降的朱子学理解之差异,但该理解差异仍可见得各自学术立场之别。按高氏评朱子道:

> 不有朱子,孔子之道不著也。而不知孔子,朱子之道不著也。①
> 
> 夫"近思"者,近取诸己。近取诸己,万理俱备,视听言动繇是,君臣、父子、夫妇、昆弟、朋友之间繇是,圣人之道,如此而已矣,要在人默而识之。默而识之曰悟,循而体之曰修。修之则彝伦日用也,悟之则神化性命也。圣人所以下学而上达,与天地同流,如此而已矣。此其教所以贤愚胥益,为能开物成务,惠天下万世于无穷也。②
> 
> 今之说者好言"悟",夫"悟",诚足贵也……今之悟者何如耶? 或摄心而乍见心境之开明,或专气而乍得气机之宣畅,以是为悟,遂欲举吾圣人明善诚身之教一扫而无之,决堤防以自恣,灭是非而安心,谓可以了生死……于今之时,有能读《小学》《近思录》而斤斤修彝伦日用之间以为学者,吾必谓之曰圣人之徒也。③

依据上述引文,高攀龙对朱子评价甚高,然其对朱子学的理解呈现出的更多是晚明时代的经世诉求。尤其在对"修悟"的强调上,在对"开物成务"的申明上。而这些特色正促使晚明时代的朱子学成为工具、手段的存在。钟彩钧先生曾引高攀龙语"此心广大无际。常人局于形,囿于气,缚于念,蔽于欲,故不能尽……天无际,性无际,心无际,一而已矣"④,申明高氏"大心论"之内容,并总结道:"景逸主张大心论,与朱子不同;道与性也有最高主体的性格,与朱子之视为客观形而上者亦不同。景逸的存天理去人欲与格物说,则在阳明直截紧切的道德意识中加入客观理解的成分。可以说,景逸在心学立场上重新吸收、诠释朱子思想。"⑤按钟彩钧先生的揭示,了解到高攀龙"大心论"之前提,即了解其心学立场,此便更不难理解高攀龙有关许孚远以"遍物"诠释朱熹"格物"论的批评的缘由。相应地,许孚远作为甘泉后学之代表人物,虽亦有心学立场,但陈白沙、湛甘泉所传心学已然与阳明心学

---

① (明)高攀龙:《朱子节要序》,《高攀龙全集》上册,第554页。
② (明)高攀龙:《重锲近思录序》,《高攀龙全集》上册,第555—556页。
③ (明)高攀龙:《重锲近思录序》,《高攀龙全集》上册,第556页。
④ 钟彩钧:《明代程朱理学的演变》,台北:"中研院"文哲研究所,2018年,第459页。
⑤ 钟彩钧:《明代程朱理学的演变》,第557—558页。

有较大不同,其中最为关键的不同在于,此脉对"分殊体认"的执取。许孚远《唐一庵先生祠堂记》曰:

> 吴兴称文献之邦……以弘著述数十万言,则惟我师一庵唐先生一人而已……湛先生称"随处体认天理",王先生称"致良知",先生两存而精究之,卒标"讨真心"三言为的。夫曰真心者,即虞廷之所谓道心也;曰讨者,学、问、思、辨、行之功,即虞廷所谓精一也。随处体认天理,其旨该矣,而学者或昧于反身寻讨;致良知,其几约矣,而学者或失于直任灵明。此"讨真心"之言不得已而立,诚明得真心在我,不二不杂,即所谓体认天理与致良知。此先生苦心深诣,可与湛王二先生鼎立为儒宗者也。①

此篇,许孚远以为,其师唐枢当与湛、王"鼎立为儒宗",理由即在唐枢"讨真心"主张贯通"随处体认天理"与"致良知"。按敬庵上述言论大致可知其在"格物"工夫上不甚可能丢弃"随处体认"中"随处"之意,即"分殊体认"中"分殊"之意。又结合许孚远向来对待阳明学之批判态度,可以说,许孚远严格意义上,乃是持朱子学立场的白沙、甘泉心学论者。相较之下,高攀龙连同顾宪成等东林学者,虽如劳思光先生所谓"实立于程朱与陆王两支思想之间,而为一调和者"②,但根本上,高、顾等东林学者之整体立场,尤其以高攀龙为代表,仍不离陆王心学。在此意义上,或可谓高攀龙、顾宪成等对朱子学的理解和诠释实际并非与朱子学真义契合,其抽离、汲取部分朱子主张更是基于阳明心学传统之上,为建构适应当时社会发展的新思想作铺垫和准备。就此而言,劳思光曾对高攀龙、顾宪成等人的学术思想作出的评价应当引起重视。劳思光讲到:

> 顾氏不知"至善"取根源义讲则与"无善无恶"并不冲突,故力排后一说法,而只主张立"至善"义,而此"至善"又须收到"性"上说,此"性"又非"自觉心性"义,乃形上实体义;于是顾氏只能先就天道观思路言"性善",再就此以说"良知"而落在"心"之"善"上。在其本人,以

---

① (明)许孚远:《唐一庵先生祠堂记》,《敬和堂集》,《四库全书存目丛书》集部第136册,第528页。
② 劳思光:《新编中国哲学史》(三下),北京:生活·读书·新知三联书店,2015年,第393页。

为如此是善解阳明,实则离阳明之"主体性"观念愈来愈远。①

在理论上看,顾氏虽未能真实了解阳明,更不能补正王学之失,但在顾氏个人态度上看,顾氏仍以调和王朱两方为主,但由于顾氏对"心体问题"未有严格了解,故其调和自亦不能成功耳。②

合顾氏兄弟之主张而观之,可知顾氏兄弟及东林学派,皆重救世之志,不愿"袖手谈心性"……而倡气节之本意即在于要求道德理性运用生命力以发挥力量,以供救世……学者观顾氏兄弟讲学立论之根本意义所在,于此等分际亦必须善辨也。③

高氏因于阳明本旨无所契合,又不能确辨程朱系统与陆王系统在哲学理论上之基本殊异,故总以为阳明"心即理"之说在程朱系统中亦可成立,因之,对阳明之评朱学皆以为误解;再进而论及后学之弊,便以为阳明之学本身有病。④

高氏对工夫之了解,原近于朱氏一路,而于此中根本问题无所了解,故其言修悟,皆顺朱说而发挥。其评阳明则正见其不解"心性论"与"形上学"之区异,故只见王学之弊而不见王学之精要。⑤

结合劳思光上述主张,劳先生并不认为顾、高二人真得阳明学、朱子学真义,反有误解。然而这种误解更鲜明地反映出晚明儒者的救世倾向。劳思光先生之后,钟彩钧先生对高攀龙的学术评价更为细致和具体。他讲到:

景逸的工夫是主静涵养与格物穷理……景逸的格物穷理说虽来自程朱,但格物并不是格外在之物。⑥

朱子对心、理关系,如王阳明引用而批评的:"晦庵谓'人之所以为学者,心与理而已。心虽主乎一身,而实管乎天下之理,理虽散在万事,而实不外乎一人之心',是其一分一合之间,而未免已启学者心理为二之弊。"……物是外于心的,心因格物而收摄外在的理(亦可说:因格物而明白潜藏于心的理)。但景逸谓心不起时,义藏于无朕,只理在物中而外在于心,心起则为处物之义,理呈现为各当,灵活运作于物中。此乃

---

① 劳思光:《新编中国哲学史》(三下),第400页。
② 劳思光:《新编中国哲学史》(三下),第400—401页。
③ 劳思光:《新编中国哲学史》(三下),第410页。
④ 劳思光:《新编中国哲学史》(三下),第422页。
⑤ 劳思光:《新编中国哲学史》(三下),第424页。
⑥ 钟彩钧:《明代程朱理学的演变》,第576页。

以为心即理,朱子之一分一合而为二,其实只是心之隐显所造成的假象……当物未格、理未穷时,心与理各别,格物穷理后心与理合而为一。心物不复间隔,理不仅不在心外,更是心之精蕴,故悟理则能应物无累。①

故按钟彩钧主张,高攀龙对待朱子学的态度并非完全接受,而是一方面继承了朱子的格物穷理主张,另一方面又融合了阳明心学的内向求知工夫,因此呈现出对朱子学、阳明学的兼容特色。依据于此,可以说,明清更迭之际的朱子学实是作为前朝文化资源,成为新时代儒者诠释、重构儒学的文献素材。此时儒者的朱子学理解往往源自多种初衷,然无论何种意义上的批判、修正及再诠,皆为儒学重构之开端。此一开端就其重构儒学之初衷而言,本身就已蕴含了对多元思想资源兼容及批判性吸收的可能,因而并不存在纯粹意义上的"新学"对"旧学"的取而代之,亦不存在所谓的"新学"退潮、"旧学"复兴的说法。钟彩钧曾讲到:"不能说程朱理学是违背时代潮流的旧学。应该说,如果心学代表明代新兴的、打破传统的精神,程朱理学的意义就是想让新兴力量再度接上传统。"②这一说法可以理解为,陆王心学之"新"与程朱理学之"旧"皆是暂时现象,二者的"接续"某种程度上是理学内部的自然流变与整合的结果。这一结果发生在明清学术转型之际,即成为推动儒学重构的重要因素。

## 第三节　立足哲学立场的史学书写:晚明清初学案纷呈背后的儒学修正与判教之思

当我们将研究视野投向晚明清初,必然要就此间学者如何书写明清学术史给出解释。大体上,该时段儒者大多有一共同举措,即通过新撰或重编学案,为本门本派的学术发展历程及思想宗旨作整体划分和归纳。鉴于此,系统考察晚明清初学案书写之实情,亦可为当时儒学演化的重勘提供线索。实际当前,已有学者关注到该领域研究之重要性。王记录《以史明道:清初的学术反思与学术史编纂》一文即云:

明清易代经历了鼎革之变的清初学者,在反思历史兴亡的同时反

---

① 钟彩钧:《明代程朱理学的演变》,第 577 页。
② 钟彩钧:《明代程朱理学的演变》,第 3 页。

思学术精神,出现了学术史编纂的热潮。这些学术史著述基本表现出三类明显的思想取向:一是遵程朱而贬陆王,强化门户意识,捍卫理学的道统正宗地位,以重振理学;二是把汉唐经学家纳入学术史视野,贯通理学和经学,重新梳理理学源流,同时折衷朱陆,淡化理学宗派意识,以挽救理学颓势;三是冲破传统道统论范式,以学术宗旨为核心,博采兼收,共尊程朱陆王,试图挣脱学术一统的枷锁,建构新的道统谱系和学术体系。①

汤斌、魏一鳌、万斯同、陈遇夫等人把汉唐经学家纳入学术史,会通理学和经学,给"道丧千载"的道统论以一击。孙奇逢等人把陆王及其门人纳入道统之中,共尊程朱陆王,破除道统论强烈的宗派性和排他性,重构道统体系。黄宗羲等人从学术宗旨入手,博采兼收,开始公正对待思孟学派以外的儒家各派的价值,尊重学术发展的多元特质。所有这些都程度不同地反映出这一时期学术史编纂试图挣脱学术一统的枷锁,进行多元探索的努力。②

王记录将清初的学案书写总结为以上三条路径的学术史理解和儒学重构,较为清晰地呈现了清初儒者的基本问题意识和道学诠释思路,然以上梳理更贴近横切面的分析,而非纵贯的、全体的展现。如需纵贯地、全体地展现,则要兼顾哲学与历史的考察。

## 一、以阳明学为主场的学案撰写及相关研究梳理

因各自哲学立场、学术意见不同,晚明清初,各类学案大量涌现。然究其内容,普遍涉及对阳明学、朱子学乃至道学整体之传承、流变的理解和诠释。其中阳明学是重中之重。正如黄宗羲的《明儒学案》作为学案经典,杨国荣评道:"黄宗羲将无工夫则无真本体及致知工夫表现为一个历史过程的观点运用于学术史研究的领域,通过对宋元及明代学术思想史的深入考察而扬弃了王阳明关于心体展开为一个历史过程等观点,并由此提出了比较系统的学术史观及学术史方法论。后者从另一个侧面构成了对王学的改造。"③据此,杨国荣教授认为,黄宗羲《宋元学案》《明儒学案》的编写,一方

---

① 王记录:《以史明道:清初的学术反思与学术史编纂》,《四川师范大学学报》2020年第5期,第130页。
② 王记录:《以史明道:清初的学术反思与学术史编纂》,《四川师范大学学报》2020年第5期,第143页。
③ 杨国荣:《王学通论——从王阳明到熊十力》,第202页。

面是深入考察了宋明理学心体展开过程,另一方面,实际其面对之直接问题便是阳明学之兴衰,故黄宗羲某种程度上也完成了自身作为明清之际学者,对阳明心学的理解、诠释和改造。事实上,黄宗羲之外,别家之说也多围绕阳明心学展开,也当予以重视。邵廷采云:"昔郑端简成《吾学编》而尊王,茅鹿门文士也知尊王,此两人皆非专于讲学。至泾阳始大兴讲学,天下之正人相遇类聚矣,而持说乃与阳明二。然同时如邹南皋、冯少墟、高景逸,皆不左阳明;刘蕺山虽不言良知,然补偏救弊,阳明之学实得蕺山益彰。本朝大儒如孙征君、汤潜庵皆勤勤阳明。"①邵廷采上述所说启发学界实可据学案史的考察,重探晚明清初的阳明学理解和诠释,由此重考明清儒学转型中学术如何接轨的问题。

《明儒学案》之外,另有两部学案的成书与阳明学人士群甚是相关。其一为周汝登编《圣学宗传》,其二为郭子章撰《圣门人物志》。两部学案的作者——周汝登、郭子章皆力主阳明学,而围绕《明儒学案》与《圣学宗传》、《圣门人物志》展开的比较研究不胜枚举。如日本学者佐藤炼太郎有《明末清初相反对立的阳明学派史——周汝登〈圣学宗传〉与黄宗羲〈明儒学案〉的比较》一文。作者认为:"如果根据周汝登《圣学宗传》可以看出,明末的状况是在阳明学派中,左派是主流,修正派是相似朱子学的保守派。《圣学宗传》代表明末万历末年的阳明学说,《明儒学案》代表清初康熙间阳明学观,二者都应该被尊重。"②此便是在阳明学视域中考察《明儒学案》《圣学宗传》的思想特色。

首先,《圣学宗传》实可视为阳明后学内部人士之作。一直以来,学界或将周汝登列为罗汝芳门人,或将其笼统界定为阳明后学,此皆是以晚明王学思想家看待之。《四库全书总目提要》载曰:"汝登字继元,又字海门,嵊县人,万历丁丑进士,官至南京尚宝司卿。《明史·儒林传》附载《王畿传》,末称王守仁传王艮,艮传徐樾,樾传颜钧,钧传罗汝芳,汝芳传杨起元及汝登。起元清修矜节,然其学不讳禅。汝登更欲合儒释而会通之,辑《圣学宗传》,尽采先儒语类禅者以入。盖万历以后,士大夫讲学者多类此云云。即此书也,首载《黄卷正系图》,其序自伏羲传至伊川程子,下分二支,一支朱子以下,不系一人;一支则陆九渊之下系以王守仁。并称卷是图信阳明笃,叙统系明,与《圣学宗传》足相发明云。"③《提要》遵从《明史》所记,给予周汝登

---

① (清)邵廷采:《候毛西河先生书》,《清儒学案》第1册,第81页。
② [日]佐藤炼太郎:《明末清初相反对立的阳明学派史——周汝登〈圣学宗传〉与黄宗羲〈明儒学案〉的比较》,《湖南大学学报》2017年第1期,第12页。
③ (清)纪昀:《四库全书总目提要》,第1697页。

近溪后学之界定,这在学界虽并不被普遍认同,但周汝登、杨起元确与罗汝芳一样,其思想学说中皆较为一致地呈现出对禅学的理解和包容。这种包容引起当时乃至清初学者极为不满,故《圣学宗传》也遭遇了非公允的评判。对此,陈祖武先生在《中国学案史》一书中作如是说:

> 一部《圣学宗传》,述阳明学最详,王守仁及其门人后学,占至全书三分之一篇幅,"致良知"说和"王门四句教",亦成贯穿其间的红线。①
>
> 周汝登的《圣学宗传》,虽存门户之见而未脱以史昌学窠臼,但无论就所涉时限、人选,还是所载内容,都较之《伊洛渊源录》有所前进……《圣学宗传》固然因著者学术宗尚所囿而沾染禅家风习,可是大体不脱儒学矩矱,非在禅宗灯录一类。清初官修《明史》,攻其一点,不及其余,称汝登"辑《圣学宗传》,尽采先儒语类禅者以入",显然以偏概全,言之过当。黄宗羲著《明儒学案》,直斥汝登"主张禅学,扰金银铜铁为一器",亦非公允持平之论。②

根据陈祖武上述评述,《圣学宗传》有其自身的诠释线索,即以阳明心学"致良知"之核心主张及"四句教"立教宗旨为准绳,重点完成了对阳明学学术传承脉络的梳理,虽有杂禅倾向,但不至于如清儒所评"尽采先儒语类禅者以入"。就此而言,作为晚明王学的总结者,周汝登的心学视野、道学理解,及其思想史地位应该受到公允对待。

其次,如果说周汝登的《圣学宗传》可视为一部典型的心学视域的道学学案,那么《圣门人物志》亦从属其列。《宗传》作者郭子章其生活年代与阳明后学主流思想家正相当,对"泛阳明学"时代亦有较为翔实的了解,与此同时,其受阳明心学的影响也较为明显。如《四库全书总目提要》这般描述《圣门人物志》:

> 明郭子章撰。子章有《蟫衣生易解》,已著录。是书则子章官晋阳时所辑。凡游于圣门与私淑而得从祀庙庑者,各为之小传,附以赞论。首《孔子世家》,次《先贤》,次《先儒》,而以有明之会典祀仪终焉。其中杂以周汝登、罗汝芳诸人之论。其时心学横流,故子章多主张其说。《孟子传论》谓孔子之学,以从心所欲不逾矩为的……又云:心之官则

---

① 陈祖武:《中国学案史》,上海:东方出版中心,2008年,第58页。
② 陈祖武:《中国学案史》,第59页。

思,即孔子从心之旨。犹主持门户之见也。①

按《提要》所载,该部学案呈现三方面特色:其一,对圣门人物虽有大体规划,但不分亲传与私淑,此即是以较为开放的态度,广纳思想人物入圣门。其二,对圣门人物的定位和评介多尊罗汝芳、周汝登等人之论。众所周知,罗、周二人与阳明心学渊源深厚,就此而言,郭子章某种程度上也是以阳明学私淑后学的身份梳理圣门人物,对待圣学之流传。其三,以心学理解、界定孔圣宗旨,故为《提要》评曰"犹主持门户之见"。综上可见,无论是周汝登的《圣学宗传》,抑或郭子章《圣学人物志》,皆可视为晚明阶段心学内部及边缘人士立足心学视野,关于圣学传播与流衍的总结。其间呈现出的关键内容虽有较为显明的晚明心学特色,如杂禅之风,及心学立场,如以心学诠释圣学等,但与此同时又呈现出一种"分裂"的情势。该分裂情势正表现在即便持有一致的心学"门户之见",不同学案撰写者因对心学门派的认识不同,其各自规划、呈现的道学、心学发展版图亦有不同,这种不同某种意义上既呈现了宋明理学,抑或更具体地说阳明心学发展末期其复杂的演变形势,也预示了晚明之后儒者对待道学传承脉络梳理的差异,或为儒学理解与重构提供多种可能。此便可回应吴震教授对清初学者关于阳明后学派系理解混乱的质疑。如《圣学人物志》记:"公(王阳明)之学与朱文公稍异,以故海内士疑信者半。惟泰和欧阳文庄公德、安福邹文庄公守益、会稽王吏部畿、钱绪山德洪、永丰聂贞襄公豹、吉水罗文恭公洪先,相与尊信而发明之。"②此段看似平常,实则透露作者一基本主张,即阳明学的传承以浙中、江右为主,而以王艮、颜钧、罗汝芳、周汝登等世俗理解的泰州学核心人士及边缘角色原则上并非独尊、独信王学之人士。对郭子章这一主张的了解有助我们理解明清之际众儒学人士对待泰州的排斥态度极为普遍,相应地,再来看黄宗羲将一众具有"异端"倾向的思想家笼统列入泰州一脉,实不足为奇。至于泰州如何从独尊王学发展至罗汝芳"善无常主",再至吴道南对阳明"一贯"之旨提出质疑,这又是另一个重点议题。对该议题予以详考,足可见"泛阳明学"时代酝酿、形成、膨胀、解体之整体历程。

## 二、借史学总结实现哲学修正: 晚明清初学案书写之陋及其成因、影响

不同于周汝登、郭子章等人显明的心学立场的学案书写,孙奇逢撰《理

---

① (清)纪昀:《四库全书总目提要》,第 1594 页。
② (明)周汝登:《圣学人物志》,《四库全书存目丛书》史部第 98 册,第 443 页。

学宗传》、黄宗羲撰《明儒学案》皆呈现极为成熟的心学修正意识,这在一定程度上推进了当时性理学复兴之大势。也正是在心学修正意识、性理学复兴等学术因素的复杂共现之下,明清之际,学界对于阳明学传承的了解日趋混乱。造成该混乱局面的原因大致有两方面:其一,"泛阳明学"时代在人员分流加剧的情势下几近解体,其内部师承关系、学派意识日益模糊不显;其二,晚明以降,主体意识获得空前解放,个体学术建构诉求强烈,唯王学独尊的局面一经打破,众说纷纭某种意义上是为个体儒学重构提供理据。如以顾炎武为代表的一众思想家以道学重建、经世实践为己任,其"误判"阳明学的传承,某种意义上或是出于有意识的独断。如顾炎武曾这般理解阳明学的传承,其道:

> 王门高弟为泰州、龙溪二人。泰州之学一传而为颜山农,再传而为罗近溪、赵大洲。龙溪之学一传而为何心隐,再传而为李卓吾、陶石篑……《困知》之记,《学蔀》之编,故今日中流之砥柱矣。①

按今天理解,顾炎武上述所道存在极为显明的错误,比如何心隐的学派归属无论从何种理路出发,皆不可能列为龙溪后学。于此,吴震教授评曰:"顾炎武指出心斋和龙溪是阳明的两大弟子,这一判断基本成立,与黄宗羲《泰州学案》的说法一致。但是令人困惑的是,他说龙溪传心隐,又说心隐传卓吾、石篑,就不知从何说起了。这反映出明末清初的学术界对泰州学派之传承情况的把握已呈混乱。"②吴震以《明儒学案》关于泰州、龙溪的思想史定位评判顾炎武所说的准确性,原则上便是以当时学界的流行主张考察个别思想家之说的对错。这在一定程度上是将时代因素列为首要,而忽略了前期历史的可能影响。又为补充说明顾炎武之失在当时具有普遍性,吴震教授又通过对《万历野获编》中记董其昌之说"姚江身后,其高足王龙溪辈传罗近溪、李见罗,是为江西一派;传唐一庵(即唐枢)、许敬庵,是为浙江一派;最后杨复所自粤东起,则又用陈白沙绪余,而演罗近溪一脉,与敬庵同为南京卿贰,分曹讲学,各立门户,以致并入弹章",而论"万历年间的某些学者对晚明心学演变的总体把握可谓是一团糟"。③又对此,吴震以泰州学派为例给出了原因分析,他讲到:"到了万历年后的晚明时代,士人之间的交往日

---

① (清)黄汝成集释:《日知录集释》(中),北京:中华书局,2020年,第954—955页。
② 吴震:《泰州学派研究》,第32页。
③ 吴震:《泰州学派研究》,第33页。

趋频繁也日趋复杂,门生故吏、同年同僚、亲友知己、门人弟子等构成了一张关系独特而又错综复杂的人脉网络,相对而言,人们对于'门派'的认同意识却渐渐趋于淡薄,以至于时人对阳明后学的师承授受之关系的了解也变得日益模糊。"①吴震教授上述分析为我们提供了考察晚明王学传承情势的新内容、新路径。然其举《万历野获编》董其昌之说证明万历时期思想界关于阳明学传承认知的混乱,若确实如此,则万历以降的阳明学流传体系无从探知。但实际上,此处推论存在两方面问题尚需考量:其一,《万历野获编》作为晚明野史材料,其可信度不足立证,特别是黄宗羲《明儒学案》作为后成学案巨著,显然并未从中取证;其二,董其昌身份令人质疑。作为晚明文艺家,董其昌本不在思想界立足,故董氏之说无非无关紧要之议论。综合以上考察、分析,我们认为,晚明以降的王学传承作为明清之际学案书写的重要内容,虽有阳明学内部学派意识模糊、师生授受不显之嫌疑,但也有学者独断因素的介入。如顾炎武、黄宗羲皆列泰州为阳明高弟,但对泰州学又多以批判为主,此举便有阳奉阴违之嫌,即以标举阳明心学流弊之殇为矢的。换言之,顾炎武、黄宗羲等人与晚明郭子章对待泰州的处理不同,二人特列泰州为王学高足,实为说明王学流弊之恶果,此便是为高举明中期以降罗钦顺撰《困知记》、陈建撰《学蔀通辨》等朱子学派诸人对阳明心学的批判提供后续依据,更为自身修正心学、重构儒学之初衷作理论准备。

某种意义上,正是顾炎武等人于王学的批判意识和行动激发了当时文化界更为浓烈的学案书写趣向,在此趋势下,《理学宗传》《圣学知统录》《明儒学案》等相继面世。

首先来看孙奇逢《理学宗传》。《序》中,孙奇逢曾道:"《宗传》共十一人,于宋得七,于明得四,其余有《汉隋唐儒考》《宋元儒考》《明儒考》各若干人,尚有未尽者入《补遗》。补遗云者,谓其超异,与圣人端绪微有不同,不得不严毫厘千里之辨。"②据此,孙奇逢实是立足宋学之整体,为理学作正统、异端的划分。如其列王阳明弟子若干,其中包括泰州王艮、王璧等入明儒,却将王畿、罗汝芳及其门人杨起元、周汝登作"附录"处理③。该处理方式将杂禅人士统统划归边缘,其宁肯列王艮入明儒,不列王畿入王门,便是严防佛学于儒教的杂染。就此而言,孙奇逢于王学、理学的修正意识极为强烈,后世学者多将其粗略列为清初阳明学者,但从其关于阳明学传承的主张来

---

① 吴震:《泰州学派研究》,第39页。
② (清)孙奇逢:《理学宗传序》,《续修四库全书》第514册,第208页。
③ (清)孙奇逢:《理学宗传·目录》,《续修四库全书》第514册,第215页。

看，更严格来说，孙奇逢是位视野开阔、谨守儒学阵地的理学家，并非拘于王学。而其对待王学之包容意识是以理学家自居，对待儒学之严谨态度又是出于儒佛之辨的立场。陈祖武先生曾评孙氏"是主张'开眼界''大心胸'的豪杰。一方面他既肯定了王阳明学说在儒学发展中的地位，另一方面又能清醒地正视自身学派所面临的危机……于是在合会朱、王学术的努力中，孙奇逢将其学术主张诉诸实践，便产生了萃其毕身心力的精心结撰之作《理学宗传》"①，继而又评道："明清之际，面对理学的衰微，孙奇逢以《理学宗传》的结撰，试图通过中国古代学术史，尤其是宋明理学史的总结，寻找儒学发展的新途径。"②按陈祖武此说，孙奇逢是在清醒意识到理学发展至明清之际已日趋衰微的背景下，对宋明学术作了系统性总结。而通过对孙奇逢关于阳明后学基本规划的分析足可见，孙奇逢的思想史贡献包括总结、反省宋学之整体传承情况，亦包括全面修正理学后期即晚明王学杂禅之风。

应该说，孙奇逢的包容态度在明清之际实际极为难得，因为受"由王返朱"之大势影响，更得人心的做法是完全将王学排除在外，进行纯粹程朱理学化的道统学案撰写。如魏裔介先后所撰《圣学知统录》《圣学知统翼录》。按《四库全书总目提要》对两部学案的描述，此二部学案完全是立足程朱理学的书写。《提要》载曰：

> 《圣学知统录》二卷（直隶总督采进本）。国朝魏裔介撰。裔介有《孝经注义》，已著录。是《录》凡载伏羲、神农、黄帝、尧、舜、禹、皋陶、汤、伊尹、莱朱、文王、太公望、散宜生、周公、孔子、颜子、曾子、子思、孟子、周子、二程子、张子、朱子、许衡、薛瑄二十六人。博征经史，各为纪传。复引诸儒之说附于各条之下，而衷以己说。其《自序》谓见知闻知之统，具载于此。然惟圣知圣，惟贤知贤，惟接道统之传者能知道统之所传。《孟子》末章，惟孟子能言之耳，奈何遽以自任乎。③

> 《圣学知统翼录》二卷（直隶总督采进本）。国朝魏裔介撰。裔介既作《知统录》，复作此《录》以翼之。《自序》谓以之羽翼圣道，鼓吹六经，亦犹淮、泗之归于江海，龟蒙之侪于岱宗也。凡录伯夷、柳下惠、董仲舒、韩愈、胡瑗、邵雍、杨时、胡安国、罗从彦、李侗、吕祖谦、真德秀、赵复、金履祥、刘因、曹端、胡居仁、罗伦、蔡清、罗钦顺、顾宪成、高攀龙二

---

① 陈祖武：《清儒学术拾零》，长沙：湖南人民出版社，1999年，第92—93页。
② 陈祖武：《清儒学术拾零》，第93页。
③ （清）纪昀：《四库全书总目提要》，第1723页。

十二人。其去取之故,亦莫得而详焉。①

《圣学知统录》不见陈白沙、王阳明,《圣学知统翼录》所列罗钦顺、顾宪成、高攀龙三人更是向来立足程朱理学,以修正王学为其自身哲学努力之鹄的。魏裔介之外,清儒中不乏因独尊程朱,而对陈白沙、阳明后学之整体皆持完全否定态度的学案撰写者。沈佳撰《明儒言行录》即是其一。《四库提要》载曰:"是编仿朱子《五朝名臣言行录》之例,编次有明一代儒者。各征引诸书,述其行事,亦间摘其语录附之。所列始于叶仪,迄于金铉,凡七十五人。附见者七十四人。《续录》所列,始于宋濂,迄于黄淳耀,凡五十九人。附见者九人。佳之学出于汤斌,然斌参酌于朱、陆之间,佳则一宗朱子。故是编大旨,以薛瑄为明儒之宗,于陈献章则颇致不满。虽收王守仁于正集,而守仁弟子则删汰甚严,王畿、王艮咸不预焉。"②据此可见清儒愈加浓厚的复兴理学、贬排心学之意志。这一意志或者说态度几乎遍布清代各重要文献集成之中。《四库提要》是其一,清人所编《明史》亦是其一。《明史·儒林传》载曰:"宗守仁者曰姚江之学,别立宗旨,显与朱子背驰,门徒遍天下,流传逾百年,其教大行,其弊滋甚。嘉、隆而后,笃信程朱,不迁异说者,无复几人矣。要之,有明诸儒,衍伊、洛之绪言,探性命之奥旨,锱铢或爽,遂启歧趋,袭谬承讹,指归弥远……经学非汉、唐之精专,性理袭宋、元之糟粕,论者谓科举盛而儒术微,殆其然乎。"③参照《明史》《四库提要》成书年代,可以断定,明清儒学转型的整期过程可谓是对阳明学及以其为代表的明代心学的系统反省、清算之过程。

综上,无论是孙奇逢立足宋明理学之全体的修正,抑或魏裔介立足程朱理学以正道学正统的做法,皆于当时儒学转型的推进大有助益。然若论及撰述之详赡、清算之彻底,黄宗羲的学案撰写首屈一指。从《宋元学案》至《明儒学案》,黄宗羲相当于以一人之力完成了宋明理学思想史的系统梳理、修正和评介工作。尽管这一复杂且艰巨的工作在清以降诸学者看来仍然存在一定瑕疵。如《四库全书总目提要》曰:"宗羲生于姚江,欲抑王尊薛则不甘,欲抑薛尊王则不敢,故于薛之徒,阳为引重而阴致微词;于王之徒,外示击排而中存调护。夫二家之学,各有得失。及其末流之弊,议论多而是非起,是非起而朋党立。恩仇缪轕,毁誉纠纷。正、嘉以还,贤者不免。宗羲此

---

① (清)纪昀:《四库全书总目提要》,第1723页。
② (清)纪昀:《四库全书总目提要》,第1601页。
③ (清)张廷玉等撰:《明史》第24册,第7222页。

书，犹胜国门户之余风，非专为讲学设也。然于诸儒源流分合之故，叙述颇详，犹可考见其得失。知明季党祸所由来，是亦千古炯鉴矣。"①此是认定黄宗羲之功在于为明季党祸，乃至明之灭亡提供了学术史依据，其过则在对程朱理学的维护不够坚定，对王学的批判不够彻底。当代学者吴震教授以对泰州学的考察，认为黄宗羲《明儒学案》的编纂原存弊陋和偏见。他讲到：

> 黄宗羲在设计泰州学案时使用的三个标准：出生地域、师承关系、思想类型，本应是合理的，但他在具体操作时，却有失平衡……其二，黄宗羲在对人物作思想判定的时候，他的标准是不够明晰和确定的，其结果使得那些所谓的"异端"人物都被归入泰州学派，以至于整部泰州学案几乎成了一个异端百出的"大杂烩"。②

> 必须承认，从根本上说，《明儒学案》的撰述是建立在正统与异端必须泾渭分明这一儒家道统观念之基础上的。③

吴震教授对黄宗羲理解并整理的泰州学案表示质疑，但其指出了黄氏这般对待泰州学案的基本原则，即立于正统、异端之别，以正儒家之道统。就此来说，黄氏该立场不能说是一种"过"，而是适应时代发展的学术建构表现。该表现与前期孙奇逢的态度是一致的。只是，相较前者，黄宗羲的修正态度更为针对心学流弊。此举某种程度上是承继其师刘宗周的工作。陈祖武先生曾主张黄宗羲与刘宗周的观点某种程度上具有一致性。据他道："作为《明儒学案》的取法对象……于黄宗羲影响最大的，恐怕应是其师刘宗周的《皇明道统录》。"④之后，袁立泽《从〈理学宗传〉到〈明儒学案〉——"以经学济理学之穷"视角下学案体史籍初论》又通过比较刘宗周、黄宗羲学术观点，提供了黄、刘在修正心学一事上诸多关联。⑤ 如按学界普遍认同之知见——刘宗周是为王学殿军，则黄宗羲的心学修正工作，尤其是对待姚江正统与异端的严格区分一定程度上也可视为是王学救正工作的延续，亦是对王学的维护。正因如此，清中期学者认为《明儒学案》亦持门户之见，针对于此，沈佳《明儒言行录》或可补救之。《四库提要》录《明儒言行录》，并作说

---

① （清）纪昀：《四库全书总目提要》，第1598页。
② 吴震：《泰州学派研究》，第40页。
③ 吴震：《泰州学派研究》，第40页。
④ 陈祖武：《清儒学术拾零》，第30页。
⑤ 袁立泽：《从〈理学宗传〉到〈明儒学案〉——"以经学济理学之穷"视角下学案体史籍初论》，《清史论丛》2016年第1期，第62—64页。

明云:"初,黄宗羲作《明儒学案》,采摭最详。顾其学出于姚江,虽于河津一派,不敢昌言排击,而于王门末流诸人,流于猖狂恣肆者,亦颇为回护。门户之见,未免尚存。佳撰此《录》,盖阴以补救其偏。鄞县万斯大,宗羲之弟子也,平生笃信师说,而为佳作是录序,亦但微以过严为说,而不能攻击其失,盖亦心许之也。学者以两家之书互相参证,庶乎有明一代之学派可以得其平允矣。正不必论甘而忌辛,是丹而非素也。"①就《四库提要》所载内容来说,清中期,明清儒学转型完成,于此清代学术形态基本定型之际,儒者更倾向于程朱理学一边,其基本认知也已固定下来,即普遍对阳明心学,尤其是阳明后学极为不满。故或于清中期儒者看来,《明儒学案》更近似于是在为心学余绪正名。

参考清中期儒者的考察,如果说黄宗羲仍未尽脱门户之见,那么沈佳作为独尊朱子学的学者,其《明儒言行录》不录陈白沙,不录阳明后学,因而更有独尊自家门户之嫌。实际上以上门户之争正可见明清儒学转型过程中,学者观念与行动的冲突。与此同时,我们留意到,实际清初的学案撰写亦有力在排除门户之争的努力。这种努力原则上并非出于孙奇逢式的立于理学内部的调和心态,而是着眼于更广阔的儒学发展整体视野,尽可能地兼容并包,充分吸收明亡于朋党之教训,全力为文化一统做准备。此类学案书写代表作即万斯同撰《儒林宗派》。《四库提要》载:"是编纪孔子以下迄于明末诸儒,授受源流,各以时代为次。其上无师承,后无弟子者,则别附著之。自《伊洛渊源录》出,《宋史》遂以《道学》《儒林》分为二传。非惟文章之士、记诵之才不得列之于儒,即自汉以来传先圣之遗经者,亦几几乎不得列于儒。讲学者递相标榜,务自尊大。明以来谈道统者,扬己凌人,互相排轧,卒酿门户之祸,流毒无穷。斯同目击其弊,因著此书。所载断自孔子以下,杜僭王之失,以正纲常。凡汉后唐前传经之儒,一一具列。除排挤之私,以消朋党。其持论独为平允。惟其《附录》一门,旁及老、庄、申、韩之流,未免矫枉过直。又唐啖助之学传之赵匡、陆淳,宋孙复之学传于石介,皆卓然自立一家,宋代说经,实滥觞于二子,乃列之散儒之中,不入宗派,亦有所未安。至于朱陆二派,在元则金、吴分承,在明则薛、王异尚,四百年中出此入彼,渊源有自,脉络不诬,亦未可以朝代不同,不为明其宗系。如斯之类虽皆未免少疏,然较之学统学案诸书,则可谓涤除锢习,无畛域之见矣。世所传本仅十二卷。此本出自历城周氏,较多四卷。盖其末年完备之定本云。"②作为康熙朝主持

---

① (清)纪昀:《四库全书总目提要》,第1601页。
② (清)纪昀:《四库全书总目提要》,第1600页。

《明史》编纂的重要人士,万斯同撰《儒林宗派》之前提背景,不仅有对明代道统观念、行径的考察,更有于明代历史尤其是朋党之争的深刻反省。此即可视为明清儒学转型过程中儒者政治关切之典范。

### 三、"理"与"势"的冲突：史学努力难挽哲学演化之所趋

上述分析可见,晚明清初诸儒通过修正心学、重续道统,大有重构儒学之势。可以说,无论是黄宗羲、周汝登,抑或孙奇逢,其学案撰写皆有救儒学以济世之初衷,都具有卫道精神,就此而言,以上众人的学案书写首先是出于道学家捍卫儒学、重构儒学以济教化,是其抚世之真精神的体现,而非作为历史学家史学书写之主动自觉。正因如此,明清更迭之际的学案著作或都不能以简单学术史著作界定之。正如陈畅以《明儒学案》为例,曾讲到："《明儒学案》并不是一部简单的学术史著作,而是一部展现理学政教秩序的'理学之书',具有完整的意义系统。它把存在着诸多差异的各家学术统合为一个价值整体,表达了理学家对政教秩序的寄托。可以说,《明儒学案》在政教理想上和黄宗羲的另一名著《明夷待访录》是完全一致的。黄宗羲的著述目标是希冀后人由此开创政教新局面。"①有鉴于此,晚明清初主流学案撰写者其创作初衷从根本上来讲,是即思想史(或可谓哲学史)讲哲学,故而其整体努力原则上皆可视为是借史学之形式实现对当时儒学的审视与拯救。此举就此来说实际是哲学的努力。但是在实际效果及影响上,可以明鉴的有两个方面：其一,这一大规模的行动可能在表面上营造出史学复兴现象,并有可能带动后期史学的发展。就此而言,一直到清中期,章学诚《文史通义》的出现并非偶然。其二,立足哲学建构之初衷的学案史书写因为史学方法的介入而耽于史学书写,并不能够呈现编撰者充分的哲学论证过程及其鲜明的哲学观点,故也未必能达成预期的哲学影响。这便凸显了"理"与"势"的冲突。比如黄宗羲的哲学努力,按刘述先先生揭示乃是着力于对心性哲学、阳明心学的救正,但其真实影响反倒加速了儒家心性哲学的衰颓。对于黄宗羲的思想史评判及定位,历来学者都较为重视,因其思想史地位不仅关系到明清儒学转型的终结,并且涉及宋明心性学衰微之缘由的分析和评判。刘述先先生在他的专著《黄宗羲心学的定位》中曾有以下两段精辟阐发。他讲到：

梨洲的《明儒学案》乃是继承道统之作。他希望通过对于思想的研

---

① 陈畅:《〈明儒学案〉中的"宗传"与"道统"——〈明儒学案〉的著述性质》,《哲学动态》2016年第11期,第59页。

究、评述,建立思想的正确方向,下开一个新的时代……就梨洲本人的意图来说,这部书则是完全失败了。它并不能使梨洲超越门户之争;而梨洲想要对付王门后学引发的两大问题——"情识而肆""玄虚而荡",都没有收到预期的效果。明末清初的思想由泰州学派转手,像陈确一类的人开始肯定"欲",以之为首出的观念,根本脱离了心性之学的规模,梨洲已无法力挽狂澜。同时有关心性的讨论,后来人乃不加简择,一起皆目之为玄论,弃之如敝屣。这种情况使得梨洲成为这门学问最后的一个殿军。以后是打开了一个新时代,思想上是颜元、戴震,最后连思想也不要了,干脆转上乾嘉考据文献之学。"贞下启元",这绝不是梨洲所期待的新时代。而在明末清初的转型期,思想潮流的大改变,梨洲都亲身参与在内,推波助澜,走上了一个不是他要的新方向。这乃是"历史的吊诡"。①

梨洲晚年是把他的生命贯注在学术上面,而完成了他的不朽名著。但是他所要解决的问题——"情识而肆""玄虚而荡",是在一种他完全意想不到的方式之下解决了。"情识而肆",固然"复非名教之所能羁络",但也可以产生一些豪杰之士,这样的潮流是难以在异族统治的高压手段之下生存的。思想上虽进一步肯定了情欲,外在却没有条件来容许"情识而肆"。"玄虚而荡"的风气则受到严厉的排击。亭林提倡"行己有耻,博学于文",整个学术风气为之一变。但清初三先生亭林虽不谈心性,却尊程朱;船山虽攻击阳明,然极尊宋儒;梨洲更不用说了。但后来的发展却把整个的心性之学都当作玄谈,而置之于不闻不问之列,代之而兴的是饾饤考据之学,这岂是梨洲所欲见的发展!但梨洲继蕺山内在一元之倾向,转手而为乾初、东原之说,乃整个由宋明心性之学脱略了开去;同时梨洲固为长于文献、考据之学者,则其对于新时代风气之形成,亦多推波助澜之功。然而这并不是梨洲所期望的"贞下启元"走的那一条道路。②

按刘先生所说,实际在政治时代变革面前,学界拯救世道的努力是微乎其微的,此时识时务而变者,其理论得上下之呼应,方得流行,从这个角度上讲,明末清初三先生的后期影响或与其初衷并不相符,其具体价值、效果也极大可能并不在其初衷之内。又据此,时人、后人带着"有色"眼睛,以时代意义考察其思想创见,原则上便有以后果主义片面择取其观点,而极易忽略

---

① 刘述先:《黄宗羲心学的定位》,杭州:浙江古籍出版社,2006 年,第 108 页。
② 刘述先:《黄宗羲心学的定位》,第 118 页。

其整体思想建构之努力及其建构过程。这是不严谨的。因为尽管我们期望给思想史一条清晰的发展线索，如同我们期待在所有历史中找到其发展之规律，然而我们必须直面"吊诡"之诸情形，且只有直面"吊诡"之诸情形，揭其现象，掘其实际"效果"，给予整全之解释，方能最大程度还原历史之原貌。此处就需明白，哲学研究与思想史研究原本不同。正如刘述先所说："宋明心性之学并没有很好的理由一定要衰微，但由势上看，则又不能不衰微。由此可见，哲学的重点与思想史的重点不同。"① 在上述理解的基础上，刘述先提到"转型期"心性之学的衰微问题：

> 对于这个转型期，一般的说法是，清初学风的改变，是由于时代风气的转移，而异族的统治也不能不说是一个重要的因素……心性之学为何突然之间衰微？于理，我们似乎找不到很好的理由；于势，却又好像有一种必然性……心性之学本身无罪，其流弊则天下人共见，以是成为替罪之羔羊，则于理虽无据，其势却有所必然也。②
>
> 最后由汉学的角度来看，江藩著《清朝汉学师承记》……当时龚自珍即提出异议，以为书名不妥，主张改为《国朝经学师承记》……但江藩囿于门户陋见，不予采纳，结果引起反激。此书出版后九年，即有方东树《汉学商兑》出，对于汉学派为整个的攻击，对于江著则为个别的诋斥。如此引起汉宋门户之争，无聊已极。③

刘述先上述言论意谓心性学的衰微实际成为无实质意义的汉宋之争的牺牲品。就此来说，学界需细考当时思想家之真实影响力及其个人观点对心性哲学滑落的引导作用。

## 第四节　由世儒深入理学之方式牵动的明清之际思潮与学风的转向

经上文揭示，晚明清初的心学、理学已与陆王、程朱原说具有一定区别，诸类区别的形成有世儒理解差异的因素，有众人为重构儒学做理论铺垫的

---

① 刘述先：《黄宗羲心学的定位》，第123页。
② 刘述先：《黄宗羲心学的定位》，第119—120页。
③ 刘述先：《黄宗羲心学的定位》，第122页。

独断成分，也有为重续道统、服务政教的史学努力。而以上诸条路径的努力皆围绕阳明学，乃至宋明理学之整体展开。具体地说，皆关世儒深入广义层面上讲的理学之方式。正是这些方式经不同进路，牵动着明清之际思潮与学风的转向。若从儒学层面更为具体、深入地展开去讲，我们可以就典型个案进行分析、探讨。在此，笔者将以晚明清初较具影响力的，对阳明学及理学之整体持有区别态度的三位思想家——顾炎武、傅山、黄宗羲等为例，作分别探讨。需要特别申明的是，王船山作为三大家之一之所以不作考虑，原因在于两方面：其一，船山哲学于晚明清初儒学发展而言，与其说有开创之功，不如说更有总结之意，故其哲学之驳杂、繁复诸特色促成船山哲学更大程度上乃是跳出宋明理学范域，重在全面新构儒学，因而难说其对深入理学投入多少精力。其二，船山哲学立场并不显明，难以在任一派系归属中发掘其对待理学、心学旗帜鲜明之态度。如此，更不能够以船山整体学术影响力将其强拢入理学讨论的核心成员中。正如，周予同先生曾视清初学问为三派，分别是注重实践派，主于经学派，以及注重史学派。王夫之不属任何一派。在此基础上，周予同先生道："清初三派'破'的方面是一致的，'立'的方面就不同了。或者是王阳明之学的修正派，如黄宗羲（右派）；或者是王学的反对派，如顾炎武（中派）、颜元（左派）……三派都主张'经世致用'，注重联系实践，反对空说与玄想。"① 有鉴于此，本章写作暂不对王夫之思想作过多阐发，而是选取顾炎武、傅山、黄宗羲三者，分析三者于心学、理学深入方式的不同，以及因此不同而对晚明清初儒学发展、演化做出之特别贡献。

### 一、从"理"的解释到"理"的求证：顾炎武批判进路的儒学建设

学界关于顾炎武的研究成果繁多，其结论多在呈现顾氏对待阳明心学较为极端的批判态度，以及肯定顾氏在经世之学、考据之学的复兴等层面于清代儒学的卓越贡献。笔者在此不作赘言。仅就两项问题展开：其一，顾炎武批判阳明学、理学的进路是如何展开的；其二，顾炎武对理学的批判如何引出其对清学建构的设想。

对于第一个问题，顾炎武针对理学的批判乃是由外部的"清谈"之风讲起。这一进路的批判并未触及理学义理内部，反映了顾氏对宋明学风的排斥和基于此的发挥。其云：

> 五胡乱华，本于清谈之流祸，人人知之，孰知今日之清谈有甚于前

---

① 参见朱维铮编：《周予同经学史论著选集》，上海：上海人民出版社，1996年，第901页。

代者……不习六艺之文,不考百王之典,不综当代之务,举夫子论学论政之大端一切不问,而曰"一贯",曰"无言",以明心见性之空言,代修己治人之实学。股肱惰而万事荒,爪牙亡而四国乱……今之君子,得不有愧乎其言。①

窃叹夫百余年以来之为学者,往往言心言性,而茫乎不得其解也。命与仁,夫子之所罕言也;性与天道,子贡之所未得闻也。性命之理,著之《易传》,未尝数以语人……而一皆与之言心言性,舍多学而识,以求一贯之方;置四海之困穷不言,而终日讲危微精一之说,是必其道之高于夫子,而其门弟子之贤于子贡……呜呼!士而不先言耻,则为无本之人;非好古而多闻,则为空虚之学。以无本之人,而讲空虚之学,吾见其日从事于圣人,而去之弥远也。②

顾炎武对宋明理学的批判更具体地乃是指向心学,指向以"明心见性"为主要内容的"空言"之学。按其批判之内容,则顾氏所要树立的便是"习六艺之文,考百王之典,综当代之务"之"修己治人之实学"。如此,便是经由对心性之学的批判,顾炎武引出了自身对当时儒学建构的关键主张,这些主张亦成为引导当时学风转型的主流观点。

事实上,顾炎武批判理学空疏之风的同时,更进一步的努力是在扭转了"理学"的概念诠释和内容界定。其云:

古之所谓理学,经学也,非数十年不能通也……今之所谓理学,禅学也,不取之五经而但资之语录,校诸帖括之文而尤易也。又曰:《论语》,圣人之语录也。舍圣人之语录,而从事于后儒,此之谓不知本矣。③

据此,顾炎武是将原本近似禅学的理学重新纳入经学的诠释视野。其阐发依据或者说初衷便在为理学的诠释寻找经学的支撑,此一支撑一方面消除了理学的禅学杂染,重正理学作为儒学的义理正解,另一方面为求"理"之法指出了一考据路径。也正因如此,按吴根友教授揭示:"对于顾炎武是否'反理学'的问题,在某种意义上取决于我们对'理学'的界定。如果将'理学'界定为只探讨'天道性命'的专门之学,那么顾炎武是一位坚定的

---

① (清)顾炎武著,张京华校释:《日知录校释》,长沙:岳麓书社,2011年,第311页。
② (清)顾炎武:《与友人论学书》,《亭林文集》卷三,《顾炎武全集》第21册,上海:上海古籍出版社,2011年,第92—93页。
③ (清)顾炎武:《与施愚山书》,《亭林文集》卷三,《顾炎武全集》第21册,第109页。

'反理学'的学者,因为他认为这种'不取之五经而但资之语录'的专门之学背离了孔孟儒学的宗旨,已经'堕落'为禅学;如果将'理学'理解为'义理之学',那么顾炎武并不反对'理学',在他看来,'义理之学'与考据训诂一样,都属于经学的范畴。"①既是要将义理之学作为考据训诂一样纳入经学范畴,那么在求"理"的方法上,便唯有将义理的阐发建立在考据的基础上,建立在研经考典的前提下。吴根友教授因此指出:"顾炎武在批判作为理学根基的心性之学的基础上,通过提出'理学,经学也'(后全祖望改为'经学即理学')的命题及建立的'读经自考文始'的经学研究新范式,为中国传统学术由宋明理学向清代朴学的转型奠定了坚实的新思想基础,开辟了新的方法论途径。"②这一"经学研究新范式"便是"将宋明理学的问题意识转换为对经学的文献研究"③。而"新的方法论途径"则指向"将宋明理学思辨的哲学转化为一种以语言、文字、训诂为工具的语文学的实证方法"④,即"人文实证主义研究法"。这一研究方法的转换某种意义上正代表了儒学社会性格的演化。张循曾以"求同"与"存异"概括明、清的儒学社会性格之别:

> 与倾向于"求同"的宋明理学相较,清代考据学的社会性格则以"存异"为其基本倾向。⑤
>
> 由明入清,以"道在人心"到"道在六经"这个转移一旦发生,儒家与社会大众之间的联系就要发生一个显著变化——士人与众人在"道"的面前变得不再平等了……在理学的世界里,士人与众人本是"同具此理"的同志……现在一旦转以经典考据为明道的首要关头,原本人人可以凭自己的心而得道的可能性将被淡化乃至否定,只有那些具备经典阅读能力的人才有优入圣域的可能。⑥

以上阐发可见顾炎武促成的经学考据之风在明清之际的复兴,在凸显实证主义路线的同时,更挺立了圣、凡之别,以及清学对"异"之必然性和"求异"之必要性的侧重。

---

① 吴根友:《中国哲学通史·清代卷》,第263页。
② 吴根友:《中国哲学通史·清代卷》,第261页。
③ 吴根友:《中国哲学通史·清代卷》,第5页。
④ 吴根友:《中国哲学通史·清代卷》,第5页。
⑤ 张循:《从此殊途:儒学社会性格的明清嬗变》,第23页。
⑥ 张循:《从此殊途:儒学社会性格的明清嬗变》,第14—15页。

## 二、凭子学之力反理学之形上建构：傅山道学重建之意识与思路的显露

相较顾炎武对待阳明学极为严苛的态度，傅山对王阳明本人却有一定的肯认度。其缘由在于，傅山有意借鉴子学之力重建"道"学，而避开了有关"心"与"理"的本体论争议，同时，回归经世、事功的视角深入，相对客观地重思了阳明学的现实意义。

细究晚明清初的儒学演化，有一重要表现，即子学重新回归学界关注视野。这一现象的出现，按吴根友教授认为，乃是"伴随着旧的王朝政权的解纽，思想界出现了一定程度的解放，但同时社会也出现了大量的新问题。旧的经学知识框架与历史经验，不足以应对现实的很多问题，子学所具有的'博明万事'的广阔知识视野及其优势，对于当时的士人而言，恰恰可以给他们提供新的历史与思想的视野。但他们在价值取向上绝对要坚持经学的思想原则，因此，一些极具历史责任感与思想活力的思想家，把自己的学术研究延伸到经子关系的新领域"①。晚明清初子学复兴思潮进程中，傅山可谓典型代表，其《经子之争》一篇更是直揭"子先于经"的观点。这在经学得到空前力倡的清初思想界，不可不谓大胆、突破之举。目前学界关于傅山的关注主要集中在其反理学思想的探讨上，必须承认，这是傅山思想研究的重心，然笔者更为关切的是傅山反理学的渊源和思路。大体上，傅山反理学当然有其针对理学开展的直接批判，但是需要特别关注的是，傅山有关理学的批判向来不乏其对于子学的借鉴，尤其在形上问题上，更有对老庄哲学的深入汲取。

首先，在注解的《老子》《庄子》中，傅山借对老庄形上建构的阐发，基本交待了自身的本体论主张。如《老子解》及《庄子天地篇泰初有无无段解》中，傅山道：

> 物也，而有非物者传焉。非物之物，道之为物也，恍惚象物。象，似之矣，而不可得而确之。以窈冥之精非假，而或然或不然者，自初有一人以至于今，传之不息，以至于有我之身者，其何物耶？此道也。②
>
> 阴阳交泰之初，何所有乎？有无而已，别无所有。然无而有者，无可得而名，确乎其有一。一之所起，有一而未形，不可闻，不可见。然万物之生者，皆由得此一以生，是之谓德……所谓德至，至则同于泰初之

---

① 吴根友：《转型与重整：清代四种"经子关系"合论》，《船山学刊》2022 年第 3 期，第 26 页。
② （清）傅山：《傅山全书》第 4 册，太原：山西人民出版社，第 118—119 页。

无有矣……《老子》曰："天地万物生于有,有生于无。"此段是庄生实有下手处,昔人混混说去。①

傅山以上阐发极为显明地彰显了其对道家"道可道,非常道"以及"有生于无"诸论的认识,并在此基础上申明了作为最高实体的"道"并非有形可见的"别有一物",其与"物"的区别在于只是"恍惚象物"。这一"恍惚象物"的特色决定了"道"或者任一最高实体其称名本质上皆为强立。该观念下,傅山对"理"的界定亦近似老子对"道"的描述。《理字考》中云:"《老子》八十一章绝无'理'字,何也? 妙哉! 无'理'字,所以为《道经》。即道亦强名之矣,况理乎!"②此说有两方面内涵:其一,申明了"理"之概念的不可溯,不可立;其二,强调"道"概念优于"理"概念。

正是在汲取老庄对"道"之概念的描述和对"道"优越性的强调,傅山对宋明儒所称"理学"予以了驳斥。其云:"理本从玉,而玉之精者无理;学本义觉,而学之鄙者无觉。"③又云:"理,形而下也;无理,形而上也。无理生理,理不知无理,故庶人不知圣人,圣人不知若菌,若菌不知海人……先有男耶? 先有女耶? 儒者不知也,不知其化也。"④此便是从训诂讲起,揭示了"理"既有形可见,便非形而上之体,道学家指"理"作为形上体,实则是不知有无之化。应该说,傅山正因并不将"理"作为形上概念看待,故其论"理",往往是从经验论视角解释。其《学解》一篇有极具影响的一段话,其云:"理不足以胜理,无理胜理,故理不足以平天下,而无理始足以平天下。当桀、纣为君之时,君子者忍而君之,理也。汤、武则最无理者,敢有南巢、牧野之快,而匹夫匹妇之怨为之舒,故必无理而后理。"⑤傅山结合桀、纣功业讲到的"理"之胜负,实际是将"理"作道义上的合理性理解,而非作形上诠释。与之相应地,"理"既可有、可无,则其善恶更有分辨。故傅山又云:

宋儒好缠理字。理字本有义……如《中庸》注"性即理也"亦可笑……圣人之所谓理者,圆备无漏,才落儒家之口,则疏直易寻之理可见……宋人之所谓理者,似能发明孟子"性善"之义,以为依傍大头

---

① （清）傅山:《傅山全书》第 4 册,第 127 页。
② （清）傅山:《傅山全书》第 2 册,第 276 页。
③ （清）傅山:《傅山全书》第 4 册,第 109 页。
④ （清）傅山:《傅山全书》第 2 册,第 279 页。
⑤ （清）傅山:《傅山全书》第 2 册,第 278 页。

颅，并不圆通四炤。理之有善有恶，犹乎性之有善有恶，不得谓理全无恶也。①

傅山既说"理"落儒家之口便有漏，便是以老子为圣人，以其不言"理"字为圣解。其云"理"有善恶，在此意义上，孟子云"性善"亦不可能与"理"相应，而《中庸》注"性即理"便与孟子观点相冲。依据于此，宋儒以孟子"性善"论为本，以四书诠释为经典依据即成为"可笑"之事。与此同时，"理"既非形上之体，有胜负之分、有善恶之别，其于"气"而言便不具优先性。故傅山云："老夫尝谓气在理先，气蒸成者始有理，山川、人物、草木、鸟兽、虫鱼皆然。若云理在气先，但好听耳，实无着落。"②傅山这般说更是从经验角度讲出了"气在理先"的实用处。

应该说傅山在形上学层面借子学的发挥极其自洽地实现了对理学形上体系的反驳。实际在具体的事上功夫面向，傅山对子贡的评价，对墨子部分理念的肯定，都有事功思想的呈现。《子贡事》《墨子大取篇释》中，傅山云：

  子贡一出而存鲁、乱齐、强晋、破吴而霸越……人徒见战国之日乱于纵横之士，而不知无纵横之士之日，乱尤甚于战国也。呜呼，复何言？故论古人须破门面，不破门面而一味颠顶责之，期于事之不济而已。③

  义，宜也，宜利不宜害。兴利之事须实有其功，不得徒以志为有利于人也。④

傅山以上所说便是借对子贡和墨子部分事迹、功业及思想观念申明了其在经世方面的鲜明立场。此即可视为其事功理念的表现。依据此表现，再来看傅山对待朱熹、王阳明的态度分别。据其《朱熹与王守仁》一篇记：

  往在西河时，曾与胡季子兄弟论新建禽宁濠之功，问于野曰："且道朱晦翁当新建之任，能禽得濠否？"于野曰："能。"予笑曰："必不能。必不能。晦翁掺切簿书间有余耳，精神四射处正欠在。"⑤

---

① （清）傅山：《傅山全书》第2册，第275页。
② （清）傅山：《傅山全书》第2册，第275页。
③ （清）傅山：《子贡事》，《傅山全书》第3册，第247页。
④ （清）傅山：《傅山全书》第4册，第167页。
⑤ （清）傅山：《傅山全书》第3册，第244页。

依据此说,傅山对阳明的认可除了因阳明不同一般道学家仅做"义袭"工夫,亦不似朱子专讲形上之"理",而是"直指本源"①外,更因阳明在事功一事上尤能发挥精神,于事事物物上致良知,于现实经验中落实道义。

### 三、批判吸收与开拓推进:黄宗羲"理""气"论内容、特色及影响重勘

经上分析,顾炎武、傅山等人皆从不同进路加入晚明清初反理学潮流中,对"理"之概念、存在形态,及求"理"之方式作了细致且深入的驳斥,借此驳斥引导儒学向有别于外来之学——佛学的本土文化回归,向考据之学靠拢,向经世之学迁转。世人皆知,与顾炎武、傅山等人极为不同的是,黄宗羲同样作为当时极具影响力的思想人士,其基本立场却正在广义而论的理学,具体而言即是阳明心学。可以说,晚明清初思想家中,黄宗羲才是在真正深入理解阳明学、理学的基础上,切实推动了明清理学的渐次过渡和深度进展。而其推动之路径即是紧扣理气关系问题,承接宋明儒讨论进路,批判吸收了以往学者尤其是罗钦顺、王廷相等人的理气观,又下启清初以降诸儒在理气观、理欲观及心性论思想等方面的建树。需要特别给予关注的是"理""气"论方面,黄宗羲对戴震的启发和影响。就此而言,黄宗羲其人、其学于明清儒学的深度转型是极为重要的,或因如此,学界对黄宗羲的儒学史地位给予了高度评价。比如吴根友教授曾道:"'后理学时代'的历史时间段……就哲学思想史而言,当以黄宗羲的去世为标志。"②当然,梨洲于明清儒学所作贡献巨大,而其面临之挑战也更是艰巨。其中最大的难题在于,不同优先概念之下,理气关系各有其诠释思路,比如程朱理学中,"理"为第一概念,心为"气之灵"仍属于物质性的第二概念,三者关系中,心、气皆在"理"主宰之下;在阳明心学语境中,"心"范畴优先的情况下,其对待"气"的处理是以"气"充当动力因和质料因,良知如何成为共知,依赖"一气流行"。而在晚明清初之际,程朱理学与陆王心学之间起伏、过渡,理气观亦有变化;又至清初以降,清儒比如上文言及的傅山,后文将要言及的戴震皆有关于"道"论的发挥,在此基础上,清儒理气观,比如戴震的理气观原则上乃是建立在以"道"为第一概念之下的阐发。如此,戴震如何处理"气"的问题呢?又,作为理学总结、批判、承继之人物的黄宗羲,其于前人"气"论的极广、极深的反省对戴震又有怎样的启发?再者,深处儒学转型、重构几近完成阶段的戴震,其于前人黄宗羲理气观、心性论又有怎样的批判和吸收?这些是接

---

① (清)傅山:《道学门面》,《傅山全书》第3册,第248页。
② 吴根友:《中国哲学通史·清代卷》,第5页。

下来要探讨的问题。

**（一）黄宗羲对宋明诸儒"理""气"论主张的评判**

首先，我们来看看哪些思想家的理气论主张进入黄宗羲视野，梨洲又给予了他们怎样的评价，以及批判吸收了诸位先儒哪些重要观点。

宋明以降，儒者论"理""气"多从张载讲起，从"天地之性"与"气质之性"之间关系讲起。黄宗羲亦是如此。只是，相较他人，黄宗羲"气"论思想在后人看来，更得张载真精神。按全祖望云："横渠先生勇于造道，其门户虽微有殊于伊、洛，而大本则一也。其言天人之故，间有未当者，梨洲稍疏证焉，亦横渠之忠臣哉！"①据全祖望所说，黄宗羲对张载稍有不满处在"天人"议题的疏解上，然总体上亦是张载"气"论的忠实继承者。此便遗留探讨空间：其一，全祖望所谓的"天人之故，间有未当"指向怎样的内容？其二，黄宗羲重点阐发了张载"气"论哪一方面，方被称为横渠之"忠臣"？对于上述两则问题的解答，黄宗羲、黄百家父子的观点见于《宋元学案》。其间，二者针对张载"形而后有气质之性，善反之，则天地之性存焉。故气质之性，君子有弗性者焉"一语，黄百家案云：

> 先生虽言有气质之性，下即言君子有弗性焉，是仍不以气质之性为性也。奈何后之言性者，竟分天命、气质为性乎？杨晋庵东明曰："气质之外无性，盈宇宙只是浑沦元气，生天生地，生人物万殊，都是此气为之。而此气灵妙自有条理便谓之理。夫惟理气一也，则得气清者理自昭著，得气浊者理自昏暗，盖气分阴阳，中含五行，不得不杂糅，不得不偏胜，此人性所以不皆善也。"②

张载"君子有弗性者焉"一说其论述理路即在，首先承认"气质之性"具有复归"天地之性"的可能，即承认二者原初为一，之后有分，此分之后，便有不可回归天地之性的情况存在。按此理路，张载"君子有弗性"严格来说是从"果"位上讲"性善"之现实不可全然成就。这在黄百家、黄宗羲看来，横渠之论既从现实经验中考量"性善"不具恒常性，便有"不以气质之性为性"的倾向。如此，便有分"气质之性"与"天命之性"为二的倾向，再进一步讲，即是分"天""人"之性为二。这便是全祖望所说的张载"气"论在"天人"议题上的疏漏。至于黄百家引杨东明之论实为引出"气质之外无性"的主张，

---

① （清）黄宗羲：《黄宗羲全集》第 3 册，第 795 页。
② （清）黄宗羲：《黄宗羲全集》第 3 册，第 834—835 页。

此亦是黄宗羲之观点。问题是,既然材质之气与天命之性若并不为二,那么"气质之性"特有的偏杂、昏暗如何在"天人合一""理气合一"中获得正当性、合理性呢?按杨东明所说,"气"原本中含五行,其间有杂糅、偏胜本是理所当然,既谓"气""理"合一,则"理"与"清气"相融,则"理"之明朗昭然若揭,若与"浊气"相合,则"理"自昏暗难见。总的来说,杨东明实际在坚持"气质之外无性"的前提下,借助"理"之本具,与"气"之自然等关键内容,说明了"理气合一""性有善恶"的合理、必然。然按晋庵思路,"理"乃恒常固有,因附于"气"之清、浊,而有了"性"之"善"与"不善",而"性"之"善"与"不善"即因"理"之著、暗不同。故而,人"性"之不同实是"理""气"合一之结果有别。且不说杨东明在"理"学、"心"学上究竟持何立场,其既云"得气清者理自昭著,得气浊者理自昏暗",是将"气"之自然态的"清""浊"之分推展至禀受者的工夫境界,乃至价值呈现的区别。因此,某种意义上,与其说杨晋庵的结论为"性"有"善"或"不善",不如说其实是宣称,因"气"有"清"与"浊",故禀受者所禀之"理"("性")有明、暗之别,再进一步说,便是得"理"之人有善、恶之分。此即暗示"气"首先是在价值论层面具有决定意义。这在黄宗羲、黄百家父子认为,就已经出离了从"本然"上论"气"的思路。何谓"本然"?黄宗羲没有细论,但其基本特性当是超越自然形态,超越经验认知,亦超越道德判断的自在存在。具体如黄宗羲道:

> 先生(案:杨晋庵)此言,可谓一洗理气为二之谬矣。而其间有未莹者,则以不皆善者之认为性也。夫不皆善者是气之杂糅,而非气之本然,其本然者可指之为性,其杂糅者不可以言性也。天地之气,寒往暑来,寒必于冬,暑必于夏,其本然也。有时冬而暑,夏而寒,是为愆阳伏阴,失其本然之理矣。失其本然,便不可名之为理也。然天地不能无愆阳伏阴之寒暑,而万古此冬寒夏暑之常道,此一定之理也。人生之杂糅偏胜,即愆阳伏阴也。而人皆有不忍人之心,所谓厥有恒性,岂可以杂糅偏胜当之?杂糅偏胜,不恒者也。是故气质之外无性,气质即性也。第气质之本然者是性,失其本然者非性,此毫厘之辨,而孟子之言性善,即不可易也。阳明言"无善无恶心之体",东林多以此为议论。先生云:"阳明以之言心,不以之言性也。犹孔子之言无知,无知岂有病乎?"此真阳明之肯綮也。①

---

① (清)黄宗羲:《黄宗羲全集》第 7 册,第 755—756 页。

黄宗羲以上所说较为集中地呈现了其"气"论思想的关键主张,即在坚持"理气合一"的前提下,较为清晰地揭示了"理""气""性"三者之间的概念边界和合一的正当性、必然性。总体上讲,梨洲强调从"本然"上讲"气"、讲"性"、讲"理",即是要超越经验,超越道德判断,从形上学本体论上,讲三者在"因"位上本具一致性。而此"本然"状态,即后来戴震所谓的"自然之极则"之境。如此讲法,"气"之清浊、混杂是自然态的存在,却非恒常态的存在,其恒常态的存在必定是"寒往暑来,寒必于冬,暑必于夏"。此一恒常态是"气"化生、流布之本然,是"理"之本具、常用。按此理路,与"气""理"一致的,超越道德判断的"性"其本然即善,而据"本然"言"性善",即是阳明学所讲"心"之体。至于黄宗羲之所以认可杨东明评阳明以"无善无恶"言"心体",不以之言"性",其因便在,从"心体"言"无善无恶",即是超越道德判断地讲"心"之本然即其"体",却不以之言"性",是因"性"有本然与表象之别。从表象上说,"性"则不一定为"善",更不必然具有超越经验道德之涵义。

又,针对张载"善反之,则天地之性存焉"一说,黄百家又案:

> 先生言"善反之,则天地之性存焉",此则所谓"变化气质"也。夫汤武之反,不远之复,由违乎性,故须反复乎性也。若既以气质之外无性,则性又何须变化乎?吕巾石怀由先生之说,专以变化气质为宗旨,以为"气质由身而有,不能无偏,犹水火木金,各以偏气相胜,偏气胜则心不能统之矣。皆因心同形异,是生等差。故学者求端于天,不为气质所局矣"。此言似是而有辨。①

按黄百家的分析,张载既言"善反"以存"天地之性",则此"变化气质"之道便已预设了"气质之性"与"天地之性"的二分。至于吕怀的发挥,可以说是较为集中地阐释了张载"变化气质"一说,但其言学者需"求端于天,不为气质所局",乃是将原本张载"气"论思想中暗含之"气质之性"与"天命之性"的二分倾向,直接转换为一种现实,其不仅认定了"气质"与"性"的二分,并且宣明了后者于前者的高明与臻善。然正如黄宗羲曾道:"先生之论,极为切实,可以尽横渠之蕴,然尚有说。夫气之流行,不能无过不及,故人之所禀,不能无偏。气质虽偏,而中正者未尝不在也。犹天之寒暑,虽过不及,而盈虚消息,卒归于太和。以此证气质之善,无待于变化。理不能离气以为

---

① (清)黄宗羲:《黄宗羲全集》第 3 册,第 835—836 页。

理,心不能离身以为心。若气质必待变化,是心亦必须变化也。今日心之本来无病,由身之气质而病,则身与心判然为二物矣。孟子言陷溺其心者为岁,未闻气质之陷其心也。盖横渠之失,浑气质于性;先生之失,离性于气质,总由看习不清楚耳。"①此处,黄宗羲不仅直揭张载、吕怀论"气"的各自疏漏处,并且借此申明"理气合一"的同时,亦揭明了"此心即理"的前提下,与"理""气"相协相应的"心"与"身"的必然统合。

黄宗羲、黄百家父子对"气质"与"性"合一关系的申明强调的是"理""气"不二,而非言"气质"便是"性"。故黄百家又讲到:

> 气质之性与变化气质之说,先遗献辨之明矣。犹有疑气质即性,又不须变化,然则人皆圣人,无不善之人与?……夫所谓"气质即性"者,谓因气质而有天命之性,离气质无所谓性也。性既在此气质,性无二性,又安所分为义理之性、气质之性乎?然气质实有清浊厚薄之不同,而君子不以为性者,以性是就气质中之指其一定而有条不紊,乃天下古今之所同然无异者而言,故别立一性之名。不然,只云气质足矣,又何必添造,别设一性之名乎?子刘子曰:"气质还他是气质,如何扯着性?性是气质中指点义理者,非气质即为性也。清浊厚薄不同,是气质一定之分,为习所从出者。气质就习上看,不就性上看,以气质言性,是以习言性也。"可谓明切矣。所谓无待于变化者,以气质之本然即人之恒性,无可变化;若气质之杂糅偏胜者,非气质之本然矣。②

此处,黄百家又引刘宗周言论,重在揭明"气质"与"性"的合一不二不是一般意义上的等同关系。因从概念内涵上来说,"气质"是就习气、习行上看,是后天养成的结果,而"性"是"气质"中本具之理则。故严格地讲,只能说"气质之本然即人之恒性"。

综合黄百家所引黄宗羲、刘宗周等人的"气"论观点,可以说,张载"气"论观念中较为显明的"气质之性"与"天地之性"的二分,及其隐含未发的以"变化气质"为主径路的工夫论主张,几近被黄宗羲等人驳斥殆尽。就此而论,黄宗羲等对张载"气"论的最大意见正在横渠"气"论观念中实留下隐患,即有对人之气质、材质与天之性、命的隔离,以及由此可能造成的于工夫论层面逐本求末的结局。而如全祖望所谓黄宗羲乃横渠之忠臣之说,大致

---

① (清)黄宗羲:《黄宗羲全集》第8册,第181—182页。
② (清)黄宗羲:《黄宗羲全集》第3册,第836—837页。

可理解为,黄宗羲继承了张载在"未形"处,即先验义上讲"天地之性"与"气质之性"原初为一,发掘了张载有关"形后""气质之性""天地之性"之讨论遗留的隐患,对其作了充分修正,此一批判吸收之态度和作为,故可谓横渠之"诤臣"。以"诤臣"概之,即言黄宗羲之于张载,严格来说乃是批判吸收,虽非顺臣,但可谓忠臣。

宋儒之后,明儒论"气"诸学者中,最为黄宗羲认可的即是罗钦顺。对于罗钦顺"气"论主张,黄宗羲曾评道:

> 盖先生之论理气,最为精确,谓通天地,亘古今,无非一气而已……莫知其所以然而然,是即所谓理也。初非别有一物,依于气而立,附于气以行也……第先生之论心性,颇与其论理气自相矛盾。夫在天为气者,在人为心,在天为理者,在人为性。理气如是,则心性亦如是,决无异也。人受天之气以生,只有一心而已,而一动一静,喜怒哀乐,循环无已,当恻隐处自恻隐,当羞恶处自羞恶……是即所谓性也。初非别有一物立于心之先,附于心之中也。先生以为天性正于受生之初,明觉发于既生之后,明觉是心而非性……明明先立一性以为此心之主,与理能生气之说无异,于先生理气之论,无乃大悖乎? 岂理气是理气,心性是心性,二者分,天人遂不可相通乎……夫心只有动静而已,寂然不动,感而遂通,动静之谓也。情贯于动静,性亦贯于动静,故喜怒哀乐,不论已发未发,皆情也,其中和则性也……恻隐、羞恶、辞让、是非,心也。仁义礼智,指此心之即性也。非先有仁义礼智之性,而后发之为恻隐、羞恶、辞让、是非之心也……舍明觉自然、自有条理之心,而别求所谓性,亦犹舍屈伸往来之气,而别求所谓理矣。朱子虽言心统性情,毕竟以未发属之性,已发属之心,即以言心性者言理气,故理气不能合一。先生之言理气不同于朱子,而言心性则与朱子同,故不能自一其说耳。①

据此,黄宗羲不仅高度认可了罗钦顺的理气论观点,并借此阐发了自身在理气关系问题上的三则重要观点:第一,"气"本为"一",流行不失其则,因而运"理"、显"理",故"理""气"并非二物,亦无强弱之别;第二,"理"既为"一气"周运之则,随顺"气"之遍布显其"分殊"之态,如此"理"可以理解为"气"流行之规则形态,故其不在"气"外,更非"气"之主宰,非万物之主宰;第三,"天人合一"基础上,"心""性"合一对应"气""理"合一,"理"

---

① (清)黄宗羲:《黄宗羲全集》第8册,第408—409页。

"气"合一不能独自成立。不得不说,黄宗羲对罗钦顺的评判始终贯穿其根本诉求——心性问题的探讨。其谓"夫在天为气者,在人为心,在天为理者,在人为性",将心性议题全全纳入人的主体性建设,并因"理""气"的遍布、贯通,人与天亦是"合一"的关系。显然,以此心学式的阐述立场和路径观望罗钦顺的"气"论建构,既见罗氏"以为天性正于受生之初,明觉发于既生之后,明觉是心而非性",便极易发掘其不仅分"性""心"为二,亦是分"天""人"为二,以此为基础,"理""气"的合一是不完全的,是片面的,而这种片面的"合一"更多强调的乃是"理"与"气"的自然融会,而与"人"的关联便少之又少了。然针对黄宗羲上述所评,台湾地区学者刘又铭曾举罗钦顺语"能通之妙,乃此心之神;而所通之理,是乃所谓道也"及"仁义礼智皆定理,而灵觉乃其妙用"等,讲出"气之理(太极、道)在人就是道心,气之神在人就是人心;气中的神与理的差异,就相当于人心与道心(或说心与性)的差异。这里充分显示了罗钦顺的理气论跟心性论两者之间的相通一致。从这里也可以看出黄宗羲的批评是个误解"。① 综合黄宗羲征引罗钦顺有关"心""性"概念的界定,以及刘又铭所举罗氏他处所道"心""性"贯通之明证,只能说,罗钦顺或许在"心""性"如何诠解,以及是否合一的议题上,实际有游移、矛盾之嫌疑。事实是否如此,还要旁参他证。

首先,来看罗钦顺如何论"气"。罗氏曰:

盖通天地,亘古今,无非一气而已。气本一也,而一动一静,一往一来,一合一闢,一升一降,循环而已。②

人物之生,本同一气,恻隐之心,无所不通。③

两则材料中,罗钦顺不仅申明了"气"的宇宙论意义,并且借助其宇宙论意义解释了人、物之间感通、沟通的合理性、必然性,又将"恻隐之心"纳入"气"之流通,此便揭出"性"得"气"以同、"心"得"气"以通之理。也正在此理据之上,罗钦顺在人、物关系上反复讲到二者之间的"一"(即"同")。如其道:"盈天地之间者惟万物,人固万物中一物尔。乾道变化,各正性命,人犹物也,我犹人也,其理容有二哉?然形质既具,则其分不能不殊。分殊,故

---

① 刘又铭:《理在气中——罗钦顺、王廷相、顾炎武、戴震气本论研究》,台北:五南图书出版有限公司,2000年,第41页。
② (明)罗钦顺:《困知记》,北京:中华书局,2013年,第5—6页。
③ (明)罗钦顺:《困知记》,第18页。

各其身;理一,故皆备于我。"①又,罗钦顺在"理一"基础之上,对关乎人与物、人与人之间的现实差别做了相应解释。其道:

> 盖人物之生,受气之初,其理惟一;成形之后,其分则殊。其分之殊,莫非自然之理;其理之一,常在分殊之中。此所以为性命之妙也。语其一,故人皆可以为尧舜;语其殊,故上智与下愚不移。②
>
> 命之理,一而已矣。举阴阳二字,便是分殊,推之至为万象。性之理,一而已矣。举仁义二字,便是分殊,推之至为万事。万象虽众,即一象,而命之全体存焉。万事虽多,即一事,而性之全体存焉。③
>
> 成之者性,理之一也;"仁者"、"知者"、"百姓"也、"相近"也者,分之殊也。"天命之谓性",理之一也;"率性之谓道",分之殊也。④

据此,罗钦顺因"理一"讲到"人皆可为尧舜",讲到"万象即一象",讲到"性一"与"理一"的协同。而在"分殊"的问题上,罗氏则统统将其归于"成形之道"的差别,即在"气"之演化的差异。而这一差异并不影响万物与人人之间"气"之贯通的本然一致。

对"人""物"同"气"而"理一"的强调更促使罗钦顺在"格物"议题的诠释上充满理想主义色彩。其云:"'幽明之故''死生之说''鬼神之情状',未有物格知至而不能通乎此者也。"⑤云:"格物之格,正是'通彻无间'之意。盖工夫至到,则通彻无间,物即我,我即物,浑然一致,虽合字亦不必用矣。"⑥罗钦顺以"至"物理解格物,但其对"物"的理解是包括人、动物乃至鬼神诸类在内的普遍存在,如此,"格物"便是"穷理"之极限,无"物"不得"备",无"理"不得知。

综上分析,罗钦顺对"气"论的发挥更多集中在宇宙论层面。言及"理"时,其重心仍在阐发"气"具优先性的前提下,"理一分殊"如何成立的问题。就这一点来说,罗整庵论"气"实际有弥补程朱"理"在"气"先主张之缺漏的意识,在其本心,仍然默认了"理"作为最高实体的义理建构。而与程朱具有区别的地方还在于,罗氏对"理一"的强调某种程度上消解了"人"与"人"、

---

① (明)罗钦顺:《困知记》,第3页。
② (明)罗钦顺:《困知记》,第9页。
③ (明)罗钦顺:《困知记》,第30页。
④ (明)罗钦顺:《困知记》,第9页。
⑤ (明)罗钦顺:《困知记》,第4—5页。
⑥ (明)罗钦顺:《困知记》,第5页。

"人"与"物"之间的价值"分殊"。正因如此,在罗钦顺的诠释之下,"气"之材质之性带来的差异并没有过多的优劣之分。正如刘又铭揭示,"从罗钦顺借理一分殊对人性的讨论可以看出,他承认也重视形质对本然理一的转变作用,这点的确近于朱子,而与阳明有别。然而他所谓的分殊之性,从根本来说,毕竟与理一之性一样都是同出于气,因此也就没有带着朱子所谓气质之性那么强烈的负面色彩,这又是他与朱子不同的地方"①。与此同时,我们发现,罗钦顺的理气论亦为在其之后的"气"论诠释预留了解释空间。此空间即是,在理气不分的前提下,"理"不可能别为一物,独立存在且作用。其原因便在,"气"与"理"不分,"理一"的前提是"气初为一","分殊"的基点在于"气"的遍布,相应地,"气"随顺万物,流行有则,正因"理"在其中,而不在其外。可以说,正是这一契机为黄宗羲发掘,且其更明确讲出了罗钦顺理气论的深意。

其次,在大致了解罗钦顺对"气"之宇宙论本体特性的强调,及对因"气"之流通而"人""物"于"理"上无别,故"穷理"具有可能的申明之后,再来看罗钦顺如何论"理""气"、"心""性"之关系。关于"理""气",罗氏道:

> 盖通天地亘古今,无非一气而已。气本一也,而一动一静,一往一来,一合一闭,一升一降,循环而已……千条万绪,纷纭胶轕,而卒不可乱,有莫知其所以然而然,是即所谓理也。初非别有一物,依于气而立,附于气以行也。②

罗钦顺此说是在揭示"理"在"气"中,故而"气"之流布、运行原本井然有序,此是自然,亦有必然。对此,刘又铭认为,罗钦顺的观点实际已经实现了"理在欲中"和"性在情中"的理论,故而可视其为顾炎武、戴震气论思想之先声③。

最后,再来看罗钦顺如何论"心""性"。大体上,罗钦顺更为强调两则概念的区别。罗氏云:"道心,性也;人心,情也。心一也而两言之者,动静之分,体用之别也。"④又道:"夫心者,人之神明;性者,人之生理。理之所在谓之心,心之所有谓之性,不可混而为一也。《虞书》曰:'人心惟危,道心惟微。'《论语》曰:'从心所欲不逾矩。'又曰:'其心三月不违仁。'《孟子》曰:

---

① 刘又铭:《理在气中——罗钦顺、王廷相、顾炎武、戴震气本论研究》,第34页。
② (明)罗钦顺:《困知记》,第5—6页。
③ 刘又铭:《理在气中——罗钦顺、王廷相、顾炎武、戴震气本论研究》,第36—38页。
④ (明)罗钦顺:《困知记》,第2页。

'君子所性,仁义礼智根于心。'此心性之辨也。二者初不相离,而实不容相混。"①由此可见,罗钦顺虽认同"心""性"不相离,但这种"不相离"并不意味"即",亦并不指向"合一",故上文刘又铭举例所说罗钦顺部分言论对"心""性"关系的描述正显示了罗钦顺的理气论跟心性论的相通一致,实际不过是因罗氏对"气"之感通作用的强调。据此,黄宗羲对于罗钦顺的批评大致无误。

黄宗羲对罗钦顺理气论有过评价之外,对明中期同样擅言"气"论的思想家——王廷相也有关注。只是相较罗钦顺,黄宗羲对王廷相论"气"诸说却有更多批评,但也正是借对王廷相的批评,黄氏更为明确地揭示了自身对宋明儒向来固有之思维,即最高实体别为一物的驳斥。黄宗羲评王廷相道:

> 先生主张横渠之论理气,以为气外无性,此定论也。但因此而遂言性有善有不善,并不信孟子之性善,则先生仍未知性也……夫其一时虽有过不及,而万古之中气自如也,此即理之不易者。人之气禀,虽有清浊强弱之不齐,而满腔恻隐之心,触之发露者,则人人所同也。此所谓性,即在清浊强弱之中,其可谓不善乎?若执清浊强弱遂谓性有善不善,是但见一时之愆阳伏阴,不识万古常存之中气也。先生受病之原,在理字不甚分明,但知无气外之理,以为气一则理一,气万则理万,气聚则理聚,气散则理散,毕竟视理若一物,与气相附为有无,不知天地之间,只有气,更无理。所谓理者,以气自有条理,故立此名耳……故气有万气,理只一理,以理本无物也。②

参见黄宗羲对王廷相的评判,尤得黄宗羲肯定的是王廷相对张载"气外无性"的坚持。当然,此处讲到的"气外无性"乃是据"因"位上讲出,具体是据"未形"的,先验意义上讲出的"气"与"性"的原初为一。对于和横渠较为一致的,王廷相得出的"性有善有不善"之结论,黄宗羲同样予以否认,并再次指出了,即便人之性的"形后"表象与"气"之流布自然一样,具有浑浊、杂乱的可能,但就"本然"上说,此种种表象并不影响"中气万古常存"与"性善"的根本面目。又按黄宗羲道,王廷相之失在于对"理"的认知不甚明确。具体地说,黄宗羲认为王廷相之犹疑不决,即在"理"之界定上,仍视其若一物,即在本体论层面仍不放弃"理"的优先性,而在黄宗羲看来,"理"乃"以

---

① (明)罗钦顺:《困知记》,第1页。
② (清)黄宗羲:《素敏王浚川先生廷相》,《黄宗羲全集》第8册,第487页。

气自有条理,故立此名耳",故不可作一别有之物理解,即不可作一形上意义上的自在存在看待。此处可见,黄宗羲确有消解"理"之先验义的倾向。问题是,王廷相思想建构中,究竟是如何处理"气"与诸类范畴之间的边界和相关性呢?

首先,来看王廷相本人如何论"元气"与天、道体、太极之间的关联。王廷相云:

> 元气即道体。有虚即有气,有气即有道。气有变化,是道有变化。气即道,道即气,不得以离合论者。①

王廷相以上所说首先是将"道"与"气",或者说"理"与"气"之分合、先后纷争统统转化为"即"的关系。这一转化从根本上否定了"道""气"("理""气")二分的可能。此一讲法预示一更大的理论推衍结论——"气"自伊始便是有序、有理的,"气"之化并非自有其则,而是自是自则。据此,言"气"即"道",后又引经据典,讲出圣人皆"论性类出于气",道"性与道合则为善",一定程度上可以说,王廷相仍没有彻底放下其自身认定的作为最高实体的"道"的优越性和主宰义,但是他要将原本作为形上存在的"道"与兼具形上、器下义的"气"作无缝衔接。这一衔接表面看来似乎充斥着一种矛盾,即"道"体与"气"体的多元共存,然实际上,王廷相的真意落在要"道"为"气"包容。故其又道:

> 天者,太虚气化之先物也,地不得而并焉。天体成,则气化属之天也。②
> 
> 天地之先,元气而已矣。元气之上无物,故元气为道之本。③
> 
> 有形亦是气,无形亦是气,道寓其中矣。有形,生气也;无形,元气也。元气无息,故道亦无息。是故无形者,道之氐也;有形者,道之显也。④
> 
> 气者,造化之本,有浑浑者,有生生者,皆道之体也。生则有灭,故有始有终;浑然者充塞宇宙,无迹无执,不见其始,安知其终?世儒止知

---

① (明)王廷相:《王廷相集》,北京:中华书局,2009年,第848页。
② (明)王廷相:《王廷相集》,第752页。
③ (明)王廷相:《王廷相集》,第835页。
④ (明)王廷相:《王廷相集》,第751页。

气化而不知气本,皆于道远。①

　　天地未判,元气混涵,清虚无间,造化之元机也。有虚即有气,虚不离气,气不离虚,无所始,无所终之妙也。不可知其所至,故曰太极;不可以为象,故曰太虚,非曰阴阳之外有极有虚也。二气感化,群象显设,天地万物所由以生也,非实体乎?是故即其象,可称曰有,及其化,可称曰无,而造化之元机,实未尝泯。②

　　王廷相此处讲到"天"为"先物",地不得与之并,又将"气化运行"归于"天",按此说法,天、地既分,何况天与人?故而王廷相气论思想里,"气"的角色严格地说,乃是一化生及承运道体、万物(包括人与天在内)之载体,非天本身,非道体本身,其与"道"相合,融括"道",承运"道"。该意义上,王廷相讲"离气无道,离造化无道,离性情无道"③,讲"气不可为天地之中,人可为天地之中,以人受二气之冲和也,与万物殊矣。性不可为人之中,善可为人之中,气有偏驳,而善则性之中和者也。是故目之于色,耳之于声,鼻之于臭,口之于味,四肢之于安逸,孟子不谓之性,以其气故也;刚善柔善,周子必欲中焉而止,以其过故也"④。就此来说,王廷相诠释下的"气"更根本意义上是自宇宙论层面讲出的"气"本体。故此"气"不尽为"善",因其自然有偏胜,有昏暗,"性"亦如此。唯人得"气"之冲和,善得"性"之中和,合而论之,人之性善方为中和之道。据此,"性善"只能讲"人"之"性"善,同时,"善"乃人取向"中和"之道的必然路径。故而,王廷相论"性善"是建立在宇宙论意义上的"气"本论基点之上。

　　再来看王廷相是如何论"太极"的,毕竟在宋明理学诠释中,"太极"几乎是"道"的代名词。王廷相讲到:

　　太极者,道化至极之名,无象无数,而天地万物莫不由之以生,实混沌未判之气也,故曰元气。儒者曰:"太极散而为万物,万物各具一太极。"斯言误矣。何也?元气化为万物,万物各受元气而生,有美恶,有偏全,或人或物,或大或小,万万不齐,谓之各得太极一气则可,谓之各具一太极则不可。太极,元气混全之称,万物不过各具一支耳,虽水火

---

① (明)王廷相:《王廷相集》,第755页。
② (明)王廷相:《王廷相集》,第751页。
③ (明)王廷相:《王廷相集》,第755页。
④ (明)王廷相:《王廷相集》,第768页。

大化,犹涉一偏,而况于人物乎?①

王廷相此处并没有将"太极"与"道"、"理"等解释为别存之一物,也并不认为"太极"与"道"、与"理"是"即"的关系,而是将"太极"揭示为"道"化自然之极致。故其所谓的"天地万物莫不由之以生",并不是说"太极"生成万物,却是在说太极演化如气之演化,有"道"承运其中,故而生成万物。在此意义上"太极"实际可理解为"气",更准确地说乃是王廷相常讲的"元气"其演化的臻善境界。有鉴于此,王廷相虽云"太极",实则是在讲"元气"演化之极则;虽谈"道",但其重心实在论"气"之"道化"自然。对此,刘又铭评曰:"有阴有阳的元气取代了理做为太极,这点再度显示了王廷相气本论立场的彻底性。"②此说的是。

以上可见,王廷相充分发挥了其气本论主张,使其容纳了"道"体、"太极"等原本作为理学优先范畴的诠释。那么具体来到"理""性"等议题的论述上,王廷相将宇宙论层面的"气"概念的优先性带入形上学本体论层面,从而较大程度地完成了对宋明理学核心议题的重新诠解。

其一,在"理""气"关系问题上,王廷相将"理"解释为"气之具",且"载于气",这便将"理"的优越性置换为"气";又云"气"之"一""万"决定了"理"之"一""万",更将程朱学术中原本作为最高实体的"理"诠释为经验世界中作为普遍律则的"理"。具体如其所云:

气,物之原也。理,气之具也。器,气之成也。③

天内外皆气,地中亦气,物虚实皆气,通极上下造化之实体也。是故虚受乎气非能生气也,理载于气非能始气也。世儒谓"理能生气",即老氏道生天地矣;谓理可离气而论,是形性不相待而立,即佛氏以山河大地为病,而别有所谓真性矣。由是,"本然之性超乎形气之外""太极为理而生动静阴阳",谬幽诬怪之论作矣。④

天地之间,一气生生,而常而变,万有不齐,故气一则理一,气万则理万。世儒专言理一而遗万,偏矣。天有天之理,地有地之理,人有人之理,物有物之理……统而言之,皆气之化,大德敦厚,本始一源也;分而言之,气有百昌,小德川流,各正性命也。若曰天乃天,吾心亦天,神

---

① (明)王廷相:《王廷相集》,第850页。
② 刘又铭:《理在气中——罗钦顺、王廷相、顾炎武、戴震气本论研究》,第59页。
③ (明)王廷相:《王廷相集》,第751页。
④ (明)王廷相:《王廷相集》,第753页。

乃神,吾心亦神,以之取喻可矣。即以人为天,为神,则小大非伦,灵明各异,征诸实理,恐终不相类矣。①

据此,在探讨"理""气"关系问题的过程中,不仅极为明确地申明了"理能生气"的不可取,并且从宇宙论层面的"一气生生"讲到了"气"于"理"、于"性命"的决定性作用,指明了万"理"皆"气"之化。而万"理"中不仅包含物之理,亦包含人伦德性之理。此即全面揭示了"气"兼具宇宙论、本体论之优越性。照此来说,实际王廷相已经在其气论思想建构中,消解了"理"的最高实体特性,但较为微妙的是,尽管如此,"理"在王廷相的诠释下并没有下滑至黄宗羲所谓的"气自有条理而言"的境地。王氏言说中的"理"乃是据"气一分殊"讲出的"理一分殊",所谓"气一则理一"即揭"气"与"理"完全贴合的可能,故"理"在此处仍有代表"中和之道"的"律则"义,它包含德性面向的内容,也包含物理面向的意义。

其二,在"气"与"性"关系的论证上,王廷相大致表达了这样两种观点:一是"性生于气",二是"性气相资,不可离"。具体如王廷相云:

> 性者,阴阳之神理,生于形气而妙乎形气者也。②
> 性生于气,万物皆然。③
> 夫性,生之理也……圣人之性,既不离乎气质,众人可知矣。气有清浊粹驳,则性安得无善恶之杂?……是性也者,乃气之生理,一本之道也。④
> 程子以性为理,余思之累年,不相契入,故尝以《大易》"穷理尽性"以证其性、理不可以为一,《孝经》"毁不灭性"以见古人论性类出于气,固不敢以己私意,自别于先儒矣。尝试拟议言性不得离气,言善恶不得离道,故曰"性与道合则为善,性与道乖则为恶,性出乎气而主乎气,道出于性而约乎性",此余自以为的然之理也。⑤

王廷相上述所讲是纯粹将"性"从"天地之性"拎出,全从"气"上讲出。故该理路之下的"性"不仅生于"气",并且因与"气"之承运的"道"是否相

---

① (明)王廷相:《王廷相集》,第848页。
② (明)王廷相:《王廷相集》,第767页。
③ (明)王廷相:《王廷相集》,第837页。
④ (明)王廷相:《王廷相集》,第518页。
⑤ (明)王廷相:《王廷相集》,第518页。

合而决定了自身善、恶差异。至于王廷相云"性出乎气而主乎气,道出于性而约乎性"则是考虑到"性"有向善之可能,而"气"则以自然流布为则,故得"冲和"之人性具有"主乎气"之能;相应的,"道"意味"气"演化之极则,意味"性"之向善之正途,"性""气"不离,故"道"出于"气",即出于"性",主乎"气"而"约乎性"。

需要特别注意的是,按上述言论,王廷相既不认同"程子以性为理"之说,便是将"性"与"理"分别论之。此一分别即在,"性"生于"气",与"气"相资,乃"气之生理",此"生理"非"理"之全貌。因经前文分析,王廷相诠释下的"理"具有中和之道的"律则"义,非"条理""生理""物理"可相提并论。也正是从这一点出发,我们说黄宗羲评王廷相在"理"字上不甚明晰,实际是看到了王氏论"理"的多元内涵和矛盾表象。

中晚明"气"论思想家中,王廷相"气"论主张影响极广,其门人吴廷翰亦成为当时重要"气"论学者。然令人疑惑的是,后者较为鲜明的"气"论观点并没有进入黄宗羲的理学视野。其中原因或在,吴廷翰"理气"论、"性气"论等更为极端,比如其最具代表性的"以气即理,以性即气"理念与黄宗羲、黄百家父子反复强调的"气质之本然即人之恒性"而非"气即性"之主张正相反。《古斋漫录》载吴廷翰语曰:

> 所论与先儒不同处,只是以气即理,以性即气,此其大者。①
>
> 盖上天之事,只是气。理即气之条理,用即气之妙用。命于人即气为之命。至于浩然之气,则直指而言,亦非有出于无声无臭之外也。②
>
> 何谓道?"一阴一阳之谓道"。何谓气? 一阴一阳之谓气。然则阴阳何物乎? 曰气。然则何以谓道? 曰:气即道,道即气。天地之初,一气而已矣。非有所谓道者别为一物,以并出乎其间也。气之混沦,为天地万物之祖,至尊而无上,至极而无以加,则谓之太极……道者,以此气之为天地万物所由以出而言也,非有二也……曰理也者,气得其理之名,亦犹变易之谓易、不测之谓神之类,非气之外别有理也。先儒以阴阳为气,以道为理,是去"一阴一阳之谓道"之义而他求之过也。夫论道之书,以《易》为宗,而言以孔子为准,反而求之以吾心自信者为实。③
>
> 气之为理,殊无可疑。盖一气之始,混沌而已。无气之名,又安有

---

① (明)吴廷翰:《吴廷翰集》,北京:中华书局,1984年,第33页。
② (明)吴廷翰:《吴廷翰集》,第8页。
③ (明)吴廷翰:《吴廷翰集》,第5—6页。

理之名乎？及其分而为两仪,为四象,为五行、四时、人物、男女、古今,以至于万变万化,秩然井然,各有条理,所谓脉络分明是已。此气之所以又名为理也。若其杂糅不齐,纷纭舛错,为灾异,为妖沴,为浊乱,则诚若不得其理矣,然亦理之所有也。①

《易》"各正性命,保合太和"俱是以气言,即理也,不可以性命为理,太和为气。盖此气出于天赋,而为人物之所受,曰性命；此气流行以生人物,氤氲而冲和,曰太和。各正者,人物各得一气也。保合者,人物共一气也。②

吴廷翰上述言论追其源头,不少与王廷相"气"论观点相近,比如其道"盖上天之事,只是气"与王廷相讲"气化属之天也"几为同说。但吴氏自认为与先儒最不同处在"以气即理,以性即气",以及由此推演而出的"气即道,道即气"诸说,较王廷相之论更为激进。这一激进倾向一方面宣明了其更为坚定的"气"本论立场,另一方面,也意味着,其有关宋明学术诸议题的诠释将全全从"气"讲出,再无顾忌,故不会出现黄宗羲讲到的王廷相那般的,在"理"字上的犹疑不决。相应地,在"心""性"关系议题上,吴廷翰更是将二者全全视为"气"之化生,稍不同的是,与"性"之"仁义礼知之灵觉"义相较,"心"彻底沦为"一物",与"形"并举,皆为"性"生。吴廷翰道：

性者,生乎心而根于心者也。人之初生,得气以为生之之本,纯粹精一,其名曰性,性为之本,而外焉者形,内焉者心,皆从此生。是形与心皆以性生。但心之得气为先,其虚灵知觉,又性之所以神明……天下无性外之物,心之在人,亦是一物,而不在性之外,性岂心之所能统乎……性成而形,虽形亦性,然不过一气而已。其气之凝而有体质者,则为人之形,凝而有条理者,则为人之性。形之为气,若手足耳目之运动者是已。性之为气,则仁义礼知之灵觉精纯者是已。③

凡言性,则已属之人物,即是气质。盖性字从心从生,乃人物之心之所得以为生者。人生而有心,是气之灵觉,其灵觉而有条理处是性。仁义,皆气之善名,故谓仁气、义气。气有清浊美恶,即仁义之多寡厚薄。其仁义之多而厚,即性之善,其薄而少有欠处者,亦未免有不善。

---

① （明）吴廷翰：《吴廷翰集》,第6—7页。
② （明）吴廷翰：《吴廷翰集》,第8页。
③ （明）吴廷翰：《吴廷翰集》,第23—24页。

故孟子性善之说,不若夫子之备焉。①

盖人之有生,一气而已。朕兆之初,天地灵秀之气孕于无形,乃性之本;其后以渐而凝,则形色、象貌、精神、魂魄莫非性生,而心为大……故曰:心者,生道也,性者,心之所以生也。知觉运动,心之灵明,其实性所出也。②

按吴廷翰上述思路,"心"为"性"所该,"性"之为"气",故言"心"、言"性"皆"属之人物,即是气质",由此推演,人心所感、所向皆"气"化自然,具足正当性。相应地,气化衍生之物——人之"情欲"即具合理性。吴廷翰道:

但其初生未感之前,其时善恶不萌,亦如二气绷缊之始,故亦无可言。及性有感动,而情欲出焉,则各得本生气禀,而善恶皆性,但其禀赋之一,自非受气极恶,苟不至于禽兽,则亦无大相远者,而其情之所发皆可为善。③

性不可见,因情而见耳。性发为情,而其能为才,若志意思虑是又缘心而起,然亦莫非性之所为也。④

性一也……天下无性外之物,而况一身之间乎? 故曰"民生有欲"。不可以欲为非性,但流则有以害性耳……以为人欲交于物而生于外耶,然而内本无欲,物安从而交? 又安从而生乎?⑤

人心道心,性亦无二。人心人欲,人欲之本,即是天理,则人心亦道心也;道心天理,天理之中,即是人欲,则道心亦人心也。⑥

人欲,只是人之所欲,亦是天理之所有者,但因其流荡,而遂指其为私欲耳。其实,本体即天理也。圣人之学,因人之欲而节之,则亦莫非天理,而非去人欲以为天理,亦非求天理于人欲也。⑦

吴廷翰从"气"之感通讲人心之情动、欲动,申明了"情""欲"生成的自然属性,又将"人欲"揭示为"人之所欲",如此孟子"性善"以及圣人之学,皆可从纳入"所欲"理解。换言之,伦理学的、知识论的所向皆可作"人欲"理

---

① (明)吴廷翰:《吴廷翰集》,第 25 页。
② (明)吴廷翰:《吴廷翰集》,第 28 页。
③ (明)吴廷翰:《吴廷翰集》,第 26 页。
④ (明)吴廷翰:《吴廷翰集》,第 28 页。
⑤ (明)吴廷翰:《吴廷翰集》,第 31 页。
⑥ (明)吴廷翰:《吴廷翰集》,第 32 页。
⑦ (明)吴廷翰:《吴廷翰集》,第 37 页。

解。由此,"人欲"不仅具足正当性,并且具备解释的优越性。应该说吴廷翰此论对清儒有关"理""欲"关系的阐述,尤其是对戴震之论应大有启发。

综上诸说,无论是对张载,抑或罗钦顺、王廷相等人"理""气"论主张的关切,或是对吴廷翰气论主张的忽略不谈,黄宗羲的评判无法完全屏蔽其自身持具的心学立场。那么,以此立场,梨洲如何对待心学人士的"理""气"论呢?

首先,来看黄宗羲如何评判王阳明的"气"论主张。阳明曾云:"性善之端,须在气上始见得,若无气,亦无可见矣。恻隐羞恶辞让是非即是气。程子谓'论性不论气不备,论气不论性不明'亦是。为学者各执一边。若见得自性明白时,气即是性,性即是气,原无性气之可分也。"①此处,黄宗羲评道:"先生之见,已到八九分,但云'性即是气,气即是性',则合更有商量在。"②黄宗羲对王阳明论"气"是基本认可的,尤其在"气""性"关系的诠释上,阳明讲"性善之端须在气上始见得""恻隐羞恶辞让是非即是气",和黄宗羲认可的"气质之外无性",及其自身主张的"气质之本然是性"极相契合。稍有区别之处在于,黄宗羲讲"恻隐、羞恶、辞让、是非,心也。仁义礼智,指此心之即性也。非先有仁义礼智之性,而后发之为恻隐、羞恶、辞让、是非之心也"③,是以"心"置"气",是为更详细地阐明"心""气""性"之间的关联,亦强调了"心"所兼容的,与"气"相近的感通义、明觉义,及与"性"相关的德性义渊源。而黄宗羲指出的阳明所谓"性即是气,气即是性"之说有待商榷,按前文梳理,也正是梨洲极力否认的一点。至于阳明又道"夫子说'性相近',即孟子说'性善',不可专在气质上说。若说气质,如刚与柔对,如何相近得? 惟性善则同耳。人生初时,善原是同的,但刚者习于善则为刚善,习于恶则为刚恶;柔者习于善则为柔善,习于恶则为柔恶,便日相远了"④,阳明讲气质"刚""柔"相对,但"性善"相同,不同只在"习"之所向;又以人之初生善原相同,区别亦在"习"之有别。阳明此处虽未言及"本然"之说,但以黄宗羲"本然"概念理解,便可贯通。

其次,再来看黄宗羲如何以"理""气"论介入,评论刘宗周的思想建构的。晚明思想家中,刘宗周也是论"气"大家。其论"气"言论如下:

> 人身游气耳,而心为效灵之官。⑤

---

① 王阳明语录,见载《黄宗羲全集》第 7 册,第 213 页。
② (清)黄宗羲:《黄宗羲全集》第 7 册,第 213 页。
③ (清)黄宗羲:《黄宗羲全集》第 8 册,第 409 页。
④ 王阳明语录,见载《黄宗羲全集》第 7 册,第 242 页。
⑤ (清)黄宗羲辑:《子刘子学言》,《黄宗羲全集》第 1 册,第 301 页。

或曰虚生气,夫虚即气也,何生之有？吾溯之未始有气之先,亦无往而非气也……非有非无之间,而即有即无,是谓太虚,是谓太极。①

盈天地间,一气而已矣。有气斯有数,有数斯有象,有象斯有名,有名斯有物,有物斯有性,有性斯有道,故道其后起也。而求道者,辄求之未始有气之先,以为道生气,则道亦何物也,而遂能生气乎？②

刘宗周以"游气"讲"人身",以"太虚"论"太极",又以"一气"将天、地、人贯通为一,乃是立足宇宙论,充分发挥了"气"的自然属性、感通属性。在此基础上,刘宗周论"理""气"关系,更是多番强调了"理"不离"气"、"理即是气之理"等观点。具体如其云:

理皆从形、气而立,离形无所谓道,离气无所谓理。③

一气之变,杂然流行,类万物而观,人亦物也。而灵者不得不灵,灵无以异于蠢也。故灵含蠢,蠢亦含灵,类万物而观,心亦体也。而大者不得不大,大无以分于小也,故大统小,小亦统大。④

理即是气之理,断然不在气先,不在气外。知此,则知道心即人心之本,义理之性即气质之性,千古支离之说,可以尽扫。⑤

刘宗周前讲"盈天地间,一气而已",此处讲"一气之变,杂然流行……大统小,小亦统大",既已预示了"理"在"气"中,"理即是气之理"的必然性。即将"理"视为"气"之秩序建构的关键要素及表征体现。据此可见,刘宗周试图表达但没有明确揭出的有关"理"的解释,及有关"理""气"关系的界定,其后皆为黄宗羲揭明。

对于刘宗周的"气"论阐释及学术建构,黄宗羲评曰:

先生之学,以慎独为宗。儒者人人言慎独,唯先生始得其真。盈天地间皆气也,其在人心,一气之流行,诚通诚复,自然分为喜怒哀乐。仁义礼智之名,因此而起者也,不待安排品节,自能不过其则,即中和也。此生而有之,人人如是,所以谓之性善,即不无过不及之差,而性体原自

---

① 刘宗周语录,见载《黄宗羲全集》第8册,第900页。
② 刘宗周语录,见载《黄宗羲全集》第8册,第899页。
③ (清)黄宗羲辑:《子刘行状》,《黄宗羲全集》第1册,第252页。
④ 刘宗周语录,见载《黄宗羲全集》第8册,第900页。
⑤ (清)黄宗羲辑:《子刘子学言》,《黄宗羲全集》第1册,第308页。

周流,不害其为中和之德。学者但证得性体分明,而以时保之,即是慎矣。慎之工夫,只在主宰上。觉有主,是曰意。离意根一步,便是妄,便非独矣。故愈收敛,是愈推致……盖离气无所谓理,离心无所谓性。①

黄宗羲论刘宗周学术宗旨之先即点明了蕺山"气"论主张之要旨——强调"气"之感通义。由此讲出"天"与"人心"的贯通无隔,讲出"诚通诚复"前提具备,讲出"诚意"工夫的重要意义。更道出其自身与蕺山学术在"理""气"、"心""性"关系问题上与阳明心学主张的一致性所在——"离气无所谓理,离心无所谓性"。

(二)黄宗羲"理""气"论思想的基本特色及遗留问题

接下来,需要明确黄宗羲在批判吸收前人观点的基础上,形成了自身何种特色的"理""气"论思想,强调并突出了"气"之存在、作用的哪些合理性、必要性,又遗留了怎样的探讨空间、追问余地。总结黄宗羲以上评判,又兼顾他处之说,可见梨洲除了坚守"理""气"不二的基本主张外,其对"气"的存在及作用尤为重视,正是在此基础上,黄宗羲对"理""性""情"等概念,及其与"气"之间关系的阐发为清以降的新理学建构提供了微妙但极为关键的启发和思路。

其一,黄宗羲论"气"过程中,"心""物"关系得到澄明——"一气充周",心感万物、通万物,万物备于"心"。梨洲云:"天地间只有一气充周,生人生物。人禀是气以生,心即气之灵处,所谓知气在上也。心体流行,其流行而有条理者,即性。犹四时之气,和则为春,和盛而温则为夏,温衰而凉则为秋,凉盛而寒则为冬,寒衰则复为春。"②"人""物"皆"气"之生成,"心"为"气"之"灵处",此"灵处"便申明了"心"的经验本质,即源于"气"的同时,对"气"及"气"之所生持有充分感知力。如此,"人""物"皆备于"心"。而其后所谓"心体流行,其流行而有条理者,即性",此是将"心"之本然与"气"之本然等同,此话讲出的前提实际正是依据前说——"心即气之灵处"。故"心"之本然原与"气"之本然一致。此一致处便是"性",即是说"性"若从伦理层面展开,其本身即"善",若从物理层面而论,即指向理则恒常。故兼顾两方面内容,黄宗羲讲出的"性""理"于"气"而言,由始至终皆是伴生关系,是和合关系,是"气"之流行爽失与否的关键要素,亦是为"心体"所能察觉的伦理秩序、物理秩序的呈现。此可谓"主宰"。而非别有一物生成并引

① (清)黄宗羲:《黄宗羲全集》第8册,第890—891页。
② (清)黄宗羲:《孟子师说》卷二,《黄宗羲全集》第1册,第60页。

领"气"之流行、"心体"流行。故黄宗羲又道:"造化只是一气流行,流行之不失其则者即为主宰。非有一物以主宰夫流行。"①应该说,黄宗羲以上对"气""性""理"的描述,为"心体"之"灵"、之感知、感通等特性的突显作了充分铺垫,由此铺垫,"心体"之意义、价值得到极大彰显,"心"与"物"的关系被预示为"心"于"物"的无限容纳,及"物"于"心"的无限质料供应。这里所说的"物"囊括一切人、物、理,亦包括"气"之衍化物——魂魄、神灵等等。黄宗羲道:

> 其实人身止有魂魄二者而已。②
> 
> 所谓精气即魄也。神与意与志皆魂之所为也。魂魄如何分别?曰:昭昭灵灵者是魂,运动作为者是魄。魄依形而立,魂无形可见……是人之生,先有魄而后有魂也……然则儒者谓圣贤愚凡,无有不散之气,同归于尽者,然乎否耶? 曰:亦非也。吾谓有聚必散者,为愚凡而言也。圣贤之精神,长留天地,宁有散理!③

黄宗羲以魂魄、阴阳讲人之构成,完全契合之前所谓"人身游气耳"一说。此"气"不是散漫的扩充,它随人身动静而动静,亦随人之繁衍,及后世追忆中得以纵贯向度地,跨时空、跨个体地流传。至于其言先人之魂在子孙思慕之中,又在揭明"心体"的感通作用。此即"心为效灵之官"的另说。进一步讲,黄宗羲这里讲到的魂魄、精气,讲到人的"思慕"之用,实际皆欲凸显"气"之遍布、流通,促成人之血气、心知与天地、神灵的和合。只是此处,梨洲并没有明言"心"作为"气之灵处",其在"知"方面的关键之用。这在后来戴震的诠释下更为详尽。关于"魂""魄",戴震有云:

> 凡有生则有精爽,从乎气之融而灵,是以别之曰"魄";从乎气之通而神,是以别之曰"魂"……有血气,夫然后有心知,有心知,于是有怀生畏死之情,因而趋利避害。其精爽之限之,虽明昧相远,不出乎怀生畏死者,血气之伦尽然。故人莫大乎智足以择善也,择善则心之精爽进于神明,于是乎在。是故天地之化,呈其能,曰"鬼神";其生生也,殊其用,曰"魂魄"……魄之谓灵,魂之谓神……④

---

① (清)黄宗羲:《同知刘师泉先生邦采》,《黄宗羲全集》第7册,第505—506页。
② (清)黄宗羲:《魂魄》,《黄宗羲全集》第1册,第196页。
③ (清)黄宗羲:《魂魄》,《黄宗羲全集》第1册,第196—197页。
④ (清)戴震:《原善》,《戴震全书》第6册,第16页。

相较黄宗羲,戴震此处讲明了"气"之"灵"——心体,与"血气"之间的关系,即"有血气,夫然后有心知"。此"心知"因生于血气,并不直接与道德、伦理相关,而首先与人的感性生命相关,故有"怀生畏死之情","因而趋利避害",此后才是出于对好的生活、命运的向往,而择善,而"进于神明"。这一过程可以概括为自然人性向德性生活的必然过渡,是由"心知"趋向"心智"的过程。

其二,在论"理""气"关系问题上,黄宗羲的诠释为万物条理向人伦情"礼"的过渡做足了理论准备。黄宗羲关于"理""气"及二者关系有诸多论述,大概观点有以下几方面:一者,从宇宙论层面讲,"气"具有绝对优先性;二者,从本体论层面讲,"理"非朱子向所主张乃别为一物,"理"实为"气"流行之"则",故"理""气"不二分,更无孰先孰后之说。但是这里有一肯綮之处,即"当得如此"。这是很关键的描述。不可直言"即"。此便意味,黄宗羲是在承认"气"首先所具"自然"性,即承认"气"具有偏胜、暗浊等非"本然"性仍为合理的基础上讲"气"与"理"的理想化贴合。如此,黄宗羲诠释的"理""气"关系某种程度上,首先是批判了朱子本体论观点,调换了朱子言"理"的诠释重心,同时又继承了阳明心学"理""气"不二之观念。梨洲云:

> 天地间只有一气充周,生人生物。人禀是气以生,心即气之灵处,所谓知气在上也。心体流行,其流行而有条理者即性。①
>
> 夫所谓理者,气之流行而不失其则者也,太虚中无处非气,则亦无处非理乎……故曰理在心,不在天地万物,非谓天地万物竟无理也。②
>
> 夫大化之流行,只有一气充周无间。时而为和,谓之春;和升而温,谓之夏;温降而凉,谓之秋;凉升而寒,谓之冬。寒降而复为和,循环无端,所谓生生之为易也。圣人即从升降之不失其序者,名之为理。其在人而为恻隐、羞恶、恭敬、是非之心,同此一气之流行也。圣人亦即从此秩然而不变者,名之为性。故理是有形(见之于事)之性。性是无形之理,先儒"性即理也"之言,真千圣之血脉也。而要皆一气为之,《易传》曰:"一阴一阳之为道。"盖舍阴阳之气,亦无从见道矣。③

黄宗羲上述所说实际是从宇宙论层面申明"气"的优越性:万物皆为

---

① (清)黄宗羲:《孟子师说》卷二,《黄宗羲全集》第1册,第60页。
② (清)黄宗羲:《宪使胡庐山先生直》,《黄宗羲全集》第7册,第593页。
③ (清)黄宗羲:《与友人论学书》,《黄宗羲全集》第10册,第152页。

"气"所生,"心"为"气"之灵处,"性"(理)为"气"流行之则。对此,有三方面问题需要特别申明：第一,因事实上的"气"具有生人生物之能,具有载性运理之能,故黄宗羲实际是从经验讲到先验,或者说是以经验证实先验的视角,说明了"气"之优越性实际不仅具备宇宙论的依据,更因此依据的现实意义,亦具有本体论层面的明证。第二,黄宗羲讲"心即气之灵处"和朱熹云"心为气之灵"具有不同。"心即气之灵处",便是以"心"作为"气"之片段理解,换言之,即"心"属"气",属经验之物；朱子道"心为气之灵"意谓"心"虽脱胎于"气",但可以是"气"之精华,或为"气"之抽象,如此,朱熹讲的"心"则不纯粹是经验的,而是兼具先验的存在物。第三,心体流行有条理者为"性",此"性"必然落在人身上,具体而言是人的心性建设上,涉及道德秩序,包含感性化的道德法则。一个"犹"字,是说此"性"建构之心体境界可以与"理"所建构的外在的"物"的理想世界相一致。此说是以阳明学"心即理"的思路阐释"性即理"之可能。这便可见黄宗羲有关程朱理学的省察是极其深入的。

应该说黄宗羲有关"理""气"关系的阐发,与当时其他人士多有共鸣。比如王夫之也有相关主张,且黄、王二人皆有调换朱子"理"概念优先性之构想。比如船山曾道：

> 理即是气之理,气当得如此便是理。理不先而气不后。①
> 从乎气之善而谓之理,气外更无虚托孤立之理也。②
> 凡言理者有二,一则天地万物已然之条理,一则健顺五常、天以命人而人受为性之至理。二者皆全乎天之事。③

上述三则材料中,船山同样申明了理气不二,以及"气外无虚托孤立之理"的观点。同时结合船山对"理"作为外物规则及人心秩序两种内涵的兼有概念的说明,更是强调了"理"作为一种规则的存在,而非别有之实体的存在本质。

事实上,黄宗羲、王夫之等人关于"理""气"关系的阐述是有共同性的,即皆对"理"别作"一物"持否定意见。这一做法直接将"天"理落实到物则、礼则的义涵上。因而在消解"理"之形上义的同时,为万物条理向人伦情

---

① （清）王夫之：《读四书大全说》,《船山全书》第6册,长沙：岳麓书社,2011年,第1054页。
② （清）王夫之：《读四书大全说》,《船山全书》第6册,第1054页。
③ （清）王夫之：《读四书大全说》,《船山全书》第6册,第718页。

"礼"的过渡做足了理论准备。不同的是,深具心学背景的黄宗羲充分发挥了"心"的"气"体属性,及"灵"之能用,此便为人与人、与物,与理的沟通、感通建构了充分条件。更重要的是,黄宗羲试图表达,但没有明确揭示的是"气"之自然具有自然向善和必然合理的条件,故其极大程度地突显了"心""气"二者本具的"自然"义及"本然"义,但是这里遗留一个问题,即"气"之自然、本然如何必然呈现"性"之良善? 换言之,相对而言,其间重要一步——"理"的本具,其必然性并未得到充分说明。这即成为其后戴震的重要担当。

其三,黄宗羲"气"论前提下有关性情关系的阐述,及对修身工夫的说明,对后人,比如戴震论性、情、欲之关系或有启发。只是戴震的阐释更为具体,也更为精细、逻辑地诠释了"道"本体之下,情、欲的合理性、正当性。梨洲道:"性情二字,原是分析不开,故《易》言利贞者性情也。无情何以言性? 孟子言恻隐羞恶辞让是非即是仁义礼智,非恻隐羞恶辞让是非之上又有一层仁义礼智也。"①黄宗羲此说揭示了"性""情"不二,同时以"情"之存在实为"性"之呈现的先决条件,而"性"乃为"情"之中和。又云:"人生一时离不得七情,七情即良知之魄。若谓良知在七情之外则七情又从何处来?"②再结合梨洲对"魂""魄"概念的解读:"昭昭灵灵者是魂,运动作为者是魄。魄依形而立,魂无形可见……是人之生,先有魄而后有魂也。"③其以"七情"为良知之"魄"便可这般理解,即"七情"乃"气"之运动、作为的表现,其依人之现实生命、感性生命而存在,人之为人,无"情"难言"性","性"贯穿"情"之始终。如此,"情"及其相关项"欲"的存在、起伏皆具合理性、正当性。

经上分析,黄宗羲"气"论尤为突出之特色即在,由对"气"之感通讲出了"心"之感通的自然属性,又由"气"之流行律则申明了"理"的本然属性。这些主张存在两方面问题,其一,黄宗羲在宋明理学语境中,讲"理"讲"气",讲两者"不二"之关系,其"理""气"关系问题的探讨实仍未脱先儒之窠臼;其二,黄氏反复强调"气"的感通义,具有以"气"代"心"之嫌,故虽有形上建构演变的端倪,但无"器下"实现之价值;其三,黄宗羲由"气"之流行讲"心""理"体用不二之道与自然之则,但缺乏对"气"存在、流行及作用的"必然"的说明。因而,对于黄宗羲之"气"论建构,身处明清儒学演化、转型几已实现、完成阶段的戴震又有怎样的继承和开拓? 这是下文集中处理的问题。

---

① (清)黄宗羲:《黄宗羲全集》第7册,第779页。
② (清)黄宗羲:《黄宗羲全集》第7册,第241页。
③ (清)黄宗羲:《魂魄》,《黄宗羲全集》第1册,第196—197页。

### (三) 启"后"之用：戴震对黄宗羲"理""气"论主张的继承和推拓

经上梳理，黄宗羲"理""气"思想的内容及特色乃是在批判吸收宋明诸儒相关理念的基础上形成的，此可谓黄宗羲承"前"之表现，而若论其启"后"之用，则可据对黄氏之后，成熟阶段的清代儒者的"理""气"思想分析予以呈现。以戴震为例。对于戴震气论，有学者以为，"戴震的气论有着较多的形而上学倾向"①，这一倾向具体表现在三个方面："一是气化的生成方式——'分后则不变'"②；"二是气化的动因——神"③；"三是气化的因果制约的要素——'命'、'性'（这个'性'不是程朱所谓的'理'，而是所禀受的物质形式和本质）、'才'"④。针对其三，李志林所举之例乃戴震《孟子字义疏证·才》之论"气化生人生物，据其限于所分而言，谓之命；据其为人物之本始而言，谓之性；据其体质而言，谓之才"⑤。李志林以上所讲戴震气论形上学倾向的第三要素——"命""性""才"乃气化之因果制约性的三个重要面向。故而戴震由气化讲出的"命""性""才"即可视为清学"存异"倾向最根本的义理依据和最突出的思想体现。更为关键的是，戴震对此一义理和思想的关联性分析与阐发和他关于"礼—情""必然—自然"诸类关系的说明、阐发亦是紧密相关。然此相关性却非由戴震开启，而是由其继承、完善黄宗羲之言说而来。

首先，戴震论"气"延续了梨洲关于"气"之感通义，及与之相关的"心"之知觉义的反复申明。此为进一步从经验论上讲"心"，讲"心"外无"物"提供了理论铺垫。所谓"进一步"指的是，当黄宗羲论"心"，是从"气之灵处"讲出"心"的超越性感知及感通之能，至戴震，其不再借助宋明儒所谓"气之灵处"这一媒介，直接据"血气心知"处将"心"包括感知、思量在内等自然之能呈现出来。相较王阳明、黄宗羲，此可谓回归"心"之"腔子"义的做法。戴震道：

> 心为形君，耳目百体者，气融而灵，心者，气通而神。⑥
> 心则形气之主也，属之材者也，恻隐、羞恶、恭敬、辞让之由于德性而生于心亦然。⑦

---

① 李志林：《气论与传统思维方式》，上海：学林出版社，1990年，第237页。
② 李志林：《气论与传统思维方式》，第237页。
③ 李志林：《气论与传统思维方式》，第238页。
④ 李志林：《气论与传统思维方式》，第239页。
⑤ 参见李志林：《气论与传统思维方式》，第239页。
⑥ （清）戴震：《孟子私淑录》，《戴震全书》第6册，第68页。
⑦ （清）戴震：《绪言》，《戴震全书》第6册，第112页。

> 凡食味别声被色而生者皆有心,心者,耳目百体之灵之所会归也。①

据此,东原对"心"之形气属性作了反复强调。这一讲法一方面兼顾了"心"作为"气之灵处"的卓越感知、认知力,另一方面也指出了"心"首先是"形",是材质的本性。更进一步地,戴震将"材质"溯源至"血气",从"血气"上讲"心知"。其道:

> 有血气,斯有心知,天下之事能于是乎出,君子是以知人道之全于性也。②

> 凡血气之属,皆有精爽。其心之精爽,巨细不同,如火光之照物,光小者,其照也近……惟学可以增益其不足而进于智……故理义非他,所照所察者之不谬也。何以不谬?心之神明也。人之异于禽兽者,虽同有精爽,而人能近于神明也。③

> 人之血气心知本乎天者也,性也。④

> 统人与百物之性以为言,气类各殊是也。专言乎血气之伦,不独气类各殊而知觉亦殊。人以有礼义异于禽兽,实人之知觉大远乎物则然,此孟子所谓性善。⑤

戴震上述言论中提到的"心知",提到的"心之精爽""心之神明"皆是从"血气"讲出,且其认为,心之巨细不同,人、兽、神明之间差异皆在"受气不同",正所谓"气之自然潜运,飞潜动植皆同,此生生之机原于天地者也,而其本受之气与所资以养者之气则不同。所资以养者之气,虽由外而入,大致以本受之气召之"⑥。此便是将"心知"之能与"心智"之成一方面追溯至先天之气的区别,另一方面寄望于后天之习的滋养。这一兼顾两面的讲法不仅从"气"论讲出,并且延展至人性论的讨论,据此可说,东原之学不同于孟学,亦有别于荀学,然其极好地兼顾了孟荀学术之各自侧重。此其高明、卓越处。

其次,戴震气论弥补了黄宗羲对"气"的合秩序性,及"理""气"合一的"必然"性说理之不足。明确地说,戴震完成了对黄宗羲气论的再推进,即在"自

---

① (清)戴震:《绪言》,《戴震全书》第6册,第119页。
② (清)戴震:《原善》,《戴震全书》第6册,第7页。
③ (清)戴震:《孟子字义疏证》,《戴震全书》第6册,第154页。
④ (清)戴震:《绪言》,《戴震全书》第6册,第135页。
⑤ (清)戴震:《孟子字义疏证》,《戴震全书》第6册,第189页。
⑥ (清)戴震:《孟子私淑录》,《戴震全书》第6册,第55页。

然""本然"诸论的基础上,强化了对"自然之极则"——"必然",及"必然"指向的"理"之周布,及"理"的客观转化——"礼制"实施的正当性、合理性的说明。

按前文分析,黄宗羲围绕"理气"议题所展开的诸多阐发皆在申明"理"别无一物,而其内在诉求则在引导儒者放下形上的玄妙之想,直面"气"之流行、遍布的经验世界,寻找其律则,并遵循律则处世。但是这里存在一悬而未解之谜,或者说是留下一个尚待处理的问题——如何论证"气"必然如此。进一步讲,"气"之流行谈不上主动、被动,它的存在本身就是弥漫、漫布的,是自然而然的,若道"理""气"不分,那么如何说明此自然流行具有"理"这样一个律则、秩序性之概念固然具备之必然合理呢? 如何保证此承载秩序(理)之"气"本来即具有,本来自在,即如何证明、保证此"气"之流行是自然贯通、是本然具"理"、必然如此呢? 如果"气"因为与"理"不二,同时具备自然、本然、必然性,则人的主动性如何发挥? 对以上追问,按戴震主张,理气不二即意味"欲"具有合理性,依则而行则无咎。如此,人的主动性便不仅是黄宗羲延续宋明儒者笼统所谓的克除私欲的事情,而是更具挑战性的"归于必然,适全其自然"之事。

与黄宗羲有关"自然""本然"的零散论述相较,戴震自始即已相当鲜明地为"自然""本然""必然"划分了概念边界。其云:"言乎自然之谓顺,言乎必然之谓常,言乎本然之谓德。"①如此,之前黄宗羲宣明的"气质之本然是性,失其本然者非性",在戴震这里,此"性"便须自天德讲起,而黄宗羲原论"气"得以永恒、有序流布之"理"更须具备"必然"属性。戴震又道:

> 心得其常,耳目百体得其顺,纯懿中正,如是之谓理义。②
> 
> 性者,分于阴阳五行,品物区以别焉,各为之本始,统其所有之事,所具之能,所全之德而名之,非以知觉、运动者名之,《易》言"成之者性"是也。其一身中,分而为言,曰形、曰气、曰神者,材也,《易》言"精气为物"是也。心为形君……性可以根柢言,材可以纯驳清浊言,由其成性也殊,则其材亦殊……③
> 
> 人物分于气化,各成其性……在天为气化之生生,在人为其生生之心,是乃仁之为德也,非别有一物以与人而谓之仁。④
> 
> 存乎人者,皆有仁义之心,其趋于善也利,而趋于不善也逆其性而

---

① (清)戴震:《原善》,《戴震全书》第6册,第9页。
② (清)戴震:《原善》,《戴震全书》第6册,第19页。
③ (清)戴震:《孟子私淑录》,《戴震全书》第6册,第68页。
④ (清)戴震:《孟子私淑录》,《戴震全书》第6册,第59页。

不利,所谓"人无有不善,水无有不下",善乃人之性,下乃水之性,而非以善概之于物。①

以上,戴震所讲主要是据"气"化自然揭出"性"之本然出于自然,见乎德性。其又曰:"性一而已矣。孟子以闲先圣之道为任,其要在言性善,使天下后世晓然于人无有不善,斯不为异说所混淆。人物之生,分于阴阳气化,据其限以所分谓之命,据其为人物之本始谓之性。后儒求其说而不得,于是创言理气之辨,其于天道也,先歧而二之。苟知阴阳气化之为天道,则知性矣。"②这里,戴震以"同类"概念诠释孔子"人之性相近",然其理解的孔、孟论"命"之继承正在对"命"之"限分"义的申明。而其此番申明之据则在对"气"论的阐释。因戴震在阐明"命"之"限分"之前,还有"物之生,分于阴阳气化"一说,此便是在"气"之"分"的基础上,揭示"性""命""才"的必"分"无疑。按李志林之说,后列三者实际皆为"气化的因果制约的要素"。戴震道:"知条理之说者,其知理之谓矣。"③"就天地、人物、事为,求其不易之则是谓理。"④又道:"阴阳流行,其自然也。精言之,通乎其必然不可易,所谓理也,语阴阳而精言其理,犹语人而精言之曰圣人耳。圣人而后尽乎人之理,尽乎人之理非他,人伦日用尽乎其必然而已矣。"⑤则是要为"自然"之道、"本然"之具强化其必然合理性。换言之,"自然""本然"从属性上来说,可谓"必然",究其实质乃为"理"耳。据此,戴震此说乃是对黄宗羲"理为气之理"一说的发挥。就黄宗羲所说,有学者认为其建构的心学的气学视野之开辟与其开创的经史之学之间具有一体相关性,此一体相关性主要即是通过"理为气之理"的形上学命题展现。⑥ 具体言之,一方面,"黄宗羲'理为气之理'命题剥离了理学本体论中的超经验性面向,将理学形上学与日用伦常作出彻底一元化的处理,主张形上本体应当随顺万物变化而得其真。这是对理学'体用一源'逻辑的全面贯彻,其理论效应是消解了'德性之知'与'见闻之知'区分的形上学基础"⑦;另一方面,"'理为气之理'命题为明代

---

① (清)戴震:《孟子私淑录》,《戴震全书》第6册,第50页。
② (清)戴震:《孟子私淑录》,《戴震全书》第6册,第37页。
③ (清)戴震:《孟子私淑录》,《戴震全书》第6册,第45页。
④ (清)戴震:《孟子私淑录》,《戴震全书》第6册,第44页。
⑤ (清)戴震:《孟子私淑录》,《戴震全书》第6册,第44页。
⑥ 陈畅:《明清之际哲学转向的气学视野——以黄宗羲〈明儒学案〉〈孟子师说〉为中心》,《现代哲学》2019年第5期,第156页。
⑦ 陈畅:《明清之际哲学转向的气学视野——以黄宗羲〈明儒学案〉〈孟子师说〉为中心》,《现代哲学》2019年第5期,第156页。

理学中的悟道与行道之辨提供了全面的形上学论证,将儒学发展方向从悟'向内返本复初'之道引向践行'向外结合历史与人事'之道"①。可见,从黄宗羲对"理为气之理"的倡明,到戴震对"气"之限分、"理"之必然的强调,及由此建构展开的对"事""理"之则的阐发,乃至对经世之学的关切皆有极大相关性。正是在此"规则"意识与经世态度之下,戴震反对单一的强调"自然"诸说,更未将希望建立在对"性"之本然的听任上。其云:

> 一以自然为宗而废问学,其心之知觉有所止,不复日益,差谬之多,不求不思,以此终其身而自尊大,是以君子恶其害道也。②
>
> 老庄、释氏主于无欲无为,故不言理;圣人务在有欲有为之咸得理。③
>
> 张子有见于必然之为理……然分理气为二,视理为"如一物",故其言理也,求其物不得,就阴阳不测之神以言理,以是为性之本源……则其言合虚与气,虚指神而有常,气指游气纷扰,乃杂乎老释之见,未得性之实体也。④
>
> 盖不知理者,自然之极则也,视理俨如一物,加以主宰、枢纽、根柢之说,一似理亦同乎老、释所指者之于人为本来面目……苟知有物必有则,不以则与物二视之,庶几于孔孟之言道言性者始可通。物者,指其实体实事之名,则者,称其纯粹中正之名。实体实事,罔非自然而归于必然,天地、人物、事为之理得矣。自然之极则是谓理……宋儒言"道为气之主宰、枢纽",如彼以"神为气之主宰、枢纽"也;以"理能生气",如彼以"神能生气"也;以"理堕在形气之中,变化气质则复其初",如彼以"神受形气而生,不以形气物欲累之则复其初"也。皆改其所指为神识者以指理。⑤

戴震由对"自然""本然""必然"概念的解释,引出对释道二家乃至部分儒学派系的批判,然其主要意趣却是要凸显"理"的必然性和强化其必要性。此外,戴震又云:

---

① 陈畅:《明清之际哲学转向的气学视野——以黄宗羲〈明儒学案〉〈孟子师说〉为中心》,《现代哲学》2019年第5期,第157页。
② (清)戴震:《孟子私淑录》,《戴震全书》第6册,第60页。
③ (清)戴震:《孟子字义疏证》,《戴震全书》第6册,第214页。
④ (清)戴震:《孟子私淑录》,《戴震全书》第6册,第67页。
⑤ (清)戴震:《孟子私淑录》,《戴震全书》第6册,第74—75页。

> 人之材得于天独全,故物但能遂其自然,人能明于必然。①
>
> 由血气之自然而审察之以知其必然是之谓理义;自然之与必然非二事也。就其自然,明之尽而无几微之失焉是其必然也,如是而后无憾,如是而后安,是乃自然之极则。②
>
> 由天道而语于无憾是谓天德;由性之欲而语于无失是谓性之德。性之欲,其自然之符也;性之德,其归于必然也。归于必然适全其自然,此之谓自然之极致……凡动作威仪之则,自然之极致也,民所秉也。自然者散之普为日用事为;必然者秉之以协于中,达于天下。知其自然斯通乎天地之化;知其必然斯通乎天地之德。③

据此,戴震由对学术流派对"自然"之道与"必然"之道的选择延伸到了"人""物"之别。按戴震所论,"人""物"之别即在"人"于"必然"之"理"——"自然之极则"的坚持。而戴震所谓的"自然之极则"究其实质乃是"动作威仪之则",即"礼"。换言之,在戴震看来,"理"的强化、落实正是"礼"的推进。故其又道:

> 凡物之质,皆有文理。粲然昭著曰文,循而分之、端绪不乱曰理。故理又训分,而言治亦通曰理……好其得理,恶其失理,于此见理者,"人心之同然"也。④
>
> 礼者,天地之条理也,言乎条理之极,非知天不足以尽之。即仪文度数,亦圣人见于天地之条理,定之以为天下万世法。⑤

戴震从"物"之文理讲到"民之秉彝",讲到"得理非他,言之而是、行之而当为得理",更直言"礼者","天地之条理","天下万世法",皆有以"礼"代"理"之意。由此,戴震将有关"理"之"必然"的诠释落实在"礼"之"当然"的说明上。

综上所论,戴震上述主张基本无出黄宗羲理气论的基本思路,即首先否定了宋儒"理"先"气"后之观念,其次认定了"理"存在之实质,即"气"运行不爽失之则,亦即黄宗羲一再申明的,"理"非别有之一物。然而戴震的发挥

---

① (清)戴震:《孟子私淑录》,《戴震全书》第6册,第51页。
② (清)戴震:《孟子字义疏证》,《戴震全书》第6册,第169页。
③ (清)戴震:《原善》,《戴震全书》第6册,第11页。
④ (清)戴震:《孟子私淑录》,《戴震全书》第6册,第46页。
⑤ (清)戴震:《孟子字义疏证》,《戴震全书》第6册,第204页。

和推进尤为突出,具体表现在三方面:第一,在肯定黄宗羲开创观点之下,将"理""气"关系的讨论更深入地引入"理"与"情"、与"欲"之间关系的探讨。其直道"理"为"情之不爽失",道"性之欲,其自然之符也",明确宣告了"情""欲"并不悖理,本具合理性。第二,借"必然""自然""本然"诸义的发挥,予"理""气"存在之理据、形态,及二者互动关系以充分说明。戴震关于"必然""自然""本然"有诸多说法,其初衷只在为"气"之流行、遍布之所以合理、可能,且"不爽失",为"理""气"的一体存在、一体互动的本来面目和必然之理做出解释。据其主张,"理""气"存在皆为本然,而由血气流行自然,可发掘其中合规则性,此即同时可见"气"之流行与"理"之作用之"必然",又由"理"在经验社会、人身实践中的顺利展开,可见其与自然、社会的高度契合,此"自然"属性如"气"之遍布一样具有"必然"性。如此,"理""气"之流行、作用同具"自然"与"必然"性,"理""气"的一致对应正象征"自然"与"必然"的统一。第三,戴震对黄宗羲"理""气"论有继承亦有推拓,其最终建构完成之"气"论与其哲学优先概念——"道"论正相契合。与宋明儒学讲"理"、讲"心"之优越性不同,戴震主张"道"乃是作为第一概念的存在。其云:"盈天地之间,道,其体也;阴阳,其徒也……生生者化之原,生生而条理者化之流。分者其进,合者其止;进者其生,止者其息。"①又云:"道犹行也,气化流行,生生不息,是故谓之道。"②皆在说明"道"的优越存在。且戴震讲的"道"近似"气"生化流行之则,可作最高形态的"理"理解。既然"道"为"体","气"为其徒,二者并不相分为二,个体在具体工夫上,要如何促使"气"合于"道",契于"理","归于必然适全其自然"呢?戴震给出的答案具体有两项:一者,经由"强恕",以从必然之理,全自然之人伦。按其云:"去私莫如强恕,解蔽莫如学,得所主莫大乎忠信,得所止莫大乎明善。"③对此,杨儒宾先生曾评曰:"在戴震的伦理学中,'絜己之道'也就是'恕道'扮演了很重要的角色,欲望之所以能够不爽失,建立在欲望之上的道德之所以能够由'自然'变为'必然',关键在于'絜己'的功能。戴震显然也在追求普遍性,但相对于朱子将道德建立在超越的'理'之普遍性上,戴震却将普遍性建立在具体内容的血气心知上面。此依血气心知而来的恕道,我们顾名思义,可以说恕道即是'如心'之道,即是'主体交换互拟之道'。"④此说极为精辟地概括了戴震"强恕"主张背后的伦理学诉求。二者,允许个

---

① (清)戴震:《法象论》,《戴震全书》第6册,第465页。
② (清)戴震:《孟子字义疏证》,《戴震全书》第6册,第173页。
③ (清)戴震:《原善》,《戴震全书》第6册,第23页。
④ 杨儒宾:《异议的意义:近世东亚的反理学思潮》,台北:台大出版中心,2016年,第69页。

体遂欲达情,尊重其追求享乐之自由意志。如其云:"天下之事,使欲之得遂,情之得达,斯已矣。"①两则路径看似矛盾,而对其较为合适的理解却在,前一则乃是针对个体实践给出建议,后一则却是为治国者提供策略。据此可知戴震深意。正如吴根友曾就戴震"遂欲达情"论讲到:"戴震的伦理学要求尽人情、人欲以至于纤微而无憾,当然就内在地肯定了人追求美色美味的要求。从人类道德生活的本质来看,过一种富裕的好生活与过一种贫穷的坏生活本身也谈不上是道德的还是非道德的……戴震与宋明理学伦理学的根本区别不在于要不要人欲的问题,而在于要不要自由的问题……揭示戴震'分理'说中所包含的自由精神,是判别后期戴震学说与程朱理学分道扬镳的根本标志。"②此说意义重大。就此展开,即可推知,戴震于当时流行之政治观念,及于清人之思想解放的价值。

---

① (清)戴震:《孟子字义疏证》,《戴震全书》第 6 册,第 197 页。
② 吴根友:《中国哲学通史·清代卷》,第 337—338 页。

# 第四章　阳明心学境界诉求的衍化与清学特具因素生成契机的涌现

前文对"泛阳明学"时代与"阳明后学"之后时代的儒学发展脉络作出了说明和厘清，也据思想史研究路径，考述并阐释了"晚明清初"儒学研究所涉诸类关键议题，并由相关议题的诠释变迁，揭示了晚明清初儒学转型诸客观因素。这些客观因素乃以人为因素为主，然而事实上，此阶段的理学演化亦有其内在的义理变革之逻辑必然性。对这些逻辑线索的发掘也因此成为明清儒学转型研究的重要内容。对此，学界虽不乏多种哲学视角的探讨，然最有效的探讨还需从清学之前——阳明学其核心特色的发掘切入。一直以来，研究者多从工夫论视域探讨阳明心学核心特色，然笔者以为，阳明心学工夫论仅仅是其境界诉求的一方面，阳明心学的境界诉求实际体现在存在论、认识论、价值论、宇宙论等多项内容中。而每项内容都暗藏了阳明心学后期流变的逻辑必然。正由此逻辑推演，学界公认的，清代儒学特有的知识论倾重、客观化趋向，即实证主义哲学特色的呈现即具必然性。

## 第一节　阳明心学之境界诉求及其显学特色的呈现

阳明心学境界哲学蕲向某种意义上决定了阳明后学在形上建构和实践选择等事项上必然呈现理想化趋向，这一理想化趋向更加凸显了心性哲学检证之难，此为实证主义哲学之兴起提供了逻辑必然，进一步讲，即是为晚明清初的儒学转型提供了关键契机。

### 一、境界蕲向与存在建构：境界哲学视角的阳明心学考察

对阳明心学的探讨，首先需要关注的是本体论问题的分析。然中国哲学所讲本体论原则上并非开始即由"实体论"路径开出。更明确地说，阳明

心学乃至中国哲学重点关注的乃是人的存在问题,在此前提下,其更精细的延伸才是人如何以实体形式存在的问题。而无论是人的存在问题的探讨,或是实体论路径的研究也总能呈现出阳明心学极为显明的境界诉求。束景南教授在《阳明大传:"心"的救赎之路》中特别提出王阳明心学究其实质乃是一致良知、复心体的"主一"的心本哲学思想体系,并且通过诗文考证的方式为这一阳明心学的根本定位提供有力证明。据其所考,阳明曾作《咏一诗》与张璁的《咏万诗》相对立,两诗主旨由"理一分殊"推演而来:张璁是讲"万殊",而阳明是讲"理一"(心一),再联系阳明《约斋说》《书王嘉秀请益卷》《书石川卷》等篇文字,可揭阳明"主一"的哲学宗旨:"道即一(太极),心即一(本体),天下一道,宇宙一心,万物一体,体用一源,静观守一(默坐澄心体认天理),惟精惟一,知行合一。"①对于这一"主一"的心本哲学,束景南教授进一步讲到:

> 阳明的心学作为一个易简广大的致良知、复心体的心本哲学思想体系,是以心为本体,心的本体圆满具足,心物合一,心理合一,体用合一,知行合一,身心意知物事合一,形上形下合一,主客合一,人与天地万物浑然一体,这是一种主客"合一"的哲学思维模式,提出了宏大的"主一"的哲学思想体系,它超越了主观与客观二元对立的思维方式,统一了"唯物"与"唯心",从追问人"心"本真存在出发,最终达到人"心"异化的复归。因此用阳明的话来说,这种主"一"(主"合一")的本体工夫论思想体系,就是以"为善去恶"为终极的人文指归,表明阳明已经超越了传统的观念论(唯心论)的视域,转向了更本真的存在论的终极人文思考。②

束景南教授上述对阳明心学"复心体"之旨的揭明实是指出阳明心学的人文精神从未脱离儒家心性之学的根本宗旨——复归善之本性。而当"主一"问题被讲出,则又彰显阳明学与朱子学的重大差异即在阳明倡导的乃是主客合一,体用合一的思维路径。也正是基于对阳明"主一"宗旨的理解,《大传》实际从两方面丰富了阳明学研究的内容:

第一,从"主一"宗旨出发,为阳明后学的"精一"理念在王阳明思想中找到源头。以阳明高足季本为例,《四书私存》载其语曰:

---

① 束景南:《阳明大传:"心"的救赎之路》,上海:复旦大学出版社,2020年,第692页。
② 束景南:《阳明大传:"心"的救赎之路》,第7页。

> 我阳明先师见超千古,独是旧文,约其工夫,归于诚意,而指点良知最为切要,故笺注数言,略举大义,而合一之学遂复焕然。①
>
> 夫圣人虽生知安行,而其知、其行即精一之工夫也,以其无间断,故曰生、曰安耳。学困之知、利勉之行,同一工夫,其知其行皆天命之所发,是工夫就在本体上也……然谓之学则所择之善皆从心体上精一,善是明之发用处,故精一即是行也。②

据此,季本不仅以"合一之学"理解阳明学大义,且以"精一"兼括"知"与"行"。这一诠释思路原则上即阳明"主一"宗旨的延续。

第二,揭明阳明心学乃是力主"心"与"物"的合一之学,则历来以"唯心论"界定阳明心学实为误判,阳明心学的本真面目乃是落实于存在论,即探讨的是人如何在世,在世何为的问题。束景南教授一语中的,讲出阳明心学此一要旨关系甚大。因"主一"按作者指出,乃是"超越了主观与客观二元对立的思维方式,统一了'唯物'与'唯心'",由此便勾连出阳明心学着重处理的问题实是"人的存在"问题。如作者讲到:

> 在中国的传统文化思想中,"道"是一个形上的本体存在,而"人"是一个此在的存在者。存在论哲学的人文关怀是追问"存在"的意义,但对"存在"问题的追问必须奠基于对"此在"(人)的分析之上,此在是通向存在的大门。此在即人,此在即人心,故对此在(人)的追问就转化为对心(精神自我,意识主体)的追问,"人心"(此在)在阳明的心学中居于中心地位,是通向"存在"的大门。③
>
> 这种人"心"的救赎,意味着净化人的良知,重建人的心灵世界——复心,这就是他的致良知、复心体的心本哲学真正的人文精神之所在。④

一直以来,学界对阳明心学的研究大都立足于"唯心论"(观念论)视域,而束景南教授突破了这一惯性视域,从中国的天人合一的存在论视域剖析阳明心学,指出了阳明心学注重对"人自身作为'此在'存在"问题的研究实与海德格尔的存在论哲学主张颇具有相似性。阳明学对"人的存在"的关注并非未有学者留意,如张世英教授就曾从主体性哲学的视角认为:"海德

---

① (明)季本:《大学私存》,《四书私存》,台北:"中研院"文哲研究所,2013年,第3页。
② (明)季本:《中庸私存》,《四书私存》,第96页。
③ 束景南:《阳明大传:"心"的救赎之路》,第585页。
④ 束景南:《阳明大传:"心"的救赎之路》,第6页。

格尔在西方哲学史上起了打破旧形而上学本体论的传统,把人从抽象本质世界中解放出来的作用,人的独立自主性被海德格尔拉回到现实的具体世界中。王阳明在中国哲学史上也有着打破形而上学观点,把人心从抽象的理的世界中拉回到唯一现实的具体世界中的首创精神……王阳明和海德格尔的上述相通之处,我也许可以用一个名称来概括,即他们都有非形而上学的存在论思想。"①按张世英教授的诠释,阳明心学反对形而上学的本体论,将人心作为天地万物发窍处,将其从抽象之理中拉回现实等主张皆与海德格尔对"此在"的强调具有相似性。且张世英先生同时认为,阳明心学的"合一"主张实际与以彰显主客二分为核心思路的主体性思想主张形成冲突。张先生此说显然与其自身深厚的西方哲学研究背景紧密相关。然若立足中国哲学"天人合一"的存在论视角,如何理解中国哲学特色的主体性思维呢？束景南教授即为相关探讨提供了重要思路。参照上文揭示,束景南在揭出阳明"主一"思想的前提下,回到阳明"心本"哲学的路径,探明了阳明心学处理的重要问题——人如何在世以及人心何为的问题。这便是回到中国哲学场域,发掘了王学作为心性论道德哲学其主体性思想的重要价值。束景南先生讲到:

> 阳明的致良知、复心体的心本哲学思想体系,是解决"人"自身的存在问题的人文学,是教人如何做"人"的生存哲学。人自身作为"此在"存在的根本问题有两个:"人性"的问题与"人心"的问题。儒家的思想就是解决人性问题与人心问题的心性论道德哲学体系。②

束景南教授所说正是从阳明"主一"宗旨讲出了阳明心学的切要之处,也讲出了从朱熹到阳明对人的存在问题的持续性关注和各自哲学努力之所在。在此基础上,束先生直揭阳明心学与朱子理学的殊途同归之处。他讲到:"如果说,朱熹的'性即理'与'复性'的性学是主要旨在解决人'性'问题的思想体系;那么,阳明的'心即理'与'复心'的心学就是主要旨在解决人'心'问题的思想体系,两者在儒家的心性论哲学体系内构成了互补共进的关系。他们都走着同一的'人'的救赎之路,使人成为人,格物穷理尽性的'性一分殊'与致良知复心体的'心一分殊',就是他们给现实中拔本塞源的

---

① 张世英:《天人之际——中西哲学的困惑与选择》,北京:北京大学出版社,2016年,第265—266页。
② 束景南:《阳明大传:"心"的救赎之路》,第22页。

异化的人开的两帖拯世救民、异化复归的哲学良方。"①束景南教授以上总结不仅概括地讲出了朱、王之同,而且独具慧眼地揭出阳明心学的卓越所在。如此,阳明学的哲学思想体系与先秦儒学、程朱理学的区分,及其与佛道二氏,与西方近代的存在哲学的相通之处均得以明确。

据上分析,从"此在"出发,阳明"心本"哲学极大程度地揭出了阳明心学丰富的境界哲学内容。再就传统哲学实体论路径进入,可以很清晰地发现阳明心学的境界诉求乃是其更为鲜明的底色。任文利曾提出:"其(王阳明)所作的最有意义、最有价值的工作就是对'体'的'悬隔',即是使'体'由'预设'走出来到'现成'中去。"②并讲到:"如问阳明心学的意义何在,就在于'悬隔'后的'十字打开'。如问阳明后心学的意义何在,就在于'十字打开'后的问题从各个方面的涌现。"③按任文利理解,阳明心学"境界"应有两种:其一,"悬隔"的境界;其二,"十字打开"的境界。我们大概可以借鉴其所谓"悬隔"与"打开"的说法,来进一步了解阳明心学本体论与工夫论的演变历程,并据此发掘其"境界"诉求在各层面问题上的体现。

(一) 心与理:"良知"具"常""独"之属性

王阳明及其后学多以"常""独"论述良知作为"体"及其发挥"用"的普遍性、恒常性。阳明云:

"未发之中"即良知也,无前后内外而浑然一体者也。有事无事,可以言动静,而良知无分于有事无事也。寂然感通,可以言动静,而良知无分于寂然感通也……就其生生之中,指其常体不易者而谓之静,谓之阴之生,非谓静而后生阴也。④

据此,作为未发之中的良知,其"无分于有事无事",故"常体不易"是良知存在的本然状态。"寂然感通""妙用无息"是良知作用时的常态。此时的良知,无论就本体论,抑或工夫论而言,皆与天理无异。这便是全然境界地讲出良知即天理。阳明又云:"良知者心之本体,即前所谓恒照者也。心之本体无起无不起,虽妄念之发,而良知未尝不在。但人不知存,则有时而或放耳。虽昏塞之极,而良知未尝不明。但人不知察,则有时而或蔽耳。"⑤

---

① 束景南:《阳明大传:"心"的救赎之路》,第22页。
② 任文利:《心学的形上学问题探本》,郑州:中州古籍出版社,2005年,第120页。
③ 任文利:《心学的形上学问题探本》,第121页。
④ (明) 王守仁:《王阳明全集》,上海:上海古籍出版社,2013年,第72—73页。
⑤ 陈荣捷:《王阳明〈传习录〉详注集评》,第172页。

云:"明诚相生,是故良知常觉常照。常觉常照,则如明镜之悬,而物之来者自不能遁其妍媸矣。"①此处以"恒照"指代良知,于此揭明了良知作为"心之本体"、作为天理的实体特性。至于无论"存""放",或"昏塞之极",良知恒照且"未尝不明",便是揭出良知之"用"亦是恒定的。如果说王阳明仅是就"良知"存有的普遍性和作用的恒定性发表观点,至其后学,尤其是欧阳德,则将"良知"的"独""常"属性落实到个体之上。欧阳德讲到:"未发言其体,发言其用,其实一知也。此知无形无声,故谓之不睹不闻;非他人所与,而各各自知,故谓之独。此知体无偏倚,用无乖戾,常存戒惧,则念念精明。复其本然之体用,谓之中和。中和者,独知无偏倚无乖戾之名。"②欧阳德所谓的能够统合体与用的"知",即良知。然云"各各自知,故谓之独"便是揭明"良知"遍在且落实在每个个体身上,相应地,"致良知"的展开即两种路径的统一,即复本然之体与用。欧阳德的诠释较之其他学者,甚至较王阳明本人,其卓越处正在更倾向于"用"的面向。欧阳德又云:"人心常知,而知之一动一静,莫非感应。杂念不作、闲静虚融者,知之静,盖感于静境而静应也;思虑变化、纷纭交错者,知之动,盖感于动境而动应也。"③据此,思想家将"知"之"常"性讲成"常知",讲成"知"之常用,又以感应随机、灵动论"知"的主宰和应变能力,原则上,这仍是从体用合一的境界上讲出良知的存有特性和工夫路径。

根据上述分析可见,阳明及其后学的相关说理和论证从开始便是从臻善境界上讲出。而无论就本体论还是工夫论来说,从境界论上讲出的具有"独""常"特色的良知多可用个别佛学概念加深理解。如《圆觉经》中描述的摩尼珠。"解"曰:"若无计执之人,即此珠种种色一一清净,一一同体,悉是圆珠妙用应现,无体可破,以喻后文十方法界一切清净,圆满不动,交参无碍……今摩尼珠本净本明,十方俱照,故以显后法界之宗也。"④对此,吴汝钧先生曾就阳明所论良知之照与宗密以摩尼珠论灵知之普遍性和常照性作比较研究云:"灵知的心体如摩尼宝珠那样,恒时地发出其光辉,不停地起用,不管是否对着对象,都是一样。它的光辉,坚锐而明净,能照破一切黑暗。很明显,灵知也像良知那样,充满自发性或能动性。"⑤吴先生的解释是默认了良知可以"灵知"置换,甚至可以西方现象学所论内意识、本原知识等

---

① 陈荣捷:《王阳明〈传习录〉详注集评》,第197页。
② (明)欧阳德:《答聂双江》,《欧阳德集》卷五,南京:凤凰出版社,2007年,第193页。
③ (明)欧阳德:《答聂双江》,《欧阳德集》,第194页。
④ (唐)宗密、(明)德清:《圆觉经注疏》,北京:线装书局,2016年,第89页。
⑤ 吴汝钧:《佛教的概念与方法》,北京:世界图书出版公司,2015年,第446页。

概念加深理解。

**（二）人与物:"万物一体"兼容"各得其所"**

张任之教授在《心性与体知:从现象学到儒家》一书中曾就"万物一体"展开专题讨论。他讲到:"儒家的万物一体既具有形上学的境界义(作为名词),同时也具有工夫论的'体知'义(作为动词)。恰恰是在后面这个意义上,'万物一体'甚至就可以直接德译为舍勒所说的'Einsfühlung'(一体感/同一感)。"① 按张任之教授所说,"万物一体"若从名词上看待,可以作为境界的一种,就这一点而言,"万物一体"乃是历经工夫之后的一种全新的身心体验。若以动词理解,"万物一体"便是要体知万物,至于如何体知,如何可能,即可借鉴现象学"一体感"或者"同一感"展开诠释和探讨。因此张任之教授同时主张:"一如舍勒所言,伦理意义上的'同一感'根本上构成了一切认知性的感受、理解等行为的基础。"② 张任之教授此说某种程度上即揭出"万物一体"之"同一感"决定了工夫实践者在认知、理解过程中的视野、路径,以及结果。而认知、理解之初,工夫实践者对"万物一体""同一感"等内容的接受及不自觉运用,原则上即是对境界的端持。故"万物一体"说,无论予以名词或者动词的理解,皆可以境界论之。

儒学领域,"万物一体"之说缘起于两个层面的理论整合。其一,《论语》所谓"天下归仁";其二,《孟子》所谓"万物皆备于我"。如徐复观先生在《中国人性论·先秦篇》中讲到:"'万物皆备于我',即《论语》的'天下归仁',即所谓'人物一体',此乃仁所到达的境界。'反身而诚',意思是说,所谓'万物皆备于我',并非悬空地虚说,而系是反求之于身,真实如此,此即可以证明仁德的全部呈现,把一切的矛盾、对立,都消融了,所以说'反身而诚,乐莫大焉'。"③ 徐复观先生不仅提到"万物一体"的理论渊源,更将此说与"反身而诚",与"一体之仁"整合讲出,并且讲明"万物一体"实则正是"仁所到达的境界"。事实上,从境界论出发,"万物一体"既由"万物皆备于我"而来,有关"备"字的解释便成为理解此说的关键。孟子"万物皆备于我矣,反身而诚,乐莫大焉"之论,赵岐注云:"物,事也。我,身也。普谓人为成人已往,皆备知天下万物常有所行矣。"④ 朱熹注云:"此言理之本然也。大则君臣父子,小则事物细微,其当然之理,无一不具于性分之内也。"⑤ 赵岐所谓

---

① 张任之:《心性与体知:从现象学到儒家》,北京:商务印书馆,2019年,第157页。
② 张任之:《心性与体知:从现象学到儒家》,第158页。
③ 徐复观:《中国人性论·先秦篇》,北京:九州出版社,2014年,第137页。
④ 参见(清)阮元校刻:《十三经注疏·孟子注疏》,北京:中华书局,2009年,第6015页。
⑤ (宋)朱熹:《四书章句集注》,第357页。

"备知天下万物常有所行",是将"备"理解为"具有知的条件",而是否知尚不可定,因它面向未来。然朱熹则将"备"训为"具备",且训为"具备于人",所谓"当然之理,无一不具于性分之内"随即成为"性即理"的另说。据此,人于理的实践成为当下即须成就的工夫或者境界。应该说,朱熹的解释虽与赵岐不同,然其奠定了宋明理学关于"万物一体"之论的根本路径,即从"性""理"关系上揭出儒学"万物一体"之说本质上即天人合一问题的落实。而"合一"的关键便是人的实践。正因如此,当代学界虽有不少研究者借由西哲概念,尤其是关系哲学术语诠释儒学万物一体之论,但终究会有反对的声音,立足中国哲学之实践特色、境界追求等核心视角提出反对意见。比如彭高翔曾就"万物皆备于我"的诠释,创造性地引入马丁·布伯关系哲学的关键主张,并直言:"孟子'万物皆备于我矣',就是从'我'的角度对物我间'我—你'关系的思想。"①又道:

> "我"的无限觉润是在"与物无对"的方式下,无时无处不以满腔关切与爱意投向一切,润泽万物……"万物皆备于我",正是在这个意义上揭示出了物我的"我—你"关系状态。在孟子这句话中,"我"就是一个道德的本真自我。我与其他存在都发生关系的方式就是我不以对象、客体的眼光打量周遭的世界,而以恻隐关怀投向世内一切存在者。万物则在恻隐关怀的浸润中超越了时空、因果的拘囿,彰显出独特的意义结构。"万物"就是这个意义上的万物。而"万物"进入"我"的生命存在而彼此结成一体,则体现了备的含义……"我—你"关系就是指我与万物彼此生命互相涉入所形成的亲和一体性。因此"备"的真实涵义是"同构",只不过孟子是从"我"的角度来说罢了。由此来看,孟子之后之所以有如此多的儒者由自己存在的体验而得出了类同孟子"万物皆备于我"的结论,无非是洞见了"我—你"关系之结果。②

上述诠释借助关系哲学的诸多术语展开,回避了物—我对立的刻板路径,也极好地彰显出他者(万物)与"真我"之间的"同构"关系。然这种同构关系似乎在儒学、庄子学之间并无显著差异,唯一可作边界分判准则的仅剩下儒者乃是"以恻隐关怀投向世内一切存在者"。又有何中华《孟子"万物皆备于我"章臆解》一篇引入布伯理论之外,又引入庄子万物一体论,然就

---

① 彭高翔:《孟子"万物皆备于我"章释义》,《中国哲学史》1997年第3期,第26页。
② 彭高翔:《孟子"万物皆备于我"章释义》,第27页。

"我"的界定上,孟、庄毕竟不同。同样主张万物一体,然儒学语境中,"我"作为主体的自主意义不得消解,而庄子中的"我"却可在"齐物""物物"的前提下与物俱冥。换言之,庄子论"我"更加倾向于"我"的自由、自决意义。何中华讲到:"'万物皆备于我'命题的超知识论性质,集中体现在孟子对'我'的了悟方面。在这个问题上,孟子与布伯各自的思想的确存在相互发明之处。孟子的超知识论取向可以通过布伯思想的展开而得到更加清晰的凸显。当孟子说'万物皆备于我'的时候,他这里所谓的'我',决不是囿于主—客体框架的那个作为与客体相互对待的主体的'自我',而是绝对之'我'。亦即'大我'。用庄子的话来说,就是'天地与我并生,而万物与我为一'意义上的那个'我'。所以,'万物'并不是那种作为'他者'同作为'主体''(自)我'相互对待的'非我'。孟子所谓的'我'不消去刻意地'外求',去'认知'地把握'万物',而是只消通过'我'的'反身'工夫,达到'诚'的境界,'万物'自然得以'开显'。"①据此,何中华的诠释已然将庄子建构之"我"与孟子建构之主体相提并论。至于他讲孟子不消刻意"外求",而是主张通过"反身而诚",使得万物自然开显,则又有宗教意义上的神秘体验之倾向。除了引入布伯的"我—你"理论之讨论方法,又有学者引用西方道德情感主义介入研究。比如孔文清将道德情感主义理论中的核心概念——"感同身受"引入孟子"万物皆备于我"主张的哲学解读,然其区别了孟子此说与西方哲学概念、观点的边界。他讲到:"国内学者认为孟子的恻隐之心是在讨论感同身受,而斯洛特则认为孟子的'万物皆备于我'才是感同身受。这两种观点实际上都存在问题。恻隐之心、万物皆备于我,更多的是推己及人,孟子没有谈论过感同身受。斯洛特的道德情感主义和儒家思想的相似更多地是在精神气质上的相似,而非具体观点、概念上的相似。"②需要承认,孔文清的解读和主张应该给予重视。因他遵守了比较哲学研究的方法和原则,既发掘了二者的可比性,又对二者边界作了明确判断和分析。针对上述相对西化的诠释路径,部分学者立足中国哲学侧重实践的特色和普遍的境界化追求,要求回归传统,要求在尊重经典的前提下准确理解孔孟之说的根本内容。比如衷尔钜曾逐条理析自东汉赵岐至近现代以来著名思想人士对"万物皆备于我"的各种注解和诠释,并补充道:"'万物皆备于我矣'下连接'反身而诚,乐莫大焉。强恕而行,求仁莫近焉',它讲的并非物我关系,

---

① 何中华:《孟子"万物皆备于我"章臆解》,《孔子研究》2003年第5期,第7—8页。
② 孔文清:《恻隐之心、万物皆备于我与感同身受——论孟子是否谈论过感同身受》,《道德与文明》2017年第21期,第101页。

并非讲思维与存在、意识与物质的关系哲学根本问题,而是讲人身具备万物所有的优越条件,能通过思想意识修养进而达到更高一层(仁)的精神境界问题。"①参照上述内容可见,无论是否借助西方理论介入"万物一体"之论的研究,名词义的"万物一体"以及动词义的"万物一体"皆须考虑其境界论意涵。

具体来到宋明理学,尤其是阳明心学领域,"万物一体"更因"仁"的落实,呈现出更加鲜明的境界哲学内容。徐复观先生曾经讲到,万物一体的根本问题之一即天人合一的落实。宋明理学语境中,围绕天人合一的讨论首先会从性命论谈起。徐复观先生认为,"天命之谓性"的重大意义之一,即"确定每个人都是来自最高价值实体——天——的共同根源;每个人都秉赋了同质的价值;因而人与人之间,彻底是平等的,可以共喻共信,因而可建立为大家所共同要求的生活常轨,以走向共同的目标"②。据此,"万物一体"回到其根源问题"天人合一"上讲,更是宋明理学"天道性命贯通为一"宗旨的呈现。这种呈现从其得以成立的理据上说,便是理想化的、境界论的讲法。来到阳明心学场域,"万物一体"更是学界关注的焦点。它呈现出阳明心学看待世界、认识事物的视野、路径,以及在心、意、知、物之间,性、理之间等关系问题上的重要主张。对此,研究者众说纷纭,为方便后文讨论,现列举如下,逐一分析。

刘泽亮论王阳明"万物一体",即从孟子"万物皆备于我"讲起。其云:

> "物"即事,万物,主要指人伦物理,包括自身本有的仁义礼智等道德;"备"为具备,完备;"于"指因为,由于;"我",自身、自我之性。③
>
> 他(阳明)断言人是万物之心,心是万物之主。心包载万物,言心就等于言天地万物。此为发挥孟子"万物皆备于我"而来,而把主体"我"解作"心"(良知),由此把"心"提升为"与物无对"的唯一主宰和最高本体。此充塞仁义礼智等伦理道德之本心,常为物欲所昏蔽,故须戒慎恐惧,此一过程即是致良知的过程。④

刘泽亮对孟子"万物皆备于我"之"物""于"在前人诠释的基础上作了更进一步的发挥。按其主张,"物"的范围扩展至包涵人伦物理在内的事事

---

① 衷尔钜:《孟子"万物皆备于我"原意辨析》,《东方论坛》2014年第2期,第2页。
② 徐复观:《中国人性论·先秦篇》,第107页。
③ 刘泽亮:《万物皆备于我考辨》,《湖北大学学报》1992年第2期,第89页。
④ 刘泽亮:《万物皆备于我考辨》,《湖北大学学报》1992年第2期,第93页。

物物,于此,整句话即译作"包涵仁义礼智等道德事项在内的人伦物理因自性之我而完全具备"。据此,刘泽亮在诠释之初即将人的主体理解成"自我之性"。由该理路,研究者顺理成章将阳明所立"万物一体"境况之下的"我"释作"心"(良知)。而"万物一体"即可诠释为"心"或者说是"自性"与人伦物理的统合状态,相应地,"致良知"则意谓扫除物欲所蔽,归复自性本然。同时因本然之"心"具备"仁义礼智"等道德内容,故"与物无对",故为"唯一主宰",为"最高本体"。原则上讲,刘泽亮的诠释即是从"道德本心"事项上切入,发掘阳明"万物一体"之论与其良知说之间关系,然在本体问题的讨论上却一定程度上忽略了"仁"存在的特定意义,如此,最直接的表现即"仁"与"良知"的关系并没有获得合理的解释。这在陈来先生、吴震教授、陈立胜教授、张任之教授、林月惠研究员的进一步分析下,其内容和意涵得到了更为丰富的补充和完善。

陈来先生总结了王阳明《大学问》中全面阐发的"仁者以天地万物为一体"思想的要点。他归纳道:"第一,'以天地万物为一体'是一种精神境界,具体表现为'视天下犹一家、中国犹一人'。第二,以万物为一体诚然是人的致仁境界,但就本质上来说,一方面心之本体原本是以万物一体的,另一方面,在存有论上,万物本来就处于'一气流通'的一体联系之中,正与布伯强调'我与你'比'我''我与它'具有本源性一样,阳明也是强调一体的本源性。第三,以天地万物为一体既是境界,又是本体,实现此种境界的工夫则是'明明德'与'亲民'交互为用。"①陈来先生上文提到"万物一体"彰显出三种境界,它们分别是精神境界、致仁境界、工夫境界。所谓"精神境界"具体而言便是"一体"的观瞻视野;工夫境界具体便指"本体即工夫"的涵养阶段;致仁境界,便是将"万物一体"的儒释道三家之学共认之臻善之境迁转至唯儒家崇尚的"一体之仁"之境。陈来教授的诠释最终使"万物一体"在儒学领域落实为"仁"的呈现与扩充。吴震教授则认为:"王阳明以'万古一心'这一良知心学理论为逻辑起点,以建构'万物一体'理论为重要关怀,将人的存在及其价值置于彼此关联、互相感通的关系中来加以考察和定位;在万物一体论的相关表述中,充分体现出王阳明不仅对于当代知识已陷入支离破碎的分化状态痛心疾首,而且对于社会人伦、物我人己之关系亦已陷入互不联署的割裂状态怀有十分强烈的批判精神;'万物一体'论是阳明学建构人与社会、人与自然和谐共存的人类共同体这一远大理想的一项重要理论表述;从《大学》经典的诠释角度看,由万物一体的观念必将推导出'明德

---

① 陈来:《仁学本体论》,北京:生活·读书·新知三联书店,2014年,第296—298页。

## 第四章 阳明心学境界诉求的衍化与清学特具因素生成契机的涌现 ·145·

亲民合一'论;万物一体论是王阳明将良知学说在社会政治领域进一步拓展的理论结果,因此透过万物一体论,可以使我们对阳明学的社会政治涵义有更为全面的了解。"①吴震教授的诠释则是立足实践哲学的视角,关注到阳明学群体普遍具有强烈的抚世意识,并将"万物一体"解释为阳明学士群参与社会治理的伟大理想。不同于吴震教授立足社会实践的研究视野,陈立胜则从生命哲学、从身体感知的面向,指出宋明理学,尤其是阳明心学的"实学"特性。他讲到:

> "万物一体"的说法并不是宋明儒的发明……然而将"一体"与"仁"明确联系在一起,并集中阐发"一体之仁"则无疑自宋明儒开始。②
> "一体"既是一个存在论上的"实然",也是价值论上的"应然"……一体之仁奠定于天—人关系这一终极的根基上,展开于修行共同体、血缘共同体之中,其极致乃圆成于天—地—人—万物仁爱共同体。③
> 王阳明一体之学是"实学",其"实"就在于体之于身、验之于心,在亲亲—仁民—爱物这一推己及人的无限过程之中落实、体证一体之仁的"天地生物之心"。④

据此,陈立胜教授是将阳明心学"万物一体"的讨论回归至讲求亲证的中国哲学根本属性上给予关注和理解。其所谓"实学"之"实"正是要求个体通过亲验、体证,证得"一体之仁的'天地生物之心'"。

陈立胜教授之外,张任之教授同样立足对"体"的分析,借助对阳明后学罗洪先"致虚守寂"理念的解读,阐述了阳明后学"万物一体"说的殊异处。罗洪先曾云:"故曰:仁者浑然与物同体。同体也者,谓在我者亦即在物,合吾与物而同为一体,则前所谓虚寂而能贯通,浑上下四方、往古来今、内外动静而一之者也。故曰:视不见,听不闻,而体物不遗。体之不遗也者,与之为一体故也。故曰:诚者,非自成己而已也,尽己之性,则亦尽人之性,尽物之性。宇宙内事乃己分内事,东南西北之四海,与千万世之上下,有圣人出焉,此心同,此理同,其有不同焉者,即非此心与此理,乃异端也。是故为天

---

① 吴震:《万物一体——阳明心学关于建构理想社会的一项理论表述》,《杭州师范大学学报》2010年第1期,第21页。
② 陈立胜:《王阳明"万物一体"论——从"身—体"的立场看》,北京:北京燕山出版社,2018年,第35页。
③ 陈立胜:《王阳明"万物一体"论——从"身—体"的立场看》,第58页。
④ 陈立胜:《王阳明"万物一体"论——从"身—体"的立场看》,第103页。

地立心,为生民立命,为往圣继绝学,为万世开太平,非自任也。"①此段,张任之教授诠释道:"儒家的'万物一体'说的形上学的、工夫论的乃至社会政治的意涵在此体现得淋漓尽致。显然,儒家这种借着静坐或冥思沉定'体''万物一体'的致良知工夫论是可以言说、传授和修习的。而且,借此技艺或方法,这些儒者所达到的万物一体感,本身就与'仁'密切相连,本身就是'仁者'或'大人'的一个本质构成性的部分。"②又讲到:"在王阳明及其后学那里,'万物一体'说被赋予了很强的工夫论意涵。一种唤醒或通达万物一体感的新的方式、新的技艺展现出来,即通过静坐或冥想的修身而达及万物一体。这样的一种技艺构成了一些儒者所追求的成圣或'人格生成'的方法。"③应该说,张任之教授实是进一步发挥了陈立胜教授对于"体"的关注视角,立足中国哲学实践哲学特色,从工夫论展开对"万物一体"说更为详尽的分析和补充。与罗洪先"万物一体"思想的"静修"特色具有较大差异性的则是罗近溪主张的开阔、圆融风格。罗汝芳"万物一体"境界呈现三面向内容:其一,天道、性命贯通为一。此继程明道与《中庸》。如近溪《中庸赞》云:"天命默流布,生生性浑全。鸢鱼显飞跃,凡庸体自然。日监兹不离,严畏相周旋。致敬纯于穆,圣跻象帝先。"其二,"仁"体万物。近溪云:"圣门之求仁也,曰'一以贯之'。一也者,兼乎天地万物,而我其浑融合德者也;贯也者,通乎天地万物,而我其运化同流者也……非生生之仁之为心焉,则天地万物之体之用斯穷矣,奚自而一之能贯,又奚自而贯之能一也?"④其三,身兼天下国家。其云:"夫语天下国家,万万其人也。人则万,而人必生于其身,则一也。身之生一,则孝、弟、慈一,则与生俱生亦一也。此所以可兼吾之身与人之身而为一物也。"⑤据此,相较罗洪先极具心学亲证特色的"万物一体"观,罗近溪的"万物一体"主张呈现天道与性命的贯通、人与物的参会、身于家国天下的担当,因此呈现出较为显明的泰州一脉广阔实践之风格。

应该说,从阳明到其后学,王门人士"万物一体"说的丰富内涵正是引起学界广泛关注的重要原因。而与陈来、吴震、陈立胜、张任之诸位研究者的探讨路径又有不同,台湾地区学者林月惠提出,"万物一体"说的根本诉求乃是在"感通"中体验"仁"之境界。她讲到:

---

① (明)罗洪先:《答蒋道林》,《罗洪先集》,南京:凤凰出版社,2007年,第299页。
② 张任之:《心性与体知:从现象学到儒家》,第169页。
③ 张任之:《心性与体知:从现象学到儒家》,第166页。
④ (明)罗汝芳:《罗汝芳集》,第519—520页。
⑤ (明)罗汝芳:《送许敬庵督学陕西序》,《罗汝芳集》,第494页。

阳明倡言"以天地万物为一体"即是道德目的的王国的全幅朗现。①

儒家即从人与存有相互连属、相互开显的一体关系来理解人性,对待万物。于此意义下,人之所以为人,即在于他有领会存有的能力,并能彰显存有的意义。如是,人不是万物的主宰者,而是万物的看护者。②

儒家一体观乃蕴涵于仁的"感通"中。在这个意义下,个体与群体并非对立关系,而个体与群体的价值,也因仁的感通,彼此得以保全。析言之,因为儒家的一体观奠基于仁,故"为仁由己,而由人乎哉?"每个人都可以在自己生命内部找到价值的泉源,建立真正的主体性。③

按林月惠研究员的解释,儒家讲"万物一体",其根本理据在于"感通"的可能性和必然性是成立的,而人与群体、与万物构成一体的条件也在于"仁的感通"。与此同时,"一体"观之下,人的主体性的建构则依托于自身对"仁"的发觉、践行,以及扩充。

综合以上,多位研究者分别从儒学各面向分析、诠释了宋明理学、阳明心学视域内"万物一体"得以成立的条件,及其重要意义。然而正因探讨视角的不同,"万物一体"之说其内容和影响得到补充和完善的同时,也必然需要接受研究者因其立足点的差异所给予的批判和否定。比如方旭东教授曾对王阳明万物一体论持批判态度,原因即在他发掘了阳明心学的境界化起点与其精英主义立场和天赋观、等级论早有绵密关联。方旭东教授讲到:"在王阳明这里,万物一体的观念,在不同对象那里表现为不同的规则:对一般人而言,认识到万物一体,就当安于现状,视人犹己,不外慕,不妒能;对精英而言,认识到万物一体,就当以天下为己任,视民犹亲,怀其疾苦,出之于水火。作为一种伦理主张,万物一体之仁说,实质上是一种精英主义伦理,其基础是一种虚构的天赋决定论,在理论证明上存在着不可普遍化的困难。"④方旭东教授提到的阳明心学的精英主义立场和天赋观、等级论等倾向的确存在。更准确地讲,以上倾向不仅在阳明心学,在宋明理学,乃至整

---

① 林月惠:《诠释与工夫:宋明理学的超越蕲向与内在辩证》,台北:"中研院"文哲研究所,2012年,第22页。
② 林月惠:《诠释与工夫:宋明理学的超越蕲向与内在辩证》,第26页。
③ 林月惠:《诠释与工夫:宋明理学的超越蕲向与内在辩证》,第31页。
④ 方旭东:《同情的限度——王阳明万物一体说的哲学诠释》,《浙江社会科学》2007年第2期,第148页。

个儒学领域皆有迹可循。在他认为,因精英主义立场、天赋观、等级论等倾向的存在,"万物一体"主张就其本源上来说,必然与上述主张发生冲突,因而"存在着不可普遍化的困难"。然而我们认为,在对宋明理学、阳明心学"万物一体"主张展开讨论的过程中,"万物一体"的具体内容和意义,与"万物一体"是否可行及其具体路径乃是两个问题,其讨论结果必然因中国哲学和西方哲学求智原则的不同而存在差异。而笔者对以往研究成果展开分析,也并非为证得孰是孰非,而是为发掘尚需开拓的问题,即阳明心学"万物一体"论背后为怎样的理想境界创造可能。换言之,我们并不认为"万物一体"是阳明心学设定的根本的臻善之境,此一理论背后尚有终极问题意识。

借助于现象学之"同感"概念,我们认为阳明学对孟子学的继承和发展更为具体展现在万物一体的诠释上,然其根本落脚处却是为建构"无隔"之境作理论铺垫。具体来说,恻隐之心人皆有之在孟子认为即是良知良能普遍存在并作用的关键证据。在阳明心学这里,王阳明对孟子"恻隐之心"做了充分发挥,借以揭示其"万物一体"思想,另外通过对"良知"概念与致知范畴的完善架构,使其具备形而上学的实体特性,同时借助致知工夫的推展,说明其认识论层面的意义。其云:

> 大人者,以天地万物为一体者也,其视天下犹一家,中国犹一人焉……是故见孺子之入井,而必有怵惕恻隐之心焉,是其仁与孺子而为一体也……草木犹有生意者也,见瓦石之毁坏而必有顾惜之心焉,是其仁之与瓦石而为一体也。是其一体之仁也,虽小人之心亦必有之。是乃根于天命之性,而自然灵昭不昧者也,是故谓之"明德"。①

> 夫圣人之心,以天地万物为一体,其视天下之人,无外内远近,凡有血气,皆其昆弟赤子之亲,莫不欲安全而教养之,以遂其万物一体之念。天下之人心,其始亦非有异于圣人也,特其间于有我之私,隔于物欲之蔽,大者以小,通者以塞,人各有心,至有视其父子兄弟如仇雠者。圣人有忧之,是以推其天地一体之仁以教天下,使之皆有以克其私,去其蔽,以复其心体之同然。②

据此,王阳明对心的期望,乃是以心与天地万物一体,故"心外无物"的凭据即在心容该一切物,一体化的情形之下,物无内外可言。相应,"心外无

---

① (明)王守仁:《大学问》,《王阳明全集》,第1066页。
② (明)王守仁:《传习录》,《王阳明全集》,第61页。

理",即因此心即理,亦无内外可言。同时,阳明讲人与人之间因"有我之私"相隔,故扫除我私,则心的普遍性便可成立。根据上述诠释路径,王阳明从心、物的贯通讲到个体之心与普遍之心的整合,一方面是为揭明人与万物的一体性,另一方面则为揭示心之普遍性的建构可能。而对"心"的普遍性的揭出,更为阳明所持"无隔"理念提供诠释依据。

**(三)宇宙与自然:扫除私意,成就"无隔"之境**

王阳明试图构建的"无隔"境界,就其与天地自然关系而言,"万物一体"既是其成立的前提,亦是其呈现的具体形态。阳明云:

> 就如称某人知孝、某人知弟,必是其人已曾行孝行弟,方可称他知孝知弟,不成只是晓得说些孝弟的话,便可称为知孝知弟?又如知痛,必已自痛了方知痛;知寒,必已自寒了;知饥,必已自饥了。知行如何分得开?此便是知行的本体,不曾有私意隔断的。圣人教人,必要是如此,方可谓之知。不然,只是不曾知。此知是何等紧切着实的工夫!①

依照阳明所论,私意阻断的是"仁"推己及人的过程,是人之爱人或可谓向仁而动的过程,更阻断了人与人之间发生共感、共鸣的机能,而共感、共鸣在阳明的诠释之下,乃是知行合一发生的必要前提和重要表现,故知行合一作为成德之阶次、之境界,其中有先验之条件,亦有经验之因素。以先验言之,因孟子学背景之下,人人皆有向善、向仁之先天意愿;以经验言之,因阳明云"知寒,必已自寒了;知饥,必已自饥了",此间种种"知"已为诸类"行"的经验使然。阳明又云:"知是心之本体。心自然会知。见父自然知孝,见兄自然知弟,见孺子入井自然知恻隐,此便是良知,不假外求……胜私复理,即心之良知更无障碍,得以充塞流行,便是致其知。知致则意诚。"②据此,在阳明看来,私意的存在首先阻碍了良知的充塞流行,扫除私意障碍,恻隐之心、孝弟之情才能够得以扩充、推展。这便提出一个问题,即共感证明良知的先天具有以及普遍存在,私意阻碍良知流行,某种意义上即可谓阻碍了共感的持续作用,那么我们继续追问,私意在共感中究竟造成了怎样的情感障碍?更进一步讲,唯有厘清共感发生的基本进程,才能够充分说明良知存在的必然性及其作用的普遍性。何谓共感?由现象学进入儒学研究的学者多以"同感"讲述"共感",以"共感"衔接儒学"是非之心""恻隐之心"等概

---

① (明)王守仁:《传习录》,《王阳明全集》,第4页。
② (明)王守仁:《传习录》,《王阳明全集》,第7页。

念。西方哲学的"共感"概念确为阳明心学"无隔"境界主张提供新的诠释路径,然回到中国哲学场域,"无隔"的达致,仍需关注"私意"的扫除问题。或者刻意这样说,从"共感"概念上讲,"无隔"因共感的现实作用,具有先验必然属性,又因"私意"的克除具有后天实现的理论可行性。

某种程度上,唯有克除私意后,步入"无隔"之境方成为可能,然人之为人的主体性的建构还需要处理一则问题,即除尽私意障碍的人是怎样的形态。此处便涉及"为己之学"与"真己"建构问题的讨论。阳明高足陈九川曾将"为己之学"与"万物一体"统合论之。其云:"知为己之学者,则为国为民在其中矣,是故凡政事、号令、刑罚,皆所以格吾之物,致吾之知,以修吾身也。其容有不善乎?此万物一体之学也。"①陈九川以"万物一体之学"界定"为己之学",实则是在讲"一体之仁"的学问。关于"真己",王阳明云:"这心之本体,原只是个天理,原无非礼,这个便是汝之真己……汝若真为那个躯壳的己,必须用着这个真己,便须常常保守着这个真己的本体,戒惧不睹,恐惧不闻,唯恐亏损了他一些,才有一毫非礼萌动,便如刀割,如针刺,忍耐不过,必须去了刀,拔了针,这才是有为己之心,方能克己。"②按阳明所说,"真己"乃人身之主宰,涵养至纯乎天理处,即私意去尽便是真己,而保守真己之本体即境界工夫之端持过程。此处,阳明以"心之本体"界定"真己",以"真己"为躯壳之主宰,然阳明诠释"良知"时也有类似的说法。其言:"心者身之主也,而心之虚灵明觉,即所谓本然之良知也。"③又道:"良知者,心之本体,即前所谓恒照者也。心之本体,无起无不起,虽妄念之发,而良知未尝不在,但人不知存,则有时而或放耳。虽昏塞之极,而良知未尝不明,但人不知察,则有时而或蔽耳。"④三则言论即已揭示良知即"真己"。"真己"既为"良知",而"真己"便是阳明学试图构建之真实、纯粹的德性主体。

## 二、境界区分与思想判摄:阳明心学作为"显学"的证立

从境界论视域澄清阳明学的"显学"因素,若就哲学讨论的问题意识出发,心—物关系问题是理解阳明学核心议题——"知行合一"说的重要视角;若据思想史视角来看,阳明心学的衍生、显盛可以从明代心学的开篇——白沙学讲起,返本溯源,追究其显盛的根本缘由和主要优势。

---

① (明)陈九川:《简聂双江刺史》,《明水陈先生文集》卷一,《四库全书存目丛书》集部第72册,第11页。
② (明)王守仁:《传习录》,《王阳明全集》,第41页。
③ (明)王守仁:《传习录》,《王阳明全集》,第53页。
④ (明)王守仁:《传习录》,《王阳明全集》,第69页。

## （一）心—物问题进路的阳明"知行合一"说释义

王阳明"知行合一"说在钱德洪看来，乃是阳明立教"三变"中的首变①，其重要价值可见一斑。然据清初人士王船山评判，若世人"以知为行，则以不行为行"，再若世人于心中已见"人之伦""物之理"，便更有"不以身尝试"的可能②，这即是说，阳明纳"知"入"行"实有销"行"之弊。对于王船山的批评，杨国荣从逻辑上推演，得出的结论是，阳明"知行合一"说实际蕴含了二重衍化趋势，即不仅有销"行"入"知"之嫌，亦有销"知"入"行"之指向。③陈来则指出，船山之判乃是认为唯有外在的客观行为才是"行"，故在船山看来阳明的知行观具有忽视"行"的纰漏，但如果从伦理实践领域出发，阳明强调的意念之动亦属于"行"，同时，理学意义上的"格物致知"虽属求"知"活动，但避免不了外部的、物理性行为，在此意义上，阳明论"行"容纳心理层面的内涵并非不合法，其过只在言辞偶有失当。④ 陈来对阳明、船山的理解和同情透露出一条揭示阳明"知行合一"说的重要思路，即追问"知行合一"说是否存在二重衍化之趋向，可从"格物致知"的探讨进入，从心—物问题进入，以此考量阳明所论"知行合一"如何基于本心明觉而将心性涵养贯穿并致用于现实事为。

1. 对朱熹"格物"说的深切反省：阳明"知行合一"说提出的思想史背景

阳明"知行合一"说的提出是在贵阳，可以说，贵阳龙场之悟对阳明本体论、工夫论的建构都有至关重要的影响。问题是，"龙场之悟"所"悟"为何呢？钱德洪明确讲出正是"大悟格物致知之旨"，"始知圣人之道，吾性自足，向之求理于事物者误也"。⑤ 阳明既云"吾心自足"，从本体论层面来说，此"心"具"理"，无需外求。从存有论层面来说，无需外求意味不仅是"理"，"物"亦即在"心"之范域。从工夫论层面讲，"格物"与"致知"便成为一事。不过皆是"正心"。所谓"正心"，即将格"物"工夫全然转化为"只是在心上做"⑥，即是"正念头"⑦。从境界论层面讲，"正心"意味一切工夫境界指向"心"始终与"理"贴合为一。即要求此"心"必然即是"理"，且是能活动的理，此"心"必然要随时知是知非、知善知恶，随时做道德判断，随时有正念、纠错之

---

① （明）钱德洪：《刻文录叙说》，《王阳明全集》卷四十一，第 1746 页。
② （清）王夫之：《尚书引义·说命中二》，《船山全书》第 2 册，第 312 页。
③ 杨国荣：《心学之思：王阳明哲学的阐释》，北京：生活·读书·新知三联书店，1997 年，第 210 页。
④ 参见陈来：《有无之境：王阳明哲学的精神》，北京：人民出版社，1991 年，第 108—110 页。
⑤ （明）钱德洪：《阳明先生年谱》，《王阳明全集》卷三十三，第 1354 页。
⑥ （明）王守仁：《传习录》，《王阳明全集》卷三，第 136 页。
⑦ （明）王守仁：《传习录》，《王阳明全集》卷三，第 135 页。

行动。综合上述诸条，阳明论"正心"即是格物，即是"致知"，亦即是"知行合一"——"知行二字皆从工夫而言，真知乃所以为行，不行不足谓之知"①。唯"格物""致知"为一种工夫，"心""物"涵容，"心""理"不二，心体发用即是工夫现行。"知"即心体，即工夫，即"行"。若不"行"，不"用"，便是不见"物"，而只存有不活动之物——程朱所谓之"理"，却非即存有即活动的阳明所谓之"良知"。这便意味，阳明"知行合一"说更根本的依据乃是其对心—物—理的本体论思索。换言之，其知行观实是建立在即本体讲工夫的路数上。

2. 对邵雍易学心法的汲取："知行合一"是心具万理、心含万物的逻辑演绎必然

正德二年（1507）闰正月，阳明赴谪龙场驿，此前，从思想史脉络上考虑，是王阳明与湛若水共倡圣学的阶段。这一阶段里，阳明与甘泉所倡圣学正是围绕明道"仁者浑然与天地万物为一体"之学与白沙一脉"默坐澄心，体认天理"的心学工夫论展开的②。按上文分析，阳明"知行合一"说既是否认于"心"外求"理"之路，否认了向外格"物"，便是否定了湛甘泉"随处体认天理"之论。但是阳明主张"心"容万物，实际又是坚持了白沙学"仁者浑然与天地万物为一体"的仁本论，及"默坐澄心"的工夫论宗旨。同时，居夷处困中，阳明又融进了邵雍易学心法，以此心法观"心"、观"物"，"知行合一"便成为阳明心学本体工夫矢力达至之境界的臻善标准。

据束景南教授考证，王阳明在龙场驿曾"把白沙的'默坐澄心'的静坐体认同道家的导引炼形的身心修炼结合起来，体悟《周易》的心学心法。这正是一种当年邵雍体悟心学心法的路径"③。该心法最鲜明的特征之一便是"以心释元"。阳明云："元也者，在天为生物之仁，而在人则为心。"④云："天地感而万物化生，实理流行也。圣人感人心而天下和平，至诚发见也，皆所谓'贞'也。"⑤又云："观夫天地、日月、四时，圣人之所以能长久而不已者，不外乎一贞，则天地万物之情，其亦不外乎一贞也。"⑥可见，阳明所论之"心"是具有元、贞大义的大心，它涵容天地万物，为"物"赋予意义和价值。换言之，在阳明看来，心本至大至明，容万物、应世事。在此意义上，"心"即"理"，即"天道"，容物、应事即是"行"，此"即"便指"知""行"自发端至成

---

① （明）王畿：《刑部陕西司员外郎特诏进阶朝列大夫致仕绪山钱君行状》，《王畿集》卷二十，第592页。
② 束景南：《阳明大传："心"的救赎之路》，第277、417—420页。
③ 束景南：《阳明大传："心"的救赎之路》，第420页。
④ （明）王守仁：《五经臆说》，《王阳明全集》卷二十六，第1076页。
⑤ （明）王守仁：《五经臆说》，《王阳明全集》卷二十六，第1077页。
⑥ （明）王守仁：《五经臆说》，《王阳明全集》卷二十六，第1078页。

就,本就一体。此是为阳明云"见好色属知,好好色属行。只见那好色时,已自好了,不是见了后,又立个心去好。闻恶臭属知,恶恶臭属行。只闻那恶臭时,已自恶了,不是闻了后,别立个心去恶"①之真意。此说申明的即是,"知""行"关系如同"见好色""好好色"之间关系,从来便是一时发生、同时并在。就这一点来说,"知行合一"正是阳明汲取邵雍易学心法,所得心具万理、心含万物等观念的逻辑推演之必然。

3. "正心"与事功并行:王阳明知行观兼具"成德"诉求和"成物"理想

从心—物问题进入,阳明"知行合一"说乃是一由本体及工夫的推演过程。这一过程中,阳明首先是在"仁物一体",即"理物"不二,即"理气"不二的基础上,有"吾心自足"与"心即理"之悟,而后,"知行合一"说伴随产生。据此,"知""行"合一指向的是"成德"与"成物"的同行并进。具体来讲,"物""事"在"心"体中,"心"的澄明并不借由"遗物"、抛弃事为等禅佛进路实现,却正是通过容物、应事以正"心"、证"心"。由此,应事"正心"即是澄明心体,扩充此心体。故而准确来说,从心—物关系来看,阳明论"知行合一"亦是即本体讲工夫与即工夫证本体的合一。在此"合一"推动下,"心"之清明和广大程度决定了"物"与"事"被观照、被明察的程度;而"物""事"被容纳、被应解的程度亦牵动了"心"体得以"正""证",得以扩充的程度。总之,阳明"知行合一"说揭出的乃是心性与事功的关系,却非单一向度的本心体证的问题。而如张卫红曾指出的,"心性与事功的关系,理论上即心与物的关系问题"②。结合上述分析可见,阳明"知行合一"说正是存有层面心—物关系的逻辑演绎之必然。由此得以开显的是"成德"与"成物"的并进,是心性修养与经世致用的共进。故阳明所谓"知是行的主意,行是知的工夫;知是行之始,行是知之成"③,此"成"即是"成德""成物"的同时开端和同时实现。进一步来说,阳明"知行合一"说乃是要求"心"之体、用同时得以开显。其中,"体"的开显要求实践者能体认本心,"用"的开显要求实践者勇于在"心"上磨,在"事"上磨,以"致良知于事事物物"。

概言之,由心—物问题考察,阳明"知行合一"说是在对朱子"格物致知"论的批判,及对邵雍易学心法的汲取的基础上建构起来的,此说是心具万理、心含万物的逻辑演绎必然,兼具"成德"诉求和"成物"理想,彰显了阳明学基于本心明觉而将心性涵养贯穿并致用于现实事为的思想努力。就该

---

① (明)王守仁:《传习录》,《王阳明全集》卷一,第4页。
② 张卫红:《以良知开物成务——阳明学者以心性贯通事功的道德实践与工夫障难论析》,《道德与文明》2015年第5期,第46页。
③ (明)王守仁:《传习录》,《王阳明全集》卷一,第5页。

意义上说,阳明学亦是实学,此一实学启发世人将更为深广之"知""行"落定于身心实践,落定于开物成务。

### (二) 李延平工夫论影响下的湛若水与王阳明之争

目前学界关于明代心学工夫论,尤其是阳明心学工夫论的研究,蔚为大观。张新民曾提出:"静坐作为证入心性本体的一种入门工夫手段,构成了阳明龙场悟道后教之'三变'极为重要的一变。尽管为了对治静坐出现的各种缺失偏差,阳明也有针对性地辅以了'省察克治''存天理灭人欲'等一系列的方法,但实际都是对静坐法门的补充和完善,理当纳入同一个工夫范畴之内,不能构成独立的施教阶段。"①按张新民教授主张,"静坐"乃阳明心学强调的主要工夫,而由宋代理学传承下来的"省察克治",实是一辅翼、补救的修身路径。于此我们可以继续追问:"静坐"既是阳明心学的主要实践工夫,该工夫如何深刻影响了阳明心学整体理论的发展、演进?又如何促使其自身区别于同时期的另一心学派别——甘泉学?对于上述问题的回答,一方面固然要求研究者遵循反本溯源的历史考察方法,对阳明思想自身的发展及其与甘泉的交往与论学过程展开详细梳理;另一方面则可能需要寻找一观察阳明与甘泉思想互动与分歧的合适视角。在此,本文将关注眼光投向宋儒李延平的工夫论思想。延平先生有"分殊体认""默坐体认"两种工夫论主张,前者带有明显的知识论倾向,强调"即物穷理"进程的积累与突破,后者则侧重实践哲学的本体工夫面向,强调"静存涵养"的心性修持内容,突显了价值拳守的道德主义精神。明代儒者对于李延平的体认工夫论曾展开广泛讨论。具体地讲,湛若水"随处体认天理"一说实是由延平"分殊体认"主张发挥而来,而王阳明亦自述一生以延平"默坐澄心,体认天理"为座右铭。以此观察,学界普遍关注的湛、王"格物""致知"之辩则不仅源于存有论层面的"心""物"关系的不同理解问题,更涉及在工夫论上知识论与实践哲学的鲜明区隔以及融合困难。基于这一理论现实,湛、王二氏最终只能回归儒学本体论层面消解冲突。通过对湛、王二氏之学于延平工夫论观点的不同向度继承的分析,本文将再现宋明理学发展的一重要理论脉络,同时突显明代理学的实践哲学特色。

1. 湛若水"随处体认"说的宋学背景

湛若水"随处体认天理"一说,见于《上白沙先生启略》。湛氏言曰:"一旦忽然若有闻悟,感程子之言'吾学虽有所受,天理二字却是自家体认出

---

① 张新民:《寻找下学上达的心性体认施教方法——论静坐方法在王阳明工夫系统中的价值与意义》,《浙江社会科学》2017年第2期,第118页。

来',李延平云'默坐澄心,体认天理',愚谓'天理'二字,千圣千贤大头脑处,尧舜以来至于孔孟,说'中'、说'极'、说'仁义礼智',千言万语,都已该括在内。若能随处体认,真见得,则日用间参前倚衡,无非此体,在人涵养以有之于己耳,云云。"①这则自述揭示,他是在程子"自家体认"、延平"默坐体认"等观点的启发下主张"随处体认"一说的。另外,湛若水又曾在《伊川唐录序》中讲到:"吾独惧夫后之学者,乐超逸而厌平易,好径捷而恶中道,崇象山而忽二程子之为至学,以达诸孔孟也,既采明道语为《遵道录》。"②其说亦是将自家治学路径与陆、王心学区别看待,重视二程工夫思想的重要意义。在这些自述的提示下,本文将通过具体分析证明,湛氏工夫论宗旨在宋学那里渊源有自,其与程、李体认理念的继承、发挥关系十分明显。

程颐提出"理一分殊"主张,即已揭示普天之下万事万物皆具同一天理,然而其在各具体事物上的表现样态却是存在分殊的,因此世人"格""致"工夫便不可局限在一定之事上。及至李延平更是明确提出"吾儒之学,所以异于异端者,理一分殊也。理不患其不一,所难者分殊耳"③,于是其不仅有"默坐体认"一说,更特别倡导"分殊体认"之道。延平"分殊体认"一说见于徐用检《仁山先生文集序》,其中言道:"昔朱元晦先生始谒李愿中先生,语之曰:'天下理一而分殊,今君何处腾空理会得一个大道理,更不去分殊上体认?'朱先生唯焉,憬然悔悟,遂去分殊上寻理之一。"④延平在"理一分殊"的前提下,强调"分殊体认"的主旨,便是教人关注周遭事物,穷极一事之理,乃至事事之理,逐步突破一时一事的限制,实现"集义"的可能。按该理路,延平"分殊体认"主张已然具备发展为"随处体认"的基础与可能了。

此外,《延平答问》也曾记朱熹与延平之间的数次交流,其间延平又曰:"所云见《语录》中有'仁者浑然与物同体'一句,即认得《西铭》意旨。所见路脉甚正,宜以是推广求之。然要见一视同仁气象,却不难。须是理会分殊,虽毫发不可失,方是儒者气象。"⑤又曰:"讲学切在深潜缜密,然后气味深长,蹊径不差。若概以理一而不察乎其分之殊,此学者所以流于疑似乱真之说而不自知也。"⑥根据引文,延平在认同朱熹以"仁者浑然与物同体"概

---

① 黎业明:《湛若水年谱》,上海:上海古籍出版社,2009年,第15页。
② (明)湛若水:《湛甘泉先生文集》,《四库全书存目丛书》集部第56册,济南:齐鲁书社,1997年,第700页。
③ (宋)朱熹:《延平答问》,《朱子全书》第13册,上海:上海古籍出版社,合肥:安徽教育出版社,2002年,第354页。
④ (元)金履祥:《仁山集》,《丛书集成初编》第2002册,上海:商务印书馆,1985年,第91页。
⑤ (宋)朱熹:《延平答问》,《朱子全书》第13册,第324页。
⑥ (宋)朱熹:《延平答问》,《朱子全书》第13册,第351页。

论《西铭》意旨的同时,教其理会"分殊"之理,认为后者才是更为根本的工夫,因为"理一"之实现必落实在"分殊"之中。由此延平体认工夫重视"于日用处便下工夫"的指向。其曰:"唯于日用处便下工夫,或就事上便下工夫,庶几渐可合为己物,不然只是说也。"①这便是强调"仁"道要在事事物物中去具体体认与落实。

综上,延平默坐体认原是反省、追问、穷理的进程,这一进程的初始与落实处皆出于对经验世界的关照,亦即离不开"分殊体认"。正如其《与刘平甫书》所云:"大率有疑处,须静坐体究,人伦必明,天理必察。于日用处着力,可见端绪。"②据此,李延平体认工夫兼具"默坐体认"与"分殊体认"两种说法,而湛若水所谓"随处体认"实与延平尤为强调的"分殊体认"种种论述颇为一致。在《与杨士德》一函中,湛氏云:"书中所问阳明立志之教,与鄙见理一分殊之说,本并行而不悖者,立志其本也,理一分殊乃下手用功处也。盖所立之志,志此耳。若不见此理,不知所志者何事,如人欲往京师,此立志也,京师之上自有许多文物,先王礼乐之遗教,一一皆有至理,此理一分殊之说也。惟其见此可慕可乐,是以志之益笃,求必至而不能自已也。"③湛若水亦主张"理一分殊",即是遵从程朱本体论主张;及言"理一分殊,乃下手用功处也""先王礼乐之遗教,一一皆有至理",强调的便是朱子受教于延平的"分殊体认"之道。

总之,湛若水在心物一体的基础上而主张的"随处体认",实是对程朱理学一脉在"理一分殊"基础上主张的"分殊体认"工夫的继承和发挥。而学界向有的将白沙、湛氏一脉归入"心学"一说,相当程度上忽略了白沙、湛氏思想深厚的宋代理学学理背景。

2. 王阳明于李延平体认工夫的选择性继承

根据上文分析,湛若水"随处体认"主张的工夫论渊源,实在李延平"分殊体认"宗旨。与湛氏不同,王阳明矢力践行的乃是延平"默坐体认"主张。

弘治十七年(1504),王阳明主持山东乡试,曾作《君心惟在所养》一篇,篇末云:"人君之心,顾其所以养之者何如耳?……若夫自养之功,则惟在于存养省察,而其要又不外乎持敬而已。"④观此文,阳明对"持敬存养"的强调,和延平向来所道"学问之道,不在多言,但默坐澄心,体认天理,若见虽一

---

① (宋)朱熹:《延平答问》,《朱子全书》第13册,第336页。
② (宋)朱熹:《延平答问》,《朱子全书》第13册,第341页。
③ (明)湛若水:《湛甘泉先生文集》,《四库全书存目丛书》集部第56册,第562页。
④ (明)钱普:《批选六大家论》,《中国人民大学图书馆藏古籍珍本丛刊》第104册,北京:北京燕山出版社,2012年,第18页。

毫私欲之发,亦自退听矣。久久用力于此,庶几渐明,讲学始有力也"①极为相契,且细究延平"默坐澄心,体认天理"一说,也正是教人恪守持"静"以"敬"、"存养"以"诚"之道。又弘治十八年(1505),王阳明作《书明道延平语跋》,即揭自身乃是以延平"默坐澄心,体认天理"为座右铭。据束景南教授考证,李诩《戒庵老人漫笔》载其文曰:"明道先生曰:'人于外物奉身者,事事要好,只有自家一个身与心却不要好。苟得外物好时,却不知道自家身与心已自先不好了也。'延平先生曰:'默坐澄心,体认天理,若于此有得,思过半矣。'右程、李二先生之言,予尝书之座右。南濠都君每过辄诵其言之善,持此纸索予书。予不能书,然有志身心之学,此为朋友者所大愿也,敢不承命?"②王阳明弘治十八年既以延平"默坐澄心,体认天理"为座右铭,则可见该阶段王阳明和湛若水同是奉行延平工夫论观点,只是与湛氏不尽相同的是,阳明矢力践行的并非延平"分殊体认"工夫,却是"默坐体认"主张。再结合阳明一生对"静观"的侧重、对"心悟"的强调,某种意义上讲都是延续延平"默坐体认"的工夫路径,至其"致良知"主张的提出,终将宋儒程、朱的"穷理"工夫路径导入内向度的"致知"。

　　需要说明的是,王阳明对于李延平"默坐体认"工夫模式的认同,严格来讲乃是建立在两则理解之下。首先,不以厌外之心刻意求静。其云:"汝若以厌外物之心去求之静,是反养成一个骄惰之气了。汝若不厌外物,复于静处涵养,却好。"③又道:"人须在事上磨炼做工夫乃有益,若只好静,遇事便乱,终无长进。那静时工夫亦差,似收敛而实放溺也。"④可见,王阳明对刻意求静本身始终保持一份警惕,质言之,王阳明认定的"静"原则上是内向求理、涵养体证的工夫路数,并非执意于"静"字本身。在该基础上,王阳明及其后学罗汝芳等对世人静中所得"光景"皆持相当明确的批判态度。其次,王阳明践行的"默坐体认",乃是将"循理"作为目的。故其曰:"静时念念去人欲、存天理,动时念念去人欲、存天理,不管宁静不宁静。若靠那宁静,不惟渐有喜静厌动之弊,中间许多病痛,只是潜伏在,终不能绝去,遇事依旧滋长。以循理为主,何尝不宁静;以宁静为主,未必能循理。"⑤王阳明这里讲到动、静皆须"存天理,灭人欲",若能做到"循理"自能"宁静",而"宁静"却未必能"循理",可见"循理"才是工夫执行的目的,而"宁静"的形式并不为

---

① (宋)朱熹:《延平答问》,《朱子全书》第13册,第341页。
② 束景南:《王阳明佚文辑考编年》,上海:上海古籍出版社,2015年,第216页。
③ (明)王守仁:《传习录》,《王阳明全集》,第118页。
④ (明)王守仁:《传习录》,《王阳明全集》,第104页。
⑤ (明)王守仁:《传习录》,《王阳明全集》,第15—16页。

必要。延平的"默坐澄心,体认天理"主张,在阳明的论述里发生了些微的变动。阳明更加强调,"体认天理"才是根本目的,"默坐澄心"只是一种辅助手段,是一种有效却不必然需要的工夫形式。

3. 湛、王"格物""致知"之争重研

湛、王二氏"格物""致知"之辩,历来是学界的关注焦点,从体认工夫的角度再来探讨这一课题,或有新发现。根据前文分析,李延平"分殊体认"与"默坐体认"两种工夫路径,都是关于"穷理"的法则。但"分殊体认"强调的是一事穷尽,获得对"理"的认知,再另"格"他事,于此"格物""致知"的推进,便是延续的"集义"过程。"默坐体认"侧重的乃是"直觉体悟",是在执行渐修的同时,教人求证于心,实现对"天理"的整体把握。就认识论而言,"分殊体认"是以"思考的我"作为认知主体,而"默坐体认"乃是以"真我"为体认对象。阳明心学的重要特色,正是他放弃了延平"分殊体认"的知识论倾向,转向"默坐体认"的道德意志纯化的工夫。湛氏则不然,继续强调"理一分殊"理解基础上的"分殊体认"工夫。湛、王二人关于延平体认工夫的不同选择、践履,必然导致在其他相关理念上的思想分歧。由此,湛若水、王阳明之间在"心""物"关系、"格物"、"致知"认识上的冲突愈演愈烈自是必然。

正德十年乙亥(1515),湛氏丁母忧,扶柩南还,阳明逆吊南京龙江观之际,二人曾有"格物"之辩。湛若水《与阳明鸿胪》篇云:"兄意只恐人舍心求于外,故有是说。不肖则以为,人心与天地万物一体,心体物而不遗,认得心体广大,则物不能外矣。故格物非在外也,格之致之之心又非在外也。于物若以为心意之著见,恐不免有外物之病,幸更思之。"①据此,湛若水与王阳明关于"格物"论辩的关键是对"万物一体"理念之下的"心""物"关系的认知不同。"万物一体"之说作为湛、王二人当初一见定交的论学基础,其后二人对其的拓展理解却产生了重大的差别。这种对于"心""物"关系的认识上的差别,实际上紧紧关联着二人在工夫论上的不同选择。在湛若水"随处体认"主张下,"物"虽然不能脱离"心",但"物"作为客观认知对象的独立存在意义是显明的。而阳明静观倾向却要将"物"容括在"心"的范畴之内,"物"完全成为"心"构建意义世界的质料;"心"为"物"赋予形式,成为价值满盈的主体。如此"物"成为完全被动的由"心"去规整的质料,价值的全幅根源在且仅在"心"之上。"心"实际吞没了"物",成为可以脱离"物"而先在的价值根源。湛若水因此批评王阳明不免有"外物之病",在"心""物"关

---

① (明)湛若水:《湛甘泉先生文集》,《四库全书存目丛书》集部第56册,第560页。

系上事先做了区分和隔离。

湛若水的理解是否真得阳明思想精髓,这一点未必见得。因王阳明"心外无物"主张,本质上和程朱"万物一体"之论,并无根本不同,只是在体认方法上区别鲜明。《传习录》记王阳明曾曰:"心外无物。如吾心发一念孝亲,即孝亲便是物。"①又记广为人知的"南镇观花"一例,其云:"你未看此花时,此花与汝心同归于寂。你来看此花时,则此花颜色一时明白起来。便知此花不在你的心外。"②严格来说,王阳明"心外无物"主张意在强调"心"体的广大灵明,这和他对"心"的认知以及对主体意识的标举是一致的。从认知论上讲,王阳明主张"心外无物"的逻辑起点是对"心无内外之分"理念的提倡。他讲:"心何尝有内外?即如惟濬,今在此讲论,又岂有一心在内照管?这听讲说时专敬,即是那静坐时心,工夫一贯,何须更起念头?"③由其"心外无物"主张,导出的是其独具特色的"格物"主张。在其看来,因"物"在"心"的观望中,其意义和价值为人所赋予,故"格物"即"格念头"。由该理念分析,"格物"便不再是延平、朱子分"心""理"为两类,于事事物物上分殊体认的学术理路,而是将"正心"与"穷理"合一。于此,阳明在《答顾东桥书》中又云:"致吾心良知之天理于事事物物,则事事物物皆得其理矣。致吾心之良知者,致知也。事事物物皆得其理者,格物也。是合心与理而为一者也。"④从伦理价值层面讲,王阳明在"心外无物"理论基础上,发挥独具特色的"格""致"之说,确实具有一定进步性,也将传统儒学对直觉体验、整体把握的方法论原则推至顶点;但是从知识论角度来看,王阳明由"心外无物"主张延伸而出的体认方式,本质上便是对"分殊"识"理"路数的否定。就根本上讲,湛、王二人此番论辩,并不在"心""物"关系之争,湛若水对王阳明"格物"理念的否定,是其并没有意识到,阳明在认同李延平"默坐体认"致知路径的同时,即已弃置其"分殊体认"的工夫主张。

正德十四年己卯(1519),湛若水以孟子"深造以道"为据,明确提出"格物即造道"一说。《答阳明》中曰:"格者至也,'格于文祖'、'有苗格'之格。物者,天理也,即'言有物''舜明于庶物'之'物',即道也。格即造诣之义,格物者即造道也。知行并造,博学、审问、慎思、明辨、笃行皆所以造道也。读书亲师友酬应,随时随处皆求体认天理而涵养之,无非造道之功。意、身、心一齐俱造,皆一段工夫,更无二事。下文诚正修工夫皆于格物上用了,其

---

① (明)王守仁:《传习录》,《王阳明全集》,第28页。
② (明)王守仁:《传习录》,《王阳明全集》,第122页。
③ (明)王守仁:《传习录》,《王阳明全集》,第104页。
④ (明)王守仁:《传习录》,《王阳明全集》,第51页。

家国天下皆即此扩充,不是二段,此即所谓止至善。"①细剖湛氏"格物"之旨,实得程氏学脉真精神。一者,湛氏以"造道"解"格物",原得于程子"至理"之论,其《圣学格物通大序》曾引程子言"格者至也,物者理也,至其理乃格物也"②。二者,他讲"格物致知"并不局限道德修养。所谓"博学、审问、慎思、明辨、笃行"等皆"造道"途径,此处的"道"既是"天理",又是"真知",是人伦天常与自然规律的整合。从这一理路推展开来,湛氏继承程朱"格物"路径更具有进步意义。按程朱思路,在"格物"进程中,人作为分析和辨别的认知主体,追随质料的不断涌现,"集义"的推进,逐步实现对"理"的认知。于此,从程氏、延平、朱熹提倡的分殊体认工夫,到湛若水"随处体认天理"一说,并非"义袭",而是注重道德实践与知识活动的联结,兼备伦理学与认识论的双重意义。但就陆王心学立场出发,这一"逐物""求理"的思考路径实是压抑心灵和麻痹想象的根源,故其一反程朱思路,将"心"之功效理解为本体论层面的优先存在,是一价值满盈的绝对主体,宣告人的主观心灵为外部事物立法,将客观存在的普遍之物推向为我所用的从属地位。公允地讲,程朱、陆王各有可取之处,但阳明学局限在"心"体之思,自困于道德场域,于"天理"的人伦价值的发扬或有意义,但于"真知"的追求却成妨碍。

　　大体与湛若水"格物"主张明确提出的同时,正德十四年至十六年,也是王阳明"致良知"一说从酝酿到逐步发展、完善的阶段。正德十六年,湛、王继续有"格物致知"之辩,双方陷入僵持不下的情势。湛氏在《答阳明王都宪论格物》中讲到:"盖兄之格物之说,有不敢信者四……致知云者,盖知此实体也、天理也、至善也、物也,乃吾之良知良能也,不假外求也。但人为气习所蔽,故生而蒙、长而不学则愚。故学、问、思、辨、笃行诸训,所以破其愚、去其蔽、警发其良知良能者耳,非有加也,故无所用其丝毫人力也。如人之梦寐,人能唤之惺耳,非有外与之惺也。故格物则无事矣,大学之事毕矣。若徒守其心,而无学、问、思、辨、笃行之功,则恐无所警发,虽似正实邪,下则为老、佛、杨、墨,上则为夷、惠、伊尹是也。"③这里,湛若水进一步强调,虽然"格物"即"造理","致知"亦是"知理",而天理即良知、本心,本不假外求,但其总不免为习气所蔽,所以仍须有一"格物"之功,即与物相接做学、问、思、辨、行的工夫。考湛若水对阳明"格物"主张的批评,严格来说,仍是站在延平"分殊体认"的工夫立场上。在"分殊体认"的"格物"宗旨下,"理"以

---

① （明）湛若水：《湛甘泉先生文集》,《四库全书存目丛书》集部第56册,第568—569页。
② （明）湛若水：《湛甘泉先生文集》,《四库全书存目丛书》集部第56册,第693页。
③ （明）湛若水：《湛甘泉先生文集》,《四库全书存目丛书》集部第56册,第571—572页。

分殊的样态存在于万物之中,作为世人认识与体悟的对象,相应地,主体的"穷理"过程也不并受时间、空间,乃至具体对象的限制,一切"物"皆可作为"理"的载体,一切时空都是体认天理的机缘。故湛若水倡导的"随处体认天理",便非于"某处"的"义袭",乃是更广泛意义上的"集义"。

　　针对湛若水以上主张,王阳明《答甘泉》中云:"随处体认天理,是真实不诳语。鄙说初亦如是,及根究老兄命意发端处,却似有毫厘未协,然亦终当殊途同归也。修齐治平总是格物,但欲如此节节分疏,亦觉说话太多……致知之说,鄙见恐不可易,亦望老兄更一致意,便间示知之。此是圣学传心之要,于此既明,其余皆洞然矣。"①王阳明承认湛氏"随处体认天理"的合理性,且认为该主张和自身观点殊途同归。在阳明看来,"随处体认"是发挥心力于事事物物之上,穷尽其理;而"默坐体认"工夫路径下,以"格物"为"正念头",也是着眼于周遭伦理平常,以良知为主宰,念头每每复归于纯粹心体。由该理路,湛、王二人的主张确有异曲同工之效。只是阳明认为"随处体认"的工夫过于支离,所以他不肯放弃自身的"致知"观点。

　　阳明如何诠释"致知"?其云:"圣人致知之功至诚无息,其良知之体皦如明镜,略无纤翳。妍媸之来,随物见形,而明镜曾无留染,所谓'情顺万物而无情也'。'无所住而生其心',佛氏曾有是言,未为非也。明镜之应物,妍者妍,媸者媸,一照而皆真,即是'生其心'处;妍者妍,媸者媸,一过而不留,即是'无所住'处。"②根据王阳明理解,圣人"致知之功"原是体认"良知"本体。"良知"本体在他看来"皦如明镜,略无纤翳",可以佛氏"无所住"说之,可见其"良知"本体实可作"虚""无"理解,而"致知"便是"致虚""致无"。从这一点上讲,王阳明"致知"观点和他"四句教"中传授上根人的顿悟之法具有一致性。王畿《天泉证道纪》载阳明言曰:"上根之人,悟得无善无恶心体,便从无处立根基,意与知、物,皆从无生,一了百当,即本体便是工夫,易简直截,更无剩欠,顿悟之学也。"③综合王阳明以上言论,其"致知"主张既已导向"致虚",便和湛氏"致理"之解渐行渐远。故阳明以其"致知"之说作为圣学传心之要,甘泉自然不能接受。湛氏曾对圣学传心重新给出诠释,其《孔门传授心法论》篇云:"夫无内外者,心之本体与物一也。内则离物,离物则高,高则虚,虚则寂灭窈冥之说兴……夫《中庸》何为也?程子曰:'孔门心法也。'"④湛氏此说正是针对阳明"致虚"之嫌而论。他以为"默坐

―――――――
① (明)王守仁:《答甘泉》,《王阳明全集》,第202—203页。
② (明)王守仁:《传习录》,《王阳明全集》,第79页。
③ (明)王畿:《天泉证道纪》,《王畿集》卷一,第2页。
④ (明)湛若水:《湛甘泉先生文集》,《四库全书存目丛书》集部第57册,第80页。

体认"的"致知"工夫路向难免是内遗外,如此则容易导向虚无寂灭,只有"随处体认"工夫内外兼顾可以保证致理之实。

面对观点冲突的愈演愈烈,湛若水在该阶段仍然没有意识到二人"格物"、"致知"之辩的根本症结,仍以"心"之内涵不同区别自身与阳明的"格物"之说。正德十六年年末,湛氏《答杨少默》篇中云:"静言思之,吾与阳明之说不合者,有其故矣。盖阳明与吾看心不同:吾之所谓心者,体万物而不遗者也,故无内外;阳明之所谓心者,指腔子里而为言者也,故以吾之说为外。"①结合上文对阳明"心外无物"的分析,阳明论"心"也并非如湛氏所云。因此,从根本上讲,湛、王二人愈发激烈的论辩,实是湛氏仍然没有意识到阳明诠释"心""物"关系的路径乃是直关体认工夫的选择,而阳明于"分殊体认"的弃置,表明其已放弃程朱即物穷理的认知方法论。

4. 由工夫及本体:湛、王学术的和合

从体认工夫层面来看,湛若水沿承延平"分殊体认"主张得来的"随处体认"一说,和王阳明践行延平"默坐体认"工夫再作发明的"致良知"之旨,似无整合的可能。但这里确实存在一则公案,即湛若水和王阳明都曾承认"随处体认天理,与致良知一般"。该共识的达成,严格来讲,只是二人在本体论层面达成的一有限和解。

王阳明、湛若水晚年之辩,正集中在"良知"与"天理"是否等同的问题上。于阳明学而言,"心即理"宗旨之一,便是以"良知"为"天理",以"天理"正"物",复心体本然之明。然该问题在湛若水学术生涯中,却有一个持续思索的过程。钱德洪曾记:"先师在越,甘泉官留都,移书辨正良知、天理同异。先师不答,曰:'此须合并数月,无意中因事指发,必有沛然融释处耳。若恃笔札,徒起争端。'"②直至晚年,湛氏对"良知"一说才有极为关键的认知转变,即认同"良知"即"天理"。其于《答邹东廓司成》一篇中云:"拜领四月八日手翰,足见光明正大之心,与护短专固者,大天渊矣。何洒然如之!问:'何为良知?'曰:'所知天理。'问:'何为天理?''即下文爱敬'。何等洒然!两家之教协一无二,可传之无弊矣。今谓常知常觉、灵灵明明为良知,大坏阳明公之教。"③湛若水在与邹守益的书信中再次强调,世人若以"常知常觉、灵灵明明"指代"良知"是有损阳明立学根本。该话的内涵,亦为强调"良知"、"天理"在本体论层面的一致性。既认"良知"等同"天理",湛氏

---

① (明)湛若水:《湛甘泉先生文集》,《四库全书存目丛书》集部第56册,第571页。
② 钱明编校:《徐爱 钱德洪 董沄集》,南京:凤凰出版社,2007年,第122页。
③ (明)湛若水:《湛甘泉先生文集》,《四库全书存目丛书》集部第57册,第593页。

"穷理"观点即与阳明"致知"主张殊途同归。至此,"致良知"的展开和"随处体认"的施行,因皆落实在"天理"的实现上而终有所弥合。

综合上述探讨,湛若水、王阳明学术形态区分的重要面向之一,即在于对延平体认工夫不同面向的继承和发挥,而体认工夫的区分又直接影响了湛、王二氏在"格物""致知"等关键问题上的分歧,二者的冲突无法弥合,最终只能回归儒学本体论达成一定的和解。同为明代中期心学的主要代表人物,王阳明"致知"的哲学排除了知识的课题,或者说严格区分了道德与知识的课题;湛若水则一直坚持主要为道德义的体认天理工夫的经验性格,明显具有更多的知识意义。但湛氏理路终不为阳明所接受,其学脉后亦隐没不彰。这一事实揭示出心学主要作为一种实践哲学在知识论课题上面临的现实困境,对这一现实困境的发掘和分析,或可启发学界有必要立足逻辑检证的视角,结合道德与知识的课题,重新对待心学这一中国特色的实践哲学的研究。

## 第二节　晚明境界工夫的衍化及清初儒学的知识论回归

中国哲学语境中,宋明理学工夫论多被纳入认识论诠释范畴,这即突显出宋明理学作为实践哲学而非理论哲学的殊异性。有鉴于此,在认识论、实践哲学范畴内讲工夫论就有必要将其与知识论作出区分。就这一点来说,虽然学界多数情形下会将认识论与知识论等而言之,但是两者实际区别甚大。按宋宽锋教授揭示:

> 认识论和知识论在哲学史上虽然多有联系,但是,两者各自关注的毕竟是不同性质的两大问题系。前者力图说明科学发现和认识发生的具体过程、环节和机制,它是以认识的实际发生过程为研究对象的;相反,知识论的根本理论旨趣是证明和辩护特定的知识主张和知识观念,它力图证明知识是真的和客观的,力图为知识的真理性和客观性提出一个永恒的基础和标准。①

按认识论与知识论之间的区分,强调亲证、体证,及认知过程的中国哲

---

① 宋宽锋:《科学的哲学解读与西方哲学的知识论传统》,北京:人民出版社,2016年,第211—212页。

学工夫论则属认识论讨论范畴。应该说,认识论的讨论持续流行于宋明理学整期,直至晚明清初,思想界在要求"公理"重构的过程中,知识论议题得以突显。

## 一、"境界工夫"的泛化与晚明王学的流变

就认识论层面讲,从王阳明本人对"工夫境界"的提倡,到晚明阳明后学众人关于"境界工夫"的侧重,该工夫路径的转向直接关系到阳明学后期裂变局势的形成和漫衍。言及"境界工夫",杜保瑞教授曾立足生命实践哲学的视角,将工夫论分作两种进路:身体的锻炼,心理的修养。指出"提升身体的能力要靠宇宙论的知识,提升心理的能力要靠本体论的观念",而"儒家只有本体论进路的心理修炼工夫",进而提出"在传统中国哲学的理论建构中,发展出三种类型:其一,工夫入手;其二,工夫次第;其三,境界工夫"。其中,"工夫入手"指的是"操作的方法","工夫次第"指的是"对各种具体实践工夫安排它们的先后次序","境界工夫指的是工夫实践已达最高境界,此时已经不须再做工夫,只需保持与展现而已"。① 杜保瑞提到的三种本体工夫在阳明心学领域都有体现。就"工夫入手"而言,阳明学对静坐的强调即是明证;至于"工夫次第",阳明学"端本"倾向向来十分明显,应该说,儒学对本末、先后的申述即是对工夫次第的侧重。据此,三种本体工夫中,唯"境界工夫"少有研究者关注,然阳明心学不乏此类工夫。此类工夫并非单独提出,乃是在"境界"的基点上讲出。换言之,阳明心学因对"境界"本身有所侧重,故其云工夫,强调工夫所达之境界阶次,亦侧重达致一定阶次后,工夫仍有持续的必要和可能,此时的工夫便是对臻善境界的端持。由境界出发,阳明心学诸多观点的揭出多有别于遵从以形上学之系统解析、构建为根本原则的程朱理学,同时,阳明心学对境界的强调向来不离工夫,故其境界趋向亦非空谈。

### (一)"成色分两":王阳明论"圣人所以为圣"

王阳明有"成色分两"之说。其云:"圣人之所以为圣,只是其心纯乎天理,而无人欲之杂。犹精金之所以为精,但以其成色足,而无铜铅之杂也。人到纯乎天理方是圣,金到足色方是精。然圣人之才力亦有大小不同,犹金之分两有轻重……盖所以为精金者,在足色而不在分两;所以为圣者,在纯乎天理而不在才力也。故虽凡人而肯为学,使此心纯乎天理,则亦可为圣人;犹一两之金比之万镒,分两虽悬绝,而其到足色处可以无愧。故曰人皆

---

① 杜保瑞:《中国生命哲学真理观》,北京:人民出版社,2016年,第24—26页。

可以为尧、舜者以此。学者学圣人，不过是去人欲而存天理耳，犹炼金而求其足色。金之成色所争不多，则锻炼之工省而功易成，成色愈下则锻炼愈难。人之气质清浊粹驳，有中人以上，中人以下，其于道有生知安行，学知利行，其下者必须人一己百，人十己千，及其成功则一。后世不知作圣之本是纯乎天理，却专去知识才能上求圣人。"①阳明所讲人人皆可成圣，此圣并非同等才力，如同为精金，然分两可以不同。故阳明又云："只论精一，不论多寡。"②推展开来，人之气质有中上、中下之分，则涵养工夫有生知安行、学知利行之别。若以"人一己百""人十己千"诠释"学知利行"，阳明之意乃是在揭明工夫境界的施展路径，而"生知安行"指向的便是境界工夫的端持相状。王阳明常讲"生知安行"与"学知利行"之别，如他道："夫'尽心、知性、知天'者，生知安行，圣人之事也；'存心、养性、事天'者，学知利行，贤人之事也；'夭寿不贰、修身以俟'者，困知勉行，学者之事也。"③据此，生知安行、学知利行、困知勉行，乃是圣人、贤人、学者分别操守之工夫。其中，"生知安行"是为境界工夫的一种，"学知利行"以及"困知勉行"则指向工夫境界的不同层次。

（二）以"境界"论工夫与心学裂变之势的形成

心学研究的热潮无法回避中晚明阶段其渐趋裂变的事实，促成该事实的因素众多，涉及领域庞杂。从阳明学学脉上讲，派系纷争、门户之见造成的直接后果是心学宗旨歧义丛生，又学理之争延至政治领域，心学裂变无从避免。走出阳明学场域，关于象征资本更激烈的争夺，不仅发生在心学与政治之间，更突显在理学与文艺之间，排除"影响"之说，中晚明的文艺人士对理学家宣讲的众多思想观点和救世主张，渐由怀疑走向批判，据此产生的话语权争夺也愈演愈烈。与此同时，现实困境面前，阳明心学因自身承具境界哲学特色，遭遇越来越显明的检证困难，包括逻辑检证与人性能力的双重考量。对前述情况的揭示和分析，实是为发掘当代文化传承存在的若干问题，寻求未雨绸缪之路径。具体而言，对于心学裂变之势的形成，阳明高足王畿在《抚州拟岘台会语》中曾经讲到："先师首揭良知之教，以觉天下，学者靡然宗之，此道似大明于世。凡在同门，得于见闻之所及者，虽良知宗说不敢有违，未免各以其性之所近，拟议搀和，纷成异见。"④按王龙溪揭示，阳明学的分裂与阳明后学拟议搀和、各立门户有关。其后，顾宪成《与孟白》一文则

---

① （明）王守仁：《传习录》，《王阳明全集》，第31—32页。
② （明）王守仁：《传习录》，《王阳明全集》，第35页。
③ （明）王守仁：《传习录》，《王阳明全集》，第49页。
④ （明）王畿：《抚州拟岘台会语》，《王畿集》卷一，第26页。

从阳明心学立教宗旨上道出心学裂变的必然趋势。他讲到:"阳明曰:'四无之说,为上根人立教;四有之说,为中根以下人立教。'是阳明且以无善无恶扫却为善去恶矣。既已扫之,犹欲留之。纵曰为善去恶之功,自初学至圣人,究竟无尽,彼直见以为是权教,非实教也。其谁肯听?既已拈出一个虚寂,又恐人养成一个虚寂。纵重重教戒,重重嘱咐,彼直见以为是为众人说,非为吾辈说也。又谁肯听?夫何故?欣上而厌下,乐易而苦难,人情大抵然也。投之以所欣,而复困之以所厌,畀之以所乐,而复攖之以所苦,必不行矣。"①据此,顾宪成从阳明心学教义与阳明后学群体之陋习两方面讲出心学的演变与分裂既有法病之由,亦有人病之祸。又有当代学者张昭炜《阳明学发展的困境与出路》一书曾分别对江右王门、泰州学派、浙中王门等作出针对性地分析,并逐一指出以上阳明后学学派所面临的发展困境。按其主张,江右之弊在于主修保任工夫,而"沉湎静中光景"②;泰州之弊在于"侧重赤子之心的本体,很容易走入执性废修的歧途"③;浙中之失则在"超洁者荡之以玄虚,而夷良于贼"④。这种按门派追究"人病"的探讨路径更为细致地追溯了阳明学发展至后期所面临的现实困难及其实际影响,同时也在一定程度上回避了阳明心学可能具有的"法病"。综合以上,无论是王龙溪、顾宪成,抑或当代学者,对阳明心学的演变趋向虽已提供真知灼见,但大多缺少具体且全面的分析和厘清。笔者从境界哲学视域进入,尝试对该问题展开由点及面的解析。其中,阳明后学对境界工夫的继承、推拓与晚明心学裂变之关系即成为研究之重点。

　　阳明后学的工夫理论、工夫实践其境界化趋向更为鲜明。首先以钱德洪为例。总体上讲,钱德洪强调"良知"作为自在实体的圆满、自为特性,与此同时也揭明"诚意"乃是工夫实践之根本。比如他讲:"天地间只此灵窍。在造化统体而言,谓之鬼神;在人身而言,谓之良知。惟是灵窍,至微不可见,至著不可掩,使此心精凝纯固,常如对越神明之时,则真机活泼,上下昭格,何可掩得?若一念厌斁,即恍惚散漫矣。"⑤钱德洪此处讲到的"灵窍",一者指向主宰人身之良知,一者为形容良知良能的自为属性。钱氏又云:"心之本体,纯粹无杂,至善也。良知者,至善之著察也。良知即至善也。心

---

① 转自嵇文甫:《晚明思想史》,第107页。
② 张昭炜:《阳明学发展的困境与出路》,北京:中国社科出版社,2017年,第148页。
③ 张昭炜:《阳明学发展的困境与出路》,第206页。
④ 张昭炜:《阳明学发展的困境与出路》,第284页。
⑤ 钱明编校:《徐爱 钱德洪 董沄集》,第119页。

无体,以知为体,无知即无心也。知无体,以感应之是非为体,无是非即无知也。"①钱德洪以上言论既指出良知作为最高实体的超越性,同时又赋予其价值判断之属性。问题在于,钱氏对良知的诠释完全是出于境界化的描绘,仿佛有悬隔此圆满实体之意。实则不然。钱德洪特别倡导诚意工夫。他讲到:

> 诚意之功自初学用之即得入手,自圣人用之精旨无尽。吾师既没,吾党病学者善恶之机生灭不已,乃于本体提揭过重,闻者遂谓诚意不足以尽道,必先有悟而意自不生,格物非所以言功,必先归寂而物自化……诚意之功极,则体自寂而应自顺,初学以至成德,彻始彻终无二功也。是故不事诚意而求寂与悟,是不入门而思见宗庙百官也;知寂与悟不示人以诚意之功,是欲人见宗庙百官而闭之门也。②

钱德洪讲到的诚意工夫不仅于初学者至关重要,于圣人亦是如此。初学者由诚意入手,则不至于落入阔略之流,成德者或谓圣人始终端持诚意工夫,随寂体自化,亦不至于落入空寂。总而言之,"诚意"工夫在钱德洪认为,乃是彻始彻终的工夫。如此,诉诸于"诚意",成德、成圣便是人向良知之"寂体""灵窍"无限趋近的过程。该过程揭明了两则事实:其一,钱氏指出圣人亦修工夫的事实,而此等工夫便是端持"诚意"之境界工夫;其二,初学者借由"诚意"亦可向成圣之境界无限贴近。据此,钱德洪乃是以"诚意"贯穿成德与成圣的全体路径。此全体路径便是兼容境界工夫与工夫境界言之。

与钱德洪相较,王龙溪在工夫论问题上乃是从良知"寂""觉"之体性上讲起。故他道:"良知者,千圣之绝学,道德性命之灵枢也。致知之学,原本虚寂,而未尝离于伦物之感应。外者有节,而内者不诱,则固圣学之宗也。"③龙溪这里所讲乃是将工夫从寂体上说起,所谓"致知之学,原本虚寂,而未尝离于伦物之感应",便是指出工夫首要是修得坚固不诱之"内",故他讲"归寂",其根本之意正是要归于内修此心。又从"寂—感""体—用"问题出发,龙溪同时从"觉"之根基上展开工夫路径的讨论。故他道:"四无之说,为上根人立教;四有之说,为中根以下人立教。上根之人,悟得无善无恶

---

① 钱明编校:《徐爱 钱德洪 董沄集》,第124页。
② 钱明编校:《徐爱 钱德洪 董沄集》,第123页。
③ (明)王畿:《三山丽泽录》,《王畿集》卷一,第14页。

心体，便从无处立根基，意与知、物皆从无生，一了百当，即本体便是工夫，易简直截，更无剩欠，顿悟之学也。中根以下之人，未尝悟得本体，未免在有善有恶上立根基，心与知、物皆从有生，须用为善去恶工夫，随处对治，使之渐渐入悟，从有以归于无，复还本体，及其成功一也。"①此段乃龙溪工夫论研究的关键材料，故向受研究者关切。有将龙溪以上言论与佛教判教作对比，断其有涉佛之嫌，笔者曾经一度亦如此认为。然再经斟酌，龙溪分"上根之人""中根以下之人"论工夫操持路径之别，这一讲法实则是从人之"觉"性上讲工夫实践的选择。因"顿悟之学""渐修之学"本质上皆关乎人之觉性高低的衡量。此觉性结合龙溪对内在之修的重视而言，首先是感知良知之觉的能力，此等能力亦是要求工夫修行者有充分的逆觉体证之实践经过。其次才是感知外物的能力，此等能力则多为心学人士诠释为于伦常事物的呼应。有鉴于此，"上根之人"和"中根以下之人"其"自觉"能力以及"觉他"能力都与工夫实践者的工夫境界有关。而龙溪提出的"先天之学"则又是对境界工夫的侧重。如其云："若能在先天心体上立根，则意所动自无不善，一切世情嗜欲自无所容，致知工夫自然易简省力，所谓后天而奉天时也。若在后天动意上立根，未免有世情嗜欲之杂，才落牵缠，便费斩截，致知工夫转觉繁难，欲复先天心体，便有许多费力处。"②龙溪讲到的"先天心体上立根"便是"易简省力"的工夫，实则意谓省去外向求知的工夫路径，专务内觉、内求，将"意"始终与"良知"贴合为一。然而该贴合过程只是看似简易，实则要求工夫实践者始终将工夫维持在臻善境界上。这一维持的过程便是境界工夫的延续。故他又讲："良知者，本心之明，不由学虑而得，先天之学也。知识则不能自信其心，未免假于多学亿中之助，而已入于后天矣。"③所谓"本心之明"不由学、虑，学与虑皆可归为外求的工夫，而先天之学则是彻底将工夫主导权交付良知，此时人的工夫便只是端持"良知"而行。这种境界工夫在龙溪思想中也称为本体工夫。其云："自先师提出本体工夫，人人皆能谈本体、说工夫，其实本体工夫须有辨。自圣人分上说，只此知便是本体，便是工夫，便是致；自学者分上说，须用致知的工夫，以复其本体，博学、审问、慎思、明辨、笃行，五者废其一，非致也。世之议者，或以致良知为落空，其亦未之思耳。"④因此，龙溪讲的本体工夫不仅是圣人的致知工夫——即本体即工夫，也是普通学者的致知工夫——复本体即工夫。二者区别在

---

① （明）王畿：《天泉证道纪》，《王畿集》卷一，第2页。
② （明）王畿：《三山丽泽录》，《王畿集》卷一，第10页。
③ （明）王畿：《致知议略》，《王畿集》卷六，第130页。
④ （明）王畿：《冲元会纪》，《王畿集》卷一，第3页。

于,"即本体即工夫",其诉求在于境界工夫的推进,"复本体即工夫"实则强调工夫境界渐趋完善之过程。

罗洪先工夫论的境界化趋向表现在他对"自然"论调的强调上。但是这一"自然"论调和性命论具有紧密关联。质言之,要明确罗洪先工夫论的关键特色,即应准确掌握罗氏的"自然"论说。有关"自然"一说,罗洪先曾云:"世之言自然而不容强者,类名之曰天;有所赋予而不可违者,类名之曰命。委之天命,则一毫经书措置之力,大抵皆无所施,此夫人而知之也……圣贤者,以为吾之心固有若然者矣,而言性者顾或失之,乃名之曰'天命之谓性'。其言天命者,又失之也……于是圣贤者,以为吾之心固又有若然者矣。乃复示吾人以学。学也者,所以学吾之心也。学其所谓天命,而去其不出于天命者也。不出于天命者何也?凡吾有以为之,有以致之也。有以为之,有以致之,非他也,即吾之视听而动,意乎中者是也。"①据此,罗洪先讲到的"自然"之境,乃是要求工夫实践者贴合"天命""性"体而为,故他讲"学吾之心"意谓此"心"即"理",讲"学其所谓天命""去其不出于天命"意谓工夫之致一方面要求端持天道性命之理;二者在于正念头,从而排除"意"的干涉。正是在此基础上,罗洪先的工夫境界之诉求在于"自然",在于敬"天"。所以他理解的陈白沙"自然之学"、王阳明"致良知"之学都是在讲天道性命的落实。其云:

> 白沙先生有见于是也,其言曰"学以自然为宗",言希天也。阳明先生曰"致良知",良知者,自然之知,无二言也,皆所以致其命者也。至命者,至之也,知命为之主也,俟命惟所适也。立命者,弗去是也,学者之事也。学不达于天命,不可以言尽心;心有不尽,则日困于纷挐胶轕而无以自免,是所谓天之刑人也。②
>
> 良知固出于秉受之自然,而未尝泯灭,然欲得流行发见,常如孩提之时,必有致之之功……学者舍龙场之惩创,而第谈晚年之熟化,譬之趋万里者,不能蹈险出幽,而欲从容于九达之逵,岂止躐等而已哉!③

罗洪先以"希天"诠释白沙"学以自然为宗",这在阳明后学中并不多见,毕竟阳明后学的主流群体对"自然"的诠释更多侧重于"不学不虑""勿

---

① (明)罗洪先:《天命说》,《罗洪先集》卷二,第45—46页。
② (明)罗洪先:《天命说》,《罗洪先集》卷二,第46页。
③ (明)罗洪先:《寄谢高泉》,《罗洪先集》卷七,第273—274页。

忘勿助"的工夫。也就是在这个意义上,罗洪先工夫论的境界诉求与阳明心学主体意志是有区别的,从他对"天命"的敬畏,以及对工夫境界的描述,原则上更趋同于朱子所讲"心即理",即强调"心"向天道性命的无限靠拢。立足于此,罗洪先更为强调入手工夫应以阳明"龙场惩创"为策,而对阳明后学"第谈晚年之熟化"的行为尤其反感。以境界哲学视角考察,"龙场惩创"侧重的正是工夫境界之推进,而"晚年熟化"揭明的实是境界工夫的端持。

聂双江工夫论的境界化蘄向则集中体现在对心体情态的描述上,故其主张多直接从心体臻善境界讲起。其云:"窃谓良知本寂,感于物而后有知,知其发也,不可遂以知发为良知,而忘其发之所自也……故学问之道,自其主乎内之寂然者求之,使之寂而常定也,则感无不通,外无不该,动无不制,而天下之能事毕矣。"①聂双江这里讲到的"使之寂而常定"便是指境界工夫,其操持的结果——"感无不通""外无不该""动无不制"皆是工夫境界的描述。聂双江又道:"夫寂,性也;感,情也。若曰性本无归,即情是性,乃为真性,恐不免语病也。性具于心,心主乎内,艮其止,止其所也。于止,知其所止,是谓天下同归……无所存,自不亡;无所理,自不乱。此仁者安仁,天下一人而已,恐非吾辈所可轻议。"②这里的"无所存""无所理"亦是境界工夫的描述。问题在于,聂双江的境界工夫描述极其容易将此等贴合天理的工夫与一般意义上的工夫境界的描述混为一谈。如此,工夫即易流入粗略之境。当然,我们意识到聂双江并非不认同罗洪先对天命的敬畏,因他也道:"心也者,天之命也。畏天之命,于时保之,圣学之要也……盖心无不正也……自昏昧放逸而身无所检也,于是有求放之说。求而不已,斯存;存而不已,勿忘勿助,和顺从容,居安而资深焉,养心之说也。"③这里,聂双江同样强调天命的首要性,强调"求"与"存"的持续工夫。只是和罗氏不同的是,聂双江亦有关于"勿忘勿助""和顺从容"等工夫境界的描绘,这些描绘更与思想家要求工夫实践者不把捉的理念相一致。其云:"惟主静则气定,气定则澄然无事,此便是未发本体。然非一蹴而至,须存养优柔,不管纷扰与否,常觉此中定静,积久当有效。若不知紧切下功,只要驱除思虑,真成弊屋御寇矣。越把捉,越不定,又是调停火候也。"④此"越把捉,越不定"正是"勿忘勿助"的另说。

比照钱德洪、王龙溪、罗洪先、聂双江等人工夫论主张的境界化趋向,阳

---

① (明)聂豹:《答欧阳南野太史》,《聂豹集》,南京:凤凰出版社,2007年,第241页。
② (明)聂豹:《答黄洛村二首》,《聂豹集》,第296页。
③ (明)聂豹:《答亢子益问学》,《聂豹集》,第254页。
④ (明)聂豹:《答戴伯常》,《聂豹集》,第318页。

明后学众人中欧阳德的工夫论其境界哲学的特色也是相当显明。概而论之，欧阳德主张的境界工夫便是"循良知"的工夫论。这一说法的前提便是认定"良知即天理"。欧阳德云：

> 静而循其良知也谓之致中，中非静也；动而循其良知也谓之致和，和非动也……良知，心之神明，妙万物者也，"体用一原，动静无端"者也。①
>
> 夫功夫本体，非有二也。良知者，孩提之初心，真实无妄，明觉自然，本自大公，本自大顺。凡闻见、思索、学问、酬酢，无非妙用，不假私智。循而弗失，是谓性之；失而复循，是谓反之。反之之谓工夫，性之之谓本体。其为循其良知，则一而已，非判然二途也。②

欧阳德所说"循良知"首先意在弃用私智，"是谓性之"；其次指向"致中和"，"是谓反之"。"性之"，即循天理；"反之"，即倡力行。就此来说，欧阳德工夫论乃是兼境界工夫与工夫境界言之。然相较工夫境界，思想家"循良知"一说的重心在于境界工夫，在于"性之"，这便和龙溪讲先天之学相近。然和聂双江也有些近似，欧阳德同样集中了更多的笔墨在境界工夫端持过程中心体状态的描摹上。其云：

> 夫良知无动无静，故时动时静，而不倚于动静。君子之学循其良知，故虽疲形饿体而非劳也，精思熟虑而非烦也，问察辩说而非眊也，清静虚淡而非寂也。何往而不心逸？何往而不日休？故学贵循其良知，而动静两忘，然后为得。③
>
> 君子恒真知其是非而不自欺，致知也。故无感自虚，有感自直，所谓"有为为应迹，明觉为自然"也，是之谓静。④
>
> 吾心不学而能不虑而知之本体，非见闻知识之可混，而见闻知识莫非妙用，非有真妄之可言。而真妄、是非、轻重、厚薄，莫不有自然之知也。⑤

上文提到的"动静两忘""无感自虚""不学而能，不虑而知"皆属自然而

---

① （明）欧阳德：《答陈盘溪》，《欧阳德集》卷一，第4页。
② （明）欧阳德：《答周陆田》，《欧阳德集》卷一，第10页。
③ （明）欧阳德：《答周陆田》，《欧阳德集》卷一，第9页。
④ （明）欧阳德：《答陈盘溪》，《欧阳德集》卷一，第5页。
⑤ （明）欧阳德：《答陈盘溪》，《欧阳德集》卷一，第6页。

然的获得。故欧阳德以上实是在宣导工夫所致之境界。

以上针对以阳明后学为主体的晚明心学家工夫论境界化特征的研究，严格来说多属个案性质的探讨，实际若干具体的境界工夫主张在以阳明后学为主体的晚明思想家群体中曾有更为广泛的讨论。比如阳明后学众人多讲"视于无形，听于无声"之境界工夫。王龙溪、聂双江、罗洪先等人都曾提及，为方便下文讨论，现征引如下：

> 良知即是未发之中，即是发而中节之和，此是千圣斩关第一义……独知无有不良，不睹不闻，良知之体，显微体用，通一无二者，此也。戒慎恐惧，致知格物之功，视于无形，听于无声，日用伦物之感应而致其明察者，此也。①

> 其曰"视于无形，听于无声"，不知指何者为无形声而视之、听之？非以日用伦物之内，别有一个虚明不动之体以主宰之，而后明察之。形声俱泯，是则寂以主夫感，静以御乎动，显微隐见，通一无二是也。②

> 人情事物感应之于知，犹色之于视，声之于听也。谓视不离色，固有视于无形者，是犹有未尽矣，而曰"色即为视之体，无色则无视也"，可乎？谓听不离声，固有听于无声者，是犹有未尽矣，而曰"声即为听之体，无声则无听也"，可乎？③

王龙溪、聂双江、罗洪先等人的有关讨论，在佛学人士看来，多属初级禅定工夫，然其中具体情形难以明示。中山大学张任之教授则就朱子学与阳明学的区别处揭出王龙溪、聂双江各自主张的理论渊源和观念差异：

> 王龙溪将"视于无形，听于无声"视为致知格物之工夫，良知"见在"且"当下具足"，故可于日用伦物之感应上致良知。无形无声对他而言就是良知本体，也可是在"日用伦物"之内且作为其主宰的"虚明不动之体"。聂双江则坚持认为无形无声即为"日用伦物"之内的"虚明不动之体"，"视于无形，听于无声"只是格物，而非致知……大略而言，两人于致良知之工夫论上分道而行，但是他们却都没有将"视于无形，听于无声"视为静坐或寂静意识。于王龙溪，它是致知格物之工夫

---

① （明）王畿：《致知议略》，《王畿集》卷六，第130—131页。
② （明）聂豹：《答王龙溪》，《聂豹集》第378页。
③ （明）罗洪先：《夏游记》，《罗洪先集》卷三，第74页。

的"譬喻"之说;于聂双江,它属已发,更与"致虚守寂"无涉。①

张任之教授的分析不仅揭明了王龙溪、聂双江等人在"视于无形,听于无声"上的不同意见,并且给出了原因分析。其总体主张乃是认为,龙溪将其理解为程朱理学路径的"戒慎恐惧"工夫的另说,而聂双江则将其理解为"已发"的格物工夫。然而笔者试图追问的是"视于无形,听于无声"无论关乎何种工夫路径,它的工夫样态究竟是怎样的呢?现象学研究者多以"寂静意识"描述、诠释之,该方面,西方学者耿宁及国内学者倪梁康、方向红、张任之都有相关研究。耿宁在《中国哲学向胡塞尔现象学之三问》中提出:

> 如果罗洪先所说的冥思的寂静意识是看到纯粹的空白、听到纯粹的寂静,而没有形状或声音的背景,一种不思考任何特殊对象的思,是对无的思……这种冥思的意识是"瞄向"或"对准"意义上的意向性吗?它可能是一种瞄向或对准,只是它还没有击中其寂静的目标。但它不是一种直观充实的瞄向,而是瞄向一种空白。对这一冥思的意识的最为恰当的概念是"注意力"。这一意识是最高的注意,即最高的清醒。②
> 寂静冥思的意识包含了对主体潜能的一个空洞意识,因此包含了对其对象化世界处境的一个空洞的视域意向:一个冥思的人在其意识中仍然和他目前的直接当下相联系……一个冥思的人却可以随时打破他对空白的意识,并在知觉上将其注意力朝向目前处境的各种对象。③

耿宁上述言论便是主张以胡塞尔"空洞的视域意向性"展开对阳明后学罗洪先、聂双江等人所描述的"寂静意识"端持之工夫的描述和研究。按耿宁的理解,在冥思过程中,人的意识瞄向空白,但随时可以将注意力集中于当下任何一种情景。与此同时,这里讲到的"空白"严格意义上乃是"某个未分化的东西"。故耿宁又引欧阳德相关理念继续阐释。他讲到:"像王阳明一样,欧阳德也主张这种构想:意识——也包括冥思的意识——总是意向地指向一个处境(境)。他这样尝试理解他自己进行的寂静意识:否定地说,这种意识没有五官的作用,它是'没有思想和思虑的'(思虑不生),在其中一切分化的思想都消灭了(诸念悉泯)。因此这是一种没有感官知觉,没

---

① 张任之:《心性与体知:从现象学到儒家》,第191页。
② 〔瑞士〕耿宁:《中国哲学向胡塞尔现象学之三问》,《哲学研究》2009年第1期,第58页。
③ 〔瑞士〕耿宁:《中国哲学向胡塞尔现象学之三问》,第58页。

有记忆、幻想和对对象的概念思维的意识。肯定地说,这种意识根据欧阳德所说是'专一'的。这可能意味着,它集中于一个'未分化的东西'。据欧阳德的看法,这一意识是'虔敬而专注',其'平静、寂静的放松'(安闲恬静),其'空虚而安宁,静谧而满足'(虚融淡泊)乃是'喜乐'。欧阳德认为,这种'虔敬而专注'和'喜乐'乃是意向(意)——即精神活动或发用——和'感受'。"①据此,无论是"视于无形,听于无声"抑或其他类型的冥思,在耿宁理解,皆可归作有关"寂静意识"的达致和端持。若从"达致"来讲,便是工夫境界的进阶;若从"端持"层面来讲,便是境界工夫的延续。就此来说,境界哲学视角的阳明心学研究严格来说便是针对阳明学工夫论、境界论两种的集中研究。当前现象学界对阳明心学的关注已经触及心学研究的核心问题意识,未来其研究工作的推进,阳明学领域的诸多工夫境界、境界工夫的具体指义应会得到更为精准且丰富的阐释。耿宁之后,倪梁康教授又引现象学"元意向性"概念,展开对罗洪先之说的解释。按倪梁康教授所讲,"在欧阳德和罗洪先这里,'元意向性'也可以被解释为一种无直观内容的意向性,即'无意向性'或'非意向性'","这个新含义在这里就意味一种有意向活动、没有意向相关项的意识之特性"。② 为了进一步说明"元意向性"与"寂静意识"之关系,倪梁康教授又引唯识学术语诠解之,云:"这样一种意识应当叫做惟有见分,没有相分的心识。"③倪梁康之外,方向红《自我有广延吗?——兼论耿宁的"寂静意识"疑难》一文又有新解。他讲到:

> 如果说对象性意识是一种"喧嚣的"、生机勃勃的意识,那么,在剔除了对象和行为之后,我对处于潜在和锁闭之中的"本体"的意识就是一种寂静的意识,一种"虚融淡泊"的意识。④
>
> 这种寂静的意识会伴随着强烈的"情绪"——心灵体验……当我们对原素做了悬置并把原对象带入眼帘之后,期待充实的原对象反而充实了另一个"对象",一个新的"对象",或者说,一个新的"对象"通过原对象而被自身给予了。这个新的"对象"就是耿宁所甄别的王阳明晚期提出的"良知"……在这种"良知"的映照下,在自我中所沉淀下来的信

---

① 〔瑞士〕耿宁:《中国哲学向胡塞尔现象学之三问》,第59页。
② 倪梁康:《东西方意识哲学中的"意向性"与"元意向性"问题》,《文史哲》2015年第5期,第60页。
③ 倪梁康:《东西方意识哲学中的"意向性"与"元意向性"问题》,第60页。
④ 方向红:《自我有广延吗?——兼论耿宁的"寂静意识"疑难》,《哲学分析》2014年第5期,第13页。

念、人格、禀赋和倾向,其是非善恶暴露无遗,静观的自我会情不自禁地像欧阳德那样产生"喜乐"感;当然也有可能会出现其他情绪,如海德格尔的"畏"、帕斯卡尔的"无聊"、陈子昂的"怆然",等等。①

方向红将"寂静意识"当做一工夫境界理解,并提出自我是有广延的,因此寂静意识包含的非对象性特征以及静谧性的心灵体验皆可得到说明。对此,张任之并不完全认同。他对罗洪先在"视于无形,听于无声"上的主张,也给出了新诠释。如他讲:"儒家的寂静意识就是那所谓的'白的虚静',在其中,'耳目之杂不入','闲思杂念、私智俗欲'不生不作,而'视于无形、听于无声'所视听的'无形无声'或'某个未分化的东西',无非是指于静坐中所'观'的'喜怒哀乐未发前气象',它指的当是'自家观自家身心内部之境界'。亦如劳思光先生曾指出的那样,作为'喜怒哀乐之未发'的'中'是一种境界,它并非指实然的未有情绪的状态,而是自觉地超脱情绪的境界。在此意义上,我们或许可以将这种'浑一的境界'视为寂静意识的意向相关项。"②张任之此说原是延续杨儒宾《论"观喜怒哀乐未发前气象"》及劳思光《大学中庸译注新编》就相关问题提出的主张,再予论之。从中可见其基本认同两则事实:其一,罗洪先等人所谓"视于无形、听于无声"乃是阳明学工夫论的一种;其次,这种工夫无论是"观于未发"抑或指向"中和",都意谓它亦是境界工夫的一种。这一境界工夫按现象学方法的解释,乃是三教修养工夫的共同诉求。

事实上,阳明心学常论的境界工夫还有多种表述方式。比如率性放心、无思无为、勿助勿忘、情顺万物等。阳明云:"圣人致知之功至诚无息,其良知之体皦如明镜,略无纤翳。妍媸之来,随物见形,而明镜曾无留染,所谓'情顺万物而无情'也。'无所住而生其心',佛氏曾有是言,未为非也。明镜之应物,妍者妍,媸者媸,一照而皆真,即是'生其心'处。妍者妍,媸者媸,一过而不留,即是'无所住'处。"③以上描述若按佛语去讲,便是"无功用道"。《楞严经》载:"菩提心生,生灭心灭,此但生灭;灭生俱尽,无功用道。"④智旭大师解曰:"所谓无功用道,亦非自然也。若又计无功用为有自然,如是则又发明自然心生,生灭心灭,此亦但成生灭戏论矣!"⑤智旭大师

---

① 方向红:《自我有广延吗?——兼论耿宁的"寂静意识"疑难》,第13页。
② 张任之:《心性与体知:从现象学到儒家》,第199页。
③ (明)王守仁:《传习录》,《王阳明全集》,第79页。
④ (明)智旭:《楞严经文句》,北京:线装书局,2016年,第193页。
⑤ (明)智旭:《楞严经文句》,第193页。

此说已经揭出"无功用道"也不得处处强调,否则同样坠入生灭道。然自王阳明及其后学,类似"无功用道"的诸多讲法渐成阳明心学主要风格,也正由此,阳明所揭境界工夫正为心学后期裂变之势的漫衍埋下隐患。事实上,从阳明初衷来看,境界工夫的推进实是相当精密且艰难的过程。比如阳明曾云:"理无动者也。'常知、常存、常主于理',即'不睹不闻、无思无为'之谓也。'不睹不闻、无思无为',非槁木死灰之谓也。睹、闻、思、为一于理,而未尝有所睹、闻、思、为,即是动而未尝动也。所谓'动亦定,静亦定''体用一原'者也。"①按阳明所论,所谓"不睹不闻、无思无为"并非无所作为,而是要此心与天理紧密贴合。这一贴合的过程或可用"慎独"给以描述,而慎独的过程即境界工夫的艰难端持。阳明又云:"只存得此心常见在,便是学。过去未来事,思之何益?徒放心耳!"②阳明此处所说"徒放心耳",以及他曾说"率性是诚者事"③皆是要求"惟精惟一"的持续端持。于此关捩处,两条工夫路径极易趋向歧途:其一,刻求心、理合一,归于玄寂之道;其二,自认此心已合天理,故听之任之,堕入阔略之途。在此基础上,阳明后学"归寂派""现成派"之分支其渊源可溯矣。然某种程度上可以说,无论主张归寂,抑或主张现成,都成为造成心学裂变的重要人为因素。

## 二、晚明清初心学工夫论的知识论转向——以"默识"为例

如果说清学兴起之基础乃是建立在对宋明理学的反省和批判之上,那么清儒对待宋明心性哲学的批判行为就不仅仅是针对先儒"空谈阔论"之形而上学层面,在工夫论层面也有所体现。当然,言及于此,众人关注甚多的是清儒对于静坐一事也有质疑,但严格来说,这种质疑亦基于儒禅之辨的立场。实际上,最应引起关注的是,宋明理学诸工夫论在晚明清初是否完成知识论的转化。比如作为解悟"性命之学"之关键工夫——"默识"在明清之际如何演变,便为关键议题。而对该议题的解析首先需要明确一前提,即狭义层面上讲,认识论与知识论本有区别,并且这一区别非常重要。

### (一)"默识"的工夫论演化与宋明儒学隐默面向的凸显

"默识"一说究其本质来说,属于人类认知隐默面向的探讨。而哲学领域有关人类认知隐默面向的发掘存在若干模式,比如西方哲学常有论及的

---

① (明)王守仁:《传习录》,《王阳明全集》,第71页。
② (明)王守仁:《传习录》,《王阳明全集》,第27页。
③ (明)王守仁:《传习录》,《王阳明全集》,第43页。

所谓"默会知识",即指向"我们知道但通常不加言述或者不能充分言述的知识"①。如果说西方哲学"默会知识"概念的提出是立足知识论视角,试图突破其传统命题性知识的局限②,那么侧重心性实践的中国哲学有关"默识"理论的发挥则完成了知识论向工夫论的转移。当然,这里有一个基本前提,即断定知识论与认识论具有区分。而原则上,本文写作的基本理念正是在承认该区分的基础上,探讨宋明心性哲学工夫论主张形成、发展的可能模式。就知识论与认识论的区分问题来说,前文已有提及,宋宽锋教授在《科学的哲学解读与西方哲学的知识论传统》一书中曾详述两则概念的区别和联系。然相关研究成果并未在以工夫论为重要研究内容的宋明理学领域得到充分关注。在此情形下,与当代西方哲学"默会知识"得到广泛讨论和深入阐发形成鲜明对比的是,中国哲学特有的隐默面向的发掘大受局限。鉴于上述考虑,本文以"默识"为案例,尝试弥补此阙。具体来说,"默识"语出《论语·述而》,然孔子讲"默而识之"是立足知识论场域,结合"学而不厌""诲人不倦"讲述学与教的道理。此后,孟子虽未明言"默识",但其讲"良知良能",实际仍是从知识论角度申明作为德性的"知"其本具非习得之特性。而真正从认识论层面发挥"默识"之工夫论特性的,乃是儒门之外的庄子。《庄子》中,"运斤成风""庖丁解牛"之喻皆细致呈现了"默识"工夫的实践形态。至于儒门之内,"默识"的工夫论演进则要归功于宋明理学的推进。对儒学"默识"工夫化进程之关键节点予以逐一考察和系统厘清,不仅可见儒学经典诠释的强劲张力,亦可见各时期儒者其哲学努力与思想蕲向的异同,由此可为儒家心性哲学工夫论的探讨提供一逻辑与历史相统一的创新阐述。

从语词构成上讲,"默识"之"默"乃"识"之修饰词,也即该语词的核心语素是为后者,只是后代儒学人士注解、诠释各有侧重。而在"默识"一说从为文字训诂领域关注之一般议题一跃成为心性哲学聚焦之重要工夫的过程中,宋明理学人士对"默"之状态与"识"之内容都曾予以多维开发,其经典诠释之依据也从《论语》过渡到《易经》。事实上,自宋时二程到明末章潢,宋明儒者对"默识"的诠释多围绕《易经》展开。《周易程氏传》载"大者既

---

① 郁振华:《当代英美认识论的困境及出路——基于默会知识维度》,《中国社会科学》2018年第7期,第22页。
② 国内有关"默会知识"的研究以郁振华教授为代表,其于《当代英美认识论的困境及出路——基于默会知识维度》一文中曾给出"默会知识"极为简明、精确的说明。按郁振华教授所讲,"默会知识"与"明述知识"相对,"是我们知道但通常不加言述或者不能充分言述的知识"。

壮,则利于贞正。正而大者道也,极正大之理,则天地之情可见矣。天地之道,常久而不已者,至大至正也。正大之理,学者默识心通可也"。① 程氏由《易经》阐发得出的"正大之理"在其认为唯由"默识心通"可以识得。宋明儒者将"默识"作为获得"正大之理"的可行门路,其背后涉及儒学极具特色的道体观念、认知观念。比如晚明经学家郝敬曾曰:"乾无可象,象之以天,天者,乾之大物,非谓天即是乾。乾不可见,不可见者,大极也。太极者可以默识,而不可以象求。人能默而识之,圣人何必于象之,惟百姓日用不知,圣人欲发其秘以示人,而无象者不可示也。"②此处言及"太极可默识,不可象求",便是将默识作为认知玄极道体的唯一路径,更将默识从针对"象",即一般事物的认知路数中区别开来。这即预示中国古代哲学中,"知识"与"智慧"确有区别,正如识"道"之大智慧的途径只能是"默识",此便有别于一般的具体的知识的掌握方法。至明末章潢,其立足《易经》云:"乾元用九乃见天则,即刚健中正、纯粹精一之谓也。噫!人能反身默识自性不学不虑之良,真信得孔子从心所欲不逾矩,即乾元用九自然之天则,而天德不可为首之义当自得之矣。"③又云:"果时时密自修之功,则能默识此心之体一有不善,即觉而复之,则一阳为主干内,而吾心之复即复乎天地之心。"④这便仍是依据《易经》,将"默识"衔接力求"反身"之"复性"工夫与倾向"密修"之"不学不虑""勿忘勿助"等工夫。综上,得力于宋明人士对《易经》智慧的汲取,"默识"工夫化进程因此具备充分的经典诠释依据,而与之同步地,宋明理学、心学驻足各自学术立场对"默识"更有各自的阐释和发挥。

  首先是理学于心之认知力的开拓。儒学发展至理学阶段,"复性"工夫成为主流的涵养工夫,这是朱熹"性即理"主张提出的鹄的。需要说明的是,"复性"工夫的关键是要全面调动"心"的能动性,尤其是其认知力。在此进程中,"默识"便成为"复性"的核心步骤。《四书章句集注》中,朱熹注云:"识,记也。默识,谓不言而存诸心也。一说:识,知也,不言而心解也。"⑤无论是"存诸心"还是"不言而心解",都指向"心"之能动力的呈现。换言之,朱熹解释的"默识"根本上即"心"之默会的能动力。《朱子语类》有《默而识之章》,为方便下文讨论,现征引数条罗列如下:

---

① (宋)程颐:《周易程氏传》,北京:中华书局,2011年,第191页。
② (明)郝敬:《周易正解》卷一,《续修四库全书》第11册,第551页。
③ (明)章潢:《周易象义》卷一,《续修四库全书》第9册,第280页。
④ (明)章潢:《周易象义》卷一,第340页。
⑤ (宋)朱熹:《四书章句集注》,第93页。

若"默而识之",乃不言而存诸心,非心与理契,安能如此!①

默而识之便是得之于心;学不厌便是更加讲贯;诲不倦便是施于人也。②

问"默而识之"。曰:"是得之于心,自不能忘了,非是听得人说后记得。"③

问"默而识之"。曰:"如颜子'得一善则拳拳服膺而弗失',犹是执捉在。这个却是'闻一善言,见一善行',便如已有而弗失矣。"④

按朱熹主张,"心与理契"方是"存诸心"的前提,默而识之是得之于心,这即是将"默识"视作工夫境界的一种。然他又讲"得之于心,自不能忘",讲弗失闻善、行善之心,便是要"心"端持该默识境界,使之亦成为一种工夫。至于之后的蔡节讲到"默识,谓不言而存诸心也"⑤,陈淳讲"不言而存诸心,谓口虽不言,而历历记在心头也"⑥,皆是将"默识"作为"心"之认知力的表现。

其次是心学对认知隐默面向的极力发挥。与理学家相比,心学人士对"默识"的发挥则趋向玄妙,更准确地说,心学家更为重视"默识"之隐秘面向的发掘。《慈湖先生遗书》中,杨简云:"默而识之,觉也,不可思,不可言也。故孔子曰:'吾有知乎哉?无知也。'《易·系上传》曰:'神而明之,默而成之。'此'学而不厌'即'默而成之'。"⑦杨简用"觉"训解"默识"原则上即是更为强调认知的内向度和隐秘性。这就与理学路径的诠释具有分别。理学意义上的"默识"谓"不言而存诸心","不言"并非"不可言",正如陈淳讲到的那般:"在学者默而识之,亦非是全用不言而解,亦须略凭圣人一二言为之法,然后从而准则,以演而伸之,触类而长之尔。"⑧但是到了杨简这里,"不可言"的提出,便是将"默"作为"识"的绝对途径。杨简对"默识"之"默"的发挥在当时并非个案,也并不局限于思想界,比如当时文学人士朱埴也有相关心学化的阐释。《颜渊潜心于仲尼》一篇中,朱埴即将"默识"接洽于心学。其道:"以静为学,深于道矣,天下之理未有不由静而入……圣之所以

---

① (宋)黎靖德编:《朱子语类》卷三十四,北京:中华书局,2016年,第856页。
② (宋)黎靖德编:《朱子语类》卷三十四,第857页。
③ (宋)黎靖德编:《朱子语类》卷三十四,第856页。
④ (宋)黎靖德编:《朱子语类》卷三十四,第856页。
⑤ (宋)蔡节:《论语集说》,《文渊阁四库全书》第200册,第602页。
⑥ (宋)陈淳:《北溪大全集》,《文渊阁四库全书》第1168册,第804页。
⑦ (宋)杨简:《杨简全集》第八册,杭州:浙江大学出版社,2015年,第217页。
⑧ (宋)陈淳:《北溪大全集》,第805页。

为圣,亦心之精神为之耳,吾惟于此,反照而内观,默通而冥晓,悟道于不睹不闻之表,契道于无声无臭之天。自他人观之,虽若无所识者,而不知默而识之乃真识之精,虽若无所事乎言,而不知不言而喻已造于不容言之妙。天天相照,吾心一圣人也。"①朱埴这里提到的"反照内观""默通冥晓"以及"不言而喻已造于不容言之妙"亦是将"成圣"的工夫取径导向完全体己的面向。

到心性学发展的高峰期——阳明学时代,王阳明及其后学更是大力倡导"不言"理念。《传习录》卷下载:

> 沈君思畏曰:"师门之教久行于四方,而独未及于蕲。蕲之士得读遗言,若亲炙夫子之教;指见良知,若重睹日月之光。惟恐传习之不博,而未以重复为繁也。请裒其所逸者增刻之,若何?"洪曰:"然师门'致知格物'之旨,开示来学,学者躬修默悟,不敢以知解承,而惟以实体得,故吾师终日言是,而不惮其烦;学者终日听是,而不厌其数;益指示专一则体悟日精,几迎于言前,神发于言外,感遇之诚也。今吾师之殁未及三纪,而格言微旨渐觉沦晦,岂非吾党身践之不力,多言有以病之耶?学者之趋不一,师门之教不宣也。"②

钱德洪与沈思畏的交谈具体是就《传习录》散佚篇章是否付梓问题展开。而据钱德洪所讲,"躬修默悟,不敢以知解承,而惟以实体得"已是阳明学脉之工夫传统,阳明本人强调的正是专一体悟,不费言语。故而按钱氏观点,为"身践"之学考虑,无需再行付梓,流于知解、言传。又,《阳明先生则言》载阳明言曰:"所谓动静无端,阴阳无始,在知道者默而识之,非可以言语究之。"③王阳明讲到的"非可以言语究之"亦是将"默识"作为认知道体的重要方式。阳明又有《咏良知》一首,更是以"无声无臭"诠释"独知"之工夫境界,这一境界原则上也是"默识"体"道"(即"中体")的具体呈现。按牟宗三先生讲:"阳明《咏良知》诗云:'无声无臭独知时,此是乾坤万有基。'独知之知即是无声无臭,即是不睹不闻,即是喜怒哀乐未发之前或未发时所欲体证之中体。"④至此,"默识"语义重心即已悄然落到了"默"字上。值得注意的是,在"默识"转化为工夫论之一种的过程中,王阳明实际发挥了极为关键的作用,与此同时,"默识"也于阳明工夫论主张和相关实践经历颇有助

---

① (宋)魏天应编选,林子长笺解:《论学绳尺》,《文渊阁四库全书》第1358册,第405—406页。
② (明)王守仁:《传习录》,《王阳明全集》,第143页。
③ (明)王守仁:《阳明先生则言》,《续修四库全书》第937册,第401页。
④ 牟宗三:《从陆象山到刘蕺山》,第224页。

益。这一互为助益的模式具体体现在两方面：其一，"默识"成为"默坐体认"的必要因素；其二，"默识"成为心学与易道接洽的关键理论，促成"先天之学"在明代大兴。就第一方面来说，按束景南教授考证，阳明于弘治十八年有"乙丑之悟"，曾以李侗"默坐澄心、体认天理"作座右铭①，又有诗作《观稼》中提到"物理既可玩，化机还默识"两句，束先生解释，前句"真正体会到了'格物穷理''随处体认物理'的真谛"，后句即指阳明"'默坐澄心''真空炼形法'的修炼"。② 综合阳明乙丑年所立座右铭及其"化机"途径，实际张扬的皆是"默而识之"之工夫理念。就第二方面而言，王阳明的默识主张揭出儒学史上心学与易学之间的勾连，这种勾连乃是延续了邵雍心法体道路径。束景南先生在《阳明大传》中提到："阳明的心学之悟就是从体认白沙的'默坐澄心'悟入，扬弃了白沙的'随处体认天理'，通过邵雍心法的易学，达到了知行合一的心学本体工夫论境界……他把白沙的'默坐澄心'的静坐体认同道家的导引炼形的身心修炼结合起来，体悟周易的心学心法。这正是一种当年邵雍体悟心学心法的路径。阳明筑玩易窝体悟周易的心学心法，其实就是仿邵雍筑安乐窝体悟周易的心学心法。"③据此，"默识"乃是心学、易学共同的实修理念。这一共修的前提，即是将儒家心学的根本落实到"先天之学"，"后天之学"只能是兼顾。按束景南先生揭示，阳明心学最终落实到"先天之学"的根基之上乃是邵雍心学的一种发展。束景南先生讲到：

  他（邵雍）在《观物外篇》中明确地说："先天学，心法也，故图皆自中起，万化万事生乎心也。先天学主乎（心）诚，至诚可以通神明，不诚则不可以得道。"先天之学就是心的至诚之学……邵雍说的心至诚的"心法"实际就是以心为太极（道）的"心学"（先天之学）……阳明建玩易窝潜玩《周易》心学心法，同邵雍建安乐窝潜玩《周易》心学心法、夏德甫建易窝潜玩《周易》心学心法一脉相承。④

根据束景南教授以上考述，心学与易学的工夫论衔接正在"默识"，以此促成的"先天之学"的重兴实际是延续邵雍心学的理论范式。该范式既不以可见之"迹"为体悟之法，其实践工夫便不在言语、不在见闻，而在内向度的

---

① 参见束景南：《阳明大传："心"的救赎之路》，第 263 页。
② 束景南：《阳明大传："心"的救赎之路》，第 375 页。
③ 束景南：《阳明大传："心"的救赎之路》，第 420—421 页。
④ 束景南：《阳明大传："心"的救赎之路》，第 421—422 页。

体证、亲知。

延续至阳明后学,"默识"正式作为一重要工夫论出场,"默"之面向更是得到极致宣扬。比如前文已有提及的阳明高足邹东廓"默识"主张。关于邹氏"默识"工夫论的中心旨趣,按张卫红教授揭示,即"于心体不闻不睹处戒惧的心性领悟"①。与邹东廓持相近主张的思想家又有王畿。《三山丽泽录》载龙溪言曰:"吾人之学,原与物同体。诲人倦时,即学有厌处,成己即所以成物,只是一事,非但相长而已也。孔子有云'默而识之',此是千古学脉,虞廷谓之道心之微。学而非默,则涉于声臭;诲人非默,则堕于言诠。故曰'何有于我哉'。非自谦之辞,乃真语也。若于此悟得及,始可与语圣学。"②王畿此说同样将"默识"与虞廷之传相接,将"默识"的重心落到了"默"字上,然其以不落言诠解释"默识"则有杂染佛学的嫌疑。然总体上看,结合邹东廓、王龙溪二者有关"默识"的理解和诠释,"默识"即被当作儒家心性哲学之关键工夫。

与邹东廓、王龙溪同时期的阳明后学思想家罗洪先更是将"默识"描绘得更加贴向"心"之"近里"处的细密工夫。具体来看,罗洪先曾多次阐明"默识"之意义,其云:

> 依月岩而悟主静,元公诣无极之先;入云谷以结幽棲,朱子大斯文之绪……偕风咏于暮春,除茅塞于山径。辨种而艺木,已过十年;环堵以为宫,因周一亩。梅关待月,恍清明之在躬;竹牖披风,倏烦嚣之去体。始知枯槁寂寞,自与道谋;欲为砥砺切磋,当先默识。③

罗洪先在修行处题于石壁上的诗句即已明确将"默识"作为悟道的首要工夫。同时,思想家更将"默识"与向于主体自身的"自得"模式结合去讲。其云:"故言学不厌、教不倦,而必先之默识。默识非细事,非易能也。舍己田而芸人田,圣人以为病,今人以为勇,吾不知其说矣。"④又云:"夫子言学不厌,教不倦,必先以默识,何哉?欲人自得于心,而后可以及于人也。"⑤罗洪先之所以认为"默识"并非易事,便是认为"默识"指向于内向度的自省、自知与自得。更为关键的是,罗洪先与同时期学人曾专就"默识"工夫论及

---

① 张卫红:《邹守益戒惧以致良知的工夫实践历程》,《中国哲学史》2017年第4期,第68页。
② (明)王畿:《三山丽泽录》,《王畿集》卷一,第9页。
③ (明)罗洪先:《石莲洞正学堂上梁文》,《罗洪先集》卷二十五,第985页。
④ (明)罗洪先:《答董生》,《罗洪先集》卷九,第400页。
⑤ (明)罗洪先:《答戴伯常》,《罗洪先集》卷八,第334页。

其牵涉的"心"之实体的可识性及寂感问题展开过集中性的讨论。其与陈明水的书信来往中曾记两人讨论的具体内容：

> 心体惟其寂也，故虽出思发知不可以见闻指，然其凝聚纯一、渊默精深者，亦惟于着己近里者能默识之，亦不容以言指也，是谓天下之至诚；动应惟其有时也，故虽出思发知莫不为感，然其或作或息，或行或止，或语或默，或视或瞑，万有不齐而机难豫定，固未始有常也，是谓天下之至神。①

参照引文，罗洪先所倡"默识"工夫原则上乃是和他一贯的哲学主张紧密契合，即认为心有定体，且可指，然不可以见闻指，亦不可以言语指，唯经"默识"可得、可证，故"默识"乃识得本心寂体的根本工夫。相反，陈明水则认为心无定体，出思发知者（即心之体）不可指。如此，在后者认为，默识徒劳无益，反易落入悬荡与阔略之境。应该说，陈明水的担忧虽不无依据，但忽略了阳明心学的境界化追求。而阳明心学的境界化追求正体现在王阳明再传弟子罗汝芳的"默识"工夫主张上。进一步讲，罗汝芳对"默识"工夫论的极尽发挥集中彰显了阳明所论良知的"圆成性"。罗汝芳云："天命之谓性，正孔子谓'默而识之'。所谓'知天地之化育'，又所谓'五十而学易，知乎天命'者也……自此之后，口则悉代天言，而其言自时；身则悉代天工，而其动自时。天视自我之视，天听自我之听，而其视其听亦自然而无不时也已。所以率此性而为道，道则四达不悖，其学也又安得而或厌？修之以为教，其教则并肩而有成，又安得而或倦也耶？"②罗汝芳认为，"天命之谓性"乃孔子"默识"所得。得此之后，"口代天言""身代天工"皆因"时"而动，此般"率性为道"更进一步讲，实则亦是因"时"默识、时时默识之境界工夫的持续推进。故近溪又有言曰："圣人之学，工夫与本体原合一而成也。时时习之，于工夫似觉紧切，而轻重疾徐不若因时之为恰好。盖因时则是工夫合本体而本体做工夫，当下即可言悦……夫子尝谓'默而识之'，正是识得这个'时'的妙处。故愈学而愈悦，如何有厌？愈教而愈乐，如何有倦？"③从根本处讲，罗汝芳这一立足境界的讲法看似玄密，甚至具备强调以超理智、超感觉的直观来达到真理的神秘主义因素，但其实是要求世人时时端持天理以

---

① （明）罗洪先：《答陈明水》，《罗洪先集》卷六，第201页。
② （明）罗汝芳：《近溪子明道录》，《四库全书存目丛书》子部第86册，第436页。
③ （明）罗汝芳：《近溪子明道录》，第435页。

行事,因"时"默识以体"道",故罗氏根本上是在讲述良知良能的圆成性。正如牟宗三所说:

> 良知之超越性必含一圆顿之可能。从无限进程上说,它永不能全显那奥体而与之为一。可是它的超越性可使它之囿于形超脱而不囿于形。其所当之机围限之,然而因为它不着于形,它即可跃起而通于他。它的每一步具体呈现如果不执不着,亦不舍不离,它即步步具足,亦可以说即是绝对,当下圆成……当它当下具足,步步相无步步相时即含着一圆顿朗现:一步具足即一切步皆具足,一步圆成即一切步皆圆成。①

稍晚于罗汝芳的思想家,比如焦竑、邹元标等人将"默识"的诠释推向绝对化的境界描述。焦竑云:"孔子言默而识之非默于口也,默于心也。默于心者,言思路断、心行处灭,而豁然有契焉。"②此说以"思路断""心行处灭"描述"默"之状态,本质是要"心"与"理"契合为一,然其说却有"灭意"坠空之嫌。邹元标云:"惟知性则知天矣……默而识之,入性之门。"③众所周知,儒释道皆有言"性"之学,邹氏此说更是强化了晚明儒学的宗教化特色。其后,鹿继善有云:"言语文字之学纵言言妙解,字字真诠,如水中捞月,有甚相干。《中庸》一部肯綮,《论语》以一句包之,曰默而识之。"④鹿继善肯定"默而识之""默"字之胜义的同时,又以其理解《中庸》宗旨,此即将"默识"作为心学乃至儒学的根本且唯一的工夫论选择。

到晚明末期,处在明清之际的刘宗周更是将"默识"的工夫纳入"成己"的关键诀窍。其曰:"此道,身有之,则不言而信,以归于愯愯之地,所谓躬行君子也。故云'默识'。识如字,谓信诸心。默识之学,精神毫不渗漏,彻首彻尾,以此学即以此教,何厌倦之有?"⑤刘宗周以"不言""躬行""信诸心"诸项诠释"默识",恰与其"慎独""诚意"诸说的根本旨意,与其"心"学建构的重要特色——"归显于密"⑥正相契合,此即将有关"默识"的阐发推至更为显明的,朝向个体自我的主体主义哲学解释路径。

首先,刘宗周论"慎独"主要在于强调识本体的重要性。其云:"学以学

---

① 牟宗三:《从陆象山到刘蕺山》,第 227 页。
② (明)焦竑:《焦氏笔乘·续集》卷一,《四库全书存目丛书》子部第 107 册,第 469 页。
③ (明)邹元标:《知天问送玉槎先生典铨序》,《愿学集》卷四,《文渊阁四库全书》第 1294 册,第 152 页。
④ (明)鹿继善:《四书说约》,《续修四库全书》第 162 册,第 571 页。
⑤ (明)刘宗周:《论语学案》,《刘宗周全集》第 2 册,第 339 页。
⑥ 参见牟宗三:《从陆象山到刘蕺山》,第 320 页。

为人,则必证其所以为人。证其所以为人,证其所以为心而已。自昔孔门相传心法,一则曰慎独,再则曰慎独。"①云:"慎独之学,既于动念上卜贞邪,已足端本澄源。"②此即在于揭明"慎独"之重要性。然蕺山所揭"慎独",其核心义却在需慎待之"独"上。何谓"独"？其云:"'独'即天命之性所藏精处,而一'慎独',即尽性之学。"③云:"夫人心有独体焉,即天命之性,而率性之道所从出也。"④又云:"独体本无动静,而动念其端倪也。动而生阳,七情著焉。念如其初则情返乎性。"⑤"独"既是"天命之性"之藏精,即道德本性之独体,可见蕺山所谓"慎独"与世儒力倡之"复性"具有逻辑同格之关系。故而,此"独"便获得了"体",具体而言乃是"性"体之内涵。该意义上,刘宗周对"慎独"的倡导一方面具有传统意义上讲静坐、独处的意义指向,但更大程度上是要求主体朝向本心内在,默识"性"体。

其次,刘宗周论"诚意"更多倾向于揭示其立主体之义涵。结合以往研究,学界向来关注刘宗周"意"说的诸多深义,毕竟此"意"与众儒所论不同,其概念优先性甚至要超越"心",超越"知",更有别于"念"。故而蕺山论:"因感而动,念也。动之微而有主者,意也,心官之真宅也。"⑥云:"心无体,以意为体,意无体,以知为体,知无体,以物为体。物无用,以知为用,知无用,以意为用,意无用,以心为用。此之谓体用一原,此之谓显微无间。"⑦综合蕺山所论,"意"同"独"一样具有超越意义的德性本"体"的特性。正是在此基础上,蕺山较为系统地省察了浙学历史上诸位心学宗师其论"意"之失,及此失所导致的论学之阙。如其云:

> 看《大学》不明,只为"意"字解错,非干格致事。汉疏八目先诚意,故文成本之曰"大学之道,诚意而已矣",极是。乃他日解格致,则有"意在乎事亲"等语,是亦以念为"意"也……慈湖宗无意,亦以念为意也,无意之说不辨,并夫子毋意之学亦不明,慈湖只是死念法。禅门谓之心死神活,若意,则何可无者？无意则无心矣。龙溪有"无心之心则体寂,无意之意则应圆"等语,此的传慈湖宗旨也。文成云:"慈湖不免

---

① (明)刘宗周:《证人要旨》,《刘宗周全集》第3册,第4页。
② (明)刘宗周:《证人要旨》,《刘宗周全集》第3册,第6页。
③ 此语为刘宗周评王阳明《拔本塞源论》,参见(明)刘宗周:《刘宗周全集》第3册,第229页。
④ (明)刘宗周:《证人要旨》,《刘宗周全集》第3册,第6页。
⑤ (明)刘宗周:《证人要旨》,《刘宗周全集》第3册,第5页。
⑥ (明)刘宗周:《原心》,《刘宗周全集》第3册,第251页。
⑦ (明)刘宗周:《学言下》,《刘宗周全集》第3册,第405—406页。

著在无意上。"则龙溪之说非师门定本可知。①

对杨慈湖、王阳明、王龙溪等浙地"心"学宗师诸类"意"说的省察,揭示刘宗周有关"意"的阐发,乃至其对"心"学的重新建构,是在对地方心学传统进行批判、思辨的基础上展开的,而其批判吸收之关键正落在对"意"与"念"的区别对待上。蕺山认为,"意本是善的"②,故从作用之初而言,便与动则自有善恶区别的"念"具有差异。同时,蕺山又云:"意根最微,诚体本天;本天者,至善者也。"③其以"意根"说"意",此"意"便有了唯识学知识论之内容。具体言之,正如丁耘所揭:"《大学》里的'意',阳明学与通行注疏相当于以第六识解释,蕺山学相当于以第七识及第八识解释。就其是意识之微根,且恒存不随四情而转,具第七识义;就其是四情之所'存'的含藏义言,具第八识义。"④此即彰显出蕺山"意"论的"特出"性质。应该说,蕺山对"意"的阐发其初衷乃在对"诚意"的侧重。而其对"意"的超越性阐发即已宣告其"诚意"论有别于以往诸儒之说,更与其"慎独"论紧密相关。其云:"诚者,自成也,诚于意之谓也。"⑤即在申明"诚意"之重在于"自成",在于个体对自我的忠实态度。故刘宗周又曾以"毋自欺"一说贯穿"慎独"与"诚意"的诠释。其云:

传称"毋自欺",自之为言独也。谓一点妄心,结向里去,为诸妄之本。所谓自也,若曰"不欺其自己而已",人又谁肯欺自己者?自非己也,独非念也。于此益知诚意之说。⑥

独体至微,安所容慎……吾姑即闲居以证此心。此时一念未起无善可著……止有一真无妄在不睹不闻之地,无所容吾自欺也,吾亦与之毋自欺而已。则虽一善不立之中,而已具有浑然至善之极。⑦

刘宗周以"毋自欺"解释"慎独",揭示诚其"意"之关键在于"结向里去"的除"妄"工夫,在于默识不睹不闻之地,体认浑然至善之境。此即是以"毋自欺"为中介,衔接"诚意"与"慎独",要求朝向内在的个体主体性直面

---

① (明)刘宗周:《学言中》,《刘宗周全集》第3册,第381页。
② (明)刘宗周:《学言下》,《刘宗周全集》第3册,第401页。
③ (明)刘宗周:《学言下》,《刘宗周全集》第3册,第408页。
④ 丁耘:《心物问题与气论》,《中国社会科学》2022年第6期,第92页。
⑤ (明)刘宗周:《学言下》,《刘宗周全集》第3册,第417页。
⑥ (明)刘宗周:《学言下》,《刘宗周全集》第3册,第392页。
⑦ (明)刘宗周:《证人要旨》,《刘宗周全集》第3册,第4—5页。

"己"身真切感受,即要求"真"得,要求建立个体主体性,并充分尊重感受的自我以及直观的自我。

再者,刘宗周论"心"之修养,正暗合虞廷十六字旨诀之"默识"真工夫。心学人士论"默识"之学多与虞廷十六字旨诀之修养工夫相系。比如前文已提到的王龙溪的相关阐发。然相较王龙溪,蕺山之论更将"默识"与识本体的衔接推至做真工夫的进程。其云:"虞廷十六字,为万世心学之宗。请得而诠之曰:人心,言人之心也;道心,言心之道也,心之所以为心也。可存可亡,故曰危;几希神妙,故曰微。惟精,以言乎其明也;惟一,以言乎其诚也,皆所谓惟微也。明亦可暗,诚亦可二三,所谓危也。二者皆以本体言,非以工夫言也。至允执厥中,方以工夫言。中者,道之体也,即精一之宅也。允执者,敬而已矣,敬以敬此明,是谓常惺惺;敬以敬此诚,是谓主一无适……惟允执二字专以工夫言,故尧授舜,单提之而不见其不足。"①该段文字虽不见蕺山明言"默识"二字,却可知其乃将"默识"落实到真切且具体的修"心"工夫上,进而将"默识"与虞廷十六字心传之间的关联诠释从本体论推进至工夫论。由此,"默识"工夫有了别称——"允执"。

(二)回归知识论的清初儒学"默识"诠释

综上所述,得力于理学的开拓、心学的发挥,又有易学的支撑,以及佛道二氏的影响,"默识"终以渐趋成熟的工夫形态呈现于心性哲学的讨论中。直至入清,当实证主义兴起,"默识"之论方回归一般意义上的知识论范畴。比如王夫之《论语笺解》中云:

> 默识重一识字,谓在默而能识。有云"惟默故识"者,邪说也。"识"者,常常记忆其心之所得也。人即心有所得,而言则有,不言则忘;默时便忘,则不能为主于心,而意之所发,有非其志之所持者矣。当静默时常常在心目间,无有断续,则心统乎理,而随其所发,左右逢原,终身终食皆得所依据,语亦识也,默亦识也,其得乃真得也。"识之""之"字虽有所指,然不可于此捉定说何所识,但是心所得之理皆常存而不忘。②

王夫之不仅批判了"惟默故识"等绝对化的主张,将"默识"的重心重新导向"识"之本身,即识记的模式。又结合"心"与"理"之间关系,观照了

---

① (明)刘宗周:《学言下》,《刘宗周全集》第3册,第425—426页。
② (清)王夫之:《四书笺解》卷三,《船山全书》第6册,第199页。

"心"的识记功能,同时强调"真得"的重要性。又至焦袁熹、毛奇龄等人,更促使"默识"的诠释回归平实路径。袁氏云:"'默而识之'无他,切而已,不切则欲不遗忘,不可得也。'默'只训不言,谓不靠着言而只能不忘于心,尤为坚固耳,非禁绝语言文字,只守个黑窣窣地也。"①毛氏直言"默识之学"即"强记之学"②。上述解释都不同程度地消解了以往心学家对"默识"隐秘性和绝对化的描述。事实上,王夫之、焦袁熹、毛奇龄等人做法和清初学者对待儒学知识论、工夫论的客观态度是基本一致的。比如当时陆世仪也道:

> 天下事有可以不虑而知者,心性道德是也;有必待学而知者,名物度数是也。假如只天文一事,亦儒者所当知,然星辰次舍、七政运行,必观书考图然后明白,纯靠良知致得去否?故穷理二字赅得致良知,致良知三字赅不得穷理。③

> "吾十有五而志于学"是孔子入门工夫,博文约礼是颜子入门工夫,日省是曾子入门工夫,戒惧慎独是子思入门工夫,集义是孟子入门工夫;他如周子之主静,张子之万物一体,程、朱之居敬穷理,胡安定之经义治事,陆象山之立志、辨义利,有明薛文清、胡余千之主敬,湛甘泉之随处体认天理,陈白沙之自然养气,王阳明之致良知,皆所谓入门工夫,皆可以至于道。学者不向自心证取,而辄欲问之他人,岂所谓实下工夫乎!④

陆世仪对所欲知之"识"作了两种分类:其一,心性道德之"识";其二,名物度数之"识"。而"理"不仅包括道德之理,亦可赅括天文历法等事物之理,故而在此基础上,"穷理"即可囊括"致良知"。这便是相对客观地,从知识论的视角凸显了程朱理学认知工夫的优越性。又,陆世仪尤重"入门工夫",且将儒门"入门工夫"分作若干门类,其目的在于强调"自心证取",即根据自身实情,证取合宜之工夫门径。据此,无论是王夫之,抑或陆世仪,清儒再议"默识",皆有彻底扭转宋明以来渐趋主观化的、神秘主义的工夫论模式,转向知识论视域的考察。应该说,晚明清初,"默识"的知识论转化实际上正反映了清学对可考据、可明见、可共证之知识的普遍重视。这一重视之

---

① (清)焦袁熹:《此木轩四书说》卷三,《文渊阁四库全书》第210册,第566页。
② 参见(清)梁章钜:《论语旁证·默而识之章》,《续修四库全书》第155册,第118页。
③ (清)陆世仪:《思辨录辑要》,徐世昌编纂:《清儒学案》第1册,第100页。
④ (清)陆世仪:《思辨录辑要》,徐世昌编纂:《清儒学案》第1册,第99页。

因如以考据学为例,乃是清儒"对明代空疏学风批判的直接结果"①,而其表现不仅体现在"默识"从道德修养工夫论走出方面,更彰显于晚明清初诸家学说之中。某种程度上,正如学界普遍认同的观点——"对知识的重视体现在学术风气与态度的丕变上,出现由虚返实、由约而博、从尊德性到道问学等学术现象"②,明清儒学转型在认识论、知识论层面即体现在两方面:其一,宋明认识论向知识论的回归;其二,传统知识论与西方知识学的接轨。而两方面内容的探究都要结合晚明清初"效验"议题的凸显展开。

## 第三节 心性哲学"效验"论向实证主义的过渡、转进

晚明清初儒学转型进程中有一重要议题,即经世之学的复兴。对此,从清初三大家的政治思想和现实关怀考虑,以及当时大部分儒者对阳明后学众人高谈阔论的反感,乃至对事功实践的提倡等事项上来看,的确存在一以经世实践为主体内容的儒家实学的复兴。然事实上,晚明以降乃至清中期,以高攀龙、焦循为代表,反复提及的儒者"开物成务"之实践要求在阳明心学义理诠释中早有端倪可循,同时,晚明王学兴起对"效验"议题的广泛关注和集中讨论,亦为经世之学、实学的推进提供了充分的思想依据。就前者来说,张卫红教授曾在其《以良知开物成务——阳明学者以心性贯通事功的道德实践与工夫障难论析》一文中即已揭阳明心学事功思想和经世主张的义理根源。据作者讲到:"王阳明在军政生涯中的道德实践工夫在于,军政措施从良知开出,一体之仁是其真切体认,良知统摄一切视听言动、方略权变而不杂私意。理论上,良知与事功的关系基于心无内外、学无内外的意义视野,故以纯然无杂的心灵状态去主动有效地融摄一切事为知识,必致心性与事功合一。邹守益、罗洪先、唐顺之等阳明学者的事功活动,都以自觉实践良知学为核心,时时警惕气魄担当、认欲为理的工夫障碍。阳明学者以心性贯通事功、以正人心来改变社会的理念和实践,昭示出道德与事功原本一体的实践可行性,极具现实意义。"③依据此说,阳明学自身义理的演化与其事功实践本具细密关联,这一关联的持续推进即与明清经世之学的复兴具有

---

① 孙钦善:《清代考据学》,第13页。
② 鱼宏亮:《知识与救世:明清之际经世之学研究》,第78—79页。
③ 张卫红:《以良知开物成务——阳明学者以心性贯通事功的道德实践与工夫障难论析》,《道德与文明》2015年第5期,第41页。

一内在理路的一致性。至于"效验"议题何以重提,仍然要从阳明心学发展之整体趋向讲起。按前文提及,晚明王学的分流与阳明学本具之"法病"相关,而阳明心学的"法病"按古今学者的诠释,导向"四无"是为其一,工夫境界难以共证、明见是为其二。就前者来说,导向"四无"将促使心学与佛学之边界进一步模糊,就后者而言,阳明心学乃至宋明学术之整体自晚明以降遭遇的诸多批评和否定皆与检证一事相关。究其原因,则因深具实践哲学特色的阳明心学同时与境界哲学发生交涉。境界哲学关联心性修养与工夫践履两大重要层面,该前提下,逻辑推演和真理检证面临愈加鲜明的尴尬境地。此便为实证主义思潮之兴起创造了契机。就此而言,明清之际考据学、经世之学的复兴实际正孕育在一场由"效验"议题引发,并最终推进至实证主义思潮的运动中。这里讲到的"实证主义"既包括知识论层面的内容,也包括道德修养层面的内容;既关涉人文领域,也关涉自然科学领域。在此意义上,如吴根友教授经由对乾嘉学术的探讨,提炼而出的人文实证主义哲学方法论及其彰显之求实精神实际在晚明清初已呈露端倪。按吴根友教授曾谈及自身哲学努力所在,即"在明清哲学研究的过程中,参照现代西方哲学的实证主义与语言哲学的思路,将清代哲学的方法论提升到一种'人文实证主义'方法论的高度,试图从哲学方法论的高度来考察清代经学考据学与历史考据学中蕴涵的历史还原主义方法,并从哲学的统合角度将其提升为一种实证主义的方法论"①,吴根友教授此处言及的实证主义方法即为"人文实证主义"方法。该方法之所以称之为"人文"的,是"由于清代的考据学主要是人文的,而非自然科学的"②,而由此哲学精神所培养起来的,正是"'求真''求实''求是'"③的精神,此种种精神"为近代中国人培养科学精神提供了自己的文化土壤"④。鉴于对吴根友教授关于人文实证主义精神的归纳的理解,我们认为,"求真""求实""求是"之精神实际在晚明清初已于"效验"议题的凸显中得到充分呈现,且并没有局限于人文层面,此即可视为明清儒学转型之重要线索。

### 一、由阳明心学境界诉求促发的心性哲学检证问题的凸显

阳明心学乃至中国哲学整体始终面临检证难题,此困难不仅在于诸多

---

① 吴根友:《即哲学史讲哲学——关于哲学与哲学史研究方法的再思考》,《哲学研究》2019年第1期,第53页。
② 吴根友:《即哲学史讲哲学——关于哲学与哲学史研究方法的再思考》,《哲学研究》2019年第1期,第53页。
③ 吴根友、孙邦金:《戴震乾嘉学术与中国文化》,第324页。
④ 吴根友、孙邦金:《戴震乾嘉学术与中国文化》,第324页。

理念的提出仍多属个体感知性质的境界化描述,亦难在讨论者并未形成系统化的意见。阳明心学场域如此,佛、道二家亦如此。比如庄子哲学中提及"鱼之乐"与"我之乐"即已揭出交互感知的困难。该情形下,除主体亲证之外,他人无从检证对方所知、所不知,所致、所未致。而当主体面对自身,首先又需面对突破成心之难。《齐物论》载:"人之生也,固若是芒乎?其我独芒,而人亦有不芒者乎?夫随其成心而师之,谁独且无师乎?奚必知代而心自取者有之?愚者与有焉。未成乎心而有是非,是今日适越而昔至也。是以无有为有。无有为有,虽有神禹,且不能知,吾独且奈何哉?"①《则阳》又载:"人皆尊其知之所知而莫知恃其知之所不知而后知,可不谓大疑乎!"②以上皆在指出成心之根深蒂固,以及突破之难。于此,主体于自身之真境界既已难知。同时,亲证工夫还要面对客观性的难题,意谓主体工夫境界的达致也缺乏绝对客观的判断。庄子云:"我与若不能相知也,则人固受其黮暗。吾谁使正之?使同乎若者正之,既与若同矣,恶能正之!使同乎我者正之,既同乎我矣,恶能正之!使异乎我与若者正之,既异乎我与若矣,恶能正之!使同乎我与若者正之,既同乎我与若矣,恶能正之!然则我与若与人俱不能相知也,而待彼也邪?"③就中国哲学而言,可以说庄子较早提出了认识客观性检证的难题。在此疑惑之下,庄子寄望于"道",故云"堕肢体,黜聪明,离形去知,同于大通,此谓坐忘"④,从而消解人认识真理的可能性。除庄学之外,佛学同样面对检证之难。谈锡永论及"佛内自证智境界"与"佛"的真实存有模式,以及"智识双运"等义理问题时讲到:"佛内自证智境界,名为如来法身。这里虽说为'身',其实只是一个境界,并非有如识境将身看成是个体。这个境界,是佛内自证的智境,所以用识境的概念根本无法认知,因此才不可见、不可闻。在《金刚经》中有偈颂说:'若以色见我,以音声求我,是人行邪道,不能见如来。'色与音声都是识境中的显现,若以此求见如来的法身、求见如来的佛内智境,那便是将如来的智境增益名言,是故称为邪道。如来法身不可见,因为遍离识境。所以说如来法身唯借依于法身的识境而成显现,这即是依于智识双运而成显现。"⑤据此,佛内自证之智境既非识境所能达致,则客观检证更无可能。相较道与佛,儒家将实践视野投向广阔的现实社会,客观检证具备一定条件,毕竟修身之后,齐家、治国、平天下便可见得身修之层次和境

---

① (清)郭庆藩:《庄子集释》,北京:中华书局,2016年,第56页。
② (清)郭庆藩:《庄子集释》,第795页。
③ (清)郭庆藩:《庄子集释》,第101页。
④ (清)郭庆藩:《庄子集释》,第259页。
⑤ 谈锡永:《〈解深密经〉密意》,上海:复旦大学出版社,2013年,第3页。

界。只是当儒学发展至宋明理学阶段,外王之道全全转向内圣之道,成己、成德之境即难以在成物一事上得到更好展现。具体而言,阳明心学所谓"人人皆可成圣",人人皆可致得良知,那么众人所致良知是否即为圆满之知无从确证。

某种程度上可以说,心学分裂的哲学缘由首先在于逻辑检证的困境。所谓逻辑检证,即通过概念的设定,理论的推演,检证命题为真。王阳明主张"心即理",主张"良知"自足,其理论的本质乃是将一切观点从实践境界讲起。如前文论述,当阳明心学将一切宗旨建立在境界哲学视域,其面临的风险体现在多个层面,然最关键的即是,侧重亲证的阳明心学,乃至中国哲学的整体皆无法向他人明确表述其工夫过程具体如何展开,更无从向他人证明自身境界是否已然达致。从该方面来说,心学讲出的理论原则上是得道者自身体验的结果。故王阳明终其一生只是告知他人须信得良知,不曾在工夫细节上指导其追随者。在此前提下,回到理论的逻辑检证问题上,亲证的哲学基本无从谈及逻辑的推演,更倾向于信仰的说教和坚守。即便阳明学也以四书、经学体系等经典诠释的途径阐释自身理论的合理性,然众所周知,该路径向来不是阳明哲学的重心,反是朱熹理学的根基。阳明学继承象山学术,侧重工夫实践面向,往往教人只做工夫。

逻辑检证面临尴尬境地的同时,讲求境界追求的阳明心学在传承其义理、精神的过程中虽有针对"上根人""中根人"不同的施教理念,然当其大肆宣讲良知自足、自主的进程中,实则也忽略了人性能力与人性境界的考量。杨国荣先生在其书中讲到:"人性能力是人的本质力量在认识世界和认识自己、变革世界和变革自己这一过程中的体现。具体地看,它涉及'已知'与'能知'等多重方面。所谓'已知',是指在人类的历史过程中形成、积累起来的广义认识成果。一方面,人性能力总是奠基于广义的认识成果,其形成也与这种认识成果的内化、凝结相联系,否则便会流于空泛。另一方面,广义的认识成果若未能体现、落实于人性能力之中,亦往往只是一种可能的趋向,作为尚未被现实化的形式条件,它们缺乏内在的生命力。在成己与成物的过程中,以上两方面总是彼此互动。同时,人性能力既有康德意义上形式、逻辑的方面,又涉及意识过程、精神活动,从而在一定意义上表现为逻辑与心理的统一。"①根据杨国荣教授的讲述,人性能力包含形式、逻辑的层面,也指向精神活动的路径。按此说,上文已经提及,逻辑检证在阳明心学范域内难以执行,毋庸说对意识过程的析解,阳明心学与现象学并不完全契

---

① 杨国荣:《成己与成物——意义世界的生成·导论》,北京:北京大学出版社,2011年,第17页。

## 第四章　阳明心学境界诉求的衍化与清学特具因素生成契机的涌现

合,我们也极难在反思和追问中实现对心学的逻辑推演。更进一步讲,理学发展至阳明心学,其对心性的强调促使广义知识的获取与外显规范系统的成形依赖于"良能"的先验存在与内在对良能的体证境界,由此,王阳明借鉴法华判教设定的"上根人""中根人"乃至"下根人",及阳明后学诸如罗近溪等人对人与物的区分,几乎全部建立在"觉悟"能力的准则之上。这即预示一种不同前人的思考路径,即人性能力的判定转变为个人的行为,一旦夹杂主观因素,则人性能力无法完成理性检证。此外,杨国荣教授又曾指出:"相应于人自身的反思、体悟、感受,等等,境界或精神世界所内含的意义不仅涉及对象,而且指向人自身之'在'。事实上,在境界或精神世界中,较之外在对象的理解和把握,关于人自身存在意义的思和悟,已开始成为更为主导的方面。就后者(对人自身存在意义的思和悟)而言,境界或精神世界的核心,集中体现于理想的追求与使命的意识。理想的追求以'人可以期望什么'或'人应当期望什么'为指向,使命的意识则展开为'人应当承担什么'的追问。以使命意识与理想追求为核心,人的境界在观念的层面体现了人之为人的本质规定,从而,这一意义上的境界,也可以理解为人性境界……人性境界固然包含价值的内涵,但离开了人性能力及其在知、行过程中的具体展现,仅仅停留于观念性的层面,则精神世界也容易流于抽象、玄虚、空泛的精神受用或精神承诺。从哲学史上看,宋明时期的心性之学在某种程度上便表现出以上倾向,它所倡导的醇儒之境,往往未能与变革世界的现实能力相融合,而主要以内向的心性涵养和思辨体验为其内容,从而很难避免玄寂、虚泛的趋向……就个体的存在而言,自由的人格既表现为价值目的意义上的德性主体,也呈现为价值创造意义上的实践主体,这种存在形态不同于抽象层面上的知、情、意的会融,而是具体地展现为人性能力与精神境界的统一。"①按杨国荣先生所说,人性境界涉及个体精神的感知、判断,且在内向度的心性哲学趋势之下,人性能力外显的那部分也易受限于个体境界的追求。与此同时,个性的生成、发展,同时以其与社会的互动为其历史内容。这种总体性的内容极难实现检证的系统性和完备性。再者,"成己"的过程乃是自我发展的绵延统一,于此,检证一方面成为对这一过程的全程追随,其过程的不断展开意谓人性境界阶次始终处于发展状态,直至生命之终结,另一面则意味建立在个体道德基础上的公共理性实际缺乏系统重构之可能。这即为清学的兴起提供反省契机。

如何提供清学兴起之契机?阳明心学必然面临之检证难题推展开来实

---

① 杨国荣:《成己与成物——意义世界的生成·导论》,第21—22页。

际指向两项内容：其一，向内的检证。良知如何知善知恶？如何知是知非？即如何证得自知、自明。其二，个体良知如何具备普遍性，并最终成为公共规范？前项涉及自律的可能，后项涉及普遍效验及公共理性建立之可能。就前项来讲，所谓良知的自我规范即良知如何证明自己，换言之，即良知如何觉察并规范"意"的是非。就后项来说，良知如何成为一种公共规范，实际追问的乃是如何使良知学之效验可明见、可共识、可操作。两项内容在晚明即已成为儒者聚焦之议题，又在清季成为众多汉学家进一步批判心性哲学、重构"公理"体系之工具、手段。故而某种意义上，正是自晚明以降，由检证难题引发的质疑、批判激励了儒学内部对实证、共证乃至公正的深切诉求。这便是晚明清初儒学客观化的内在驱动机制。只是，这里有一个问题还得细致梳理，即"良知"所涉自证、共证如何进入清儒视野。据对以往研究的考察，"良知"自证的问题实际是由儒佛之辨议题引入，而"良知"由自证趋向"共证"之诉求，则因"效验"议题介入。

## 二、良知自证与唯识自证之别

首先是良知自证的问题。有关该议题，王阳明鲜有论及，在阳明的论述中，良知等同于道德本心，自具道德判断之能，而在其后学王龙溪的思想建构中，此"能"更近乎成为一信仰的存在，一本能的作用机制。来看龙溪是如何讲述"良知"之能。其云：

> 吾之目遇色，自能辨青黄，是万物之色备于目也；吾之耳遇声，自能辨清浊，是万物之声备于耳也；吾心之良知，遇父自能知孝，遇兄自能知弟，遇君上自能知敬，遇孺子入井自能怵惕，遇台下之牛自能觳觫。推之为五常，扩之为百行。万物之变，不可胜穷，无不有以应之。是万物之变，备于吾之良知也。夫目之能备五色，耳之能备五声，良知之能备万物之变，以其虚也。①

龙溪文中讲到的良知"知孝""知弟""知敬"，以及"能怵惕""能觳觫"等良能引人深思：此知、此能其作用机制如何，是直觉所得，抑或逆觉证得？又，此知、此能是属道德本能，还是道德判断？就第一项问题讲，已有争论。此则争论还要结合龙溪又一段言论展开讨论。龙溪道：

---

① （明）王畿：《宛陵会语》，《王畿集》卷二，第44页。

> 夫寂者,未发之中,先天之学也。未发之功,却在发上用;先天之功,却在后天上用……心体本正,才正心,便有正心之病。才要正心,便已属于意……良知之前无未发者,良知即是未发之中。若复求未发,则所谓沉空也……良知在人,本无污坏。虽昏蔽之极,苟能一念自反,即得本心。譬之日月之明,偶为云雾之翳,谓之晦耳。云雾一开,明体即见,原未尝有所伤也。此原是人人见在具足,不犯做手本领工夫。人之可以为尧舜,小人之可使为君子,舍此更无从入之路、可变之几。固非以为妙悟而妄意自信,亦未尝谓非中人以下所能及也。①

龙溪此处所谓"一念自反,即得本心"具有两种含义:其一,直觉自能;其二逆觉体证。若按熊十力先生认为,阳明心学之哲学重心正在"直下自觉",故而龙溪此说当作前者理解;然据牟宗三先生对良知之"用"的分析及对道德性命之学的阐发,致良知工夫的重心乃是逆觉体证。这就造成了一矛盾局面。按倪梁康教授评曰:

> 当牟宗三将熊十力的"直下自觉"理解为"一个主体对它自己的内部直觉"时,他实际上已经偏离了"道德自证分"的含义。因为主体对自己的"内部直觉"只能是一种反思,它原则上不同于熊十力的"直下自觉"。当然,这里的问题在于:如何理解这里的道德本体?如果它是对象性的主体或自我实体,那么对它的直觉就是反思或反省;而如果它指的是非对象性的我思的意识活动,那么对它的把握就是具有道德判别功能的自我意识:道德自证分。②
> 而真正的"直下自觉"是与道德行为同时进行的,是道德行为在进行中的自身意识。这也就是王龙溪在前引文字中所说的"最初无欲一念",这也就是孟子和王阳明都强调的无须学习、生而有之的"良知""良能"。③

据此,按倪梁康教授上述解释,王龙溪所讲"能怵惕""能觳觫"等良能、

---

① (明)王畿:《致知议辩》,《王畿集》卷六,第133—134页。
② 倪梁康:《"唯我论难题"、"道德自证分"与"八识四分"——比较哲学研究三例》,《唯识研究》第6辑,北京:商务印书馆出版社,2019年,第415页。
③ 倪梁康:《"唯我论难题"、"道德自证分"与"八识四分"——比较哲学研究三例》,第415页。

道德表现更大程度上乃是"直下自觉"所得。这一直觉的产生其后被倪梁康教授以"同情心"对等理解,并被解作"道德本能"的呈现。但是这里提及的"道德本能"本质上又有"判断"之能。由此造成一则困难,即我们必须在区分道德本能与道德判断的基础上才能厘清"良知"良能的动力源头,以及"良知"别是非、分善恶的判断机制。

　　理查德·乔伊斯在《道德的演化》中曾提到:"……根据上一种解释,'道德动物'这个术语指的是道德上值得赞扬的动物;而根据这第二种解释,它指的是进行道德判断的动物。同前者一样,后者也可以有多种形式:说我们天生能够进行道德判断,意思可以是,我们被设计成对于某些特定种类的事物具有特定的道德态度。"①照此来说,中国哲学自孟子提及良知良能,至阳明反复强调良知知是知非、知善知恶的判断机制都可以道德本能之反应理解。但是这里又引出一则追问,即我们是否生来具有德性?按龙溪道:"今人乍见孺子入井,皆有怵惕恻隐之心,乃是最初无欲一念,所谓元也。转念则为纳交要誉、恶其声而然,流于欲矣。"②这里的"最初无欲一念"是什么?是本能的?是自然的?是理性的?是"智的直觉"?总之,是非判断的。故其是唯识"率尔心"?是"智"?还是"良知"?如何区分?如何生发?如何作用?按龙溪的诠释思路,这一最初一念即先天,即本能,即无关任何道德计算,并且不参杂丝毫个人理性的道德判断,它仅仅是先天道德原则的呈现。而王龙溪所谓"转念则为纳交要誉、恶其声而然,流于欲矣"便揭示了思量、判断,即第七识、第六识对"智"、对道德原则的实际干扰。这一观点如按西方德性伦理学观望,正是否定冷静判断的理性主义对德性行动的干扰。正如斯洛特所谓:"如果认为怜悯、仁慈、友善和关切他人需要参照内在力量的(冷静的)理想或任何其他不同的价值来证成的话,这似乎扭曲了我们赋予它们的德性价值。"③又如乔伊斯讲到的,"一个人的动机要是出于明确的道德计算,而不是直接的同情,这体现的其实是一种恶德……一个人如果只是出于爱或利他主义的动机而行动,他并不由此就做出了道德判断"④,以及"在(无论是个人或群体的)决策过程中,道德原则可以用来阻止决策者或决策机制无休止地处理、考虑和要求进一步的理据"⑤。乔伊斯第一说即

---

① 〔新西兰〕理查德·乔伊斯:《道德的演化》,南京:译林出版社,2017年,第4页。
② (明)王畿:《南雍诸友鸡鸣凭虚阁会语》,《王畿集》卷五,第112页。
③ 〔美〕迈克尔·斯洛特:《源自动机的道德》,南京:译林出版社,2020年,第25页。
④ 〔新西兰〕理查德·乔伊斯:《道德的演化》,第68页。
⑤ 〔新西兰〕理查德·乔伊斯:《道德的演化》,第142页。

意味"道德判断的能力对于这些道德情感或美德而言并不是必须的"①,据此,"良知"如果出于本能、先天,是否无须"判断"能力,而仅作为"先天之知"理解即可?换言之,这一"知"先天地蕴含在"良知"本体之中,并不抽离出来单独作用,或者更具体地讲,发生判断机能。就此层面来说,"良知"之能与佛教唯识学"自证分"之能并无差别。也正因如此,学界向有以佛教唯识学"自证分"概念类比"良知"的自知、自证问题。部分人士甚至断定,佛说"自证分"即阳明所谓"良知"。与此同时,也有研究者极坚决地认定,两则概念实并不具备可比性。以上两种意见,前者不考虑具体语境直言概念等同,当然是不够严谨的;然后者完全排斥比较,又如何面对现下之比较现状呢?因此,我们更倾向于认为,"自证分"与"良知"之间确实具备某种统一性,该统一性按现象学观察,实是建立在对意识的再认识上,而在中国哲学语境中,"自证分"与"良知"之间,其概念边界和功效之别更有必要得以明确。

"良知"之"知",按上文梳理,其事关"道德"之"体"、之"用"广为学界关切。大致上,国内学者多以"道德本心"论其根本属性,而国外学者如耿宁,则三分"良知"内涵,揭示这一概念不仅具有孟子学意义上的"四端"之心的指意,又有"本原知识"("内意识")的属性,更有完善本己,即德性本体的涵义。耿宁的诠释虽展现了"良知"的多元内涵,但实际是兼顾价值论、认识论、本体论三条路径,综合呈现"良知"的复杂属性。因此,有学者认为,"耿宁所谓良知三义只是从不同的视域对同一良知的言说。阳明所谓性、气原无可分,也表明良知的浑沦特征。括言之,良知即体即用,即心即性即情即理。但因为阳明以'是非之心'来论良知,并且涵摄四端之心,故其'良知'之核心内涵必落在'良知Ⅱ'即'是非之心'上。此即'良知只是个是非之心',换言之,良知首先是道德之判断能力与原则"②。同时,阳明谓"是非只是个好恶"则被认为,此说"实际上是把'好善恶恶'的道德情感既视为道德之判断原则,亦视为道德之践履(动力)原则('好善恶恶'本身既是情感也是意志)"③。以上所说皆在申明"良知"本具实践理性之根本属性,而相较"良知"甚为显明的价值依归之底色,"自证分"与其大有区别。

"自证分"的提出是依唯识学"三分说""四分说"而立,是作为唯识认知序列一构成元素存在。陈那对于"自证"的理解和发挥与其对待"现量"概

---

① 〔新西兰〕理查德·乔伊斯:《道德的演化》,第68页。
② 陈乔见:《良知、是非与好恶——阳明心学的情感主义面向及其伦理学意蕴》,陈畅编:《黄宗羲与明清哲学》,上海:上海人民出版社,2020年,第224—225页。
③ 陈乔见:《良知、是非与好恶——阳明心学的情感主义面向及其伦理学意蕴》,第235页。

念的阐释具有密切的关联。因而,某种意义上,要准确了解陈那的"自证"观念及其对"自证分"内涵的揭示,首先需要明确其"现量"概念的内涵。实际上,也正是由于对此概念理解的不同,引发当今儒佛比较研究诸多议题的讨论,其中自然牵涉"自证分"与"良知"的比较研究。按姚治华讲到:

> 研究表明,世亲开始从瑜伽行派的立场对自证概念加以修正,但他对自证的理解仍带有强烈的经量部色彩。跟几位当代学者的观点不同,笔者认为陈那不仅承认四种现量,而且将自证视为一种独立的现量。①

> 意现量是意地或意识的相状,它有时呈现为对感官对象的直接领受。此处涉及的是感官对象,所以这直接领受必定是向外指向的。如果这领受向内反指,它就变成了自证。假如我们承认陈那并非如他的前辈般理解自证,而是把它提升为一种独立的现量,那么自证就必须独立于意现量。②

> 陈那的意现量概念的优点在于它区别于自证,并因而只是向外指向的。③

> 那些认为自证是意现量的一个相状的学者,显然混淆了意现量与意识的概念。意现量是意识的一个相状,它只领受而不分别感官对象……而自证则是对意识——而非意现量——及与其相应的贪等心所的内在觉知。④

> 在陈那的系统中,作为独立现量的自证,是意识的内向觉知。虽然意识的基本性质是概念分别,但当它直接领受感官对象或处于禅定状态时,它便是离分别的,这演变成另外两种现量:意现量和瑜伽现量。根现量是最基本的一种现量,如果承认意识伴随着它而生,根现量就可以是自证的。但如果意识在根现量之后生起,则此根现量就不是自证的。⑤

> 自证作为心识的一部分透过心识自身的功能,使得心识的自身觉知成为可能。⑥

---

① 姚治华:《自证:意识的反身性》,上海:东方出版中心,2020年,第7页。
② 姚治华:《自证:意识的反身性》,第183页。
③ 姚治华:《自证:意识的反身性》,第184页。
④ 姚治华:《自证:意识的反身性》,第184页。
⑤ 姚治华:《自证:意识的反身性》,第191页。
⑥ 姚治华:《自证:意识的反身性》,第196页。

陈那对现量作出分类时,并未超越传统的六识分类。五种感官识无疑是现量,而发挥概念分别作用的意识,当它直接领受感官对象,或内在地觉知其自身及其心所,又或在禅定状态中专注于对象自身时,这些情况仍然是现量。①

在陈那看来,自证是一种现量,这似乎说明他是高阶感知论的支持者,但事实上,佛教的现量概念比高阶感知论者所理解的感知更加宽泛。在陈那的学说中,现量不仅包括最基本的一类感知,即感官现量,还包括各种属"意"的感知,包括意现量、自证现量与瑜伽现量。自证的特性"思维的"(manasa),它是第六意识的一个侧面,因此,它是一种无分别、非概念化的思维,而不是一种以外感官或内感官为基础的感知。另外,反身意识的高阶结构在陈那提出的心识三分说中得到进一步说明。这三分包括自证、作为主体的自相状、作为对象的境相状。因此,我们可以认为陈那会支持高阶思维论。②

姚治华上述观点大致认为陈那有关四种现量的认知较为典型的特色是将自证作为独立现量理解,并将此现量作为"思维的"现量理解。此便有疑。因陈那云"分别亦自证,非于义别故"③,又注云:"分别心亦是自证现量。然非于义是现量,以于义是分别故。对于义是分别,不妨对自体是自证现量。自证现量亦不妨对境义是分别也。"④此处之误在于,作者把基于感官的认识过程译为感知(前五识的分别),将基于意识的译为思维(第六识的分别)。然,任何识的认知过程都被陈那分为见分、相分、自证分的结构,自证分作为见分认识相分的"量果",即认识结果,是内向的直觉自知(自证现量)。第六识见分认识相分的"思维"(对境义是分别),"不妨对自体时自证现量",所以,凡是自证现量都不是思维。第六识的认识整体的思维(分别),它的内在结构中的"自证分"部分却不是思维,而是现量。良知是内向地指向"意",是反思的思维,非自证现量,如以自证分论"良知",即是以其为自证现量,为当下的直觉自知,此即关系阳明后学"现成良知"以及信得"当下"等问题的讨论,更关系直觉的道德判断如何可能的讨论。对此,陈海曾在《基于道德直觉的道德判断何以可能》一文提出,"通过重新整合新理性直觉主义语境中的'道德直觉'概念,可以为道德判断与理性、情感之间架

---

① 姚治华:《自证:意识的反身性》,第184页。
② 姚治华:《自证:意识的反身性》,第211页。
③ 〔印〕陈那造,法尊译编:《集量论略解》,北京:中国社会科学出版社,1982年,第4页。
④ 〔印〕陈那造,法尊译编:《集量论略解》,第5页。

设桥梁,并证明我们是依据我们的道德直觉作出道德判断的"①。其理由在于作者认为新理性直觉主义的理论优势主要有:"其一,新理性直觉主义继承了理性直觉主体的衣钵,承认人们可以通过理性反思来理解道德属性和道德规范,所以理性直觉主义不会成为新理性直觉主义的挑战者。其二,新理性直觉主义可以合理地解释'不同的人具有不同的道德直觉'这一现象,因为,新理性直觉主义在承认理性反思作用的同时指出,由于受到不同因素的影响或干扰,每个人的反思能力和反思结果会有差异,倘若受制于有限的反思能力,人们就难以实现从反思的起点到获得结果(即某一道德直觉)这一过程,因此人们的非理性因素就承担起了完成道德直觉的任务,而每个人的情感、偏好、欲望等非理性因素又是存在差异的,所以'不同的人具有不同的道德直觉'是十分正常的现象。其三,由于同样的原因,我们也可以解释为什么同一个人在不同的时期会有不同的道德直觉。其四,新理性直觉主义可以摆脱哲学家们以往对于道德直觉所持的两极分化的态度,即要么像乔纳森·丹西那样信赖直觉,最后走向道德特殊主义(moral particularism),要么像大多理性主义哲学家那样,对道德直觉嗤之以鼻。不过,新理性直觉主义并非简单的折中主义,新理性直觉主义所理解的道德直觉更接近于一种反思平衡(reflective equilibrium)的状态。"②此处最为显明的案例即阳明"我杀""天杀"的判断何以在当时当下自证、自知为真知。如按佛说,除非阳明此知为最高阶的圣者的自证现量,否则,天之意、天之德,即"公道"不可得知。然即便如此,亦不合佛之真慧。因释氏认为,世间虚妄达不到普遍真实,儒学欲建构之"天下皆知"之"道"实为同分妄见。此亦佛儒"出世""入世"之真实区别所在。《传习录》载:

> 爱曰:"伊川亦云:'传是案,经是断。'如书弑某君、伐某国,若不明其事,恐亦难断。"先生曰:"伊川此言,恐亦是相沿世儒之说,未得圣人作经之意。如书'弑君',即弑君便是罪,何必更问其弑君之详?征伐当自天子出,书'伐国',即伐国便是罪,何必更问其伐国之详?圣人述六经,只是要正人心,只是要存天理、去人欲,于存天理、去人欲之事,则尝言之;或因人请问,各随分量而说……世儒只讲得一个伯者的学问,所以要知得许多阴谋诡计,纯是一片功利的心,与圣人作经的意思正相

---

① 陈海:《基于道德直觉的道德判断何以可能》,《学术交流》2017年第4期,第56页。
② 陈海:《基于道德直觉的道德判断何以可能》,《学术交流》2017年第4期,第62页。

反,如何思量得通?"因叹曰:"此非达天德者,未易与言此也!"①

夫舜之不告而娶,岂舜之前已有不告而娶者为之准则,故舜得以考之何典,问诸何人而为此邪?抑亦求诸其心一念之良知,权轻重之宜,不得已而为此邪?武之不葬而兴师,岂武之前已有不葬而兴师者为之准则,故武得以考之何典,问诸何人而为此邪?抑亦求诸其心一念之良知,权轻重之宜,不得已而为此邪?使舜之心而非诚于为无后,武之心而非诚于为救民,则其不告而娶与不葬而兴师,乃不孝不忠之大者。而后之人不务致其良知,以精察义理于此心感应酬酢之间,顾欲悬空讨论此等变常之事,执之以为制事之本,以求临事之无失,其亦远矣!②

王阳明对外在制度的不充分信任,乃至对"天德"之命的崇信,对"此心即理"的宣扬,共同突显出心学在"公道"的建构层面必然会遭遇的质疑。具体展开来说,于阳明心学上述之理念,天下公道要如何建构呢?阳明又云:"夫道,天下之公道也;学,天下之公学也。非朱子可得而私也,非孔子可得而私也。"③如此,人人既皆不可得而为私,公道如何证验为真?《告谕浰头巢贼》一篇中又载阳明劝降之语,其曰:"尔等久习恶毒,忍于杀人,心多猜疑。岂知我上人之心,无故杀一鸡犬尚且不忍,况于人命关天,若轻易杀之,冥冥之中,断有还报,殃祸及于子孙,何苦而必欲为此。我每为尔等思念及此,辄至于终夜不能安寝,亦无非欲为尔等寻一生路。惟是尔等冥顽不化,然后不得已而兴兵,此则非我杀之,乃天杀之也。今谓我全无杀尔之心,亦是诳尔;若谓我必欲杀尔,又非吾之本心。"④阳明劝降之论句句恻隐,然其所谓"我杀""天杀"如何区别,如何证明"天杀"非"我杀"?此便是其心学体系中面临之永恒难题,即良知无法完成"自证",而信得"良知""良能"的前提下,又对外在制度有所忽略甚至排斥的情况下,私行无法证成可明见之"公道"。

综合以上分析,"良知"可作为独体存在,而任何将自证分抽离认知序列,剥离八识体用关系,使之与儒学语境中作为本体讨论的天理、良知相提并论的行为,原则上都是缺乏科学精神的。事实上,结合阳明学众人关于良知的诠释,其本体义及"遍知"统觉义,与"自证分"之概念内涵在逻辑层面

---

① (明)王守仁:《传习录》,《王阳明全集》,第10页。
② (明)王守仁:《传习录》,《王阳明全集》,第57页。
③ (明)王守仁:《传习录》,《王阳明全集》,第88页。
④ (明)王守仁:《告谕浰头巢贼》,《王阳明全集》,第623页。

即不相对等。而阳明学人士理解的"自证分"原则上亦非究竟"知",乃是主要处于第六识"意"之作用的范畴,而"意"正是阳明学人士极为迫切要将其与"良知"区分开来的概念。比如江右心学代表思想家王时槐虽未明确提及自证分与良知的比较,但其通过对良知与意、与情识之间区分的反复申明,某种程度上即揭示了佛家"了分别"之用的自证分概念,于作为性灵之"真知"即良知之间的不可媲及。其曰:"性不容言,知者性之灵也。知非识察照、了分别之谓也,是性之虚圆莹澈,清通净妙,不落有无,能为天地万物之根,弥六合,亘万古,而炳然独存者也。"①王时槐认为,性灵之知炳然独存,而"察照""了分别"之识乃是"性之末流"②,结合其曾云"情识即意也"③,这一"末流"便是阳明学常道之"意"与"情识"。而其又云:"夫所谓良知者,即本心不虑之真明,原自寂然,不属分别者也。"④据此,王时槐认为,在"意"的范畴内,呈现"察照""了分别"之用的末流之性,非属"真知",即非良知。而若立足佛学,该"末流之性"乃"自证分"的重要属性。综合以上,无论就佛学揭对"自证分"概念的诠释,抑或儒学对"良知"与"意"之间的严苛区分,"自证分"和"良知"各自内涵、功能皆具有相当显明的区分。有鉴于此,"良知"与"自证分"似无可比性。然学界现存形势是,一方面,中国哲学语境中,将"良知"与"自证分"对等看待,自民国时期就已有先例。张卫红教授《良知与自证分——以王阳明良知学为中心的论述》一文曾有详细考述。同时,作者讲到:"就意识活动而言,自证分的功能如同'自唯照境',既能了别自体又能了别对境……同样的,良知也具有当下自证自知、反观觉照的功能。牟宗三说:'此逆觉之觉就是那良知明觉之自照。'"⑤张卫红教授上述论断为良知的诠释提供了新启发,但是也存在商榷之处。比如,佛教论"照"与儒学讲"照"各有渊源,牟宗三先生所讲"逆觉之觉""良知明觉之照"的关键是为揭明道德本心呈露之具体过程,涉及工夫论与境界论的讨论内容,这和唯识学中作为心识结构组成要素的自证分具有根本区分。另一方面,中西比较哲学视域下,有关两则概念之间的对举阐释已经成为现象学、心性哲学研究中的热点话题。其中最具代表性的便是西方现象学家耿宁的研究。耿宁在论及王阳明的第二种良知概念时即直以"自证分"诠释"良知"的"本

---

① (清)黄宗羲:《明儒学案》,第479页。
② (清)黄宗羲:《明儒学案》,第479页。
③ (清)黄宗羲:《明儒学案》,第480页。
④ (清)黄宗羲:《明儒学案》,第482页。
⑤ 张卫红:《由凡至圣——阳明心学工夫散论》,北京:生活·读书·新知三联书店,2016年,第81页。

原知识"属性①。耿宁教授的主张得到了国内心性现象学研究者高度重视。倪梁康教授更将"自证分"概念冠以"道德"二字,并讲到:"'道德自证分'概念的提出,实际上集合了三家心性学的思想力量。佛教唯识学、儒家心学和意识现象学都为此做出了自己的贡献。"②必须承认,"道德自证分"概念的提出的确为唯识学、儒家心性学(尤其是阳明良知学)以及现象学之间的理解与诠释、沟通与融合起到良好作用。但是有两点内容值得深思。首先,"道德自证分"概念的提出,一方面强加价值义于"自证分",另一方面抹去了"自证分"不作判断的特性。故这种改变事实上已经偷梁换柱。因此,与其说借佛学概念揭示良知之自觉、自知,不如说是强行设想存在这样一种概念,可以弥补良知自觉之动力的缺失。其次,原则上讲,近似于"本原知识"(内意识)的良知之明觉之用乃是良知的重要特色,而耿宁将良知该特色混作"种类"解析,终将导致中国哲学语境中良知之不共法流失。进一步来说,现象学"本原知识"概念因为具有再认识之功能、价值中立之特色,而与唯识学语境中的自证分概念内涵及所指相近,但现象学、唯识学两种语境中内涵相近之概念能否和儒学语境中以价值判断为核心特色的良知概念并举,还需审慎判断。陈立胜教授就曾提到:"耿宁在其一系列研究阳明思想的论著之中,指出良知这种对意念善恶的判断能力,乃是一种反思能力,而且是一种'内意识'……这不是阳明的聚焦所在,毋宁说阳明关注的乃是工夫入手处、用力处之问题,即致良知工夫只能由自己致,且只能扣紧在'意念之发'上用功。"③陈立胜认为耿宁以现象学诸概念与佛学"自证分"诠释阳明"良知"之"知"的普遍性、恒常性,实则并没有紧扣阳明论学的重心,同时也忽略了阳明心学对工夫入手处、用力处等事项的侧重反将诠释重心导向认识论层面。陈立胜此说一方面指出了西方现象学哲学视域的"良知"诠释与阳明心学"良知"论在问题意识上实有错越,另一方面也揭示了耿宁之论实际是从认识论角度理解"自证分"与"良知"的统一性。就后者来说,陈立胜所揭启发笔者进一步展开追问:耿宁理解的认识论视角的"自证分"与"良知"的统一性究竟是何种层面的统一?回答该问题需要深入西方哲学语境进行探讨。"自证分""良知"的比较若从西方哲学认识论进路展开,则涉及更多

---

① 参见〔瑞士〕耿宁:《人生第一等事——王阳明及其后学论"致良知"》,倪梁康译,北京:商务印书馆,2014年,第217—218页。
② 倪梁康:《"唯我论难题"、"道德自证分"与"八识四分"——比较哲学研究三例》,第417页。
③ 陈立胜:《入圣之机:王阳明致良知工夫论研究》,北京:生活·读书·新知三联书店,2019年,第217页。

概念的明辨。这些概念即包括"自身意识""自身认识",及兼具关于自身意识与自身认识两种义涵的"自识"一说。何为"自识"?"自识"指向一种自身关系,指向自我与自身的关系。这一关系中,自我朝向自身,将自身作为意识、认识的客体。如此说来,"良知"内涵之一即包括朝向自身的道德判断及道德反思,而"自证分"指向对认识的认识,二者之功效机制皆可视为"求自识"的行为表现。这是笼统地讲。若细致地讲,"自身意识"与"自身认识"毕竟不同。前者"指一种与对象意识的进行同时发生的、对此进行活动本身的觉晓方式"①,这一"觉晓方式"既是伴随性质的存在,是伴随对象意识的进行而发生,那么其本身就不必然是对象性的,也并不需要借助反思,可以是直觉,是直接呈现。与之相较,"自身认识"既为"认识"之一种,则必然以自我及自我的活动、行为作认识对象,必然需要借助反思。这一反思若是类似回忆的自然反思,则反思的对象指向过去的意识对象,若这一反思属于纯粹的方法反思,则此反思对象指向过去的意识行为,反思过程即带有评判性回顾之特性。故而相较于"自身意识"的伴随性"觉晓方式"之界定,"自身认识"更多指向有自我意志参与的理性明察。结合上述概念之辨,我们再来看"自证分"与"良知"之间的不同。"自证分"若从唯识学语境中讲,其非属任何一"识",而是作为任一识上皆有的心识序列之构成要素,其作用机制乃是对"见分"的觉晓,即对认识的觉晓,这一觉晓因属伴随性的,不涉以反思为主体结构的"再认识",亦不涉判断,故原则上必然不是方法反思,也不必然陷入"自识的循环"。与"自证分"有别,"良知"从存在论上讲,其根本义涵为"道德本心",此道德本心既是静止的,亦是活动的。从作用功效来说,"良知"根本义为德性之知。其知是知非、知善知恶,故必涉道德反省、道德判断,必关乎理性明察。就此而言,"良知"本质乃属以反思结构为主体特性的"自身认识"。该意义上,阳明只言"良知"照他而不常论良知如何"自照",实际正回避了"良知"作为自身认识,可能面临的无限回退的难题。借助对西方哲学"自识"概念的了解,及对"自身意识""自身认识"的辨别,可知,耿宁实际是在"自识"概念下,笼统地讲"良知"与"自证分"的一致性,然二者实有本质区别。这即意味,遵循西方哲学认识论的诠释进路,"良知""自证分"的统一性是有限的,而以此有限性来说明两则概念的可比性必然会在问题意识的理解上出现错越。

以上明辨"良知""自证分"之别,皆为说明"良知"自证必关道德判断、

---

① 倪梁康:《自识与反思——近现代西方哲学的基本问题》,北京:商务印书馆,2021年,第25页。

道德实践的"良能"之"用",此与唯识学无关道德、无关判断、无关实践,仅作为心识认知序列构成要素的"自证分"之自证具有本质区别。而一旦以唯识"自证"比拟"良知""良能"自证、"常照"之用,即有模糊"良知"本具之价值归依之根本义涵。

### 三、晚明清初"效验"议题的突显与实证主义的兴起

关于良知的明见、共证问题,需要从宋明理学"效验"一说展开。毕竟朱熹理学与陆王心学都对"效验"一事曾有关注,只是理学、心学的关注态度却大有不同。总体上讲,朱熹更为重视"效验"之事,陆王心学则在发展、演进过程中,其"效验"态度又有迁转、流变之势,于其中可见心学裂变之势的漫衍,及清学兴起之端倪。学界对"陆王心学"这一整体性的学术研究范畴虽尚有异议①,然不可否认,在强调发明本心之心性实践层面,陆、王心学确实具有高度统一性。只是在陆王共同重视的心性实践问题上,晚明心学内部的认识却发生了严重分歧。其间极为重要的表现之一,便是以阳明后学为代表的晚明思想界开始重新聚焦素为象山、阳明忽略的"效验"问题。所谓"效验"问题,在心性哲学语境中,主要是指工夫实践之效果和境界的检证问题。而检证问题正是清人对陆王心学,乃至宋明理学提出普遍质疑和尖锐批评的切入要点。较为典型的,如戴震云:"程朱以理为'如有物焉,得于天而具于心',启天下后世人人凭在己之意见而执之曰理,以祸斯民;更淆以无欲之说,于得理益远,于执其意见益坚,而祸斯民益烈。岂理祸斯民哉?不自知为意见也。离人情而求诸心之所具,安得不以心之意见当之!"②凌廷堪道:"昔河间献王实事求是。夫实事在前,吾所谓是者,人不能强辞而非之;吾以为非者,人不能强辞而为是也。如六书九数及典章制度之学是也。虚理在前,吾所谓是者,人可别持一说以为非;吾所谓非者,人亦可别持一说以为是也。如理义之学是也。"③戴震、凌廷堪以上言论实则是就心性实践的客观性问题针对宋明理学之整体提出质疑。其中,戴震所讲"凭在己之意

---

① 比如日本学者中岛琼认为,"陆王心学"实乃"王守仁所活跃的明代正德年以后人为制造出的虚像"(〔日〕中岛琼:《陆九渊哲学新考——陆九渊是否为"心学"思想家》,《江南大学学报》2015年第3期,第23页)。又如徐复观先生曾专谈"陆王异同",揭陆象山言"心","只会在道德上落脚,而决不能在知的本身上落脚",至于阳明,"其立言的精髓则是安放在知上",是"从心的知的这一方面走进去,也系在心的知的这一方面落脚"。(参见徐复观:《中国思想史论集》,北京:九州出版社,2014年,第45—46页)近年来,随着宋明理学研究的开拓和发展,许多学者开始重视徐复观先生的观点,并由此开出陆王异同研究的诸多新面向。

② (清)戴震:《孟子字义疏证》,北京:中华书局,2008年,第168页。

③ (清)凌廷堪:《戴东原先生事略状》,《凌廷堪全集》,合肥:黄山书社,2009年,第328页。

见而执之曰理"便是直指程朱、陆王之"通病"——其所执之"理"难以自证其应具备之客观性、普遍性。至凌廷堪,更是将宋明义理之学以"虚理"论之,认为义理之学非六书九数、典章制度之学那般可考可证、是非确然,众人对待理义皆可"别持一说",故可以"意见"言之却难以事实相证。综上,众人对宋明理学,尤其是对阳明学的责难,其根本出发点即在认定宋明心性之学难于检证,缺乏客观性。清人以检证难题直指心性学,本身即预示儒学公共理性建构之诉求。而于晚明清初,思想界围绕"效验"议题的讨论正是该诉求涌现之端倪。

### (一)"效验"之说的提出与中国哲学证明问题的挺立

中国哲学语境中讲"效验",讲检证,主要关涉真理的证明问题。整体而言,心性之学检证事业乃是中国哲学发展进程中始终存在的难题,需要特别说明的是,心性学演进高峰阶段的阳明心学,其检证难题更为明确地揭示了中国哲学推进过程中面临的证明难题。究其本质,中国哲学乃是朝向"己"性的实践哲学,其检验之难,正难在知"己"。如杜保瑞教授所言:"实践哲学是要人——存有者主体去进行身心操作的哲学,实践哲学首须有理想的价值意识之提出,然后提供后人以为追求,追求之使自己更加理想,从而提升人格,甚至达到生命的最高境界。所谓检证,就是对于这个理想之是否成立的真理观之检证,以及对于后人依据之以提升自己的修养成果进行印证,这个检证与印证,确乎是发生于实践中的活动,而不是理论建构的完成与否的问题。"[1]杜保瑞教授此说即在试图建构中国哲学检证体系。这在当代中国哲学的研究中是有前瞻性的,毕竟以往关注多属零散探讨。又有张文修曾撰《中国哲学中的证明问题》一文,从方法论视角系统归纳了中国哲学领域诸类证明问题及具体的证明方法等。按作者所说,"证明问题是认识论中的核心问题,中国哲学史上也有很多普遍必然性的论断需要证明,如人性善的问题、普遍性的伦理问题、世界法则问题(如'《易》与天地准'、天理等)……类比法、本质与现象之间的通达法、先验证明法,以及迈向超验的实践证明等,是具有东方尤其是具有中国思维特点的方法"[2]。张文修上述结论揭出了中国哲学证明问题的重要性,然其研究尚有空间可继续深掘。比如中国哲学证明问题的研究或可首先考虑中国哲学语境中与"证明"最为关切的概念,以其为线索再予以系统分析。"效验"之说即是其一。儒家言及"效验",最早可征于《荀子》。《性恶篇》载:"故善言古者,必有节(案:此

---

[1] 杜保瑞:《中国生命哲学真理观》,第44页。
[2] 张文修:《中国哲学中的证明问题》,《文史哲》2015年第4期,第136页。

处,张觉注'节'为'验')于今;善言天者,必有征于人。凡论者,贵其有辨合、有符验。故坐而言之,起而可设,张而可施行。今孟子曰'人之性善',无辨合符验,坐而言之,起而不可设,张而不可施行,岂不过甚矣哉?故性善,则去圣王、息礼义矣;性恶,则与圣王、贵礼义矣。故檃栝之生,为枸木也;绳墨之起,为不直也;立君上,明礼义,为性恶也。用此观之,然则人之性恶明矣,其善者伪也。"①据此,荀子正是从"效验"视角出发,提出"性恶"主张,以礼义师法的现实存在与不可缺少为性恶之明证。相应的,"性善"在荀子认为,则难以证验,即难以礼制的实施为其作证明。也是在该意义上,荀子对思孟学派提出了严厉批评。其云:"略法先王而不知其统,然而犹材剧志大,闻见杂博。案往旧造说,谓之'五行',甚僻违而无类,幽隐而无说,闭约而无解,案饰其辞而祗敬之曰:'此真先君子之言也。'子思唱之,孟轲和之,世俗之沟犹瞀儒嚾嚾然不知其所非也,遂受而传之,以为仲尼、子游为兹厚于后世。是则子思、孟轲之罪也。"②这便是指出思孟学派所奉"真言"、所造五行之说无法说解,于礼法亦难得证验。至汉,王充《薄葬篇》记"事莫明于有效,论莫定于有证。空言虚语,虽得道心,人犹不信"③,乃从葬事的角度,亦是从礼制的角度提出了"效验"问题的重要性。需要特别说明的是,王充本人的人性论亦非立足于性善的立场。由此可见,性恶论以及性无善无恶论的持有者在"效验"问题上,多是立足广阔现实说明施行礼制的必要性和有效实施的可能性,而性善论在他们看来则缺乏验证操作性。

现在的问题是,宋明理学家等性善论的坚守者要如何应对"效验"问题呢?就此,曾奕教授曾讨论过朱子"效验"论。他提出:"'功夫—效验'问题在近代以来的学术研究中绝无涉及,然而在古人那里,实在是个非常重要的问题。在宋代道学内部,最早对之具有明确意识的无疑是朱子,他依循对这个问题的思考,对旧本《大学》进行了重新组织和阐释。"④明初,沈士荣《续原教论》中再次提出心性之学的"证验"问题,虽然他是立足佛教居士的立场拿心性之学的检证要求来论证以佛补儒的必要性与合理性。其云:

> 夫立教之道岂易言哉!所以然者,圣人将取信而后立教。非有证验,不敢自为说也。夫子尝曰:凤鸟不至,河不出图,吾已矣夫。且画

---

① 张觉:《荀子译注》,上海:上海古籍出版社,2012年,第343页。
② 张觉:《荀子译注》,第56页。
③ 黄晖:《论衡校释》,北京:中华书局,1990年,第962页。
④ 曾奕:《〈大学〉中的"功夫—效验"问题与朱子的工夫论学说》,《湖南大学学报》2012年第6期,第31页。

卦明畴，圣人岂不能哉？非有河图洛书之证，则道统之源无自而来矣。又曰：夏礼吾能言之，杞不足征也。殷礼吾能言之，宋不足征也。无所征而言之，则疑惑者众，而诤论起，又何取信而行之乎？故阴阳造化之理，三纲五常之道，圣人得以备言者，赖其文有证而信者笃，行有验而教化成。今之经传已显然矣。唯变而不动之性，死而不灭之心，以理推之则可知，欲详言之则无证，必待吾佛之书而后明矣。①

沈士荣此说意义深远。他强调"圣人取信而立教"，又云"非有证验，不敢自为说"。对于儒家所言"阴阳造化之理，三纲五常之道"，沈氏肯定其"文有证而信者笃，行有验而教化成"；而对于儒家关于心性的把握，他则认为"以理推之则可知，欲详言之则无证"，即缺乏"证验"，必须向佛学求助。学问与立教须有"证验"，由此成为沈士荣判别儒佛高下的标准。这里值得特别提出的是，沈士荣提出的虽是一般心性哲学的检证问题，却极具针砭儒学之明确倾向。进入明代中后期，以陆王心学为代表的儒家心性之学进入高峰期，明初沈士荣提出的儒学之"证验"要求在思想界是否引发后续讨论呢？

对该议题的追问，启发笔者从"效验"视角重新观察和思考陆王心学的继承和迁转。这就要将"效验"问题纳入陆王心学客观化趋向的整体进程中予以考察。目前学界普遍认为，阳明学与象山学虽然同样认同"心即理"，也同样尊崇孟子所言"良知"之学，然象山着重从德性层面阐述之，阳明所言之"心"与"良知"却具备本体论层面的意义。就此而言，阳明学较象山学，其卓越处之一，便是在心性之学的演进中朝向客观化更进一步。而目前有关阳明学客观化的研究集中在"良知"的实体化研究层面。相关研究成果有宋道贵《良知是造化的精灵——王阳明良知概念的实体化倾向》，另吴震教授在《论王阳明"一体之仁"的仁学思想》《〈传习录〉精读》等论著中也都有详密诠释。然当学界聚焦于良知的实体化趋向来考察心学客观化问题时，实际关注的乃是王阳明本人的哲学努力。因为良知的实体化过程按以往研究成果，在王阳明本人的学说体系中即已完成。如果将阳明后学纳入心学客观化进程考察，我们会发现，阳明后学在客观化的道路上又前进一步，即要求心性工夫的可共证、可明见。这便是效验问题在阳明后学中引起普遍关注和广泛讨论之历史由来与理论背景。

陆象山、王阳明实则都较为一致地排斥"效验"议题的讨论。其中，象山

---

① （明）沈士荣：《续原教论》，光绪元年金陵刻本。

关于"效验"的看法一方面代表了他对孟学之理解,另一方面则突显其学术诉求与程朱理学自有区别。象山的认识在某种程度上启发了王阳明对于"效验"持有更为显明的警觉意识。但是,到了阳明后学那里,在"效验问题"上出现了新的不同态度。

具体言之,陆象山曾在两个地方谈到"效验"的问题。其一是在《荆州日录》里,象山云:"学问须论是非,不论效验。如告子先孟子不动心,其效先于孟子,然毕竟告子不是。"①象山此说所谓"效验"乃是指向一种工夫操执成果,即工夫境界,所谓"告子先孟子不动心,其效先于孟子"即是说告子先于孟子达至"不动心"之境。然其认为,"毕竟告子不是",其理由则是认为与孟子相较,告子或在根本问题意识上,比如性之善恶事项上出现了"不是"。象山认定学问之先在于价值的选择和创造方面,尤其在道德认识和工夫操持等方面,却不在对"效验"的纯粹追求上。陆象山提到"效验"的第二则实例则是针对"虞廷十六字心传"。在《人心惟危道心惟微惟精惟一允执厥中》一篇中,其云:"知所可畏而后能致力于中,知所可必而后能收效于中。夫大中之道,固人君之所当执也……苟知夫精一之可必也如此,则亦安得而不收效于中乎?知所可畏而致力于中,知所可必而收效于中,则舜禹之所以相授受者岂苟而已哉?"②这里,象山将"允执厥中"之"中"与"效验"建立了关系,但此处的"中"要如何理解呢?若解释为"中道",则"中"指向道体义,"执中"即意味对先验实体的贴近与端持;若解释为"中"效,则"中"偏指境界义,"执中"即意味追求心性工夫之客观检证。于此,对于"中"的精准诠释还需结合象山其他言论继续展开。实际上,了解宋明理学的人大都知晓,朱陆之争的内容中有涉及"极"之解释,又牵涉"中"之意的界定。更明确地讲,陆九渊关于"中"之意义的界定可从他和朱熹关于周敦颐"无极而太极"妥当与否的争论中分析得出。其云:

盖极者,中也,言无极则是犹言无中也。③

五居九畴之中而曰皇极,岂非以其中命之乎?民受天地之中以生,而《诗》言"立我烝民,莫匪尔极",岂非以其中命之乎?《中庸》曰:"中也者,天下之大本也;和也者,天下之达道也,致中和,天地位焉,万物育焉。"此理至矣,外此岂更复有太极哉?④

---

① (宋)陆九渊:《陆九渊集》,北京:中华书局,2018年,第472页。
② (宋)陆九渊:《陆九渊集》,第378—379页。
③ (宋)陆九渊:《陆九渊集》,第23页。
④ (宋)陆九渊:《陆九渊集》,第28页。

以"极"为"中"则为不明理,以"极"为"形"乃为明理乎……"极"字亦如此,太极、皇极,乃是实字,所指之实,岂容有二。充塞宇宙,无非此理,岂容以字义拘之乎?中即至理,何尝不兼至义?《大学》《文言》皆言"知至",所谓至者,即此理也。语读《易》者曰能知太极,即是知至;语读《洪范》者曰能知皇极,即是知至;夫岂不可?盖同指此理。则曰"极"、曰"中"、曰"至",其实一也。①

陆九渊以"中"释"极",原本是为驳斥朱熹以"形"释"极",以"无形"释"无极",然由此却揭明"中"为理、为"太极"、为"大本"的道体义。象山这一解释路径原则上与其之前及当时宋儒的讨论具有一定联系,亦有区别。冯国栋教授曾在《帝、儒、中、心之间——朱子前十六字心诀流传阐释考论》一文中对宋儒释"中"之路径给出了比较详尽的梳理和分析,并提出了极为重要的问题。冯国栋教授讲到:

> 在宋儒中,以《四书》解十六字可分为两派:一是以《中庸》"致中和"解十六字,重视"中"之意义,姑可称为"执中"派;二是以《孟子》"求放心"解十六字。重视"心"之作用,姑可称为"存心"派。②
> 
> 中是"在中"还是"时中",是道体还是境界?假如真如司马光所说"中"是"时中",是一种境界与状态,那么这种境界与状态如何才能达到?达到了又如何能保持……正是对这些问题的思索,引起二程、朱子对中和的讨论,也正是这些问题引起了十六字解释的重心从"中"向"心"的转移。③
> 
> 杨时阐释十六字……开出"观喜怒哀乐未发"的工夫进路……杨时阐释十六字,重在一个"中"字,故其工夫之精义端在体会"未发之中",既得未发之中(在中),则"时中"之义可见。由涵养"在中"而得"时中",正是伊川所指出的路向。④

按冯国栋教授揭示,宋儒关于虞廷十六字旨诀,关于"中"之道体义和境

---

① (宋)陆九渊:《陆九渊集》,第28页。
② 冯国栋:《帝、儒、中、心之间——朱子前十六字心诀流传阐释考论》,《哲学研究》2015年第1期,第52页。
③ 冯国栋:《帝、儒、中、心之间——朱子前十六字心诀流传阐释考论》,《哲学研究》2015年第1期,第53页。
④ 冯国栋:《帝、儒、中、心之间——朱子前十六字心诀流传阐释考论》,《哲学研究》2015年第1期,第55—56页。

界义的争论,正呈现出心学成型之初之情态。而据冯国栋的解释,"执中"("在中")主张以伊川、龟山为代表,"时中"主张则自司马光为开端,并由此将道体论引向心性论的探讨。依上文分析,象山既以"皇极"释"中",其选择便非境界义之进路,乃是持道体义解"中"。这一点正呼应了他不以"效验"论学问,而以"是非"论之的观点。应该说,象山对待"效验"的态度与其诠释"中"的路径正相配合,此与朱熹大有不同。笔者于前文已经提到朱熹重视"效验",其论《大学》即按"效验"层层讲起。与象山对"中"之道体义的坚持有别,朱熹更倡导"中"的境界义、效验义。如他讲:"(程子)文集云'中即道也',又曰'道无不中,故以中形道',又云'中即性也'。此语极未安。中也者,所以状性之体段,如天圆地方。"①朱熹否认程子"中即道"之说,又以"性之体段"解释"中",其回避"中"之道体义的倾向已非常显明。经上述分析,对待"效验"的态度,实际也是朱陆之争的重要内容。更为关键的是,这场争议持续至明代,又有新内容。

**(二)"效验"讨论的持续与中晚明王学道体、工夫、境界之争**

与象山主张相近的是,阳明也主张为学不可在"效验"一事上耽搁,其对"效验"的态度是从儒家"为己之学"的学问根本性质与宗旨来说的。《传习录》载:

> 先生问在坐之友:"比来工夫何似?"一友举虚明意思。先生曰:"此是说光景。"一友叙今昔异同。先生曰:"此是说效验。"二友惘然,请是。先生曰:"吾辈今日用功,只是要为善之心真切。此心真切,见善即迁,有过即改,方是真切工夫。如此则人欲日消,天理日明。若只管求光景,说效验,却是助长外驰病痛,不是工夫。"②

> 诸君工夫,最不可助长。上智绝少,学者无超入圣人之理。一起一伏,一进一退,自是工夫节次。不可以我前日用得工夫了,今却不济,便要矫强做出一个没破绽的模样。这便是助长……诸君只要常常怀个"遁世无闷,不见是而无闷"之心。依此良知,忍耐做法。不管人非笑,不管人毁谤,不管人荣辱,任他工夫有进有退,我只是这致良知的主宰不息,久久自然有得力处。一切外事,亦自能不动。③

问:"'一日克己复礼,天下归仁',朱子作效验说,如何?"先生曰:

---

① (宋)朱熹:《晦庵先生朱文公文集》(第六十七卷),四部丛刊本。
② (明)王守仁:《传习录》,《王阳明全集》,第31页。
③ 陈荣捷:《王阳明〈传习录〉详注集评》,第255页。

"圣贤只是为己之学，重功夫不重效验。仁者以万物为一体，不能一体，只是己私未忘。全得仁体，则天下皆归于吾。"①

综合上述三则材料可见，王阳明并不认同朱子的"效验"主张。仅从文字层面考虑，王阳明首先反对"效验"一说介入儒学讨论的必要性；其次，阳明并不认可朱子理解的效验即儒家追求的至臻之境。而从二者思想建构之重心出发，观点相左情况的呈现本质上直关阳明、朱子在境界论、工夫论乃至道体论等面向的建构差异。

就境界论来看，依据引文，王阳明理解的儒家追求之臻善境界并非朱子谓"克己复礼，天下归仁"，而是"全得仁体，皆归于吾"。两种说法的区别就在，前者强调的是"仁"体形上学的建构，后者侧重于"心"体工夫的落实。在此前提下，王阳明向来反对"说效验""求光景"诸论，而要求士人从"为己之学"出发，将全部关注集中于做工夫一事上。故他认定"一切外事"、外人评介即外在对工夫实践者实践"效验"的看法，乃至实践者本人对"效验"的执著都应破除，都应作为"助长"的成分剔除殆尽。相较阳明，朱熹则大有不同。其云："《大学》'在明明德，在新民，在止于至善'，此三个是大纲，做工夫全在此三句内。下面知止五句是说效验如此。上面是服药，下面是说药之效验。正如说服到几日效如此，又服到几日效又如此。"②朱子对效验一事的重视促使其又倾向于对工夫次第的强调。如他道："初间'欲明明德于天下'时，规模便要恁地了。既有恁地规模，当有次序工夫；既有次序工夫，当然有次序功效。"③这里讲到的"次序功效"即可作工夫境界理解。针对"颜渊问仁"一章，朱熹注云："盖心之全德，莫非天理，而亦不能不坏于人欲。故为仁者必有以胜私欲而复于礼，则事皆天理，而本心之德复全于我矣。归，犹与也。又言一日克己复礼，则天下之人皆与其仁，极言其效之甚速而至大也。"④按朱熹所言，"天下归仁"正是"胜私欲而复于礼"的效验，而"一日"乃谓其见效之显明。

就道体论来看，阳明对朱子"效验"论的反叛确从心性工夫讲起，然则，其工夫论的背后实反映出阳明、朱子对道体问题的认知差异。朱熹"格物"工夫必然预示"道"（即"理"）的可知、可得，而阳明有"望道未见，乃为真见"的说法。这便预示"道"的无形与不可见。《传习录》载：

---

① （明）王守仁：《传习录》，《王阳明全集》，第125页。
② （宋）黎靖德编：《朱子语类》第1册，第308页。
③ （宋）黎靖德编：《朱子语类》第1册，第311页。
④ （宋）朱熹：《四书章句集注》，第133页。

问:"颜子没而圣学亡,此语不能无疑。"先生曰:"见圣道之全者惟颜子,观'喟然一叹'可见。其谓'夫子循循然善诱人,博我以文,约我以礼',是见破后如此说。博文、约礼如何是善诱人?学者须思之。道之全体,圣人亦难以语人,须是学者自修自悟。颜子'虽欲从之,末由也已',即文王'望道未见'意。望道未见,乃是真见。颜子没而圣学之正派遂不尽传矣。"①

"望道未见,乃为真见"原则上也可理解为"效验"的一种,就此而言,阳明此说实则是将"道体"与"效验"衔接着去说。阳明此说首先事关"道体"的诠释,对此吴震教授在《心学道体论——以"颜子没而圣学亡"为中心》一文中曾就阳明上述说法作过详细厘清,并推展至阳明高足王龙溪有关心学道统论的重建问题上,又依据"以道抗势"的传承视角,将阳明与龙溪的哲学努力归与朱子一道。② 然我们注意到,"望道未见,乃是真见"首先关系到的乃是工夫、学养的效验问题,以及效验认定背后的,有关"道体"的诠释问题。结合王阳明对道体的诠释,可知其否认了宋儒程朱等人认为"理"可尽知的主张,并将"心"作为礼(理)之源头,指出"道"本浑然存在,非方体可言、可求。阳明云:

> 昔者颜子之始学于夫子也,盖亦未知道之无方体形象也,而以为有方体形象也;未知道之无穷尽止极也,而以为有穷尽止极也;是犹后儒之见事事物物皆有定理者也,是以求之仰钻瞻忽之间而莫得其所谓。及闻夫子博约之训,既竭吾才以求之,然后知天下之事虽千变万化,而皆不出于此心之一理;然后知殊途而同归,百虑而一致;然后知斯道之本无方体形象,而不可以方体形象求之也……盖颜子至是而始有真实之见矣。③

阳明对"道"的诠释,以及对"效验"作为一种结果的态度,促使其侧重工夫实践本身,并且其核心工夫一者在于默识,二者在于勿忘勿助的不把捉工夫。正如其道:"学者一念为善之志,如树之种,但勿助勿忘,只管植将去,

---

① (明)王守仁:《传习录》,《王阳明全集》,第27页。
② 吴震:《心学道体论——以"颜子没而圣学亡"为中心》,《浙江大学学报》2017年第3期,第60—70页。
③ (明)王守仁:《博约说》,《王阳明全集》,第297—298页。

自然日夜滋长,生气日完,枝叶日茂。"①综合王阳明对待由"效验"牵涉之境界论、工夫论、道体论与朱熹相关思想的比较可见,由"效验"议题切入,实则可窥宋明理学演进之内在线索和大概脉络。

至阳明后学,众多思想人士关于"效验"展开的讨论骤然增多,且不再如象山、阳明那般放弃"效验"必要性,而是将讨论的重心导向以何者为"效验"的问题上。究其原因,心性学发展至高峰时期,其愈发显明的主体化倾向导致工夫境界的明见性、客观性更加模糊难辨,这一弊端已为晚明思想家所觉察。换言之,以阳明后学为代表的晚明思想家实际在心学客观性问题上已经与明中期乃至之前的心学思想人士的认识与态度有所区别,这一区别某种意义上正预示着晚明清初儒学转型的契机和条件已经生成。

阳明弟子中,以陈明水、耿天台、欧阳德、聂双江等人为代表的心学家也都有关于"效验"的相关看法。比如陈明水云:"夫心即神也,易也。子曰'神无方,而易无体,变动不居,而出入无时',夫子之语心者如此,固不待旁证。"②按陈九川主张,心的此等特点决定心性修养、致知工夫的检证唯己可知,旁人、旁证皆无从参与。这便意味工夫境界的进阶,以及境界工夫的端持全赖一己之力,其检证之难的原因之一即在心之境界不可明见。如果说陈明水是从心的特点以及心学整体性的内向求证特色揭出"效验"的明见与旁证之难,耿天台、欧阳德、聂双江等人则进一步将晚明心学流行之"默识"工夫与"效验"问题结合探讨。耿天台即就此开出以外王为内圣之证验的认识。其主张"以仁为宗,以反身默识为入门,以孝悌忠信为实地,以亲仁取友为资助,以能煎销习气而同体民物为证验"③。又云:"彼从静中探讨或从经典参解,而不知反身体会,就事证验,终属见解。"④耿天台同时提倡"默识"工夫与现实证验,以前者为儒学入门工夫,而以后者为成德、成圣之终极体现,由此便兼顾了儒学在心性、事功两方面的实践追求。

此外,参与"效验"讨论的关键人物还有欧阳德、聂双江。二者讲"效验"不同于耿天台,而是集中于心性实践的内圣面向展开。其中,欧阳德认为"中和"情态便是可见之"效验"、可见之境界。其云:

　　窃意本体、功夫、效验,诚不可混。然本体是功夫样子,效验是功夫

---

① (明)王守仁:《传习录》,《王阳明全集》,第37页。
② (明)陈九川:《答聂双江》,《明水陈先生文集》,《四库全书存目丛书》集部第72册,第37页。
③ (明)耿定向:《耿天台先生文集》,《四库全书存目丛书》集部第131册,第418—419页。
④ (明)耿定向:《耿天台先生文集》,《四库全书存目丛书》集部第131册,第176页。

验证。良知本戒惧不睹、恐惧不闻,无自欺而恒自慊。功夫亦须戒慎恐惧,无自欺而恒自慊。果能戒慎恐惧,无自欺而恒自慊,即是效验矣。良知本文理密察,物物各有其则,功夫亦须文理密察,物物各有其则。果能文理密察,物物各有其则,即是效验矣。良知本无少偏倚乖戾,无内外、动静、先后,而浑然一体,功夫亦须无偏倚乖戾,无内外、动静、先后,而浑然一体。果能无偏倚乖戾,无内外、动静、先后,而浑然一体,即是效验矣。故不用功夫,即是不循本体;功夫不合本体,即不是本体功夫;用功不能得效,亦即是不曾用功。故用功以本体作样子,以效验作证应,而不可遂以本体效验作功夫。以本体效验作功夫,是谓知能自致也。感应变化,固皆良知之物,而不可遂以感应变化作功夫。以感应变化作功夫,是谓物本自格也。则是道能弘人,非人弘道也。①

子思以率性修道为宗。独知,其本体也;慎独,其功夫也;中和,其效验也。慎独之功,念念无间,则良知念念精明。其未发之体无少偏倚,故谓之中;发用之节无少乖戾,故谓之和。称名虽异,其实一独知也。言良知,则中和在其中,而不可遂以中和为良知。②

欧阳德有关"效验"的讲法非常详细,其云"本体是功夫样子,效验是功夫验证"意在揭出工夫所向,以本体情状为鹄的,而工夫操持与否及其效果又需效验提供证明。在此意义上,"戒慎恐惧,无自欺而恒自慊","文理密察,物物各有其则",以及"无偏倚乖戾,无内外、动静、先后,而浑然一体"皆是工夫的效验。换言之,以上描述皆是工夫所达境界的描绘,此等境界皆是工夫进展的效验。在欧阳德认为,工夫所至定有成果,定有效验,若无,则"不曾用功"。但是欧阳德较为警惕的是,效验(境界)毕竟是效验,不能以执守境界作为工夫,即不能以"本体效验"作工夫。因执于本体效验,工夫便落入悬荡之地。欧阳德的审慎态度促使其对于"本体""功夫""效验"三则概念有着显明的边界意识。故他理解子思率性修道之举,便是以"独知"为本体,"慎独"为工夫,"中和"为效验。按这般路径,人心即有所向,工夫即有检证。人之弘道就此得以落到实处。然欧阳德的观点并没有得到聂双江的认同。后者反驳道:

来云:"本体是工夫样子,效验是工夫证应。良知本戒慎不睹、恐惧

---

① (明)欧阳德:《答聂双江》,《欧阳德集》卷五,第186页。
② (明)欧阳德:《答聂双江》,《欧阳德集》卷五,第188页。

不闻,无自欺而恒自慊。功夫亦须戒慎恐惧,无自欺而恒自慊。果能戒慎恐惧,无自欺而恒自慊,即是效验矣。"此可见深造之学也。反覆《中庸》之意,微有不同。《中庸》之意,似以未发之中为本体。未发之中,即不睹不闻之独,天下之大本也。戒慎恐惧,其功也,中节而和生焉。天地位万物育,其效验也。①

参照引文,聂双江依照对《中庸》的理解,提出"未发之中为本体","戒慎恐惧"为工夫,"天地位,万物育"乃效验。就此来说,聂双江实则全然站在守"寂"的立场上谈本体、工夫以及效验。按该路数,本体即"中",工夫即守"中",效验则是外向度的天地万物得"中"。依据于此,聂双江进而以"中和"为性,为大本,主张率性而为,故并不认可欧阳德以"中和"为效验的主张。其又云:

> 又谓中和为效验。夫中者,天下之大本。大本云者,千变万化皆由此出,而乃谓为效验,则将指何者为变化之所从出乎……先师不云乎?未发之中,即良知也。今以良知为本体,慎独为工夫,中和为效验,则尧舜所执之中,谓效验之中,可乎……率性者,尧舜性之也。盖人受天地之中以生,中即性也。修道者,汤武反之也。反身修德而至道凝焉。②

聂双江反驳欧阳德的理据在于"虞廷十六字"有"允执厥中"一语,此"中",按聂双江认为,理所应当释为"未发之中",为"良知",为"大本",应取道体义,而不可作效验、作境界理解。综合聂双江与欧阳德的讨论可见,按前者,其治学路径必然趋向"在中"之端持、守寂工夫,此等工夫便属内向度的体证本体的心性实践,并不着意于可见之效验;按后者,其心性实践则落实在工夫效验或者说是工夫境界的呈露层面。

**(三)从以"情"验"性"到以"礼"代"理":"效验"议题的延展与清初儒学客观化诉求的突显**

综上所论,阳明后学关于"效验"的争论出现了两种倾向:一者,与陆王一致,着力工夫本身,并不重视效验;二者,与陆王有别,要求可明见之效验检证工夫所达阶次。两种倾向的出现即反映出心性学者因"效验"议题出现了意见分歧,而"效验"议题背后又牵扯思想家对道体、工夫的根本看法,就

---

① (明)聂豹:《答欧阳南野太史》,《聂豹集》,第241页。
② (明)聂豹:《答欧阳南野太史》,《聂豹集》,第245页。

此而言,陆王心性学说发展至晚明,其裂变之势已成定局。该局面切实呼唤新兴学术形态能在检证一事上弥补既往儒学之阙。正是在此情形之下,明清之际的儒者对待"效验"一说也有相应转变。这种转变广为学界周知的是知识论层面的内容。较为典型的代表便是方以智、梅文鼎。方氏提出"寓通几于质测",且其《性故》《性命质》等篇章都凸显出对考证、检测等问题的重视。方氏云:"寂感之蕴,深究其所自来,是曰'通几'。物有其故,实考究之,大而元会,小而草木蠡蠕,类其性情,征其好恶,推其常变,是曰'质测'。质测即藏通几者也,有竟扫质测而冒举通几以显其宥密之神者,其流遗物。"①又云:"核实难,逃虚易,洸洋之流,实不能知其故,故吹影镂空,以为恢奇。"②以上皆可揭示方以智在知识论层面,对考证、"核实"问题的重视,即对"效验"议题的强调。学界有研究者曾评方氏曰:"方以智学术的两大特点为强调知识积累和反对内省方法。这两点都是方法上对传统学术的反动,而与西方学术相一致。"③研究者宋芝业上述所道,与其说方以智是对传统学术的反动,不如直言其是对宋明心性哲学路数的认识论的反动,对西方自然科学知识论的接受。方以智之外,梅文鼎亦是典型。梅氏道:"历也者,数也;数外无理,理外无数。数也者,理之分限节次也。数不可臆说,理或可影谈。于是有牵合附会以惑民听而乱天常,皆以不得理数之真,而蔑由征实耳。且夫能知其理,莫尧舜若矣。"④梅文鼎上述所谓"数不可臆说,理或可影谈"同样是在强调知识可证、可验的重要性。据此,当我们梳理晚明清初儒者在知识论层面对"效验"议题的关注的过程中,实际不可避免地需要直面明末以降西方知识学对中国传统认识论的影响。如马来平教授曾以数学与儒学关系为议题,讲到:"明代末年,主要由于西方传教士传教的需要,西方科学开始进入中国。随之,在'欲求超胜,必须会通'思想的指导下,明末和有清一代的知识界兴起了一场以数学和天文历法为中心的、旷日持久的会通运动。"⑤按马来平教授上述言论,晚明清初时段,知识论层面,儒学之"效验"诉求、客观化诉求原则上乃是受到"西学东渐"之影响。有鉴于此,可以说,知识论层面"效验"议题的凸显更大程度上是呈现了明清儒学转型之外部因素,那么若深究明清儒学转化的根本因素,仍需立足儒学内部演化

---

① (明)方以智:《物理小识自序》,《方以智全书》第7册,合肥:黄山书社,2018年,第96页。
② (明)方以智:《物理小识》,《方以智全书》第7册,第111页。
③ 宋芝业:《会通与嬗变:明末清初东传数学与中国数学及儒学"理"的观念的演化》,上海:上海古籍出版社,2016年,第348页。
④ (清)梅文鼎:《绩学堂诗文钞》,合肥:黄山书社,1995年,第34页。
⑤ 马来平:《序:"科学与儒学关系研究"的若干方法论问题》,宋芝业:《会通与嬗变:明末清初东传数学与中国数学及儒学"理"的观念的演化》,第1页。

线索,即立足道德修养论层面的"效验"要求在晚明清初如何完成实证主义转向。

对此,我们留意到,明清之际的主流儒者对待"效验"一说也有诸多回应。相关回应在心性哲学方面较为典型地体现在以黄宗羲、王船山、方以智等晚明清初儒者从"气"本论立场出发,对以"情"验"性"主张的发挥上。比如黄宗羲云:

> 盈天地之间皆气也,其在人心,一气之流行,诚通诚复,自然分为喜怒哀乐。仁义礼智之名,因此而起者也,不待安排品节,自能不过其则,即中和也。此生而有之,人人如是,所以谓之性善,即不无过不及之差,而性体原自周流,不害其为中和之德。①

黄宗羲以"气"本论贯通"性""情"之诠释,按其理解,因"气"之流行,喜怒哀乐诸情绪的呈现之相状实属自然;因"性"体周流,仁义礼智诸德之存在亦是必然。又,"情与性不可离,犹理气之合一也"②,"性""情"相关,"中和"之境即是"性"体流布之必然,亦是"情"至"中和"的体现。据此,"情"之中和与否便是率"性"与否之证验。梨洲又道:"夫不皆善者,是气之杂糅,而非气之本然……第气质之本然是性,失其本然者非性,此毫厘之辨,而孟子之言性善,即不可易者。"③黄宗羲将"气"之杂糅与否以及"气质"本然与否作为其与"性"贴合与否之准的。据此,"情"不仅可检证自身是否本然、天然,并且其具体情状成为修"性"、率"性"境界之体现、之效验。黄宗羲之外,王夫之亦持"气"本论立场,而所谓"言心言性,言天言理,俱必在气上说,若无气处则俱无也"④便是船山"气"论思想的代表性言论。正是俱要从"气"上说,"欲"与"情"之生发皆是自然,二者相状之别皆是"性"体发用之必然。正如其道:"'欲',谓情也。'知知',谓灵明之觉因而知之也。人具生理,则天所命人之性固在其中,特其无所感触,则性用不形而静。乃性必发而为情,因物至而知觉之体分别遂彰,则同其情者好之,异其情者恶之,而于物有所攻取,亦自然之势也。"⑤在具体的"性""情"关系问题上,船山又道:"情便是人心,性便是道心。道心微而不易见,人之不以人心为吾俱生

---

① (清)黄宗羲:《明儒学案》,第1514页。
② (清)黄宗羲:《明儒学案》,第1036页。
③ (清)黄宗羲:《明儒学案》,第649页。
④ (清)王夫之:《读四书大全说》,《船山全书》第6册,第1111页。
⑤ (清)王夫之:《礼记章句》,《船山全书》第4册,第897—898页。

之本者鲜矣。故普天下人只识得个情,不识得性,却于情上用工夫,则愈为之而愈妄。"① 船山以"人心"喻"情",以"道心"喻"性",按此,"人心"便成为"道心"之检证,即"情"之相状便成为"性"体流布之效验。船山又云:

> 诚者德之成而仁者心之所自通,求仁者思诚之专功矣。我之能备万物者,唯此相关之一念而已。私一念之情而不达之于万物,则我之所愉,物之所拂;我之所拒,物之所诉;恒见万物之与己有异,而一物至前,乃觉多此一物。唯于其情之未能与物合者,以己之欲,推物之必欲;以己之恶,推物之必恶;其始也己重而物轻,亦甚难其推矣;决一念以必推而强行焉,则渐使此心安乎舍己从人之事,而忘其情封意锢之私,则求吾心所与万物并生而痛痒相喻之仁,亦且近在寸衷而见来往灵通之本体矣。②

王夫之进一步发挥了"人心"(情)"道心"(性)之说,将"一念之情"是否"达之于万物",即人之私情能否接于万物作为率性成仁之检证、之效验。相较黄宗羲、王夫之,方以智更是在"气—情—性"关系的阐发上,将"效验"议题推向更为广阔的视域,其兼顾道德修养与知识论两个层面,全面揭示了晚明清初儒者哲学努力之新蕲向。方氏道:

> 以质论之,气交凝形,而气籥栖灵,此生后之气质也;即未生前,亦缘气以为质也。辟天地一气质也,混天地一气质也,所以为气者,贯乎混、辟气中者也。气凝形者坏,而气不坏;气习聚者散,而大心无聚散。故称性之质为气,而明气之中曰理。物各一理而共一理也,谓之天理。气分阴阳则二其性,分五行则五其性。人物灵蠢各殊,是曰独性,而公性则一也;公性在独性中,遂缘习性。③

> 质而核之,性寓于气而倖然在中,称则称其德耳。以情事而实之,灼然分矣! 圣人裁成,止立公平中节之法;节情即性其情,此不落有无之大有。④

> 众人生性,圣人始是成性。圣人见物即见物之则,知天即知天之

---

① (清)王夫之:《读四书大全说》,《船山全书》第6册,第1068页。
② (清)王夫之:《四书训义》(下),《船山全书》第8册,第829页。
③ (明)方以智:《性故》,《方以智全书》第3册,第8页。
④ (明)方以智:《性故》,《方以智全书》第3册,第9页。

理,举性即尊性之德,情复性而情中节,即费见隐,而边皆中矣。①

方以智撰《性故》的初衷即是为揭明"性"的根本主旨及延伸内涵,这本身就体现了思想家心性哲学诠释中的知识论路向。至于其云"辟天地一气质也",云"性之质为气,而明气之中曰理",便是从宇宙论、本体论两个层面申明"气"之主体性。综合方以智三处言论,按其主张,"气"之分化牵引"性"之"独性"的流行,"气"之流布决定"性"之"公性"的恒有。反映在"情""性"关系问题上,由"气"之流变,"情"之变幻即是自然,而"性"德之显则由"情"致中节体现。所谓"以情事而实之,灼然分矣",谓"情复性而情中节,即费见隐,而边皆中矣"皆是以"情"验"性"理念之呈露。据此,应该说,相较同时代儒者在心性论层面对于"效验"议题的关注和发挥,方以智更具开拓、创新性。具体而言,其创新性体现在两方面:其一,在方法论上融入知识论研究之思路;其二,将心性哲学"效验"之诉求推向自然科学领域。如其讲到:"寂感之蕴,深究其所自来,是曰'通几',物有其故,实考究之,大而元会,小而草木蠡蠕,类其性情,征其好恶,推其常变,是曰'质测'。质测即藏通几者也,有竟扫质测而冒举通几以显其宥密之神者,其流遗物。"②此便是由宋明心性哲学,尤其是道德修养关切之"寂感"话题,推演出自然物理研究上"通几""质测"之必要性。综上考察,我们发觉,黄宗羲、王夫之、方以智等大哲有关以"情"验"性"理念的发挥、拓展,以及诸广为人知之事实,如当时众儒者从对心学、理学的反省和批判转向对经史考证的侧重,乃至清初以降至乾嘉时期"礼""理"相争到以"礼"代"理"情势的演进③等,众多明清思想迁转的表现已呈现一整体趋向,即对可证、可明见的效验的追求。与此同时,这一可证、可见的"效验"追求体现在晚明清初儒家事功思想上,亦有相当显明的呈露。比如顾炎武曾道:

> 心不待传也。流行天地间,贯彻古今而无不同者,理也。理具于吾心而验于事物。心者,所以统宗此理而别白其是非。人之贤否,事之得失,天下之治乱,皆于此乎判。此圣人所以致察于危微精一之间而相传以执

---

① (明)方以智:《性故》,《方以智全书》第3册,第16页。
② (明)方以智:《物理小识》,《方以智全书》第7册,第96页。
③ 就清代学术"礼""理"相争向以"礼"代"理"的发展、演化这一议题,台湾地区学者张寿安曾在其两部专著《以礼代理——凌廷堪与清中叶儒学思想之转变》(河北教育出版社,2001年)、《十八世纪礼学考证的思想活力——礼教论争与礼秩重省》(北京大学出版社,2005年)中皆有论及。

中之道,使无一事之不合于理,而无有过不及之偏者也……禅学以理为障而独指其心曰"不立文字,单传心印"……圣贤之学自一心而达之天下国家之用,无非至理之流行,明白洞达,人人所同,历千载而无间者。①

顾炎武此是明确否认了朱熹定"十六字旨诀"为圣人传心要语之说,更进一步讲,乃是取消了心性修养、历练,乃至亲证的必要性,将儒学"效验"论从心性层面迫降至事功、经验层面。然顾氏此说在一定程度上又有其矛盾之处,难以自洽。比如顾氏又云:"以一人而易天下,其流风至于百有余年之久者,古有之矣。王夷甫之清谈,王介甫之新说,其在于今,则王伯安之良知是也。"②其根本症结在于似将"心性"之传、之验,将个体自证之德与公共效验之德对立起来,然无论是介甫新学抑或阳明致良知之学,皆关乎事功,同时两位思想家也是颇具事功之能,此是公认之事实。就此而言,顾炎武反理学(具体来说是宋明以降的"天道性命"之学,而非普遍意义上的"义理之学"③)缺乏客观性。

在对"效验"问题展开诠释之际,有学者提及"效验"自身的客观性如何确立的问题。如果确立其客观性,这种客观性是否和陆王学中心性实践的主体性特征发生冲突?又有一些人认为,不能用荀子或者朱子讲"效验"的思路来考察陆王心学的"效验"问题,认为"效验"问题乃是心性哲学语境中的次要问题,将其纳入讨论即有违心学主体精神。这些理解实则是认定讲求效验就是追求效果、功利,因而一方面认为功利本身还有一个符不符合道德标准的问题,另一方面则认为追求效果违背了心性学说作为一种"存心伦理学"④的义务论特质。其实,本文所讲效验与功利并非完全等同,更和功利主义没有必然联系。心性之学的效验问题是否可讲,对于此种疑惑,我们要问,儒家讲内圣外王,难道外王不是内圣的效验?再者,牟宗山、劳思光等先生的哲学建构亦是心学传统,他们讲的儒学存在客观性问题难道是一个伪问题吗?当然不是。心性学说肯定是考虑客观化问题的。譬如本文前面所讲,阳明对良知的诠释,就是在不断确立良知作为普遍存在的实体的过

---

① （清）顾炎武撰,张京华校释:《日知录校释》,第784页。
② （清）顾炎武撰,张京华校释:《日知录校释》,第762—763页。
③ 参见吴根友:《中国哲学通史·清代卷》,第263页。
④ "存心伦理学",原是德国社会学家马克思·韦伯所提概念"Gesinnungsethik",后为李明辉先生根据孟子"存心"之说翻译作此。按李明辉先生解释,"'存心伦理学'当是一种'义务论伦理学'",其坚持"判定一个行为或行为规范之道德意义时所根据的最后判准,并非其所产生的非道德价值,而是其自身的特性"(参见李明辉:《儒家视野下的政治思想》,北京:北京大学出版社,2005年,第71页)。

程,阳明后学则开出更进一步的工作,即诠释具体工夫以及内圣之学的可明见过程。这一要求明见的初衷,促使晚明思想界出现了大量的有关工夫过程的讨论。世人看到这些讨论,有称阳明心学后期的工夫实践已然沦为口耳工夫。该结论实有可能忽略了一条重要线索,即对工夫过程的描述正揭示当时思想家关于工夫效验明见、共证的操作路径已有构想和尝试。

事实上,通过前文对"效验"问题的考察可见,无论是晚明心学家对可共证之工夫路径、可明见之工夫境界的倡导,抑或清代众多思想家对心学"以意见为理"的批评,实则都在表达儒学建构检证体系乃至公共理性的需要。进一步来说,从象山、阳明对"效验"一事的不多置论,到阳明后学对该议题的集中关注,在以陆王心学为高峰的心性学发展历程中,这一迁转某种意义上正成为晚明心性之学分裂的一种呈现。就此而言,我们可以重新思考明清学术发展史的重要议题,即心性之学的裂变如何促进了晚明清初的儒学转型。众所周知,宋明理学发展到阳明心学时代,思想领域对于主体性、本来性的高扬多少促使人的自由意志呈现偏离主流意识形态的趋势。在实践的领域,阳明学人士亦多摒弃了在士大夫官僚体制之内追求个人价值实现的道路,而是将人生实践落实在个体"成德成圣"与"觉民行道"之努力中,在此过程中将心性之教发挥到了极致,客观上对传统制度造成了重大的冲击和解放作用。这表明心性之学本就与传统制度存在着对立一面。这一对立,一方面体现了心性之学的解放作用,另一方面,则致使心性之教缺乏制度的呼应,这即注定以心性取胜的阳明学发展至一定阶段必然趋向分裂,除非心性思想家能够发掘出或者建构起与之相应的制度框架。然而此举在他们那里既无可能也无必要。"无可能"是谓倡导心性学之思想人士没有条件去建构与主体性相适应的制度框架,"无必要"是谓晚明心性学既倡良知自足,则外在制度的约束和指导即成为非必要之存在。而晚明清初至乾嘉时期,思想界从立足朱子学对阳明学的批判、修正,发展至在"效验"的问题上对宋明义理之学进行根本性的质疑,乃是对于心性之学所存此种问题更为深刻的一种反省和重判。故该时期,站在修正、批判立场的晚明清初儒者其关键主张往往也与"效验"相关。比如东林儒者高攀龙是从"效验"处,从后果论讲本体,其论"心即理"的成立便是从果位上,从"效验"上讲。这实则是据荀子"成性"路径,讲知觉心与本体心的合一。高氏道:"理者,心也。穷之者,亦心也。但未穷之心不可谓理,未穷之理不可谓心,此处非穷参妙悟不可。悟,则物物有天然之则,日用之间,物还其则,而己无与焉,如是而已。"① 高攀

---

① (明)高攀龙:《复念台》,《高攀龙全集》上册,第418页。

龙如此讲法在晚明以降并非个案,至清初,王夫之也有类似观点。船山道:"'心'者,人之神明,所以具众理而应万事者也。'性'则心之所具之理;而'天'又理之所从以出者也。人有是心,莫非全体,然不穷理,则有所蔽而无以尽乎此心之量。故能极其心之全体而无不尽者,必其能穷夫理而无不知者也。"①此亦是从效验上讲尽心、穷理。进言之,此"理"不穷,则"心"非全体,即非"理";此"心"非得"全体",则不能"无不知",故此"知"一样是从果位上讲。这便更大程度上否认了"良知""良能"的先验性存在。事实上,即便部分儒者并未直接参与"效验"议题的讨论,但也从其他方面揭示出学问之道的检证必要和具体途径。比如被黄宗羲称为有明一代经学巨擘②的晚明易学家郝敬即主张时于日常处参证。其云:"博士家,终日寻行数墨,灵知蒙闭,没齿无闻,皆沿习格物穷理,先知后行,捕风捉影,空谈无实。学者求真知,须躬行实体,行之而后著,习矣而后察,向日用常行处参证,自然契合。"③正是在晚明以降众儒者的引导下,清初乃至乾嘉时期的思想家从对心学、理学的批判,转向对经史考证的侧重,乾嘉时期更是产生一股以凌廷堪为代表的"以礼代理"思潮,而无论是礼制所代表的典章制度追求,抑或由考据而产生的经验知识问题的凸显,都是可考、可证,极为明见的"效验"。就此来说,清中期"礼"学全面复兴之序章实则自晚明就已埋下伏笔。就此晚明清初礼学转向问题,张寿安曾详述明清以降礼学复兴的相关情况。她讲到:

> 17世纪以降,中国社会文化呈现出两大走势:其一为"情欲觉醒",其二为"礼学复兴"。这两股看似对立却又不断对话、看似背驰却又相互激荡的思想力量,是观察中国近代与前近代之衔接的重要线索。④

> 虽然在明中叶以后的阳明讲会中,我们已看到儒者透过宗族、乡约、讲会深入下层民间社会,以定时聚会的方式、通俗的语言宣扬儒家伦理德目、婚丧祭葬生活礼仪,企图敦厚风俗。但是真切地把儒学教化的焦点集中在端正社会礼俗,并在知识界清楚提出"以儒礼正今俗"全面排除僧道、俗礼的,则是清初的儒者。⑤

---

① (清)王夫之:《四书训义》卷三十七,《船山全书》第8册,第821页。
② 参见(清)黄宗羲:《明儒学案》,第1313页。
③ (清)黄宗羲:《明儒学案》,第1320页。
④ 张寿安:《十八世纪礼学考证的思想活力——礼教论争与礼秩重省》,第7页。
⑤ 张寿安:《十八世纪礼学考证的思想活力——礼教论争与礼秩重省》,第21页。

明代"缘俗而以先王之礼杂就之"的礼学态度,受到清初礼学考证者的强力抨击。同样是移风易俗以礼经世,引毛奇龄的话说,清学所标示的是"礼有定制,不容轻议",这就是清代"以古礼正今俗"之礼学研究新趋势。①

张寿安以上所说首先将"礼"学复兴作为明清儒学转型的重要标志,并考察了此时礼学复兴的重要内容——俗礼向儒礼、古礼的迁转。此一迁转实际是为重树"礼"的威严,更为强调"必然之则"作为第一效验、第一判准的绝对优势。此外,张寿安详举顾炎武、李塨、凌廷堪等人的礼学思想,按其云:

> 顾炎武在清初倡导三礼之学,他不仅认为矫正理学虚空之病的最佳良方是以礼自治,以礼治人,恢复儒礼之制度仪礼,使家国乡党人我行事之动容周旋皆合礼。同时更鼓励学术界研治《仪礼》,甚至还呼吁统治阶层将《仪礼》纳入学官、恢复科举之仪礼房,以利禄诱使学子习礼。②
> 李塨曾自述其由"习礼"转入"考礼"之意义。③
> 乾嘉间以《礼经释例》一书享誉学界的凌廷堪对礼和名物度数的关系更有清晰的揭示……凌廷堪《校礼堂文集》卷十六《慎独格物说》中曾道:"慎独指礼而言……皆礼之内心精微可知也。"④

如果说顾炎武、李塨二人倾向于倡古礼以矫理学虚空之病,又以复《仪礼》施展经世之学,那么凌廷堪将宋明理学常讲"慎独"之学与"礼"衔接,即是为心性之学树立"礼"之准绳。实际除了张寿安提到的凌廷堪此处言论可直揭明清学术转型之线索,清初孙奇逢曾道:

> "颜渊问仁"章全重"礼"字,大中至正,万物各得其理之谓……克非克去,此在心上初起念时用工,一念回头,万火自降。说礼不说理者,用功必有下落,离却显然条理,说恁么不睹不闻!"天下归仁"者,乾坤浑是一个礼。盖舍了天下,即无处寄我之仁。曰"由己"者,谓独知一念

---

① 张寿安:《十八世纪礼学考证的思想活力——礼教论争与礼秩重省》,第22页。
② 张寿安:《十八世纪礼学考证的思想活力——礼教论争与礼秩重省》,第24页。
③ 张寿安:《十八世纪礼学考证的思想活力——礼教论争与礼秩重省》,第29页。
④ 张寿安:《十八世纪礼学考证的思想活力——礼教论争与礼秩重省》,第66—67页。

上用功，不是人预不得，乃由外不得也。颜子请问其目，是他胸中先有纲领者。非礼之发有二，一从思虑未起中不知不觉萌出来的，一从物感时交相引动出来的，总不从本心发来。如铁身生垢，垢岂铁身？如镜生尘，尘非镜面。去垢而铁现其身，拂尘而镜现其面，不必于非礼既去之后又求礼也。①

夏峰弃"理"谈"礼"，相较清中期凌廷堪之论，更为高举礼学经世之道。张寿安之外，又有学者讲到："明清之际，随着学者们对礼的倡导和实践，以及经世目标下对礼之功用的肯定，礼学逐渐兴起，冲击着日渐衰落的理学，这可被称为礼学外的转型。与此同时，在礼学的复兴中，礼学自身也发生了转型，主要表现为礼学实践中从习礼到考礼的转变和礼学研究中仪礼学对家礼学的取代。"②参照上述观点，有关明清之际礼学复兴议题的研究已然相当成熟，但却并未就礼学转向之思想缘由、理论背景给出充分说明。依据上文分析，笔者以为，理学衰微与礼学重兴之间，一方面是"效验"议题的挺立，在此意义上，我们认为礼学的复兴究其本质也是心学（理学）发展的必然诉求和基本趋势——儒学"客观化"的挺立；另一方面，礼学的复兴与转向的背景乃是经学升格运动的暗流涌动。清人对经学的重视，世人向来明了。清中期，纪昀在《经部总叙》一篇中便有"盖经者非他，即天下之公理而已"③一说。实际上清初学者谈及礼学、经学，即已开始托举其作为"公理"、宗旨之价值。如张尔岐、邵廷采有道：

> 圣人之所是，皆礼同类也；圣人之所非，皆礼反对也。《易》之失得，《书》之治乱，《诗》之贞淫，《春秋》之诛赏，皆是物矣。尽六经之说，而后可以究礼之说，而后可以究《中庸》之说；《中庸》者，礼之统论约说，非其详者也。④

> 夫经学与心性之学本出一原，圣人作经，皆以发挥心性；《易》道阴阳易简，《书》记政事，《诗》别劝惩好恶，《礼》顺秩叙，《乐》涤邪秽而荡渣滓，《春秋》辨是非。今于经学之外别有心性，则道无统纪，而不得圣人之心；于是乎逐事物，溯源流，求同异，解愈繁而经愈晦，讥朱子末流

---

① （清）孙奇逢：《四书近指》，徐世昌编纂：《清儒学案》第1册，第5—6页。
② 刘永青：《情礼之间——论明清之际的礼学转向》，北京：人民出版社，2014年，第206页。
③ （清）纪昀：《四库全书总目提要》，第49页。
④ （清）张尔岐：《中庸论》，徐世昌编纂：《清儒学案》第1册，第467页。

之弊,其弊乃甚于朱子也。①

张尔岐是欲以"礼"贯穿诸经主旨,邵廷采之论更试图统将《礼》在内的六经作为心性哲学之支撑。此举即有托举六经,以其取代四书阐发心性之用。又按邵氏主张,经学之外别无心性,如此,道得统纪。这便是要借经学,以张扬一足以支撑道统的大"礼"之学。

结上阐述,晚明清初"礼"学的重兴原则上乃为儒学"效验"追求的客观呈现。质言之,对人伦社会的必然之则、客观之理的崇尚,成为晚明以降儒学发展之新趋向,实为晚明心学思想家有关"效验"一事的重察与深省之继续与延伸。确切地说,儒学内部对心性之学的重思和审视,乃是晚明清初实证主义趋向的细节呈现。此时的文化界不仅儒学开启对心性工夫检证议题的探讨,即便在佛学界也有相似的努力。如有学者就提到:"晚明丛林再唱文字禅,在于以经教文字印证和勘验参禅工夫,由'方便通经'之路,扩展了传统文字禅的思想内涵,使禅宗修证能够更有效地广泛实践,并因此而赋予文字禅以其所注重的明晰性与权威性,可以最大限度地摒弃盲眼禅师自误误人的所谓'冬瓜印子',也可最大限度地避免参禅的内在暗证所造成的偏颇之失……是承负宗门弃教参禅的苦果而不得不作的蜕变。"②又提及:"明末佛教唯识学的中兴,并非专弘法相唯识,主要是出于贯通性相二宗,对治宗门空疏之习而兼弘。"③此外,圣严法师在《明末中国的戒律复兴》一文中曾道:"明末的戒律思想已和唐宋的有所不同……到了明末的时代,有四种特色:(1)菩萨戒及小乘律的并重。(2)用华严宗、天台宗和禅宗的观点来解释戒律思想。(3)可以用大小乘经论、祖师的著作,乃至世间的典籍来作为解释戒律的辅助资助。(4)引用密咒作为日常生活的修持。由此可见,明末的戒律,有了禅、教、律一致,显、密圆融的趋势。"④可见,晚明佛学针对暗证、空疏之病曾采取诸多措施,这些措施与明清之际儒学内部的礼学复兴较为一致地彰显当时佛教也有戒律复兴之情势。这便意味晚明整个文化界实际皆力图从实证主义切入,突破自家心性修习疏漏之弊,也都在试图介入晚明社会治理。正是结合对晚明清初实证主义趋向的整体考察,我们发觉,20世纪现代新儒学谋求的新外王,即民主和科学,实际正是实证主义的延

---

① (清)邵廷采:《答蠡吾李恕谷书》,徐世昌编纂:《清儒学案》第1册,第85页。
② 赖永海主编:《中国佛教通史》第12卷,南京:江苏人民出版社,2010年,第309页。
③ 赖永海主编:《中国佛教通史》第12卷,第404页。
④ 傅伟勋主编:《从传统到现代:佛教伦理与现代社会》,台北:东大图书股份有限公司,2009年,第152页。

续,而其反复强调的知识和制度的问题,也还是试图从检证问题入手,落实儒学公共理性的建构。当代新儒家此举反过来即正揭示,以陆王学说为代表的心性之学在"效验"(知识和制度)一事上存在缺失。或者说,已经认定知识和制度的问题乃是陆王心性之学未能解决也无力解决的问题。正因如此,现代新儒家才有必要再度提此议题。

# 第五章　明清儒学转型的哲学实现：主体性思维的迁转与道德性命学的衰颓

前述内容或考于史，或究于观念分析，然要深究晚明清初儒学转型之逻辑必然，还需从更根本的问题意识出发，开展进一步的哲学研究。就哲学研究而言，晚明清初儒学发生的最为关键的变化是在心性哲学的衰微。这一点为学界普遍接受之共识。而心性哲学研究之肯綮则在主体性哲学，及与之相关的道德实践议题的探讨上。此即揭示，关切晚明清初儒学转型研究，仍需聚焦"尊德性"路向的现实演化。事实上，心性之学的衰微乃至明清儒学的演化，在很多人理解，其突出特征便是"尊德性"向"道问学"的转向。代表人物在清儒中就有龚自珍，其云："孔子没，儒者之宗孔氏，治六经术，其术亦如循环……入我朝，儒术博矣，然其运实为道问学……小生改容为闲，敢问问学优于尊德性乎？曰：否否。"①据此，龚自珍意识中，由明入清便是"尊德性"向"道问学"的学术思路转型。龚自珍这一提点为后代学人提供了重要启发。延至当代，尤为学界关切的北宋至清中期儒学发展的"内在理路"说，便与龚自珍之观点不无关系。具体言之，"内在理路"说即是认为，北宋儒学发展至明清，即由"尊德性"向"道问学"悄然递进。故此递进严格来说，非可以"反动"称之，而是一种"继承"，起码是一继承了程朱、陆王义理之争前提下的脉动。概言之，无论是清儒龚自珍的"循环论"还是当代部分学者坚持的"内在理路"说，都揭示了明清儒学发展进程中，确有"尊德性"暂为衰颓，"道问学"一时复兴之事实的发生。问题是，古今人士似乎都看到了这一事实，也似乎都确认了心性之学的衰微，但却都没有给出充分解释，即以"尊德性"为关键手段及鹄的的心性之学趋向衰微的逻辑必然性何在？其历程如何？上述问题欲得详解，还需借助关键视角的考察。

---

① （清）龚自珍：《江子屏所著书序》，《龚自珍全集》第3辑，上海：上海古籍出版社，2019年，第193页。

## 第一节　有关晚明儒学主体性思维研究路径的反省和检讨

前文所提"默识""效验"等，原则上多是以概念史研究为基点切入明清儒学转型的细部探讨。然任何阶段的儒学研究都不能回避中国哲学核心特色的观望，比如一直以来，学界向以主体性特色理解、界定中国哲学的殊异性，这即提示笔者在晚明清初学术转型的研究上同样需要特别关注该议题背后问题意识的迁转演化，及内容、义涵的演化。然有关晚明清初儒学主体性研究，首先还需厘清一则问题，即儒释道三教是否皆强调主体性建构；其次是要给出儒学主体性思维其内容、特色的分析；最后才能够在前述研究的前提下给出儒学主体性思维在明清之际演化之明证。

### 一、有关"主体性"能否贯通中国哲学问题的探讨

主体性哲学义涵丰富，主要包括对两方面内容的强调：其一，是对相较客体而云的人的主动意识和实践能力的申明；其二，是对相较集体意志的个体自觉性的发挥。这些内容在中国文化、中国哲学中都有极显明的呈现。比如楼宇烈先生就曾讲到："中国文化儒释道三教都不是主张有一个造物主，不是主张人的命运由造物主来决定的，而是强调人要为人自己作主，要维护人的主体性、独立性……如果中国文化的这一根本精神得不到充分发扬的话，发展下去，人总有一天会完全被物所操控，人的主体性和庄严可以说到一定的时候会消失殆尽的。"① 楼先生此处认为中国文化类型各异，然普遍维护人的主体性，此即以能动、独立理解主体性，又将该特性深系"人"之社会属性和精神诉求。蒙培元先生曾著《中国哲学主体思维》一书，对中国哲学主体性思维则有比较详细的论述。据他讲道：

> 中国哲学思维方式是一个比较广泛的题目，包括许多方面的内容。但是，其中最重要的或核心的内容则是主体思维……这里所说的主体思维，同西方哲学以主客体相分离、相对立为特征的主体思维，性质有所不同甚至完全相反，因为它是以主体与客体、人与自然相统一为基本前提的。②

---

① 楼宇烈：《中国文化阐释要以"人"为本》，《中国文化研究》2017 年冬之卷，第 6 页。
② 蒙培元：《中国哲学主体思维》，北京：人民出版社，1997 年，第 2 页。

中国哲学思维之所以具有主体性特征,是同中国哲学以人为中心的人本主义思想联系在一起的。从根本上说,中国哲学是关于人的学说,是关于人的存在、意义和价值的学说,为此,它要确立人的主体地位。这就决定了它的最根本的思维方式,必然是以人为中心的主体思维。①

中国哲学的主体思维就其一般特征而言,是围绕人与自然界的关系而展开的。在这一关系中,人始终居于主导地位。但是它又表现为不同的逻辑层面。就其基本指向而言,它是自我反思型的内向思维,即收回到主体自身,通过自我反思获得人生和世界的意义;就其基本定势而言,它是情感体验型意向思维,即从内在的情感需要出发,通过意向活动,确立主体的存在原则;就其基本程式而言,它是主体实践型经验思维,即以自我完成、自我实现的主体实践为根本途径;就其终极意义而言,它又是自我超越型形上思维,即超越感性自我,实现主客内外合一、天人合一的精神境界。②

蒙培元先生上述所说极为具体地阐发了中国哲学主体思维的丰富内涵,尤其按他所说,这一思维的基本程式即在强调主体实践,其终极意义即在强调"超越感性自我",实现"天人合一"。此说即揭出中国主体思维既包含强烈的个体性因素,同时也呈现实践理性、精神超越的内容。然蒙先生虽指出中国主体思维诸项内容,但并未深究多类型的主体性思维如何在中国哲学演进过程中发生、发展,尤未细剖其于各阶段中国哲学之深重影响。展开来讲,儒、释、道三家之学皆不同程度地呈现出较为显明的主体性哲学内涵和特色,比如儒家有"道德性命贯通"一说,道家有"独与天地精神往来"之论,即便是强调"无我""无法"的佛教,其主体性思维也不乏探讨价值。劳思光先生曾道:

> 佛教始终以"主体性"为教义中心,自最初言解脱涅槃之义,至晚期中国佛教之强调"佛性",盖无不以"主体性"为依归。虽佛教所肯定之"主体性",在功能及境界方面,与儒学所肯定之"主体性"不同,然就是否强调"主体性"而论,则佛教大乘教义反与儒学之心性论有相近处;由此,当陆王诸家力倡心性论之儒学时,即不免时时摄取佛教某种观点或

---

① 蒙培元:《中国哲学主体思维》,第2页。
② 蒙培元:《中国哲学主体思维》,第2页。

论证以助其立说。①

劳思光上述言论提出两则重要问题：其一，佛教始终以"主体性"为其核心教义；其二，依"主体性"之旨，儒家尤其是陆王学说于佛教心性论汲取甚多。劳先生以上观点实际存在若干争议。因从根本上讲，佛教强调"无我""无法"，又讲缘起，其强调的便是无灵魂实体，即无人格实体。如此，世俗人生的主体性如何确立呢？对此，有学者直截了当地将佛教主体性界定为一种对"精神我"的强调。比如刘敏言道：

> 佛学中的"我"为梵语"阿特曼"（atmna）之意译，原义为"呼吸""气息"，后来引申出生命、自我、精神、灵魂、自己、本质等含义……佛教自传入中国，则专注于主体的精神修炼和心性识养，将神、神明、灵魂等概念视为本体性存在……《大般涅槃经》也屡述"佛性我"并非"无我"，而是与"真我""大我"同质的概念……"佛性即我"在弥合了般若性空说与涅槃佛性论的同时，也将佛教哲学由宇宙自然本体的探究引向了心性本体的探究；这一思维重心的转向必将带出有大气度大包容的精神主体。宗炳的"人是精神物""精神我"即这一背景下的"真我"。②
>
> 宗炳说"人是精神物""精神我"，就是肯定人具有超越时间空间局限，摆脱生死寿夭羁绊，破除礼义习俗束缚，以独立的自我精神周流万物感通众形的能力。③

刘敏从梵语"我"的释义讲到佛教心性论本旨，又直将"精神我"理解为佛教常讲的"真我"，最后将佛教"精神我"诠释为"独立精神"的一种。也有学者建立在"能动性"的基点上说明佛教主体性因素。如有道："佛教并没有像其他宗教那样，在历史的起源处虚构一个造物主作为绝对主体，在历史的终结处虚构一个救世主作为绝对主体，从而把人在根本上放诸受支配的客体地位。不同于一般宗教的客体化的解脱观，佛教有着一套较为特殊的主体解脱论。在其理论表达上，它并没有根本性地否定人的主体地位、抹杀

---

① 劳思光：《新编中国哲学史》（三上），第372—373页。
② 刘敏：《从"冥神"到"畅神"——论佛教与魏晋审美精神自觉》，《文史哲》2014年第1期，第32页。
③ 刘敏：《从"冥神"到"畅神"——论佛教与魏晋审美精神自觉》，《文史哲》2014年第1期，第33页。

人的能动力量,而是把人描述为始终发挥着决定性作用的能动主体。"①刘思至此处讲到的"佛教有着特殊的主体解脱论",其"主体性"界定的根基即在"能动性"一项上,换言之,作者理解的佛学主体性因强调世俗人生寻求"自渡"与"渡他",其全体历程都在强调个体能动性的发挥,故不可不言具有主体性。而作者承认其确具"特殊性",乃是认识到作为宗教的一种,佛教并没有树立一超越人格,即"绝对主体"。鉴于对佛学主体性思维"特殊性"的理解认知,又有学者将这一"主体性"解释为"超主体性"。张震在《"本觉"与"无我"——佛教"心性论"的主体与非主体之辨》一文中,以华严宗、禅宗为例,较为细致地揭示了佛学的"无主体性"与"超主体性"之间的辩证关系。据他讲到:

> 中国化的佛教"心性论"既强调人的本觉自性,同时也非常强调人的在世性和自我的虚假性,该思维方式使得佛教思想介于主体性和非主体性之间。②
> 
> 佛教深明"我"是被发明的产物,也了知宏大的神话叙事和元话语出于某种构建的需要(如反婆罗门教的宗教叙事),所以佛教在该意义上说是"无主体性"或"超主体性"的哲学思想。③
> 
> "本觉"之心体虽然具有自为、自使、自行和自止的主动性,但这一能动却与主体性哲学相异。"本觉"否定了心体的实体/实有性,强调觉心发起的"在世"和形式的"随机摄化"。在"非镜"的视域下,其"不以意识去思维意识、不以心捉心"消解了"自我意识"对整体时间的割裂。同时,不被意识割裂出来的"念"本身即成为"无我"的"第四时",即"本觉"构建了一个无客体化行为的非对象性"主体",一个代词性的虚指"主体",它与普贤时间同一,是一个可不断生成和创作价值,同时也是在自我消融中的"无主体"之"主体"。④

综合张震以上所说,他所理解的佛学主体性由"本觉"心体主宰,因而本

---

① 刘恩至:《彼岸世界场域中的主体解脱——马克思主义宗教观的佛教个案考察》,《云南社会科学》2018 年第 2 期,第 90 页。
② 张震:《"本觉"与"无我"——佛教"心性论"的主体与非主体之辨》,《世界哲学》2016 年第 1 期,第 144 页。
③ 张震:《"本觉"与"无我"——佛教"心性论"的主体与非主体之辨》,《世界哲学》2016 年第 1 期,第 147 页。
④ 张震:《"本觉"与"无我"——佛教"心性论"的主体与非主体之辨》,《世界哲学》2016 年第 1 期,第 142 页。

质上讲,佛学领域强调的"能动性"与传统的主体性哲学区别甚大。因传统主体性哲学首先侧重的便是实有性,而佛学"本觉"概念构建的则是一个"代词性的虚指主体",故而某种意义上,佛学的"我"的概念仅为"某种构建的需要","所以佛教在该意义上说是'无主体性'或'超主体性'的哲学思想"。

应该说,前述学者多欲以全新的概念诠释佛学主体性的特殊价值和超越意义。相较而言,劳思光先生对佛学主体性的阐释更多倾向于对世俗义的说明。劳先生曾道:

> "佛性"观念之提出,目的原在于肯定自觉心之主宰力,亦即肯定主体自由;故落在实际主张上,即是肯定一切众生皆可成佛。①
> 
> 本经(《大般涅槃经·狮子吼菩萨品》)既立"真常"之教,故必说明"主体性",点明一切属于"幻妄"之"现象界"只表示自我之一状态或一种活动方向;自我如此活动,则其结果是立现象界而自陷于其中,"五阴"等等,皆就此一面作解释,然自我若觉悟,则即舍离此种活动,彼处即显现主体性。②

劳思光对佛学主体性的说明即立足"现象界"讲出佛学解脱之道,并非脱离世俗言之,而其解脱之道的根本必然需要历经五蕴之苦,因而此舍离过程正凸显其主体性。

道家方面,以庄子主体性哲学为例,在中国实践哲学整体呈现的境界化趋向上,"万物一体"并非儒学独创,而是在道家、佛教中都有体现。日本学者岛田虔次在《朱子学与阳明学》一书中曾提到:"无论在庄子处还是僧肇处,所谓万物一体,被建立在取消大小、夭寿、有无的基础上,是知性的、理论性的命题……明道的万物一体,是万物一体之'仁'。庄子、僧肇的万物一体,与其说把人驱使向责任和行动,不如说使倒退到冥想和死心,这不是儒家的态度。"③按岛田虔次的观点,儒释道皆有"万物一体"之说,然有根本不同。他所谓庄子与僧肇"退到冥想和死心",乃是谓庄子、僧肇思想中呈现出来的主体性,乃是讲求人、物双向渗透的冥合,这和儒家强调人于物的包涵最终成就的单向度的人的主体性区别甚大。但是岛田虔次所说提供了一种

---

① 劳思光:《新编中国哲学史》(二),第176页。
② 劳思光:《新编中国哲学史》(二),第181页。
③ 〔日〕岛田虔次:《朱子学与阳明学》,蒋国保译,西安:陕西师范大学出版社,1986年,第30页。

新的有关儒释道哲学主体性问题研究的新思路，即摒弃人与他者构成的主客对立式的思维路径，直面中国哲学境界追求本质。在此之后，台湾地区学者杨儒宾先生在阐释庄子哲学主体性问题上，旗帜鲜明地指出："语义在对照中产生，'主体'与'客体'相倚对立，现代哲学术语的'主体'的混血DNA可以激化我们对传统心性论的认识。回到庄子的脉络，庄子的主体概念如果绕着'心性'等主体词汇展开，其客体则指向了'物'的存在，心物、主客关系本来也是庄子学的议题。"①根据杨儒宾先生的解释，庄子哲学主体性问题的讨论，按"对立"产生的主体、客体模式理解，实质上应回归到心性与"物"之间关系的讨论上，故此时所谓"主体"不再是单纯的"人"的挺立，而是更大程度上成就心性的问题。该基础上，杨儒宾先生继而指出："庄子哲学的核心不是落在真常唯心论意义下的心学，也不是落在向、郭意义的气学，心学与气学之说都只是一偏之见。庄子显然经历了超越的主体，但他却抛弃了超越境界的超越主体；他支持一种全体性运动的理念，我们可称作气的世界观，但他的气论与主体性有种本质的关联。心总是连着运动与感通的功能，心的活动即有气，气论不是气决定论。心学与气学两者的整合或许较接近真实的图像。"②从心性论的视角出发，杨儒宾进一步界定了庄子哲学的主体性虽与境界相关，然最终超越了一般意义上的境界趋向，而是借由气论，最终趋向"一种全体性运动的理念"。至此，心性活动的全体过程不仅涉及对物、对他者的包涵与融摄，并且在该过程中得到不间断扩充与完善。这一突显心性，而非人身的主体性论述被杨儒宾称之为"气化主体"。如他继续讲到："庄子的主体为'气化主体'或'形气主体'。所以称'气化主体'，乃因此主体是心气的连续体，主体乃意识的作用再加上气的感通、流动、变化的作用，心气融会而成。所以称作'形气主体'，乃因'形'作为心气作用的框架，'形'本身具足了心气落实于个体上的作用……庄子的主体观念显示其主体都是在广阔的气化世界中呈现的，主体的概念即是非个体的，而且是与气化世界互渗共纽的。"③又讲到："这两个词语（'气化主体'、'形气主体'）比较接近于对'主体'概念的知识论重构，我们如从庄子强调具体性着眼，则'游'之一字更可体现庄子作为具体哲学的特色。"④既然是"非个体的"，是"与气化世界互渗共纽的"，庄子哲学试图诠释的"主体"，按杨儒宾

---

① 杨儒宾：《儒门内的庄子》，台北：联经出版事业股份有限公司，2016年，第175页。
② 杨儒宾：《儒门内的庄子》，第177—178页。
③ 杨儒宾：《儒门内的庄子》，第178页。
④ 杨儒宾：《儒门内的庄子》，第178页。

先生所讲,即呈现在"游"之特性上。而庄子之意便是"要我们体认心气即游化"①,而"游化之心可称为游心"②。至此,杨儒宾对庄子哲学主体性的讨论全然转向心性涵养问题,而他虽然认为庄子"抛弃了超越境界的超越主体",但其最终将庄子主体性的讨论引向"游"之意象,说明作为研究者仍然潜意识地认定了庄子哲学的境界化蕲向。最后,杨儒宾先生讲到:"但具体的'游'离不开世界的构造,亦即离不开物。庄子眼中的芸芸万物不是对象义的'物',物即物化,非认知义的流动之物才是真正的物。游之心与化之物同时呈现,认识主体之真相(游心)即认识物之真相(物化),即等于认识了世界的真相(游乎天地之一气)。"③杨儒宾关于庄子主体性的研究启发我们需要重新对待庄子主体性哲学,具体需要在重视"人—物""物—物"关系的基础上,全面理清人之身、心于他者、他物的对待问题。

### 二、儒家主体性哲学的研究内容和诠释理路

儒学场域,牟宗三、劳思光两位先生皆较为关注儒学主体性问题,且多围绕心性哲学展开,而其关注的主要角色从孔孟之学过渡到宋明理学,又因晚明清初阶段与主体性相呼应的"儒学客观化"问题得以突显,荀子成为聚焦点。

牟宗三曾从孔孟之学立学宗旨上讲出儒学主体性思想的要点。如他讲:

> 孔子的重点是讲仁,重视讲仁就是开主体,道德意识强就是重视主体。④

> 孔子讲仁,仁就是代表主体……仁是理、是道,也是心。孔子从心之安不安来指点仁就是要人从心这个地方要有"觉",安不安是心觉。仁心没有了,理、道也就没有了。因此仁就不只是理、道,仁也是心。⑤

> 所以,到了孟子就以心讲性。孟子讲性就是重视主体这个观念。儒家讲性善这个性是真正的、真实的主体性。这个真实的主体性不是平常我们说的主观的主体,这是客观的主体……人人都有这个善性,问

---

① 杨儒宾:《儒门内的庄子》,第180页。
② 杨儒宾:《儒门内的庄子》,第180页。
③ 杨儒宾:《儒门内的庄子》,第180页。
④ 牟宗三:《中国哲学十九讲》,第69页。
⑤ 牟宗三:《中国哲学十九讲》,第70—71页。

题是有没有变现出来。①

除了《论语》《孟子》以外,《中庸》《易传》也一样讲主体,《大学》也讲主体。《中庸》讲"慎独"就是讲主体,是从工夫上开主体。《大学》也讲慎独……慎独是严格的道德意识……这个慎独是通过"天命之谓性"这个性体,性是首先提出来的,性是个主体,但是这个主体必须通过慎独这个工夫来呈现。②

《易传》讲"穷神知化"……它是个形而上的。它之所以为形而上的,是靠什么观念来定住呢? 是通过"诚"。《中庸》《易传》都讲诚,诚是一种德性,是属于道德的……《易传》讲的这个神就是通过主体而呈现的。③

综上,牟先生从《论语》《孟子》《大学》《中庸》《易传》等儒学经典中提取"仁""性""慎独""神"等四项要素,分析了儒家哲学的主体性思想。然按其思维路径,实则是以实践理性的面向评判儒学主体性思维。该思考模式原则上贯穿整个宋明理学,是要将道德意志进行到底。但于明清之际的主体性思维却未必能够兼济。比如晚明的主体性思想已经不再强调心性实践的面向,而是转向对个体独立性的强调,虽然这一个体性的解放乃是深受阳明良知学的启发,但此处意图强调的是晚明以至清初,个体性的突显已然取代了实践理性的重要性。

劳思光关于儒学"主体性"议题的探讨,则有如下论断:

孔孟之学原属"心性论中心之哲学",故"主体性"观念最为重要。周张之系统,混有宇宙论与形上学两种成分,而独不能建立"主体性",此固与孔孟之学违离,即以二程之形上学系统而言,"主体性"仍不成为第一序观念,因此,仍难与孔孟之学密合。然二程立"性即理"之说,即将汉儒所倡之"宇宙论中心之哲学"扫除一空;亦对佛教提出一有力之驳辩。④

朱熹主要虽承伊川,然其宇宙论兴趣特高,于"主体性"及"活动性"之体认则不真切……与朱氏同时之陆九渊始立"心即理"之说,此是宋明儒学运动中首次肯定"主体性"……陆氏代表者乃第三阶段即立

---

① 牟宗三:《中国哲学十九讲》,第71页。
② 牟宗三:《中国哲学十九讲》,第71—72页。
③ 牟宗三:《中国哲学十九讲》,第72—73页。
④ 劳思光:《新编中国哲学史》(三上),第38页。

"主体性"而归向"心性论中心之哲学"之阶段,与孔孟本旨已渐逼近矣……第三阶段则以"心"或"知"为主要观念,所肯定者乃最高之"主体性",故成为心性论形态之哲学系统。①

所谓"主体性"之"客观化",必须确定以"主体性"为第一序观念,然后以"主体性"为基础而建立"客观化"之种种观念;倘若离"主体性"而另立"存有意义"之观念,作为第一序,回头再收摄"主体性"观念,则此非"主体性"之"客观化",而是另一"存有理论"(ontological theory)。②

据此,劳思光将孔孟之学的宗旨界定为心性之学,并在此基础上揭明主体性观念的重要性,这里的"主体性观念"即指向人之涵养的自觉、能动、完善与超越,由此揭出宋明理学尤其是陆王心学乃是真正意义上回归孔孟,成就最高主体性,形成心性论形态之哲学系统。又以此为前提,进而揭明代表主体性的孔孟之学与强调存有论、天道观的《中庸》《易传》之间本具差异。劳先生此说大有以主体性为视角,割裂心性之学与侧重存在论的儒学其他脉系之间关系的倾向。与其相较,牟宗三先生则是将儒学整体界定为主体性哲学,而其有关儒学"主体性"的探讨都与其圆教、圆善理论具有关联。因此,如果我们能够理解牟先生"圆善"之论,则不难理解其有关儒学"主体性"的阐释。如牟先生道:

儒家义理之圆教不像佛道两家那样可直接由诡谲的即,通过"解心无染"或"无为无执"之作用而表明。盖它由道德意识入手,有一"敬以直内,义以方外"之道德创造之纵贯的骨干——竖立的宗骨。③

依理性之所命(定然命令)而行动即曰道德的实践。行动使人之存在状态合于理性。因此,道德实践必涉及存在……因此,此所谓理性即是无限的理性,无限的智心。其为无限是因其润泽一切存在而然。此无限的智心必须首先被确立,但它却不可对象化而为人格神……只要理性作主,不是感性作主,由其随时可以呈现,吾人即可用当下指点之法令一般人通过逆觉体证(操存涵养)而时时体现之。终至于完全体现之。此完全体现是可能的,此即函圆顿体现之可能,儒家圆教必须从此圆顿体现之可能处说。④

---

① 劳思光:《新编中国哲学史》(三上),第38—39页。
② 劳思光:《新编中国哲学史》(三上),第52页。
③ 牟宗三:《圆善论》,第234页。
④ 牟宗三:《圆善论》,第236页。

据此,牟先生强调的乃是个体在道德实践中不断向主体之完善性方向努力,即道德实践的问题。文中提到"当下指点"一语即可理解为理性(无限智心)之直接作用,在该意义上,可以说因其与佛教唯识宗"自证分"之直接性看似相近,但"无限智心"同时具有主体性及客观化之特性,其作用机制之基础在于"省察、反思→判断",若依唯识而论,即必然借助第六识、第七识之助推,在此前提下的"当下指点"即可理解为经验累积之后的"看似自然"的反应。而八识中"自证分",实为现量之结果,其无关道德,甚至无关理性,仅呈现,不思量、不判断。进一步说,无限智心就其存在及其作用,始终裹挟所有现实之物,当其作用某"物","物"即在其中,而"自证分"之直接作用对象乃"见分",非代表各类"物"之"相分"。据此,再进一步说,无限智心,乃是圆善之体现,若依唯识学,即究竟智之体现,然自证分,八识皆具,各自作用,且涉现量。故在此意义上,真正能够作为"元明之体,遍在八识,八识各得其全"的,按蕅益智旭揭示,乃是"证自证分"。概言之,究竟智的作用毕竟与具有不完善之可能的自证分作用又有不同。据此分析,学界常有的,以"自证分"比拟"良知"之"用"实则谬矣。

此外,牟宗三"圆善"论及其"无限智心"一说,不仅为实践理性的合理性和可行性作足理论铺垫,更是极好地兼顾了"德福"问题的诠释。这便为主体的道德实践提供了"命运""福报"一致的说明和阐发。牟先生讲到:

> 若真依天台"一念三千,不断断,三道即三德"之方式而判,则四有句为别教,四无句为别教一乘圆教,而真正圆教(所谓同教一乘圆教)则似当依胡五峰"天理人欲同体而异用,同行而异情"之模式而立。①
>
> 吾人之依心意知之自律天理而行即是德,而明觉之感应为物,物随心转,亦在天理中呈现,故物边顺心即是福。此亦可说德与福浑是一事……因为此中之心意知本是纵贯地(存有论地)遍润而创生一切存在之心意知。心意知遍润而创生一切存在同时亦函着吾人之依心意知之自律天理而行之德行之纯亦不已,而其所润生的一切存在必然地随心意知而转,此即是福——一切存在之状态随心转,事事如意而无所谓不如意,这便是福。这样,德即存在,存在即德,德与福通过这样的诡谲的相即便形成德福浑是一事。②

---

① 牟宗三:《圆善论》,第 248 页。
② 牟宗三:《圆善论》,第 250 页。

牟宗三上述所说,即是汲取天台"一念三千"之义理智慧,说明"无限智心"在"德福一致"命题上的运作机制,即"德之意义只在吾人之依心意知之自律天理而行",而"物边顺心即是福",由此,"德""福"相即之前提便是"物"随"心"转,"心"循"理"动。据此,牟先生此番阐释便是驻足心学立场,揭明了主体道德实践于现实命运之意义。虽然牟先生此说如个别学者认为,实"是通过将属于气或是现象层之物转化为价值化的物自身层的物,将德福或性命由彼此独立转化为诡谲的相即等相关处理而实现的",故而德福关系的问题"并没有得到真正的解决,因为命限的观念依然存在,其所转化的只是人在道德实践之主观境界中的心境"。① 但是笔者认为,起码在哲学思辨的层面,牟先生充分汲取中国哲学智慧,完善地揭明了心学领域"德福一致"具足合理性。

学界有关于劳思光、牟宗三主体性议题的研究,也有关于两位先生的主体性论断的比较研究。相关研究亦十分精辟。如有道:

> 然而,新儒家学者却喜持以道德主体的"良知"来"开出"民主之说。例如新儒学的重要代表牟宗三,就塑造了一套所谓"良知自我坎陷"的论说,力图证明儒家中道德主体的良知之发用,既可以自身转化成认知主体,从而开出科学知识,又可以"从独体的道德人格中之道德主体再委曲自己降下,来转而为'政治的主体'",从而开出民主政治。②
> 在劳氏的思想世界中,相对于"客观化"此一概念而言,"主体性"似乎是一个更为根本和核心的概念。不过,学者已经指出,劳氏之所谓"主体性"乃是一个无时间、无脉络、无担负,只活动而不存有的概念,而此一概念在某种意义上正是典型的西方近代的主体性概念,与荀子的所谓主体概念并不相侔,盖荀子藉由礼宪将散漫而无分位的个人置于社会群体和国家制度之中,故其所谓的主体一定是在特定的社群、脉络之中,承担着相应的角色和义务的主体。③

以上论断并没有单纯地就主体性问题予以深究,而是将主体性问题与

---

① 廖晓炜:《孔孟性命观的现代诠释:以牟宗三、劳思光为中心》,郑宗义编:《中国哲学研究之新方向》,《新亚学术集刊》第 20 期,香港:香港中文大学新亚书院,2014 年,第 554 页。
② 刘国英:《劳思光:当代中国的批判思想家和世界意义的哲学家》,《南京大学学报》2013 年第 2 期,第 94 页。
③ 东方朔:《"道礼宪而一制度"——荀子礼论与客观化的一种理解》,《陕西师范大学学报》2017 年第 3 期,第 145 页。

儒学客观化问题结合言之。何谓"儒学客观化"？据上文提示，劳思光先生理解的"客观化"即"礼"的呈现与落实。而牟宗三先生阐释的"儒学客观化"乃是从儒学客观精神上讲起。前文已道，牟宗三先生是以无限智心的妙用诠释德福一致具备可行性，而该路径之前设既要肯定无限智心的客观实体性质，也要肯定尽性践"仁"之客观性和持续义。按牟先生讲：

> 儒家的传统精神是在尽伦尽性践仁：在此种实践中，显示出"仁"这个普遍的原理，形上的实在，即"恻隐之感的良知之觉"这个"心理合一"的形上实在；显示出这个实在，即表示在实践中实现这个实在。①
>
> 儒家在以"仁"为实践的普遍条件下，故一方爱民，本其恻隐之心，决不刍狗人民……重贵不重福，重义不重利，视整个社会之组织为实现客观价值者。②

牟宗三上述所揭即将儒学客观化解作层层推展开来的"践仁"行动，在此理解下，"礼法"的落实本质上即"仁"得以实现的方式之一。牟宗三又道："客观的实践，亦即客观精神之表现……这就是'人文化成'之积极的意义。"③这便是将"儒学客观化"解作"仁"之精神与"心"之意志的推展和落实。

依据上述分析，就劳思光与牟宗三两位先生之论的共同性上来看，二者实际皆从荀子讲起。众所周知，劳先生凡谈及儒学客观化，多会讲到荀子礼制在晚明清初的复兴问题，而牟先生更直道："孟子是深度地显示道德实践，荀子是广度地显示之。"④此说便有统合孟、荀之意识，故较劳先生所讲更具宏观眼光和发展视野。然如林宏星教授阐释道："学者之目荀子之礼论为一种客观化的表现，实特重于一理想之观念如何在历史的进程中'客观化'其自身，以使此理想之观念成为客观世界的一部分，用荀子自己的话来说，即是'有辨合，有符验''起而可设，张而可施行'，而此所谓'客观化'乃必表现于现实组织、典章制度和国家构造中，故荀子言礼必以'纲纪''绳墨'视之，似乎非如此即不足于尽礼之客观义与贞固义，而礼所表现的'客观化'的特色亦由此而见。"⑤综合上述分析可见，主体性议题不仅关乎实践理性的研

---

① 牟宗三：《道德的理想主义》，长春：吉林出版集团，2015年，第43页。
② 牟宗三：《道德的理想主义》，第45页。
③ 牟宗三：《道德的理想主义》，第49页。
④ 牟宗三：《道德的理性主义》，第48页。
⑤ 东方朔：《"道礼宪而一制度"——荀子礼论与客观化的一种理解》，《陕西师范大学学报》2017年第3期，第143页。

究,更可由主体性议题关系之客观化问题推进至对现实层面的礼法制度的探讨。正因如此,晚明清初,荀子学的复兴不仅催化了儒学主体性思维的迁转,并且突显了儒学客观化的具象要求。在此意义上,我们说,荀子学在明清之际的复兴某种意义上正是晚明儒学演进之必然结果。

### 三、个体化因素的突显:晚明清初儒家主体性哲学的发展

具体来到晚明清初,现代主体性的兴起和以人为中心的个体主义在当时尤为流行。实际上,晚明儒学基源问题之一即主体性思维的转向。对此,目前学界的关注点多从三方面展开:其一,立足西哲主客二分模式,申明晚明心学的主体性凸显;其二,立足儒学传统"一体之仁"模式,强化阳明心学对主体性建构的崇仰和发挥;其三,集中于明清之际现代性思维的发掘,探讨个体在行动主体与认知主体之间的角色转换轨迹。以上三条思路的研究皆有众多成果产生,然仍遗留两方面有待细致推进:第一,学界对阳明心学主体建构的研究基奠于"一体之仁",却甚少关注良知如何"在"的问题,这里的"在"是存在论的研究,而非本体论的探讨。具体言之,阳明学发展至后期,良知实体化、形上化进程已然完成,此时的学者更为强调的是良知将如何与此在(即"人的在场")共在,共同切实参与到广大的社会实践中而非局限于心性之内的实践历程。第二,晚明清初儒释道乃至基督教文化传入等多方面势力的发展、融合之下,儒学的主体性思维有何新进展,与同时期的他派义理如何判摄?这即需要发掘一块领域,能够容摄多学派关注的焦点问题,且在学者对其诠释中发掘出各派之特色。

就"主体"建构一项上说,劳思光曾将"宋初至清代一段时期中之中国哲学"划归为晚期中国哲学,并立足主体性之相关项——客观化问题,判定该时段中国哲学"大致言之,只有一主流,即回归于先秦本义之'新儒学'",劳先生对晚明清初的学术、思想、历史、文化、哲学论述如下:

> 阳明主"良知"之说,最高主体性乃由此大明。至此,宋明儒学进至高峰。重建心性论即重建儒学之价值哲学。此一建立完成时,中国心灵已不再受制于印度之舍离教义。但在另一方面,儒学价值理论之长短亦皆显出。故明代以后中国哲学思想即逐渐有反宋明儒学之尝试。①

王阳明之学既代表宋明儒学之高峰,故"王学"所现出之缺陷,实亦即儒学本身之内在问题。此问题就根源处说,即是"道德心"对"认知

---

① 劳思光:《新编中国哲学史》(三上),第4页。

心"之压缩问题。倘就文化生活一层面说,则是智性活动化为德性意识之附属品,因而失去其独立性之问题。①

> 中国在明末已入衰乱时期。其时最明显之病痛即在于制度无力……种种制度弊病固是严重,但其时知识分子对此危机难局,毫无作为,则更是致命病根所在。由此,检讨文化制度之思想家,乃必须更进而检讨当时知识分子本身之观念及生活态度。②

参照劳思光上述有关晚明清初儒学的主张,其有关陆王道德主体性哲学的判断,对智性活动独立性问题的评价,及对当时知识分子主观能动性的发挥问题的关注,实则都是立足儒学主体性思维的研究。乃至关于阳明后学的探讨,劳思光亦是从阳明后学所引出的哲学问题之一——"客观化问题"的分析,逐步揭示晚明以降儒家主体性思维的迁转,并由此指出明清之际儒学转型诸多端倪和基本脉络,如其指出以王畿、刘宗周、黄宗羲、王船山等人为代表,部分晚明清初的思想人士或已偏离儒学道德主体性的建设,或已在该领域有重构之新想法。他讲到:

> 阳明后学,由于自身体验之不同,及对阳明学说了解之差异,彼此间争执颇多。然撮要言之,则所涉及之哲学问题,大致不外三点,此即:
> 第一,心体问题——以"无善无恶"一观念为关键。
> 第二,发用及工夫问题——当以良知之"知善知恶"与"好善恶恶"二义为关键。
> 第三,"客观化问题"——此点所涉范围较大,可说为"道德心与文化秩序"间之问题。③

劳思光此处讲到的"客观化"问题按其解释,"原指'主体性'之'客观化'而言,倘离开'主体性'则无所谓'客观化'……世人滥用'客观化'一词,时时可见,皆因不知'客观化'一观念,须附于'主体性'一观念而成立也"④。劳先生将晚明清初儒学"客观化"问题结合主体性议题分析,并认为"客观化"概念得以成立即是就"主体性"议题展开。换言之,有关晚明清初儒学客观化问题的研究必然需要结合其相关概念——"主体性"哲学进行。

---

① 劳思光:《新编中国哲学史》(三上),第5页。
② 劳思光:《新编中国哲学史》(三上),第6页。
③ 劳思光:《新编中国哲学史》(三下),第375页。
④ 劳思光:《新编中国哲学史》(三下),第385页。

第五章　明清儒学转型的哲学实现：主体性思维的迁转与道德性命学的衰颓　·243·

首先,我们需要先行了解劳思光先生对客观化问题主要内涵和理论要点的具体阐释。他讲到三点重要内容：

其一,"客观化"之活动义。

> 纯就"活动"解释"客观化"时,则可说,求一一事务之"合理",乃道德理性之"直接活动";而创造制度或秩序,以使事务能通过此种形式性之铸造而成为"合理"则是道德理性之"间接活动","间接活动"即"客观化"之活动也。①

其二,"客观化"之境域义。

> 所谓"境域",乃相应主体活动之情况而立。②
> 由此而知,道德理性在主体面对一组对象时,即只在主体处理对象之活动上要求循理;此成为一境域。而当主体面对其他主体时,则在众多主体互保其主体性上要求循理;此成为另一境域,后者即表所谓"客观化"。③

其三,"客观化"之遗落及显现。

> 阳明于"道德主体性"之透显安立,立说精透,自无可疑。然于"客观化"问题仍无交代。且因阳明学说代表孟子一系之心性论之成熟阶段,原有之病至此益显。④
> 明末清初之哲学思想中,遂时时有人议及政治制度之原则、历史演变之方向等问题,而"客观化"问题遂再度"显现"矣。⑤

参照上述言论,劳思光从三方面解释了"客观化"概念的内涵和价值。第一,他将"道德理性"的文化秩序转化界定为"客观化的活动义";第二,劳先生提出"客观化"的实现要求众多主体参与,并共构一客观化境域;第三,宋明理学向明清学术转进之时,儒学客观化之现存缺漏与重构需要同时得

---

① 劳思光:《新编中国哲学史》(三下),第387页。
② 劳思光:《新编中国哲学史》(三下),第388页。
③ 劳思光:《新编中国哲学史》(三下),第389页。
④ 劳思光:《新编中国哲学史》(三下),第391页。
⑤ 劳思光:《新编中国哲学史》(三下),第392页。

到显现。劳思光上述揭示虽紧扣客观化问题展开,但其实则条条关乎儒学主体性思维的分析。比如,所谓"客观化活动义"本质即人的主体性发挥由理念转向现实之过程展现。又所谓"客观化境域义",更是将"共同主体性"的概念引入讨论。至于其提及"客观化之遗落及显现"之时,更是从孟子性善主张的主体性传统讲到宋明理学之主体性特色,再讲到明末清初伴随客观化问题渐趋凸显,儒家主体性思维的转向。而就最后一项展开来讲,劳思光又有如下陈述:

> "心性论"之特色原在于道德主体性之透显……阳明之思路以在当前人之自觉活动中透显"应然意识"为起点,此自与孟子思路最近,亦与象山之"本心"观念相近。①
> 
> 龙溪所悟之主体境界,实与禅宗最为接近……盖龙溪以"悟"言工夫,而所说了不着实,正由于其所悟见之境界,近于禅宗之主体自由,而非儒学之主体自由也。②
> 
> 蕺山学说在发展历程中,虽对某种问题有畸轻畸重之语,然就其总方向与归宿而论,则完全排除"客观领域",是其系统之特性;不仅离主体而言时,一无可立,即就主体性而言时,蕺山之主体性(意)亦只有"定向"之功能,而无"建构"功能,故亦不能有所谓"客观化"矣。③
> 
> 梨洲肯定"心"之绝对主体性,又肯定此主体性为万理之源,故其批评佛教,便只重在"心"是否含"理"一点,而不以佛教之强调"主体性"为病。④
> 
> 船山思想自始即不能建立"主体性"或"主体自由"之观念。其论形上问题,先将"道""理"等观念拖下至"器"与"气"之层面。⑤

劳思光先生从儒学心性论的主体性特色讲到阳明学代表思想家王龙溪在主体性问题上于儒学传统的偏离、于佛学义理的交涉靠拢,又指出明末刘宗周主体性思维实际并未完成客观化之转换,又特别强调了黄宗羲在其主体性思维方面对佛教哲学的接纳,以及王夫之哲学建构于儒家自觉心、主体自由等观念的遗失等等。因而按劳先生理解,明清之际的儒学界事实上都在主体性哲学思路方面呈现出显明的"客观化"思考,遗憾的是,一众人士并

---

① 劳思光:《新编中国哲学史》(三上),第370—371页。
② 劳思光:《新编中国哲学史》(三上),第345页。
③ 劳思光:《新编中国哲学史》(三下),第470页。
④ 劳思光:《新编中国哲学史》(三下),第477页。
⑤ 劳思光:《新编中国哲学史》(三下),第577—578页。

## 第五章　明清儒学转型的哲学实现：主体性思维的迁转与道德性命学的衰颓

没有真正实现思维重构。对此，我们认为，儒学本以天人合一为其思维根基，这一根基决定了主体性思维将在很长时间内皆是儒学思维之主流路径，而客观性思维在明清之际的呈现只能作为儒学转型之端倪，虽极重要，但非必须完成。而这里所谓的"非必须完成"意在指出客观性思维的呈露、发展亦有倒退演化的可能。

可以说，劳思光先生以上有关晚明清初儒学思想的研究方法、研究内容，乃至研究结论对当前明清哲学的探讨具有重要启发。其以深广的视野关注到儒家客观化议题，及主体性思维在该阶段的微妙变化和深远影响。但需明确的问题是，劳先生关于儒家主体性哲学的诠释究其本质，乃建立在其所谓的晚明以降儒学基源问题之一——客观化议题的基础上，并非集中讨论主体性问题，故而部分研究结论难免有阔略之嫌。因而笔者认为，有关晚明清初儒家主体性哲学的探讨还需紧扣当时主流哲学议题，系统性地展开。比如晚明儒学其大背景即阳明心学的发展、流变，此时儒学主体性的研究无法回避"良知"如何在、如何作用等问题，而这些问题关涉之思想家从王阳明至其后学，实经历一体系化的演绎，故相关研究亦应给予系统性的关注，而不是仅就其中个别心学家，开展抽样式的解读和分析。目前，有关该项研究比较系统且较具影响力的解释集中于形上学路径的探讨。比如瑞士学者耿宁在《人生第一等事》中诠释了良知概念的三种内涵：其一，指向"向善的秉性"（本原能力）；其二，指向"对本己意向中的伦理价值的直接意识"（本原意识、良心）；其三，"始终完善的良知本体"。这三种内涵无论从道德性、直接性、实体性任一维度思考，能够统合唯一的路径便是形上学的路径。又有国内学者吴震教授关于良知实体化的研究，也仍然集中于"良知"本体论、形上学的研究。然该形上学的路径与阳明心学对工夫的侧重，及其对"此在"的关注，乃至后期哲学的演进大相径庭。这即指引我们需要转换视角，从"人的在场"思考阳明良知之学。若从"人的在场"，即存在论的视角阐释阳明良知学，首先需做的工作便是从文献史、思想史的脉络考辨、厘清"良知"如何"在"以及如何作用的问题；其次从哲学研究的路径，分析存在论视角的"良知"学研究的可行性。再者，即需解答"良知"此在的根据下，人的主体性如何建构，发展至晚明清初，这一主体性又如何变化等问题。

关于第一项工作，首先需要看看阳明如何说良知。阳明云：

> 吾心之良知，即所谓天理也。①

---

① （明）王守仁：《传习录》，《王阳明全集》，第51页。

心者,身之主也,而心之虚灵明觉,即所谓本然之良知也。①
　　良知良能,愚夫愚妇与圣人同。但惟圣人能致其良知,而愚夫愚妇不能致,此圣愚之所由分也。②
　　良知者,心之本体,即前所谓恒照者也。③
　　知无不良,良知即是未发之中,即是廓然大公,寂然不动之本体,人人之所同具者也。④
　　是非之心,不虑而知,不学而能,所谓良知也。⑤
　　盖良知只是一个天理,自然明觉发见处,只是一个真诚恻怛,便是他本体。⑥
　　良知在人,随你如何不能泯灭,虽盗贼亦自知不当为盗,唤他作贼他还忸怩。⑦
　　七情顺其自然之流行皆是良知之用,不可分别善恶,但不可有所着;七情有着,俱谓之欲,俱为良知之蔽;然才有着时,良知亦自会觉,觉即蔽去,复其体矣!⑧

　　首先,阳明所论"良知"必然是依从"天理"的德性概念,其次,是具有直接的、恒常的明觉作用的自然存在、普遍存在。在此意义上,"良知"即可作为一德性的事实伴随人的在场,在恒常自觉的同时发展其"呼唤"的功能。
　　至于第二项工作,有关"此在"的研究,不能不提海德格尔的哲学构想。实际上,海德格尔也有"良知"一说。学界关于海德格尔"良知"说的研究有几则比较重要的观点,现引证如下,以为佐证:

　　在海德格尔这里,良知根本不是一个重要的伦理学或神学的概念。⑨
　　海德格尔最想强调的,是良知是一个此在的现象,即人存在的现象,因此,它不是一个发生的和偶尔的现成真实情况。它只"存在"于此在方式中,与事实的生存一起,在事实的生存中作为事实(Faktum)

---

① (明)王守仁:《传习录》,《王阳明全集》,第53页。
② (明)王守仁:《传习录》,《王阳明全集》,第56页。
③ (明)王守仁:《传习录》,《王阳明全集》,第69页。
④ (明)王守仁:《传习录》,《王阳明全集》,第71页。
⑤ (明)王守仁:《传习录》,《王阳明全集》,第90页。
⑥ (明)王守仁:《传习录》,《王阳明全集》,第95页。
⑦ (明)王守仁:《传习录》,《王阳明全集》,第105页。
⑧ (明)王守仁:《传习录》,《王阳明全集》,第126页。
⑨ 张汝伦:《〈存在与时间〉释义》,上海:上海人民出版社,2014年,第717页。

表现出来。①

海德格尔说,深入分析良知就会将它揭示为一种呼唤……良知呼唤的特征就是呼吁此在向它最本己的自我能在,具体的做法是呼吁它面对最本己的有罪存在。②

上述研究基本肯定了海德格尔此在意义上的"良知"诠释。即将"良知"从伦理学乃至形上学的场域拉回现实,将其与人一样看作一种现存的事实予以理解,同时,"良知的呼唤"并没有被界定为伦理意义上的道德判断之能,而是一种一般存在的话语,召唤最本己的自我的呈现。如是,作为事实存在的"良知"一样呈现其本原能力、本原意识等机能,一样永恒存在,具备某种程度的实存特性,只是这些内容不再被特别向道德、向形上学贴合,而被作为此在之"事实",强调其直接性、普遍性和某种程度的内隐性。但是这里必然存在一条脉络,即阳明心学结合《大学》《孟子》讲"致良知",该"良知"必然集中于德性的面向。这也是中国儒学特色之所在。这般来讲,从存在论讲出的良知学便是强调德性作为一种普遍的事实的存在。如此,"人的在场"即意味人之成德历程的展现。此种路径下构建的人的主体性,究其实质即德性的立体展现,究其目标,即"成圣",成"一体之仁"。如阳明云:

夫圣人之心,以天地万物为一体,其视天下之人,无外内远近,凡有血气,皆其昆弟赤子之亲,莫不欲安全而教养之,以遂其万物一体之念。③

盖其心学纯明,而有以全其万物一体之仁,故其精神流贯,志气通达,而无有乎人己之分,物我之间。譬之一人之身,目视耳听手持足行,以济一身之用。④

人的良知,就是草木瓦石的良知。若草木瓦石无人的良知,不可以为草木瓦石矣。岂惟草木瓦石为然,天地无人的良知,亦不可为天地矣。盖天地万物与人原是一体,其发窍之最精处,是人心一点灵明……只为同此一气,故能相通耳。⑤

---

① 张汝伦:《〈存在与时间〉释义》,第719页。
② 张汝伦:《〈存在与时间〉释义》,第720页。
③ (明)王守仁:《传习录》,《王阳明全集》,第61页。
④ (明)王守仁:《传习录》,《王阳明全集》,第62页。
⑤ (明)王守仁:《传习录》,《王阳明全集》,第122页。

涉及阳明学主体性哲学的讨论,即存在论视角的阳明学研究的第三项工作。从根本上讲,即回避形上学视角的阳明心学主体性思维的再考察。首先,阳明有关"一体之仁"的立论其理论基点乃是天下亲亲的家国思想,要在格除私欲;其次,"一体之仁"得以生效的前提是良知流贯,周遍万物,集于此身。如此,人之主体的建构即是"大德",亦是"大人"的挺立。也是在该意义上,我们说儒学主体性思维发展至阳明心学得到了最为极致的张扬,其"立德"以"树人"的主体性思维与佛道之说差别立显。换言之,阳明心学殊胜之处正在其道德主体性的建构,这一点在张世英先生、陈立胜教授,乃至诸多青年阳明学研究者视野中已经成为既定事实。如有学者总结到:

> 在阳明心学的体系中,道德主体性是指人们在道德认知和道德实践过程中对自身的主体地位、主体价值、主体能力的自觉,以及在此基础上从事一切活动时自觉遵循内心律令和法则的行为表现。①
> 
> 在阐释主体性时,相对于西方在心灵与身体之间非此即彼地看待"我是什么",阳明心学凸显心灵与身体的交融,强调良知与工夫的一体性,注重人的内在德性境界与外在意义世界的生成,而这一德性境界与意义世界的融合、和合正是阳明心学主体性中"自然"的应有之义。②

张新国以上所说首先是从道德主体性的建构探讨阳明心学的主体性思维。这是常有的心学主体性研究路径,也是研究陆王心学实践理性问题的主要路径。至于张新国教授文中顺次提及的"各种对象性交往",则是将阳明"致良知"主张推展到主体间性的解释上。然综合张新国的阐释思路,该思路仍是由儒学"一体之仁"思想发挥而来。结合《传习录》载阳明言:"只说明明德而不说亲民,便似老、佛。"③涉及的首要问题,即万物一体基点下的主体性哲学思维、政治哲学思考。一言以概之,阳明心学实际始终是在"万物一体"的预设情境中思考如何在德性的基础上思考主体权力的有效实施。阳明讲明明德,使之与亲民结合,乃是万物一体之仁建构之必要,故其明明德主张乃是与三条目、五伦、孝亲等事项严密判摄,故至其后学子弟罗汝芳讲"明明德",讲"赤子之心",讲孝弟之学,实际便是阳明心学政治哲学的展开。但至晚明清初,"万物一体"为基点的儒家主体性思维已然向主客

---

① 陈媛媛:《王阳明心学之道德主体性研究》,河北大学博士论文,2014年,第9页。
② 张新国:《身体、心灵与自然的融通——王阳明心学主体性的结构》,《哲学研究》2020年第2期,第84页。
③ 陈荣捷:《王阳明〈传习录〉详注集评》,第89页。

二分过渡,即便说"明明德"也说"亲民",儒家的诸多教化举措实际将"民"作为管理对象对待,故为教化民众,儒者尽性至命之道已然更为倾向于对诸类教化主张现时有效性的考虑。在此意义上,其援引佛道的教化方式,如因果报应诸说虽近似佛老,然在大多儒者意识中,此正是其"亲民"之诚意的体现,此时,儒佛边界问题自然滑落为次要问题。在此意义上,对阳明心学主体性的研究,笔者以为,首先,不应局限于道德哲学议题,政治哲学也可作为研究之新视角;其次,可以发展眼光考察其主体性思维发展之背景、演变之过程,及历史之影响。如果说"亲民"一说从政治哲学领域考虑,乃是主体性思维由"己"及"人"的顺推,那么以发展视野考察明清儒学主体性思维时,就应特别关注晚明清初时期主体性哲学树立主题较之以往具有区别。如按学界主流看法,陆王心学,尤以阳明学为典型,其着重阐发的乃是道德宗旨为首要义的主体性哲学,该意义上,陆王心学与康德哲学具有一致性,即强调实践理性的突出价值。只是,"康德从理性本体分裂出经验现象,而王阳明则汇合超越于实质,实现理性形式、外在规范与日用实践、主体精神的内在统一,要求由绝私堵己、省察克治而达到莹澈了然的绝对道德本体的境界"①。然至晚明,阳明再传、三传,乃至四传中,儒家主体性哲学的建构路向已然转向对个体化的存在与延续的关注。

  龚鹏程先生在论及李贽、焦竑等人的礼学观念时,以"即心即礼"界定其礼学思想之主旨。此便是试图将内在心性与外在规范融合为一,如此人的主体性兼具客观性,这于儒学客观化进程亦有重要意义。龚先生讲到:"(李贽)和焦竑是一样的,批判那种外在化、形式化、以人为规范的条理规约来规范各个不同的个体生命的做法,而呼吁重建一种合乎礼意、能使民格心归化,又不往政教方面走的礼。这样论礼,自然也就内在化,转向心性论的路上走了。在各个不同的个体生命处论礼,有关礼之讨论,便转入有关个体良知的讨论,《童心说》的理论意义就在于此。"②龚鹏程先生所说进一步揭示了个体良知意识在晚明心学思潮中的凸显。当然,这一凸显之过程更为明确地体现在晚明心学家已将个体之私、情、欲之间关系的处理作为学术讨论的重要内容。如有研究者道:

> 刘宗周之后,他的弟子陈确发展了老师的"七情"说,把欲进一步从

---

① 余治平:《超越与内在——比较康德的实践理性与王阳明致良知学说》,《浙江学刊》2000年第 5 期,第 28 页。
② 龚鹏程:《晚明思潮》,北京:商务印书馆,2005 年,第 25 页。

"七情"中凸显出来,从"治"的角度对欲的价值进行了积极的肯定。在明末社会动荡、经济凋敝的环境下,治生成为时人迫切需要面对解决的现实问题。①

明末具有叛逆精神的李贽就提出了"私心"说。他指出:夫私者,人之心也。人必有私而后其心乃见,若无私则无心矣。②

(顾炎武)提出了"合天下之私以成天下之功"的主张。他说:人之有私,固情之所不能免矣。故先生弗为之禁,非惟弗禁……合天下之私以成天下之公,此所以为王政也……世之君子必曰:有公而无私。此后代之美言,非先王之至训也。③

据此,可见学界基本形成一种意见,即认为晚明思想家已然将私性、情性与个体的主体性建构衔接为一。在此之前,宋明理学大环境中,私性始终处在"理"的压制下,至明清之际,私性解放虽在某种程度上仍需要接受礼法的规范,但"情"之意义得到特别强调。故而,晚明清初"礼"学复兴,尤其是古礼复兴之序章,乃是"礼"的自然义得到重申。该前提下,晚明,人之主体性建构更为侧重自然、自主、自由等理念,清初,在"天"之超越义得到重申的基础上,性、情重归古礼的规范和制约,此时,清儒更强调"天"礼对人事的主宰和限定。清儒此举便是在天人相分的理念下,着意阐发人的主体性建构。相应地,该阶段的儒家主体性哲学已转向主客二分之思维路径。如有学者在总结清初礼教重建过程时道:

> 清初重建礼教的过程,大抵体现在以下三个方面:其一,在"礼"与"情"的关系问题上,重新转向以"礼"抑"情",导致士大夫的妇女观趋于保守;其二,与晚明士大夫自我意识渐趋高涨不同,清初士大夫的自我意识开始趋于衰落。同时,与明代士大夫对异端持一种宽容的态度不同,清初士大夫重新开始在正统与异端之间确立一道水火不相容的鸿沟。其三,对"士气"加以重新反思,进而强调"去气""平气"。④

如此,清初人之主体人格、气质的建构相较晚明呈现较大变化的背后,实际是儒学主体性思维发生迁转。事实上,学界有关阳明心学主体性思维

---

① 刘永青:《情礼之间——论明清之际的礼学转向》,第34页。
② 刘永青:《情礼之间——论明清之际的礼学转向》,第51页。
③ 刘永青:《情礼之间——论明清之际的礼学转向》,第130页。
④ 陈宝良:《明代社会转型与文化变迁》,重庆:重庆大学出版社,2014年,第426—429页。

的研究严格来说并没有局限于西方模式主客二分的研究,亦没有限定在中哲传统模式的"一体之仁"理论的发挥,近年来,相关研究兼顾儒学"现代性"议题陆续展开,实质即已关注到儒学主体性思维主题迁转的可能性。而在"现代性"范畴内展开明清儒学主体性的研究,首先需要说明主体性与现代性之间关系。事实上,主体性概念本身即现代哲学的重要议题。按西方学者讲到:

> 文艺复兴以降,主体性就一直是现代哲学的奠基石。在政治学领域里,现代主体性往往滋养着一种别具一格的个体主义:它不仅把自我作为理论认识的中心,而且把它作为社会政治行动和相互作用的中心。①

> 在现代哲学用法中,"主体性"或"思维实体"往往主要是作为理论意识的一个同义语而出现的……"现代性"似乎不单具有其对认知——认识论的自我之依赖性特征,而且也具有它关注于实践主体或行动主体及人的主体之特征。②

据此,独立的认知主体和启蒙思想原本即现代性思想的典型概念,与之相关的个体主义及平等、自由的观念也都是主体性议题,乃至现代性议题的重要话头。如弗莱德·R. 多迈尔又讲到:"社会的出现和个体主义学说的成功就足以证明:在西方社会里,个体主义是一种真正的哲学……斯特文·卢卡斯在其《个体主义》一书中,对这一主题进行了丰富而卓有见识的研究,他用四个基本概念或原则来确定个体主义这一概念的本质,即对人的尊严的尊重、自律(或自我导向)、私人性和自我发展。这些原则也被称之为'个体主义的核心价值',并被说成是'平等与自由观念'的变种,在此意义上,'人的尊严或对个人的尊重观念便处于平等观念的心脏,而自律、私有性和自我发展则代表着解放或自由的三个方面'。"③以上便是西方哲学中的主体性哲学研究模式。而对于儒学现代性问题的研究大抵有两条路径。其一,从儒学之整体发展历程中,勘察现代性、主体性思维的重要端倪和诸多因素。其二,据明清儒学转型之际,揭示儒学现代性思想由此诞生并直接推动社会、思想的整体转型。就整体性的研究来看,比如李海超在《阳明心学

---

① 〔美〕弗莱德·R. 多迈尔:《主体性的黄昏·前言》,万俊人译,桂林:广西师范大学出版社,2013年,第1页。
② 〔美〕弗莱德·R. 多迈尔:《主体性的黄昏·导论》,第2页。
③ 〔美〕弗莱德·R. 多迈尔:《主体性的黄昏·导论》,第2—3页。

与儒家现代性观念的开展》一书中,从个体、自由、平等、理性、情感等五方面发掘阳明心学现代性思想的具体表现,其同黄玉顺教授一致认为儒学现代性不仅源于中国社会的转型时期,而且基于儒学的基本原理,认为儒学具有伴随始终的"内生现代性"。二者代表性观点如下:

> 所谓个体主体性的确立也就是指个体之独立性个体间的平等性之真正的肯定。①
>
> 阳明心学虽然只是敞开了个体自由的可能性,但其时代影响是巨大的。这表现在,阳明心学所敞开的"个体自由的可能性"。②
>
> 帝国后期的儒学,大致分化为两种趋向:一种是"守成"的儒学……另一种是"开新"的儒学,即儒学的现代转换,其典型是明代"心学"当中的一些思潮,其根本特征是以心为本、以人心为天理,个体及其本真生活情感得以彰显。③
>
> 从理欲关系上看,宋明理学的思想模式是"立理限欲",泰州学派的思想模式是"以欲校理",而明清之际儒学的思想模式则是"理欲相即"。④

李海超、黄玉顺上述观点原则上是借阳明心学讲出了儒学发展中现代性因素、主体性因素的伴生特色及其主要表现。然其论述中又暗含晚明清初主体性思维存在一转向的趋势。相较李海超、黄玉顺等人的"内生现代性"说法,许苏民、吴根友教授所侧重的,以儒学现代性因素以及启蒙思想的生成、呈现来揭示儒学转型、时代转型的思路即与之不同。此外,近年来又有台湾地区学者林安梧也曾就儒学主体性议题开展探讨,他讲到:

> 朱子并非歧出,而为一"横摄归纵"的系统。朱子重在对象物之认知,再转而上极于道体;此不同于"纵贯创生"之系统,重在由道体与主体的内在同一性,并因之纵而贯之、创生万事万物。对比而论,阳明则由此"横摄归纵"之系统,转为一"纵贯横推"的系统。阳明之学乃一显

---

① 李海超、黄玉顺:《个体主体性的虚显:儒学现代化受限的根源》,《南京社会科学》2018年第11期,第50页。
② 李海超、黄玉顺:《阳明心学的真精神:个体自由可能性的敞开》,《江淮论坛》2017年第6期,第64页。
③ 黄玉顺:《论儒学的现代性》,《社会科学战线》2016年第6期,第127页。
④ 李海超、黄玉顺:《个体主体性的虚显:儒学现代化受限的根源》,《南京社会科学》2018年第11期,第51页。

教式的主体性哲学,而刘蕺山则是一内敛而归显于密的意向性哲学,它隐含一新的转折,它不囿于原先主体性哲学的思考,而迈向了广大的生活世界,开启了历史性与社会性的崭新契合,此中隐含一"启蒙的转折"。如此之转折又预示船山学的发展可能,重视"理气合一""理欲合一""理势合一",经由"两端而一致"的方式,而开启了"生命的实存历史性原理"。①

林安梧上述所讲严格来说,实则是紧扣儒学概念的研究,用以诠释儒学主体性思维转向的具体可能。并将蕺山之学作为明清主体性思想转型的重要节点,即断定儒学主体性思维在刘宗周思想中出现重大变化——超脱原本的道德哲学实践理性的思路,借由意向性迈向生活实践。而这一线索由王夫之继承,故此以降,与经世思想相配合的人身、人欲的合理性得到进一步强调。实际在刘宗周、王夫之以前,李贽的主体性也有待重视。张世英先生曾特别提到李贽的贡献,如其所讲:

> 为了做"真人",为了寻求人生的真实意义和价值,李贽和尼采在各自的民族、国度和时代里,反对了各自的传统形而上学……他们都以个性反对共性(普遍性)的高压,以具体的、活生生的东西("人欲""本能"等等)反对抽象的、僵死的东西("天理""理念"等等)的高压,他们都是旧时代、旧传统的叛逆者。②

张世英先生以上所说实际是站在主客二分路径上的西哲之传统来评判李贽思想的独特性,并开辟出存在论视域的李贽主体性思想研究之路径,极大程度地肯定了其"真人"之个体独立性的人格追求和自由意志的主体性思想。

应该说,晚明个人主义冒头,这一现代性基本特征的凸显就源头上讲,与老庄思想相契,直接促发晚明儒者注《老》《庄》之思潮,也共同推进了儒释道三家自由主义的兴起,更进一步刺激了儒学重拾"性命合一""万物一体""感通"等超越性议题,再构儒家传统主体性哲学,以对抗为自由主义、个体主义作铺垫之主客二分、私欲合理等主体性理念。换言之,明清之际的

---

① 林安梧:《明清之际:一个思想观念史的理解——从"主体性"、"意向性"到"历史性"的一个过程》,《宗教与哲学》第4辑,北京:社会科学文献出版社,2015年,第223页。
② 张世英:《天人之际:中西哲学的困惑与选择》,北京:北京大学出版社,2016年,第312页。

儒学主体性思想实际呈现一相当复杂的局面,一方面,新兴的个体性意识得以凸显;另一方面,宋明理学承继传统儒学主体性亦有反抗之姿态;再一方面,又有学者试图调和个体与公共之间关系,力在阐明各自合理性及协和关系。如果说前两方面代表争议中的对立意见,那么后一方面则有冲和之意。比如晚明思想家杨时乔曾特别提及"独得"与"公共之理"的概念。在此过程中,儒学主体性思想即呈现新内容。其曰:

> 物即《中庸》为物不贰、体物不遗之物,天下公共之理,人所同有者。格者,贯彻至极无间之谓,惟其为公共同有,故格之即格,知为人虚灵觉识之知,一己所独得,人人所同然者。致者,推究至极不遗之谓,惟其一己独得,故致之即至,故曰"致知在格物"……惟其知至,乃知起于意而后诚,意发于心而后正,心主乎身而后修,则在己者;身处乎家者而后齐,家近乎国者而后治,国尽乎天下者而后平,则在人者。①

杨时乔上述言论意在揭出"一己所独得"与"天下公共之理"之间和谐共存具有可行性,同时强调了人之主体能动性在社会生活层面发挥的重要性,按其所说,即修齐治平皆"在人者"。由此,宋明理学向来强调的心性实践之能动性得以拓展至广大社会实践中。再结合黄宗羲所评:"其大旨以天理为天下所公共,虚灵知觉是一己所独得,故必推极其虚灵觉识之知,以贯彻无间于天下公共之物,斯为儒者之学;若单守其虚灵知觉,而不穷夫天下公共之理,则入于佛氏窠臼矣。"②黄宗羲直揭杨时乔之着力处乃在将"一己之独得"从单一的心性修养解脱出来,投向对"公共之物""公共之理"的关注。综上杨时乔所讲及黄宗羲之判可见,当时思想家对个体社会实践的重视,及该经世理念的凸显,兼顾了个体性及其主体意志的发挥,对当时儒学现代性思想的发展具有引导作用。更值得注意的是,杨时乔在儒佛之判的议题上同样将"个体"与公共之间关系的论述贯穿始终。其云:

> 天命之性者,太极一本,万物一原,敬轩薛子谓天下公共之理,汪子谓天也理也,天下之公共者是也。气质之性者,二气五行,刚柔万殊,汪子谓梏于形体,乃有我之私者是也。性具于心,心生于形,形之谓气质,而亦谓之性者,谓其有则俱有,非二言之。惟变化其有我之私,至公而

---

① (清)黄宗羲:《明儒学案》,第 1025 页。
② (清)黄宗羲:《明儒学案》,第 1024 页。

无我,天性复初,气质不累,乃性曰天性,而不复以气质并言也。此谓之儒宗。佛自达摩单传,直指人心,见性成佛,此即禅宗。似儒非儒,故阐之曰"佛家从头都不识",则不识性所从出之天,即谓之命。曰"只认知觉便做性",则不识心所具之理,即谓之性。又曰"但认为己有",则不认以天理为天下之公共者言性,以有我之私者言气质,是为无所蔽。①

至于指天命之性为性灵不昧,此近世诸儒同以为然,似同于佛氏"昭昭灵灵见上乘"之说,与圣门所指性与天道,《中庸》以来性命,皆殊途异能,非愚生所知。②

杨时乔以"天命之性"与"气质之性"对举"公共者"与"有我之私者"之间的区别和联系,因此保住了所举概念的各自合理性和相互连贯性,且其以上所说即在揭示儒佛之别可从心性上作区分。按其主张,儒家力求变化"气"质,禅学旨在明心见性;再者,儒家兼顾性、命,认定"性自命(天)出",以复性、尽命为旨,而佛教则并未顾及"公性""天命"乃至现世实践和性命等事项。在此意义上,仅拎出"性"之灵灵昭昭的形上学意义并不能在儒佛之别事项上做出有效区分。综上分析,杨时乔的说理路径实已引出"性命"议题在儒学主体性,尤其是在儒家心性哲学主体性建构中的重要价值。又结合阳明学而言,主体性议题始终是阳明学研究的焦点,无论出于宣扬阳明学,抑或批评阳明左派等立场,学界皆较为关注该视角的观察。如有学者曾道:"在陆王心学中,主体即本体。这种哲学自然使人具有鲜明强烈的主体意识、自主精神,以至推尊自我。而其外在表现,便是所谓'狂者胸次'……陆王心学的主体意识、自主精神,归结为一句话便是陆九渊的那句名言:'自作主宰'。它带来的首先是自尊、自立、自信、'自作主张'的精神品格,由此引发的则是对旧权威、旧教条的轻蔑……陆王心学本身即是对程朱理学怀疑的产物,因怀疑而立异是心学的又一品格。"③张锡勤此处所讲,实际特别强调的乃是阳明学本身对主体性的侧重,由此,自尊、自立、自信便是其理论优势,而"自作主宰"则极有可能促成"狂者胸次",即促成左派之行径。据此,张锡勤关注的阳明学主体意识实更倾向于"个体性"内涵。而阳明学主体性思维实际包含多方面内容。自其兴起之处尤其强调"自我主宰"意,其后对"知行合一""致良知"的强调则是集中于实践理性用力,再

---

① (清)黄宗羲:《明儒学案》,第1030—1031页。
② (清)黄宗羲:《明儒学案》,第1034页。
③ 张锡勤:《论陆王心学中可能诱发"异端"思想的因素》,《哲学研究》2001年第5期,第58页。

后,龙溪等人将"良知"本体析出,大谈空寂本体以降,阳明心学的主体性思维又转向"主客二分"。虽然,这种"主客二分"的思维在明末清初再次遭遇批判,形而上学自此衰颓,但明清之际以降的中国儒学始终没有能够回归宋明心性哲学强调的境界化的"天道性命贯通为一"的主体建构思路,而是持续"二分"模式,将视野从对"天"的观望转向对更广阔之"物"的考察。经世之学就此蓬勃展开。

## 第二节 明清儒学"心"之义的诠释变迁与主体性思维转向

当我们将研究视角聚焦明清儒学,聚焦于历史更迭时期的断代思想史研究,必然需要寻找到那一贯通明清且始终占据中心话题的学术范畴,该范畴即为"心"。毋庸置疑,明季是心学发展高峰,然清代的儒学重构历程也始终贯穿对宋明心学的反思、省察,就此意义上讲,"心"之诠释乃为明清儒学关切之焦点。更关键的是,借由对儒学"心"义诠释变迁的考察,可进一步发掘宋至晚明清初,儒学主体性思维发生的具体转变和影响。

### 一、晚明以降"以知觉为心"论的强化:从"心即理"到"心具理"

阳明学将"心"学推至高峰,按上文对宋代"心"学、"理"学之争端考察,阳明学最重要的特色之一便是充分吸收佛学智慧,真正解决了"心"如何识"心",以及如何落实"逆觉体证"等问题。按前文分析,朱子针对湖湘学派的批评揭开了强调"心"之"认知义"可能促成的"遗物"、杂禅等诸类嫌疑。朱子之断或不为当时学界尤其是湖湘一脉充分重视,但今天看来,阳明学时期尤其是阳明后学阶段,朱子之忧则基本都得到了应验。阳明学在王阳明时期,"认知义"得到了至高推崇,但是这一推崇具有与之相应的理论辅助——"心即理",即在道德心的前提下,认知心得到强调。然至晚明时段,阳明后学果如朱熹曾经预料的那般,走向对"知"的无限推崇,以之为"天知"。甚至以杨起元为代表,直将《楞严》"见性"一说认作"心"体。杨起元之论一方面有对阳明"良知"的发挥,一方面有对《楞严》文本的接受,此与近溪学脉对于《楞严经》的普遍认同有关,再一方面,也有当时高僧大德自身宣教理念的影响。如蕅益智旭即有认"证自证分"为佛学"心"体的倾向。在此意义上,理解宋明儒有关"心"的认知义与德性义的诠释路径,还需明确佛学中涉及认知议题的"见性"与"四分"与儒学言"心""意""知"的理论关联和概念边界。

当然,我们也承认,阳明论"心"的确尤为强调"心"之知觉义,但在王阳明本人,其"心"学必然是紧扣"道德义"阐发的,或者说是在"仁识心"的前提下,强调"心"的知觉义。因单纯以"知觉言心",向内说,有遗"物"之嫌;向外说,有落于经验世界之嫌。知觉体物,如何进行超越诠释?且知觉以感官为先,如此,感官失效以及身的消失都有可能造成"知觉"的消失,故又无法如佛讲"见性"那般强调其本体特性的恒常意。如此,以知觉言心处于尴尬之地。就此而言,良知可以说是道德直觉,智的直觉,但不可谓知觉,不可谓道德意识。意识具有指向性,牵于物,有生灭。阳明心学发展至阳明后学阶段,"心"的道德义的前提逐步滑落。故而可以说阳明学对良知之"心"的诠释,对"知"的理解和宣扬有一逐次异化的呈现经过,后世以"自证分"对讲"良知",在部分阳明后学那里或可成立,但于阳明本人所释"良知学",则有不妥。

具体而言,王阳明论"知"觉意义上的心大致可以下列两段为代表,但此处要言明,阳明实是将知觉义统筹安排为作为"天理"义的主宰之"心"的外在呈现之一种。其道:

> 心不是一块血肉,凡知觉处便是心。如耳目之知视听,手足之知痛痒。此知觉便是心也。①
> 
> 这视听言动皆是汝心:汝心之视,发窍于目;汝心之听,发窍于耳;汝心之言,发窍于口;汝心之动,发窍于四肢。若无汝心,便无耳目口鼻……所谓汝心,却是那能视听言动的,这个便是性,便是天理。有这个性才能生……以其主宰一身,故谓之心。这心之本体,原只是个天理。②

阳明上述所论,按杨国荣教授揭示:"良知作为内在的道德意识和理性原则,以天理为其内容,正是在此意义上,王阳明又把良知称之为天理。"③此说的是。更进一步讲,结合前文对朱子"心"论的分析,实际朱子论"心"、阳明论"良知"都是"知觉义"与"本然义"的综合,不同的是,朱子侧重"知觉义",阳明则更强调"心"的道德本然义。应该说,阳明"心"论之精髓在其后

---

① 陈荣捷:《王阳明〈传习录〉详注集评》,第 373 页。
② 陈荣捷:《王阳明〈传习录〉详注集评》,第 146 页。
③ 杨国荣:《王学通论——从王阳明到熊十力》,第 288 页。

学中大体上是被恪守的,尤其是以邹守益为代表的江右人士,然于尤从境界义开展良知学建设的王龙溪、罗近溪等人,其论"良知"、论"心"则逐渐有变。接下来,我们可以结合二溪之论展开具体考察。龙溪曰:

> 知一也,根于良则为本来之真,依于识则为死生之本,不可以不察也。知无起灭,识有能所;知无方体,识有区别……镜体之虚,无加减则无生死,所谓良知也。变识为知,识乃知之用;认识为知,识乃知之贼。回、赐之学所由以分也。①

> 无分别者,知也;有分别者,识也。②

> 人心莫不有知,古今圣愚所同具。直心以动自见天则,德性之知也,泥于意识,始乖始离。夫心本寂然,意则其应感之迹;知本浑然,识则分别之影。万欲起于意,万缘生于识。意胜则心劣,识显则知隐。故圣学之要,莫先于绝意去识。绝意非无意也,去识非无识也。意统于心,心为之主,则意为诚意,非意象之纷纭矣。③

> 人心只有是非,是非不出善恶两端……复其是非之本心是合本体的工夫。④

由上可见,龙溪论"良知"之"知"往往是在与"识"的比较中展开。实际上,在如何"识"的问题上,阳明学关于"良知"的理解非常关键。总体上,无论阳明本人,抑或其后学,众人诠释"良知"确是从孟子"良知"说展开,然如龙溪,其后期论学已逐步将"识"从"知"上剖离,并最终将此儒家之"知"推向贯通佛氏转"识"之后的"智"。故龙溪论"知"不分别,"识"才分别。就此而言,"良知"之用乃是直觉之用,而非"知觉"之用。但龙溪又讲,此"心"一定要分别,一定要作判断,且判断根本上讲是德性判断,就此而言,此"心"原则上不仅有"识"的作用,亦有"知"之道德明鉴,而龙溪所谓复"本心"与"合本体"的工夫亦是区别善恶是非的前提下,弃恶向善的道德实践之过程。故自始至终,龙溪此处所谓的"心"其含义实为一综合体,非纯粹之"知",更非佛学由"识"所转之"智"。就此来说,龙溪哲学建构中,"知"与"识"具有区别,"心"因综合义的结构,与"知"又有区别。进言之,龙溪哲学努力之终极追求正是要人通过具体工夫达致"转识成知(智)",达到"心"与"知"的

---

① (明)王畿:《金波晤言》,《王畿集》卷三,第65页。
② (明)王畿:《与孟两峰》,《王畿集》卷九,第208页。
③ (明)王畿:《意识解》,《王畿集》卷八,第192页。
④ (明)王畿:《水西精舍会语》,《王畿集》卷三,第59页。

统合不二。

与龙溪不同,近溪在"知"的问题上不经周折,直从境界意义上揭明"知"的"天"字义,这一境界哲学的路数更明确地将"良知"之"知"体理解为"智",将"知"之用接引至"智的直觉"。如近溪道:

> 知所以为知是本然之知,而非闻见之知也……盖天下古今事理,有耳目心思到而知之者矣,有耳目心思未到而不知者矣……如此为知则知从外得,而非本心为灵……今只问汝,此理此事能知之否耶? 曰吾能知之,是汝心之明,于所知者,即能知之也。①
>
> 人心既是以知作主,而天心却不是以知作主耶……所以抬头举目,浑全只是知体著见;启口容声,纤悉尽是知体发挥,更无帮凑,更无假借。②
>
> 童子日用捧茶是一个知,此则不虑而知,其知属之天也;觉得是知能捧茶又是一个知,此则以虑而知,而是知属之人也。天之知只是顺而出之,所谓顺,则成人成物也;人之知却是返而求之,所谓逆则成圣成神也。故曰"以先知觉后知,以先觉觉后觉"。人能以觉悟之窍而妙合不虑之良,使浑然为一而纯然无间,方是睿以通微。③
>
> 盖独以自知者,心之体也……杂其所知者,心之照也。④

罗汝芳上述言论一方面是要人顺"天知"而知,另一方面也在强调"返求""天知","逆成圣神"的重要性。如果说前者是境界工夫的表述,那么后者即工夫境界的阐发。至于其讲"于所知者,即能知之也"则是依"即本体即工夫"的路径,消解"能""所"对待,成就"天人合'知'"之境。应该说罗近溪的"天知"之说因对"知"之超越性的强调,某种程度上促成了一种误导,即指向于摆脱纯粹道德义的超越"智"的理解。如近溪高足杨起元曾以"见性"理解"良知"。其道"阳明先生四句宗旨,万世不易,知善知恶总是一知,即此是本体,即此是工夫,但从本体透过来,方能如此说",便是直揭知觉为本心,此便更是指见性为心。⑤ 此即以"觉性"理解阳明对良知之"知"的诠释,同时将佛学"见性"视为心体。严格来说,杨起元此举与其师近溪对

---

① (明) 罗汝芳:《罗汝芳集》,第 17 页。
② (明) 罗汝芳:《罗汝芳集》,第 203 页。
③ (明) 罗汝芳:《罗汝芳集》,第 45 页。
④ (明) 罗汝芳:《罗汝芳集》,第 99 页。
⑤ (明) 杨起元:《柬张阳老》,《证学编》,第 76 页。

"知"之超越性的推崇与"知觉义"的强调不无关系。罗氏曾云:"涵养本原,斯合一矣。夫涵者,所以蕴蓄灵根,使觉性澄澈于无隔也。"①此便明显具有以"觉性""见性"诠释心学之"体"的倾向。实际上,佛教讲见性,云及"灯能显色,如是见者是眼非灯;眼能显色,如是见性是心非眼"②,是对知觉最深层面之超越性的强调,甚至有视之为"心体"的倾向。如蕅益智旭对证自证分的理解,便有将其以"心体"对待,在此意义上对此"心体"的认识就是以知觉心体认心体。而佛教语境中,对"觉"的根本界定是将其作为一种工夫实施,或作为工夫之后所获"效验",就此意义上,按佛教哲学般若智要求,及破"能""所"执,破"法"执等等要求,"觉"或者涵盖此意之"见性"向不被立为本体理解,此外,一旦将其作为"体"理解,则是将其与"用"对举,此便陷入"能""所"之执。而"能""所"之执正是佛欲破除之障。《楞严经》记佛言曰:"有所非觉,无所非明。无明又非觉湛明性。性觉必明,妄为明觉。觉非所明,因明立所;所既妄立,生汝妄能。"③蕅益智旭解佛之意是为破"能""所"之执,其代佛道:"汝谓若无所明则无明觉,意必取有所明,不知有所便非觉性矣!"④又有以蕅益智旭等人似取证自证分为第一性,然无论自证分、证自证分皆唯识设定之认知序列要素,抽离此序列,任取其一作为本体,皆是将认识论强作本体论理解,故有不妥。

综上,二溪与其后学可以说在对"心"的认知上都强调其具有道德本然义,在"知"上都强调其具有超越性,但在表达上,二溪都有借佛教语汇诠释良知学之现象,同时,为申明"心"之"知"的超然绝妙,二者的表述也都在一定程度上有将此"知"导向绝对"智"之境界的趋向。或者更为明确地说,"二溪"虽在哲学建构之初衷上并未脱离阳明对"仁识心"的倾斜,但在逻辑上确有导向佛学意义上的"智识心"之嫌疑。这种嫌疑最终促使二溪在儒学主体性思维上与前人相比又有不同。起码,二者并非以纯儒身份对待良知学,其意欲成就之完善主体亦非单纯儒学意义上的圣人、君子。故虽延续宋明以降"天道性命合一"之使命,但以二溪为代表的阳明后学人士对道德主体的建构已不如阳明纯粹,而有了成就"智"慧人生的多元追求。这就要结合晚明清初"心""理"关系的诠释而论。

晚明清初儒学研究进程中,已有学者留意到"心即理"一说的演化某种程度上牵引着当时学风、世风变迁之整体趋势。比如王汎森有《"心即理"

---

① (明)罗汝芳:《罗汝芳集》,第381页。
② 成观:《大佛顶首楞严经义贯》,西安:中财印务有限公司,第334页。
③ (明)蕅益智旭:《楞严经文句》,第171页。
④ (明)蕅益智旭:《楞严经文句》,第171页。

说的动摇与明末清初学风的转变》一文。他讲到：

> 明季学士大夫因对"心安即理""自信而是,断然必行"产生疑虑,担心人们"以意见为理""以师心自用为理",在这个情况下,提出以经书作为外在规范的要求。除是为了解决义理之争外,也是为了替日常的道德实践寻找外在共依的规范。①
>
> 明末清初对"心"是否能单独地肩负道德与知识的标准的普遍怀疑,一方面已经接触到中国传统内省式道德修养的极限及其危险性,一方面也预言了清初儒者(像顾炎武)对"心"的不信任,以及"心即理"这个绵延甚久,影响极大的命题的彻底动摇……本来阳明是说"盖四书五经不过说这心体",而现在是不肯谈"心"了,则其间差距真不可以道里计。"心"既失去作为知识与道德的最后资源与依据,"心即理"这个命题彻底动摇,知识与道德上的发展都离"心"而转向"外在化",而后来清学亦大体沿此方向发展。②

王汎森上述所说严格而言乃是从思想史视角考察了晚明清初诸学派、学人经验论视角的对"心即理"的怀疑,并由对此群体性怀疑的梳理、分析指出"心即理"在当时思想界以及现实生活中发生的实质性的动摇和偏转。然笔者试图追问的议题是,此时段"心即理"的演化是否还是陆王心学意义上的"心即理"？对这一问题的哲学追究还是要回到对"心"范畴核心义的探讨上。事实上,宋明理学视域中"心"之知觉义与主体性建构之关系到了明清儒学转型之际发生变化。明清之际,随着形上学的整体衰颓,"心"之本体义渐趋滑落,与此同时,"心"之知觉义得到更为显明的挺立。这种挺立来源于两种因素：其一,部分阳明后学人士对"知"之超越义的过于强调,反促成"智识心"的强化；其二,清人对"物"的经世之学的侧重,也在渐次引导"心"与"知"向见闻之知倾斜。故晚明清初儒者再论及"心"之内涵,更倾向于强调其知觉义,同时,较阳明后学众人,清初学者对知觉义的强调做了两项极为重要的工作：其一,发掘"气"本体,为心之知觉义发掘充分理据,转而阐明"心具理",为其德性义作出说明；其二,由心之知觉义延伸至个体的主体能动性,及其主宰义,此为"成性"路径的复兴、发展提供依据。相应地,明清

---

① 王汎森：《"心即理"说的动摇与明末清初学风之转变》,台北："中研院"历史语言研究所集刊,第六十五本,第二分,1994年6月,第370页。
② 王汎森：《"心即理"说的动摇与明末清初学风之转变》,台北："中研院"历史语言研究所集刊,第六十五本,第二分,1994年6月,第372页。

儒学主体性思维在儒学转型之际亦发生迁转。该阶段的儒学主体性思想实际呈现一相当复杂的局面，一方面，新兴个体性意识得以凸显（晚明成己之学向成"我"之学的过渡；晚明清初的儒学转型标志之一——情欲解放实则是在"身"所表彰的个体"此在"之意义和价值得以突显的前提下得以成立的）；另一方面，宋明理学承继传统儒学主体性亦有反抗之姿态；再一方面，又有学者试图调和个体与公共之间关系。比如杨时乔特别提及"独得"与"公共之理"的概念。引起这种变化的原因大致有二：其一，"心"学返性理学，以及趋于"气"学的过程中，表征上看是本体论发生变化，而本体论的变化必然促发一系列相关议题的演变。以"心"学为例，"心"有二义，一为本心义，一为知觉义，朱子学、阳明学对二者各有侧重，且对二者关系亦各有论说，于此，"心"学返"性"进程中，"本心义""知觉义"孰重孰轻、如何转换都将引发儒学主体性思维发生相应变化。又以"心"学衰退之际，"理""气"关系问题渐成热点议题，明清之际儒者如何安排"心"的知觉义，直接体现了其如何对待人的主体感官及主体能动作用的发挥问题。其二，强调道德理性或者说是实践理性的宋明学术在向朴学以及经世之学的迁转过程中，当时儒者面对时代变化，对主体建构之路径已有新设想。

具体言之，晚明清初"心"学大致历经两项历程：其一，在批判与修正声中完成"形上"向"器下"的转化；其二，在重构意识中，呈现"儒学客观化"表达，由此实现与清学"公理"追求完善对接。

先来看修正立场上"心"之诠释如何展开。晚明阶段针对阳明心学展开的批判与修正声音中，东林与蕺山两派最为关键。东林学者如高攀龙等关于知觉心的描绘和诠释一方面仍围绕"未发""已发"展开，另一方面又难脱佛学之影响。高攀龙道：

> 朱子初年之见，盖认性为未发，心为已发。凡谓之心，则无未发之时，而未发之性存焉，则终未尝发也……当其未发，仁义礼智之性具焉，此心寂然不动之本体也。及其已发，恻隐羞恶辞让是非之情形焉，此心感而遂通之妙用也。①

> 净色根，魄也。随念分别者，意也。灵觉则是心……此与意识相似而实不同，盖心作主宰，意主分别也。心，一也，粘于躯壳者为人心，即为识；发于义理者为道心，即为觉，非果有两心。②

---

① （明）高攀龙：《与顾泾凡论已发未发》，《高攀龙全集》上册，第408页。
② （明）高攀龙：《答念台》，《高攀龙全集》上册，第419页。

高攀龙将道德心、是非心之用与心之发动情状相系,在此意义上,所谓"感而遂通"必然是知觉义作用。然其后云"灵觉是心""意主分别",又以"觉""识"之辨区别"道心"与"人心",皆是援引佛学概念以解儒学义理,其中得以突显的正是"心"之知觉义的根本性。换言之,高攀龙此处有将"觉"视为"见性"之嫌,又有蕅益智旭所谓"证自证分"之意,故将佛学之"觉"作儒学之"道体""道心"理解,实是极高层次的"以知觉为道心"。综合高氏上述阐发和观点大致可见,其修正王学之路是重拾朱子学议题开展儒学讨论,但大体上,这种修正是不完善、不究竟的,或者更准确地说,其学术建构实际并未跳脱王学范域。这一点从其对"心"的知觉义的特别推崇即可见得。如陆陇其讲到:

> 程、朱出而崇正辟邪,然后孔孟之道复明,而天下尊之……自阳明王氏倡为良知之说,以禅之实而托儒之名……泾阳、景逸深惩其弊,知夫知觉之非性,而无善无恶不可以言性,其所以排击阳明者,亦可谓得其本矣;然其学也,专以静坐为主,则其所重仍在知觉……是故以理为外,而欲以心笼罩之者,阳明之学也;以理为内,而欲以心笼罩之者,高、顾之学也。阳明之病在认心为性,高、顾之病在恶动求静。①

陆陇其对顾宪成、高攀龙等人有关阳明学的修正举措的不足之处的揭示,实际是紧扣"心"的内涵尤其是其知觉义的诠释展开的。所谓"则其所重仍在知觉"之意便在于此。具体来说,参照陆陇其上述主张,东林顾、高二位虽发掘"无善无恶"实不可说,因就价值论上讲,儒者必须秉持孟子"性善"主张,然从究竟处讲,"善""恶"对立即显二元对立,而本心,或者说"性"是一定要超越二元对立的,一旦有二元对立,落于分别,落于言诠,即是回归经验世界。故而,晚明清初学界有关"无善无恶"的批判,某种意义上即有从形上回归器下之趋势。但是,在陆氏看来,东林实际并未真正理解朱子学,如其仍遵循阳明学意义上的"主静"工夫而有近禅之嫌,又有抛弃"分殊体认"即闻见、体察等经世实践之偏。综合以上,陆陇其将东林学置于阳明学范域确定无疑。实际陆陇其对东林学术所展开的上述评判并非针对王阳明所创一家心学,某种意义上可理解为是延续朱子针对湖湘学派以知觉言心、言性的批判,将真正的矛头指向释氏。故其又道:

---

① (清)陆陇其:《学术辨》,徐世昌编纂:《清儒学案》第1册,第311—313页。

阳明以禅之实而托于儒,其流害固不可胜言矣。然其所以为禅者如之何？曰：明乎心性之辨则知禅矣,知禅则知阳明矣。今夫人之生也,气聚而成形,而气之精英又聚而为心。是心也,神明不测,变化无方,要之亦气也,其中所具之理则性也。故程子曰："性即理也。"邵子曰："心者,性之郭郭。"朱子曰："灵虚是心,不是性。"是心也者,性之所寓,而非即性也；性也者,寓于心,而非即心也。先儒辨之亦至明矣。若夫禅者,则以知觉为性,而以知觉之发动者为心。故彼之所谓性,则吾之所谓心也；彼之所谓心,则吾之所谓意也……阳明言性无善无恶,盖亦指知觉为性也。①

陆陇其上述所说直指阳明"指知觉为性"之过,并将此问题延伸至儒佛之辨,故陆氏的批评原则上实是针对心学整体展开,更是针对佛学展开。

与东林学人对心学修正的不彻底相较,刘宗周在修正心学的过程中置入了更具时代特色的个体性思想。故刘宗周强调的"心"之觉更具体地落实到具体人格的"觉"醒与实践上。进言之,蕺山特别强调"心"之"觉"于个体化的主体建构的重要性。蕺山道：

> 盈天地间一性也,而在人则专以心言,性者,心之性也。②
> 夫性本天者也,心本人者也。天非人不尽,性非心不体也。心也者,觉而已矣。觉故能照,照心常寂而常感,感之以可喜而喜,感之以可怒而怒,其体也。③
> 大其心,则能体天下之物。④
> 人心之体,气行而上,本天者也；形丽而下,本地者也；知宅其中,本人者也；三才之道备矣。⑤
> 心是监察官,谓之良知,最有权。⑥

以上是将"心"之道德本体义几近划入人特有之知觉义、道德义。而刘宗周对"人"之"觉"的强调并没有如阳明学那样重点论"知""觉"之超越

---

① （清）陆陇其：《学术辨》,徐世昌编纂：《清儒学案》第1册,第312—313页。
② （明）刘宗周：《原性》,《刘宗周全集》第3册,第252页。
③ （明）刘宗周：《读易图说》,《刘宗周全集》第3册,第123页。
④ （明）刘宗周：《圣学吃紧三关》,《刘宗周全集》第3册,第194页。
⑤ （明）刘宗周：《学言下》,《刘宗周全集》第3册,第393页。
⑥ （明）刘宗周：《学言下》,《刘宗周全集》第3册,第390页。

性，而是结合"气"之因素，从感官层面讲起。因此，刘宗周对"心"的感官作用的强调实际和他有关"气"的安排具有关联。如他讲到：

> 人心，一气而已矣，而枢纽至微，才入粗一二，则枢纽之地霍然散矣。①
> 天道八风之气，一一通之人心。②

刘宗周总体上从感官之知讲到知觉之知，再至理性之"知"即"智"，实际都要借助"气"的经验义、周遍义和贯通义。在此基础上，"智识心"得以突显的同时，仁、义、礼、智等因素亦得涵盖。如其道：

> 心一而已。视于无形谓之明，故明无不见；听于无声谓之聪，故聪无不闻；思于无思谓之睿，故睿无不通；虑于何虑谓之智，故智无不知，而四者有递入之象焉。然则人心其统于智乎？合聪明睿以为智，而无不知也。蓋然而知者，仁也，所以宽裕温柔也，又谓之恻隐之心；沛然而知者，义也，所以发强刚毅也；又谓之羞恶之心……井井然而知，归之无所不知者，即智也，所以文理密察也，又谓之是非之心。分而言之，灿然情也，情一知也；合而言之，浑然性也，性一智也。③
> 思而有见焉，识也……动之微而有主者，意也，心官之真宅也……心者，莫先于识官，官在则理明气治，而神乃尊。④

从根本上说，刘宗周扭转了"心"之"道德义"的第一性，以"智"为"性"，以"仁"作为最高"智"之体现。至此，"心"之"知觉义"演化而成"智识义"。又依据于此，"心官"之第一性为主思量、能动之"意"官、"识"官取代。就该层面来讲，刘宗周对阳明心学的修正某种意义上已有本体论层面的纠正，其具体借助"气"之作用，逐步完成了"知觉""智识"于道德本体的取代，而由对"知"与"智"的强调，刘宗周关注到人之个体之差与能动之别。此于阳明学对"良知"本体恒常义、普遍义的建设大有解构之意。

再来看重构立场的"心"学诠释思路。此思路集中出现在明清之际，具体而言，在黄宗羲、王夫之二人的哲学建构中有显明呈现。

---

① （明）刘宗周：《学言下》，《刘宗周全集》第3册，第392页。
② （明）刘宗周：《学言中》，《刘宗周全集》第3册，第380页。
③ （明）刘宗周：《学言下》，《刘宗周全集》第3册，第394页。
④ （明）刘宗周：《原心》，《刘宗周全集》第3册，第251页。

延续刘宗周的心学建构,黄宗羲亦从"气"论出发,开展"心"学诠释。然与蕺山较为不同的是,黄宗羲更为直接地阐明了"气"的本体论价值,并由此揭示了"心"之知觉义具备首要性之根据。黄宗羲道:

> 天地间只有一气充周,生人生物。人秉是气以生,心即气之灵处,所谓知气在上也。心体流行,其流行而有条理者,即性也……养气即是养心,然言养心犹觉难把捉,言养气则动作威仪,旦昼呼吸,实可持循也。①

参照以上,黄宗羲是从本体论到工夫论,对"气"之范畴投入巨大关切,其谓"心即气之灵处"实为朱熹之论,然他讲"天地间只有一气充周,生人生物",实是将"气"置于本体论地位,而其讲"知气在上"更是将"知"之源头锁定"气"之周行。故其云:"天以气化流行而生人物,纯是一团和气。人物禀之即为知觉,知觉之精者灵明而为人,知觉之粗者昏浊而为物。人之灵明,恻隐羞恶辞让是非,合下具足,不囿于形气之内;禽兽之昏浊,所知所觉,不出于饮食牡牝之间,为形气所锢。"②此是明确地将心之"知觉义"从"气"之本体流行处讲出,在此前提下,黄宗羲讲"心"之德性义成立的条件,讲人兽之别,皆建立于"知觉"的周行感通。其道:"满腔子皆恻隐之心,以人身八万四千毫窍,在在灵通知痛痒心,便是恻隐之心……恻隐是知痛表德。"③此说同样是申明"心"之知觉义的前提下,讲性德生发、周遍之依据。某种程度上,正是出于对"心"的经验性的知觉义的强调,黄宗羲对朱子学亦有批判。其道:

> 第先儒言性即理也,既不欲以性归之知觉,又不可以性归之于天地万物,于是谓性受于生之初,知觉发于既生之后。性,体也,知觉,用也,引《乐记》"人生而静,天之性也。感物而动,性之欲也"以证之。静是天性之真,动是知觉之自然,因恻隐羞恶辞让是非之在人心,推其上一层以为之性,性反觉于渺茫矣。告子不识天理之真,明觉自然,随感而通,自有条理,即谓之天理也,先儒之不以理归于知觉者,其实与告子之说一也。晦翁谓如荀子性恶之说,有何交涉,孟子言

---

① (清) 黄宗羲:《孟子师说》,《黄宗羲全集》第1册,第60页。
② (清) 黄宗羲:《孟子师说》,《黄宗羲全集》第1册,第111页。
③ (清) 黄宗羲:《孟子师说》,《黄宗羲全集》第1册,第68页。

其比喻之谬,杞柳天之所生,桮棬人之所为,杞柳何尝带得桮棬来,故欲为桮棬,必须戕贼。①

黄宗羲以上所说即是认为朱子分体性与知觉为二,分体、用为二,其要求重恃"己之灵觉",反对"推其上一层以为之性",认为此会致使"性反觉于渺茫矣",一方面体现其反形上之意图,另一方面则突显其对"人"的个体性的发掘和重视。相应地,黄宗羲继而从"心"之"知觉义"出发,对朱子的孟、告之辩作重新考察,并揭示了朱子对象山学说的误解,最终判定象山"心即理"一说实与孟子主张正相契合。其道:

> 告子以心之所有不过知觉,而天高地下万物散殊,不以吾之存亡为有无,故必求之于外。孟子以为有我而后有天地万物,以我之心区别天地万物而为理,苟此心之存,则此理自明,更不必沿门乞火也……晦翁乃云"告子之词屡屈,而屡变其说以求胜",是尚不知告子落处,何以定其案哉!他日象山死,晦翁曰:"可惜死了告子。"象山谓心即理也,正与告子相反。孟子之所以辨告子者,恰是此意。②

此即是从"知觉心"理解告子分心、性为二之过,又据此言明朱子批驳象山实则并不真知告子,故使象山蒙冤,在黄宗羲认为,实则象山真知孟子,其"心即理"之论正得孟子精粹。需要说明的是,黄宗羲对象山学、孟子学的理解一方面有受心学传统意义上的"合一"主张的影响,同时某种程度上也夹杂荀子"成性"思想的影响。《〈明儒学案〉序》载其语曰:"盈天地皆心也,变化不测,不能不万殊。心无本体,功力所至,即其本体。故穷理者,穷此心之万殊,非穷万物之万殊也。穷心则物莫遁,穷物则心滞于一隅……夫先儒语录,人人不同,只是印我心体之变动不居,若执定成局,终是受用不得。"③此即沿袭扩充"心"体转向成"心(道心)"、成"性"之进程。综上,黄宗羲"心"论的价值又在遵循孟子心性论的同时,突显了荀学"成性"路径的逻辑合理性。

综上,黄宗羲的"心"学诠释更为显明地建构了"心"与"气"之间关系,由此揭示了"心"之"知觉义"的首要性及其之所以首要的合理性,并且依据

---

① (清)黄宗羲:《孟子师说》,《黄宗羲全集》第1册,第132—133页。
② (清)黄宗羲:《孟子师说》,《黄宗羲全集》第1册,第134页。
③ (清)黄宗羲:《明儒学案》上册,第7页。

于此，黄宗羲虽遵循延自孟子学的象山、阳明"心"本体学术主张，同时，因"气"的介入，荀子"成性"思想在黄宗羲工夫论建构中具备合理性。

相较黄宗羲，王夫之"心"论内容更为丰富。以往研究对王夫之"心"论内涵的解读中，有一观念认为船山于张载论"心"主张有所继承。如陈政扬讲到：

> 王夫之在《张子正蒙注》中，对张载的"心"概念既有承继，也有新诠。张载是在气论的基础上，藉由"大其心则能体天下之物"重新诠释孟子所言"尽心以知性知天"。船山与横渠虽皆以"心"为儒家合天人之道的关键，但横渠气论是从形而上贯通形而下，由客观天道阐发大心说的真实无妄。船山则侧重"人"是创造价值的主体，由"心"具权衡价值的自主性，阐发由人之道以合天的实践哲学。①

陈政扬此说确有启发学界重新考察张载"心"论思想在明清之际的复兴和影响，然我们认为王夫之于先儒"心"学主张的继承，及于儒学主体性思想的开拓远非如此，其创新内容更有待新诠。具体来说，船山"心"论较为突出的思想即"此心具理"。这一"具"促使"心"之知觉义得到更为显著的申明之外，同时彰显了"心"与"觉"的个体性、普遍性，及现实义。具体言之，王夫之有关"心"的界定和诠释夹杂对朱子学"心统性情"的理解，但这一理解却突显了"心统性情"的个体性，即强调了人之性情为心所统故"心"有普遍性，亦具特殊性。如其道：

> 人心者，人固有之。固有之，而人以为心，斯不得别之以非人，斯不得别之以非心也。就其精而察之，乃知其别；就其粗而言之，则无别，而概目之曰心。故天下之言心者，皆以人心为之宗。心，统性情者也。此人心者，既非非心，则非非性。故天下之言性者，亦人心为之宗。②
>
> "心统性情"，"统"字只作"兼"字看。其不言兼而言统者，性情有先后之序，而非并立者也。实则所云"统"者，自其函受而言。若说个"主"字，则是性情显而心藏矣，此又不成义理。性自是心之主，心但为情之主，心不能主性也。③

---

① 陈政扬：《王夫之对张载"心"论的承继与新诠——以〈张子正蒙注〉为例》，《陕西师范大学学报》（哲学社会科学版）2017 年第 2 期，第 103 页。
② （清）王夫之：《大禹谟》，《船山全书》第 2 册，第 259 页。
③ （清）王夫之：《读四书大全说》，《船山全书》第 6 册，第 947—948 页。

船山主张"心"本具道德本心与习染心两项内涵,且个体性与普遍性为"心"统具。故其解"心统性情"之"统"一样强调"函受"义。其道:

> 浮屠之言曰"即心即佛",又曰"非心非佛",又曰"一切众生皆有佛性",又曰"三界惟心",亦人心之谓已。何以明其然也?彼所谓心,则觉了能知之心;彼所谓性,则作用之性也。以了以知,以作以用,昭昭灵灵于行住坐卧之间,觉了不诬者,作用以起。①

此是对佛教亦以知觉为心,以作用而非本体言性的分析。此外,王夫之又道:

> 以了以知,以作以用,善者恒于斯,恶者恒于斯,彼之所谓识也。了无不觉,知无不能;作不固作,用非固用;任了任知,任作任用;总持而无有自性,终不任善而任恶者,彼之所谓智也。善于斯,恶于斯,瞥然一兴而不可止,用之危也。不任善,不任恶,洞然寂然,若有若无,一切皆知,而万法非侣者,体之危也……儒之驳者亦曰"无善无恶心之体",要亦此而已矣。有者不更有,而无者可以有……无善则可以善,无恶则可以恶;适于善而善不可保,适于恶而恶非其难矣。若无而俄顷之缚释,若有而充塞之妄兴,岌岌乎有不终朝之势矣。故曰危也。②

此是评佛教之"识"因"业"之作用,故善、恶皆有个体的恒定性,而佛教言"智"并不作是非、善恶判断,即并非道德性作用,仅以"觉"为根本智。儒者若亦如此说,则其"体"必坏,其"用"必不能显,在此意义上,阳明心学四句教首句即已背离儒学。故有鉴于此,与其说王夫之是针对王门四句教开展批判,不如说,其是就"知觉心"开展对宋明理学杂禅之必然性的分析。应该说,该路径的批判更具针对性,也更具究竟意,因阳明确曾将"良知"之"知"向"觉"处倾斜。此一倾斜必将促使良知之道德本心义渐趋消弭,因此,阳明后学顺此路径,尤倡"四无"之说必然会置"良知"之"体""用"皆危,彻底归佛。有鉴于此,王夫之对"良知"之"知"的近佛的分析或为其返倡"仁"说提供依据。如其道"但言'仁',则为心德之全"③,此即有避开"良

---

① (清)王夫之:《大禹谟》,《船山全书》第2册,第259—260页。
② (清)王夫之:《大禹谟》,《船山全书》第2册,第260页。
③ (清)王夫之:《读四书大全说》,《船山全书》第6册,第835页。

知",重倡"仁识心",以规避儒者言"良知"杂染释氏"智识心"之意识。

综合来讲,王夫之论"心"之知觉义实际大致未脱宋明儒对"心"之道德义的强调,但有一点要申明,即王夫之申明"心"之道德义的同时,并非认为此"心"本具德性、知性,而是认定德性、知性的生发,皆归根于"性"的本具,故其谓"性发知道",而非将"知"之根本可能系之于"心"。这即意味,王夫之观念中,"心""性"实是二分的,故严格而论,王夫之主张的,实是程朱主张的"心具理""心具性"的路数。又因"心"于"性"的函受,使得"性"之道德义、知觉义在"心"遇"物"而后作用时,得以彰显和呈露。按王夫之在解释张载"合性与知觉,有心之名"一句时讲到:

> 太虚者,阴阳之藏,健顺之德存焉;气化者,一阴一阳,动静之机,品汇之节具焉……原于天而顺乎道,凝于形气,而五常百行之理无不可知,无不可能,于此言之则谓之性。人之有性,函之于心而感物以通,象著而数陈,名立而义起,习其故而心喻之,形也,神也,物也,三相遇而知觉乃发。故繇性生知,以知知性,交涵于聚而有间之中,统于一心,繇此言之则谓之心。顺而言之,则惟天有道,以道成性,性发知道;逆而推之,则以心尽性,以性合道,以道事天。①

王夫之此说是将"物"对于人之知觉的诱发之用特别给以强调。此举一方面是为联系客观现实,揭明"性"具有认知之能必然需要质料的供给,另一方面又有回到《性自命出》的路数揭示"性""心""物"之间的互动关系。按《性自命出》载"凡人虽有性,心亡奠志,待物而后作,待悦而后行,待习而后奠"②,又载"好恶,性也。所好所恶,物也。善不善性也,所善所不善,势也。凡性为主,物取之也"③等,皆兼顾主、客关系讲主体认知过程。综合王夫之所言,及其与《性自命出》相关主张一致性的比对,实揭晚明清初以降,众儒大有回归先秦儒学传统,重诠"心""性"等范畴之倾向。而与先秦儒学较为一致地,晚明清初儒者对"心"的知觉义的侧重是极其显著的。某种程度上,此可视之为知识论复兴之前提。毕竟,知识为人所闻、所思,必然要求此"心"具有知觉之"用",而并不必须作为道德本体存在,亦并不必须发挥是非判断之"能"。

---

① (清)王夫之:《张子正蒙注》卷一,《船山全书》第12册,第33页。
② 荆门市博物馆编:《性自命出》,北京:文物出版社,2016年,第68页。
③ 荆门市博物馆编:《性自命出》,第68页。

## 二、从"心为气之灵"到"心则形气之主"：明清"道"学变迁下的主体关切的演化

明清儒学有关"心"的诠释，除了与"理"紧密相扣，亦与"气"的解释关联甚大。按前文提及，在张卫红等学者认为，朱熹"心为气之灵"一说揭示了"心"兼具先验义与经验义。这一点打破了学界素有之观点，即认为朱熹论"心"更多偏向对"心"经验义、认知义的诠释。实际上，根据笔者的梳理，"心"的两面性不仅在朱熹理学，在阳明心学，甚而可说在整个宋明道学阶段都有呈现。这一呈现从根本上说，其理据正在"心为气之灵"几乎成为宋明道学一重要共识。既然"心"普遍要从"气"上讲，那么"心"首先脱离不了"气"本属的经验义，其次才是其超越义的显露。问题是，我们如何证明"心为气之灵"乃宋明道学之共识？以及，在明清儒学演化进程中，学界普遍认定的清代道学发生实质转变的时刻，"心为气之灵"还能否立足儒学之共识？再者，明、清道学传承过程中，"气"之本体属性、工具属性如何在不同概念优先的前提下提供其不可或缺的作用？

按前文梳理，朱熹有"心为气之灵"之论，此说毋庸置疑。那么阳明心学是否一样持此观点？又有何新阐发呢？实际王阳明、王龙溪等心学人士言"良知"与"心"，常与"气"合论，甚而以解"良知即是易"来申明"心""气"之间的对应与衔接。据黄宗羲《明儒学案》载，阳明曾道：

> 道无形体，万象皆是形体；道无显晦，人所见有显晦。以形体言天地，一物也；以显晦言人心，其机也。所谓心即理者，以其充塞氤氲，谓之气；以其脉络分明，谓之理；以其流行赋畀，谓之命；以其禀受一定，谓之性；以其物无不由，谓之道；以其妙用不测，谓之神；以其凝聚，谓之精；以其主宰，谓之心；以其无妄，谓之诚；以其无所倚著，谓之中；以其无物可加，谓之极；以其屈伸消息往来，谓之易。其实则一而已。今夫茫茫堪舆，苍然陨然，其气之最粗者欤？稍精则为日月星宿风雨山川，又稍精则为雷电鬼怪草木花卉，又精而为鸟兽鱼鳖昆虫之属，至精而为人，至灵至明而为心……所谓心者，非今一团血肉之具也，乃指其至灵至明，能作能知，此所谓良知也。①

王阳明对"心"（即"理"）充塞、流行之样态，以"气"之遍布形容，又以

---

① （清）黄宗羲：《明儒学案》上册，第585—586页。

"气"之屈伸、消息描述"心即易"之实况,以上两种可以从表象上见得"心"与"气"之形态的一致。其后,阳明直道"气"有精、粗之分,其至精为人,其至灵至明为"心",为良知。此即"心为气之灵"之另说。只是与朱熹之论相较,阳明的描述、渲染虽亦申明了"心"的"气"之本源,然更多强调的是"心"的超越义。在此意义上,当阳明讲"良知即是易",其底色便是在于申明"心"(即"良知")乃是"气"运行、流布达致极则之态——"易"之生生呈现而出的"变动不居,周流六虚,上下无常,刚柔相易"①之状。

王阳明之外,其后学中,王龙溪亦对"心为气之灵"大有阐发。其云:

> 天地间,一气而已。易者,日月之象,阴阳往来之体,随时变易,道存其中矣。其气之灵,谓之良知……易,心易也,以易为书则泥,是皆未明于大易之过也。善学者能于一念入微求之,得其所谓虚明寂照一体之机,易不在书而在于我,可以卧见羲皇、神游周孔之庭,大丈夫尚友之志也。②

> 夫天地灵气,结而为心。无欲者,心之本体,即伏羲所谓乾也……天地灵气,非独圣人有之,人皆有之。今人乍见孺子入井,皆有怵惕恻隐之心,乃其最初无欲一念,所谓元也……最初一念,即《易》之所谓复,"复,其见天地之心",意、必、固、我有一焉,便与天地不相似。颜子不失此最初一念,不远而复,才动即觉,才觉即化,故曰"颜子其庶几乎",学之的也。③

据此,王龙溪直揭"气之灵,谓之良知""天地灵气,结而为心",又揭"天地灵气,人皆有之",便是借"气"之遍布讲"良知"流行的普遍与恒常。至于其以"易"之"乾""复"二卦分别讲恻隐之心的先验流行与后天觉化,更是极为细致地阐明了"心(良知)为气之灵"的本体论、工夫论内涵及意义。

需要申明的是,从王阳明到王龙溪,二者论"良知"与"气"有一微妙变化。即阳明原是认定"心"(良知)为"气"之灵,言"良知是天理之昭明灵觉处""知是理之灵处"等,此即意谓,阳明论"心""气"之间的统一关系实则仍是为"心即理"作铺垫。而至王龙溪,除道"其气之灵,谓之良知"以外,又称"良知者,性之灵也"。此便在一定程度上表明龙溪的问题意识或与阳明已

---

① (明)王守仁:《传习录》,《王阳明全集》,第142页。
② (明)王畿:《易与天地准一章大旨》,《王畿集》卷八,第182—183页。
③ (明)王畿:《南雍诸友鸡鸣凭虚阁会语》,《王畿集》卷五,第112页。

有区别。二者同样在阐释、发挥"心为气之灵",但其对"气"的安排是有细微差异的。按阳明云:

> 良知是天理之昭明灵觉处,故良知即是天理,思是良知之发用。若是良知发用之思,则所思莫非天理矣。①

> 知是理之灵处,就其主宰处说便谓之心,就其禀赋处说便谓之性。孩提之童,无不知爱其亲,无不知敬其兄。只是这个灵能不为私欲遮隔,充拓得尽,便完全是他本体,便与天地合德。②

> 人的良知,就是草木瓦石的良知。若草木瓦石无人的良知,不可以为草木瓦石矣。岂惟草木瓦石为然?天地无人的良知,亦不可为天地矣。盖天地万物,与人原是一体。其发窍之最精处,是人心一点灵明。风雨露雷,禽兽草木,山川土石与人原是一体。故五谷禽兽之类皆可以养人;药石之类皆可以疗疾。只为同此一气,故能相通耳。③

以上,阳明除揭示"心为气之灵"之外,亦云"良知是天理之昭明灵觉处",云"知是理之灵处",由此,阳明不仅从"气"上讲"心",更是从"气"之流行、遍布上讲"理"。其云"只是这个灵能不为私欲遮隔,充拓得尽,便完全是他本体,便与天地合德",更是将"气"的流通义作为"良知良能"不为私欲遮隔,而与天地合德的前提条件。相应地,人的良知与草木瓦石的良知之所以为"一",按阳明所讲,人、物同生于"气",差别仅在"气"之精、粗之别,故根本上说,人、物原是一体,故具备共生、共感之因,又在其生死转化间"同此一气",故又具相通之能。换言之,人与人、与物具有同理心,能够共生、共感,其根据皆在一"气"流通。正如吴根友教授在论及"王阳明的'一体之仁'与良知本体的共生主义"时,曾讲到:"在明代心学王阳明的思想中,'万物一体'是本然的一体关系。此种'一体'关系主要是通过气的流通来实现一体的'共生'状态。"④总而言之,在阳明,其认定"心"为"气"之灵,又良知为心之灵,层层递进之后,人的良知生于"气",又最终成为凭借于"气"、运载于"气",进而感通万物、照亮万物,赋予天地万物意义的超越"气"的灵知。故而,在阳明心学体系中,"气"之用集中在其流通、感应义。

---

① 陈荣捷:《王阳明〈传习录〉详注集评》,第194页。
② 陈荣捷:《王阳明〈传习录〉详注集评》,第111页。
③ 陈荣捷:《王阳明〈传习录〉详注集评》,第269页。
④ 吴根友、刘思源:《宋明儒的"一体之仁"与儒家式的"共生主义"》,《孔学堂》2022年第3期,第52页。

应该说王阳明对"气"的描述,及对"心""气"关系的阐释,其核心思想、观念在其后学王龙溪的发挥之下又有更为显明的呈现。龙溪云:

> 我阳明先生始倡而明之,良知者心之灵气,万物一体之根……感触神应,无非全吾一体之用。手足痿痹,则谓之不仁,灵气有所不贯也。①
> 
> 天地间,一气而已。易者,日月之象,阴阳往来之体,随时变易,道存其中矣。其气之灵,谓之良知。②
> 
> 良知者,是非之公,自圣以至于途人,皆所同具,无是非之心,非人也。良知者,天地之灵气,原与万物同体。手足痿痹,则为不仁,灵气有所不贯也。③
> 
> 通天地万物一气耳,良知,气之灵也。生天生地生万物,而灵气无乎不贯,是谓生生之易。此千圣之学脉也。我阳明先师慨世儒相沿之弊,首揭斯旨以教天下,将溯濂洛以达于邹鲁,盖深知学脉之有在于是也。④

王龙溪上述所说可以说对"良知"进行了较为全面的角色安排。其云"遇亲自知孝,遇长自知悌,遇赤子入井自知怵惕",揭示"良知"是同理心;云"良知者,是非之公,自圣以至于途人,皆所同具",强调的是"良知"作为道德本心,其流行是普遍且恒常的;云"生天生地生万物,而灵气无乎不贯,是谓生生之易",揭示"良知"具有创生心之内涵。综合王龙溪对"良知"多重角色的诠释,可以见得,"良知"以上三种角色皆与"气"的特色紧密相关。甚至某种程度上可谓,正是"气"的一体遍布、流通成就了"心""良知"作为一具有创生意义的道德本心在形上学层面获得本体论之地位,同时在经验、现实层面获得人与人、人与物之间一"公理""共识"的认知。

需要注意的是,龙溪在讲出"良知者,天地之灵气"之外,又有"良知者,性之灵"一说,同时强调此"灵""至虚而神,至无而化……终古不息"⑤。这便是在将"心""良知"从"气"上讲的同时,又将"性"从"气"上论起,故而,龙溪描述的"性"以及"性之灵",皆有"气"之流行、万化之属性。

针对王阳明、王龙溪等人上述以"气"论"心"、论"良知",甚而论"性"

---

① (明)王畿:《赠宪伯太谷朱使君平寇序》,《王畿集》卷十三,第370页。
② (明)王畿:《易与天地准一章大旨》,《王畿集》卷八,第182页。
③ (明)王畿:《太平杜氏重修家谱序》,《王畿集》卷十三,第360页。
④ (明)王畿:《欧阳南野文选序》,《王畿集》卷十三,第348页。
⑤ (明)王畿:《白鹿洞续讲义》,《王畿集》卷二,第46页。

的相关阐述、发挥,晚明大儒刘宗周对阳明心学模式的"心""气"关系有过担忧,原因或正在,过于强调"良知"与"物"的同"气",以及"心"因"气"属性的感通之能,极有可能让"心"流于"气"之自然、杂染,而使作为道德本心之"良知"大为遮蔽。故蕺山直接从"气"上讲人、物之"灵""蠢"实则为"一",讲"理""气"合一。而蕺山言"心",一方面直指其被遮蔽的"气"之本质,即揭其杂染之质。蕺山驳《天泉证道记》云:"阳明言'无善无恶心之体'原与性无善无不善之意不同。性以理言,理无不善,安得云无善? 心以气言,气之动有善有不善,而当其藏体于寂之时,独知湛然而已,亦安得谓之有善有恶乎?"①另一方面则亦是相函着讲"心"无大小之决然判界,同时不言"心"为"气"之"灵",而说其为"效灵之官",即强调其主宰义、意志义。此方是人与物、人与人之能别所在。该前提下,刘宗周哲学建构中的"心"实际非道德本心之"心",而是意志之"心"。而居于"心"之上的,乃是"意"。此"意"既是"觉"之主,又是超越知觉、明觉的,具有更高优越性的概念。更明确地讲,蕺山论"意"近似于道家所讲有无相生之"有"所具备之"徼向性",此一"徼向性"发动之初,非直指善、恶,而是趋于人心之自然趋向——"好善恶恶"。具体如蕺山云:

> 一气之变,杂然流行。类万物而观,人亦物也,而灵者不得不灵。灵无以异于蠢也,故灵含蠢,蠢亦含灵。类万物而观,心亦体也,而大者不得不大。大无以分于小也,故大统小,小亦统大。②
>
> 人身,游气耳。而心为效灵之官,以其静而能治也。③
>
> 人心,径寸耳,而空中四达,有太虚之象。虚故生灵,灵生觉,觉有主,是曰意。此天命之体,而性道教所从出也。④
>
> 良知一点,本自炯炯,而乘于物感,不能不恣为情识;合于义理,不得不胶为意见。情识意见纷纷用事,而良知隐覆于其中,如皎日之下有重云然,然其为良知自若也。⑤
>
> 意者,心之所存,非所发也……意为心之所存,则至静者莫如意……意无所为善恶,但好善恶恶而已。好恶者,此心最初之机,惟微之体也……有善有恶者心之动,好善恶恶者意之静,知善知恶者是良

---

① 《刘宗周年谱》"崇祯十一年"条,《刘宗周全集》第9册,第397页。
② (明)刘宗周:《学言中》,《刘宗周全集》第3册,第368页。
③ (明)刘宗周:《学言上》,《刘宗周全集》第3册,第363页。
④ (明)刘宗周:《学言中》,《刘宗周全集》第3册,第368页。
⑤ (明)刘宗周:《学言上》,《刘宗周全集》第3册,第363页。

知,为善去恶者是物则。①

蕺山以上对"气""身""心""良知"及"意"的阐发较为明显地解缚了"心"与"气"的必然关联。具体而言,蕺山论"气",讲其"杂然流行",讲人身亦是"游气",皆是从宇宙生成论上来说"气";讲"心",道它"径寸",但"空中四达",则是兼顾其生物学与精神意识两个层面而论;讲"良知",认为"良知""本自炯炯,而乘于物感",又揭其本具流于"情识"之可能;讲"意",道其"为心之所存"而"至静","但好善恶恶而已",则是直将"意"诠释为超越"心"、超越"良知"的更根本、更优越的概念。如此种种,"心为气之灵"在刘宗周哲学体系中,其关键地位及必要性或已出现松动,不再是蕺山论"意"哲学的理论基点。

事实上,就蕺山上述扭转"心""气"关系之论的表现而言,宋明道学或至此其问题意识已然转向。蕺山之后的"气"论也因此不再是完全心性论意义上的"气"论。对此,丁耘教授曾就该议题提出了较具突破性的创解。据他讲到:

  晚明气论是从心学转出的气论,既是比阳明学更彻底的心学,也是比横渠学更彻底的气论。②
  明末唯气论是从心性论中转出的气论,其形态与素朴宇宙论意义上的气论有深刻差别……晚明气论的殊胜之处恰恰是用"实体"(船山本人用语)扬弃了心性。③
  "知言养气"章的要点不是孤立的心志,而是"以志帅气",是心与气的统一。这个统一体从心方面说是趋向道义的志,从气方面说就是至大至刚的浩然之气。此章精髓是在工夫论上讲心气统一、心理统一。阳明对此章也很重视,但只看到心与"事"的统一。船山抓住了精髓,以此既接续心学,也转进了气论。④

丁耘以上所说更是直指晚明清初大儒王船山在蕺山之后,更为彻底地接续心学,转进了气论。而此气论已非宋明道学意义上与"心"之诠释紧密勾连的"气"论,却是落实在人之实体,以及人面临之实事之建树意义上的

---

① (明)刘宗周:《学言上》,《刘宗周全集》第3册,第352页。
② 丁耘:《心物问题与气论》,《中国社会科学》2022年第6期,第89页。
③ 丁耘:《心物问题与气论》,《中国社会科学》2022年第6期,第90页。
④ 丁耘:《心物问题与气论》,《中国社会科学》2022年第6期,第94页。

"气"论。该气论之下,个体之"心"沦为意志之心,而非玄远、灵妙、虚无之本体之心。据此,主体建设便扎扎实实落定在对世间事务的经营中所获得的磨炼、提升的具体进程中。

顺此思路,我们可以继续追问宋明儒之后,清代新"道"学代表人士——戴震,如何处理"心""气"之间关系。就戴震的新"道"学一说,吴根友教授在《戴震、乾嘉学术与中国文化》及《中国哲学通史·清代卷》中皆有相关论述。其曾引"天地之道,动静也,清浊也,气形也,明幽也,外内上下尊卑之纪也,明者施而幽者化也。地在天中,德承天,是以配天。凡天之文,地之义,人之纪,分则得其专,合则得其和。分也者,道之条理也;合也者,道之统会也"①一段,申明:"这一道分为条理,合则为道的思想又有不同于程朱理学之处。程朱理学有时将道、理互用,多数情况下讲他们自己所创立的'理',而不讲'道之分为条理'观点。"②又揭出:"在戴震的思想中无论是'天道'还是'人道',都不是虚构的思维实体,而是有其具体感性内容的'实体实事',故'立天之道,曰阴与阳,立地之道,曰柔与刚'。阴阳、刚柔是天道之实,而'人伦日用'则是人道的'实事','率性之谓道''修道之谓教''天下之达道五'都是人道'实事'的具体表现。"③按吴根友教授上述揭示,乾嘉学者以戴震为代表,儒家"道学"已形成较为成熟的新内容,即靠落在"实体实事"层面的经世之道、实证之道的新展开。该阶段,儒者如何解释"心""气"关联呢?戴震云:

> 心为形君,耳目百体者气融而灵,心者气通而神。④
> 心则形气之主也,属之材者也,恻隐羞恶恭敬辞让之由于德性而生于心亦然。⑤
> 凡食味别声被色而生者皆有心,心者,耳目百体之灵之所会归也。⑥
> 凡血气之属,皆有精爽。其心之精爽,巨细不同,如火光之照物,光小者,其照也近……惟学可以增益其不足而进于智……故理义非他,所照所察者之不谬也。何以不谬?心之神明也。人之异于禽兽者,虽同有精爽,而人能近于神明也。⑦

---

① (清)戴震:《法象论》,《戴震全书》第6册,第464页。
② 吴根友:《中国哲学通史·清代卷》,第317页。
③ 吴根友:《中国哲学通史·清代卷》,第318页。
④ (清)戴震:《孟子私淑录》,《戴震全书》第6册,第68页。
⑤ (清)戴震:《绪言》,《戴震全书》第6册,第112页。
⑥ (清)戴震:《绪言》,《戴震全书》第6册,第119页。
⑦ (清)戴震:《孟子字义疏证》,《戴震全书》第6册,第154页。

戴震讲出"心为形君""心则形气之主"即已较为显明地从"血气"上讲"心",此便推翻了阳明心学向来申明的,此心"非今一团血肉之具"之说;至于其讲"心者,耳目百体之灵之所会归",则是在血气的基础上讲"心知"之用;再至其论"血气之属,皆有精爽"、"人之异于禽兽者,虽同有精爽,而人能近于神明",又是在"心知"的前提下揭出人之卓越之先天条件——"其心之精爽,巨细不同",及后天路径——"惟学可以增益其不足而进于智"。依据戴震诠释之思路,个体主体的关切首先是血气构成之"心"的完善,其次是感官构成、促发的"心知"的能用,再次乃为得于先天精爽,成于后天精进的个体卓越性的追求。至此,"心""气"概念及二者关系的界定在明清的诠释转向牵动儒学主体关切从道德实践完全转向现实感性人生的保全、完善与提升。

## 第三节　晚明清初道德性命论的衰颓与个体"人"格的挺立

依据前述章节分析,"心"学视域的儒学主体性思维的考察大致可以推知明清儒学转型进程之"主""客"二分思路形成之因素与影响,但是这一工作仍不足以揭示明清儒学转型之整全面貌。正如清儒在批评心学之时实际并非仅仅指向谈"心"之儒者,而我们在探讨明清儒学转型的议题也并非仅仅就明、清两季的儒学建构展开比较研究,乃是试图对宋明心性哲学之整体向清学过渡之情势开展探讨。这在某种意义上即要求我们需要紧扣宋明儒学核心义予以考察。那么宋明儒学的核心义为何?按王安石以"道德性命学"界定道学之内涵,那么以性命论切入晚明清初儒学主体性思维转型研究不仅是合适的,并且也是必要的。同时,我们留意到,牟先生在论及中国哲学特色以及宋明道德哲学主体性建构过程中多番提及"性命论"议题。当代学者中围绕"性命论"也有多番深入讨论,如下文中笔者将详细介绍的,杨国荣、丁四新、吴飞等都曾针对此论展开不同层面、不同路径的关注、研究和诠释。正是这些诠释引导学界持续发掘性命论研究之重大价值。而在对这些价值的发掘过程中,又有学者留意到不同时期的儒学性命论其问题意识和诠释思路是不同的。在此意义上,对该议题的深掘即可作为考察儒学演化、转型的重要视角。如有学者道:"性、命问题发轫于春秋时期,为先秦各家所普遍关注,之后逐渐发展成为中国哲学,尤其是儒家哲学的基础性论题。在不同的历史时期,此一问题亦展现为不同的理论形态,如汉代气化宇宙论背景下的性命观与宋明理学视野下的性命观表现出很大的差异。"①按此说，则考据学兴盛情形下的清代儒学性命论又与宋明诸说自有不同。据此，性命论内涵、特色的演变某种意义上也揭示了儒学于各阶段的发展、转向。而据对晚明思想的掌握，我们发现，有关该时段的儒学转型的研究，"性命论"是一个极佳的观察视角。实际上，"究天人之际"与"明性命之辨"自始即是中国哲学的核心关注，前者将中国文化从天命崇拜经礼教会归于理性思考，后者则将该理性思考引向人本身，成为对个体生命的本有基础与可能限度的深沉之思。由此，性命论脉动于古代思想史，成为儒、释、道等派别的共同思想主题，将中国哲学全面引向注重生命实践的主体性哲学，故为当代学者如吴飞教授揭为"中国哲学的基本传统"②。就儒学而言，性命论在宋明理学那里得到其最成熟、最精巧的一种建构，以至于"道德性命之学"几乎成为宋明理学的别称。然追本溯源地讲，"道德性命之学"在宋代起码应有两种形态，即二程理学模式的，及王安石"新学"（"心"学）模式的。此两种模式的性命论诠释，或者直言是两种模式的"道德性命学"之间的冲突、争端在义理之学达致高峰期的有明一代或有所回落，但是到了晚明清初，受佛道性命论争端的挑战和影响，儒家，尤其是程朱学者重新证实"新学"模式的"道德性命"之诠释的诸多弊端，而有关"性命"议题的探讨、争论在此期间出现了重要转折和突破。简言之，在当时多派争鸣、交融的复杂背景下，儒学内部以性命论为主线的"正统""异端"之争，及由此展开的对于宋明理学"道德性命学"的修正、重诠、重构，成为明清儒学转型重要的促动源泉，带动儒学产生了许多颇为值得关注的变化。展开来讲，众所周知的一则事实是，晚明以降，持续至清中期的儒学界曾就性命论、道德性命学展开过广泛讨论。就"性命论"议题展开，涉及三教融合与分流的争辩；就道德性命学的展开而言，涉及儒学经典诠释的新趋向，即儒学义理内部的分裂与重构。当然，若要系统地厘清具体变化的内容、趋势，厘清晚明清初儒学性命论所牵动的儒学主体性思维之变、整体学术重心之变，便要详尽揭明"性命论"概念所指、问题意识、探讨内容，及其在明清阶段发展、演变的基本脉络。

## 一、"理""气""心"的复杂交织：中晚明"性命论"纷争的集中爆发

进入有明一代，儒学性命论发展、演化之背景大致有二：其一，延续宋

---

① 廖晓炜：《孔孟性命观的现代诠释：以牟宗三、劳思光为中心》，郑宗义编：《中国哲学研究之新方向》，《新亚学术集刊》第20期，香港：香港中文大学新亚书院，2014年，第543页。
② 吴飞：《性命论刍议》，《哲学动态》2020年第12期，第36页。

代道学衍化而出的程朱、王安石两种道德性命学争端；其二，明朝整期，最高统治者出于政治需要，对心性哲学之全体的提倡和包容，尤其是对佛、道心性思想的提倡，促发二氏性命论思想同步进入儒学观念和哲学的阐发之中。正如《中国佛教通史》所载："在中国传统治道文化的语脉下，治道的核心本质无疑在于治心与修性并进。太祖深明其中的玄机所在，故而倡导'三教统合'"①在此背景下，明代儒学性命论较以往而言更为复杂、更为多元，其基本形态便是充斥了理学诸概念之交织状态，与之相应的，诸类型、诸范式的性命论纷争四起。这一纷争四起之情态更严格来说，乃是自心学、"气"论等儒学派别基本进入成熟期、高峰期的中晚明时段方得呈现。

就明中期来说，王阳明、罗钦顺、王廷相等作为当时于思想家影响巨大的心学家、理学家、"气"学家，三人性命论主张尤为值得关注。其中，王阳明作为中晚明心学引领者，其论"性命"，主尊"合一"之旨。如阳明云："性一而已：自其形体也谓之天，主宰也谓之帝，流行也谓之命，赋于人也谓之性，主于身也谓之心……人只要在性上用功，看得一性字分明，即万理灿然。"②此处，阳明虽以言"性"为主，但其顺带讲出"流行也谓之命"，便将"命"作为"性"之属性，一别称，在此意义上，"性""命"合一，亦统一。而罗钦顺作为明中期理学家，其论"性命"则呈现较为显明的程朱理学特色，其特出之处却在对"气"之宇宙创生论的兼顾。罗氏云：

"天命之谓性"，自其受气之初言也；"率性之谓道"，自其成形之后言之。③

盖夫妇居室，乃生生化化之源。天命之性于是乎成，率性之道于是乎出。天下之至显者，实根于至微也。圣贤所言，无非实事。释氏既断其根，化生之源绝矣，犹诡诡然自以为见性，性果何物也哉！④

命之理，一而已矣。举阴阳二字，便是分殊，推之至为万象。性之理，一而已矣。举仁义二字，便是分殊，推之至为万事。万象虽众，即一象而命之全体存焉。万事虽多，即一事而性之全体存焉。⑤

《易》之为书，有辞，有变，有象，有占。变与象皆出于自然，其理即所谓性命之理也……夫变之极，其象斯定；象既定，而变复生。二者相

---

① 赖永海主编：《中国佛教通史》第12卷，第8页。
② （明）王守仁：《传习录》，《王阳明全集》，第18页。
③ （明）罗钦顺：《困知记》，第11页。
④ （明）罗钦顺：《困知记》，第15页。
⑤ （明）罗钦顺：《困知记》，第30页。

为循环无有穷已。①

盈天地之间者惟万物,人固万物中一物尔。"乾道变化,各正性命",人犹物也,我犹人也,其理容有二哉? 然形质既具,则其分不能不殊。分殊,故各其身;理一,故皆备于我。②

物格知至,则性命无不了然,更无渐次。③

由上可见,分而言之,罗钦顺对"性"的理解大致有两方面主张,其云"天命之谓性"是将"性"之属性归于"命"之限定;其云"自其受气之初言也","性之理,一而已矣。举仁义二字,便是分殊,推之至为万事",是将"性"全然作道德理性界定。对"命",罗钦顺尤为强调的是其"天"字之超越义和主宰义,其云"举阴阳二字,便是分殊,推之至为万象",则是将"命"之限定义追溯至"气"之宇宙创生论,故而各有不同,由此,"各正性命"成为"全性"的必要路数,而"慎独""中节"成为儒者实践的必要工夫。故其云:"盖君子之道,乃中节之和,天下之达道也,必从事于修道之教,然后君子之道可得,而性以全。戒惧慎独,所以修道也。"④云:"天人一理,而其分不同。'人生而静',此理固在于人,分则属乎天也;'感物而动',此理固出乎天,分则属乎人矣。君子必慎其独,其以此夫!"⑤据此可见,罗钦顺和晚明刘宗周一样侧重"中节"和"慎独",故承继程明道"天道性命通而为一"路径的并非如牟宗三先生所说,刘宗周远绍宋时胡宏,而是经过了罗钦顺。二者皆强调"气"论,强调"性命之学",强调"理(性)一分殊"。对阳明心学,罗氏有深厚的江右朱子学背景,直接批判之;蕺山有湛甘泉一脉的学术背景,对阳明学有修正之功。应该说,罗钦顺性命思想与程朱主张大致无差,其中缘由便在本体论观念上,罗氏原本即坚持"理一分殊",主张"心""性"二分。如其云:"盖人物之生,受气之初,其理惟一;成形之后,其分则殊。其分之殊,莫非自然之理;其理之一,常在分殊之中。此所以为性命之妙也。"⑥又云,"夫心者,人之神明;性者,人之生理。理之所在谓之心,心之所有谓之性,不可混而为一也。"⑦上述二例无不呈现较为显明的程朱学理念。然罗钦顺与程朱的不同则在宇宙论思想层面。该方面,罗氏主张"气本论"。其云:"盖通

---

① (明) 罗钦顺:《困知记》,第32页。
② (明) 罗钦顺:《困知记》,第3页。
③ (明) 罗钦顺:《困知记》,第18页。
④ (明) 罗钦顺:《困知记》,第12页。
⑤ (明) 罗钦顺:《困知记》,第11页。
⑥ (明) 罗钦顺:《困知记》,第9页。
⑦ (明) 罗钦顺:《困知记》,第1页。

天地,亘古今,无非一气而已。气本一也,而一动一静,一往一来,一合一闭,一升一降,循环而已。"①某种意义上可以说,正因对"理一分殊"的坚持,对"心""性"二分的坚持,及对"气"的侧重,在罗钦顺意识中,成就性命之学极大程度上需遵循"物格知至"的渐修之路,而非夹杂禅宗"见性"思想的顿修之途。此即罗钦顺批驳释氏,批驳阳明学之理据所在。

明中期儒者中,王廷相较为突出的思想主张体现在"气"论方面,而其性命论观点较为典型地呈现了非孟子学模式的儒学建构。众所周知,宋明理学乃是孟学传统达致高峰的产物,于此期间,"合一"之旨被过分强调,在"天人合一"的前提下,"理气合一""知行合一"乃至"性命合一"皆成为必然性的结论。此间与之对冲的思想也在这一高峰阶段应运而生,即以荀子学路径为核心的王廷相天人相分观念的提出。而他提出的契入点正建立在"气"本论基础上的,对性命问题的解释上。

> 元气即道体。有虚即有气,有气即有道。气有变化,是道有变化。气即道,道即气,不得以离合论者。②
>
> 天地之间,一气生生,而常而变,万有不齐,故气一则理一,气万则理万。世儒专言理一而遗万,偏矣。天有天之理,地有地之理,人有人之理,物有物之理……统而言之,皆气之化,大德敦厚,本始一源也;分而言之,气有百昌,小德川流,各正性命也。若曰天乃天,吾心亦天,神乃神,吾心亦神,以之取喻可矣。即以人为天,为神,则小大非伦,灵明各异,征诸实理,恐终不相类矣。③

据此,王廷相讲"气即道",讲"气一则理一,气万则理万",申明的便是"气"本论的思想主张,且相较罗钦顺,王廷相已然将作为宇宙创生观念的"气"本论转换为本体论层面的"气"本论,甚至有以"气"作为"理"之前提的趋向。于此趋向下,"分殊"之"理"的存在,及"各正性命"的必要性皆因"气有百昌"即"气万"具备充分合理性。而"性"之善恶也因"气"之流变具有非先验义、非恒定义。故王廷相于孟子学首有特出之处便在人性论层面。其云:

> 气不可为天地之中,人可为天地之中,以人受二气之冲和也,与万

---

① (明)罗钦顺:《困知记》,第5—6页。
② (明)王廷相:《雅述》,《王廷相集》第3册,北京:中华书局,2009年,第848页。
③ (明)王廷相:《雅述》,《王廷相集》第3册,第848页。

物殊矣。性不可为人之中，善可为人之中，气有偏驳，而善则性之中和者也。①

或问："人心静未感物之时可以验性善，然乎？"曰："否。大舜、孔子吾能保其善矣，盗跖、阳虎吾未敢以为然。何也？发于外者，皆氐乎中者也。此物何从而来哉？又假孰为之乎？谓跖也、虎也心静而能善，则动而为恶，又何变之遽？夫静也，但恶之象未形尔，恶之根乎中者自若也，感即恶矣。诸儒以静而验性善者，类以圣贤成性体之也。以己而不以众，非通议矣。"②

上例中，王廷相虽亦云"性善"，但他讲出的"性善"乃是"致中和"之后的臻善之境，而非性本善之义。事实上，参照第二则引文，王廷相对宋明理学向来尊崇的孟子性善说不仅不支持，更有批驳。所谓"人心静未感物之时可以验性善，然乎"，问的正是未发之时，能否体证性善之先验义。王廷相不仅给予否认，并且指出了静坐、归寂工夫的个体属性。其云"大舜、孔子吾能保其善矣，盗跖、阳虎吾未敢以为然"，云"诸儒以静而验性善者，类以圣贤成性体之也。以己而不以众，非通议也"，实则皆在指出"性善"说的不可共证、不可明见诸弊端。此便是以"成性"思路之"性"经验义否定"复性"思路之"性"之先验。人性论层面之外，王廷相对"性"的诠释还包含另外三方面内容：其一，坚持"古人论性类出于气"主张；其二，否认程朱"性即理"思想；其三，天、人之性各有区别，天之性为"仁"，人之性在于"成"。王廷相曾云：

程子以性为理，余思之累年，不相契入，故尝以《大易》"穷理尽性"以证其性理不可以为一，《孝经》"毁不灭性"以见古人论性类出于气，固不敢以己私意，自别于先儒矣。尝试拟议，言性不得离气，言善恶不得离道，故曰"性与道合则为善，性与道乖则为恶，性出乎气而主乎气，道出于性而约乎性"，此余自以为的然之理也。③

人之生也，性禀不齐，圣人取其性之善者以立教，而后善恶准焉。故循其教而行者，皆天性之至善也。极精一执中之功则成矣，成则无适而非善也，故曰"成性存存，道义之门"。④

---

① （明）王廷相：《慎言》，《王廷相集》第3册，第768页。
② （明）王廷相：《慎言》，《王廷相集》第3册，第767页。
③ （明）王廷相：《答薛君采论性书》，《王廷相集》第2册，第518页。
④ （明）王廷相：《慎言》，《王廷相集》第3册，第765页。

> 性者缘乎生者也,道者缘乎性者也,教者缘乎道者也……夫性之善者,固不俟乎教而治矣;其性之恶者,方其未有教也,各任其情以为爱憎,由之相戕相贼胥此以出,世道恶乎治!①

王廷相的上述阐发极为显明地呈现了"成性"思想,尤其是他讲到"夫性之善者,固不俟乎教而治矣;其性之恶者,方其未有教也,各任其情以为爱憎",虽有持性之善恶兼具的理念,然究其本质,更凸显荀子"化性成伪"主张及其礼教观念。

综上分析,王廷相对"性"的理解、界定和诠释不仅越出孟子学传统,倾向荀子学路数,实际在破孟尊荀学说的同时,其对于人性论、性命论同步持有较为系统的反思和重构。具体来说,王廷相"反思"和"重构"的路径大致是由重申孔子"性相近"之说为始,继而推进至重诠孟子性命论,然后才是上文提及的尊荀之归宿。换言之,王廷相破孟尊荀步骤中的重要一步乃是将儒家论"性"溯至孔子,以之为准的前提下,重塑道学。如其云:

> 性之本然,吾从大舜焉,"人心惟危,道心惟微"而已;并其才而言之,吾从仲尼焉,"性相近也,习相远也"而已。恻隐之心,怵惕于情之可怛,羞恶之心,泚颡于事之可愧,孟子良心之端也,即舜之道心也。"口之于味,耳之于声,目之于色,鼻之于臭,四肢之于安逸",孟子天性之欲也,即舜之人心也。②

> 目之于色,耳之于声,鼻之于臭,口之于味,四肢之于安逸,孟子不谓之性,以其气故也;刚善柔善,周子必欲中焉而止,以其过故也。③

王廷相上述诠释中,孔子人性论、孟子性命论部分主张始终贯穿其中。其核心主张则是以孔子"性相近"之说为主旨,以"气"论为本,故以道心、人心之辩证关系解释孟子性命论。然较为特别的是,此二处明显是在论孟子性命说,但只见论"性",而不见论"命",如此为何?或于王廷相看来,"知性"乃最关键之通途,故其有云:"人之性,纯而已;天之道,诚而已。'维天之命,於穆不已,於乎不显,文王之德之纯',此天人合一之道,故曰'知性斯知天'。"④据此,王廷相尤重"性"之分析、解读,然更重"知性"之道,在此意

---

① (明)王廷相:《慎言》,《王廷相集》第3册,第765页。
② (明)王廷相:《慎言》,《王廷相集》第3册,第766页。
③ (明)王廷相:《慎言》,《王廷相集》第3册,第768页。
④ (明)王廷相:《慎言》,《王廷相集》第3册,第769页。

义上,王廷相此处所讲"天人合一"乃是"知性"之后的境界,却非先验意义即承认天人合一、圣凡同途。更准确地说,正因"气"有流变,"性"之有差,"天""人"、"圣""凡"各有区别,王廷相对"命"之主宰义甚是侧重。其云:

> 天者,言乎其冒物也。帝者,言乎其宰化也。神者,言乎化机之不可测也。性者,言乎其生之主也,精气合而灵,不可离而二之者也。命者,言乎其赋之非由我者也,造化神而章物,莫之为而顺者也。天道者,言乎运化之自然,四时行,百物生,乾乾而不息者也。圣人者,言乎人道之至也,穷理尽性至命,以合天之神者也。①
>
> 今曰"天命之谓性,有善而无恶",不知命在何所?若不离乎气质之中,安得言有善而无恶……谓之天命者,本诸气所从出言之也,非人能之也,故曰天也。命德讨罪,圣人命之讨之也,以天言者,示其理之当命当讨,出于至公,非一己之私也,乃天亦何尝谆谆命之乎?②
>
> 人心之灵,贯彻上下,其微妙也,通极于鬼神,其广远也,周匝于六合。一有所不知,不足谓之尽性。命则天道发育万物者,人不得而与焉;然其情状变化,不能逃吾所感之通,故圣人"穷理尽性以至于命"。③

参照引文,所谓"命者,言乎其赋之非由我者也"强调的正是"命"之主宰、限定义,而这一主宰、限定义结合"天命之性,则有善而无恶",又"以天言者,示其理之当命当讨,出于至公"二说,则更大程度上揭示的乃是道德之主宰和限定义。据此,王廷相实际是将道德之先验载体诉诸于"命",而非于"性",非于"心",在此前提下,能够讲出"性善"的只能是"天之性",而"尽性知命"最终也落在了道德实践上。

正因出于对"气"之宇宙论、本体论的双向确认,王廷相不仅同样完成了对"尽性知命"的道德诠释,并且兼顾了"性命"之世俗义的解读。其云:

> 存乎体者,气之机也,故息不已焉;存乎气者,神之用也,故性有灵焉。体坏则机息,机息则气灭,气灭则神返。神也返矣,于性何有焉!④
>
> 气附于形而称有,故阳以阴为体;形资于气而称生,故阴以阳为宗。性者,阴阳之神理,生于形气而妙乎形气者也。观夫心志好恶,魂魄起

---

① (明)王廷相:《慎言》,《王廷相集》第3册,第767页。
② (明)王廷相:《答薛君采论性书》,《王廷相集》第2册,第519页。
③ (明)王廷相:《慎言》,《王廷相集》第3册,第763页。
④ (明)王廷相:《慎言》,《王廷相集》第3册,第766页。

灭,精矣。相待而神,是故两在则三有,一亡则三灭。①

依据引文,王廷相从"气"本论出发,直言"体坏则机息,机息则气灭,气灭则神返",便是揭示了世人现实性命的局限性,又言"相待而神,是故两在则三有,一亡则三灭",是将"气""形""性"作为人之个体生命的三要素,而其所谓"相待而神",更是兼顾人身、人格讲个体生存。按此,王廷相乃是明中期思想家中较具唯物观念之人。

综上分析,前述三位明中期思想家可以说较为突出且显明地代表了心学、理学、气学的性命论阐发思路,这一较为明朗的情势发展至晚明则发生极大变化。这些变化包括,从境界论出发,将"性命"思想的诠释与"自然"观念相融合;贯通三教,融入二氏"性""命"双修理念,由此引发儒学内部"正统""异端"之争。就第一方面说,阳明后学中有季本论云:"命,自然者也,命曰天命,则天为命主矣。道,自然者也,道曰率性,则性为道主矣。"②又云:"自然者,流行之势也,流行之势属于气者也。"③此便是以"率性自然"讲"尽性至命"。又有王龙溪"性命论"主张,更是将"良知"诠释与"性""命"关系作了极高程度的结合阐发。龙溪云:

> 性与命,本来是一。孟子论性,盖本于《系辞》"继善成性"之说。"继之者善",是天命流行;"成之者性",人生而静以上不容说,才有性之可名,即已属在气,非性之本然矣。性是心之生理,性善之端,须从发上始见。恻隐、羞恶之心,即是气,无气则亦无性之可名矣……"甘食悦色",人之所欲,是性,然却有个自然天则在。若一向任了欲去,不成世界,立命正所以尽性,故曰"有命焉"。论性而不及命,君子不谓之性也。仁于父子,天合自然,是命。然父子天性所当亲,若一向诿于自然,也不成世界。尽性正所以至命,故曰有性焉。论命而不及性,君子不谓之命也……一则推夫天理之自然,一则本诸自然之生理,使人从重处用力,以归于合一之宗。此是孟子立法最善形容处,非性待命补,命待性救,故欲分而二之也。④

> 良知即是主宰,即是流行,良知原是性命合一之宗。故致知功夫只有一处用。若说要出头运化,要不落念、不成念,如此分疏,即是二用,

---

① (明)王廷相:《慎言》,《王廷相集》第3册,第767页。
② (清)黄宗羲:《明儒学案》,第273页。
③ (清)黄宗羲:《明儒学案》,第273页。
④ (明)王畿:《性命合一说》,《王畿集》卷八,第187—188页。

二即是支离，只成意象纷纷，到底不能归一，到底未有脱手之期。①

龙溪讲"性与命本来是一"，讲"立命正所以尽性，故曰'有命焉'"，"尽性正所以至命，故曰'有性焉'"，是辩证地申明"性命合一"之宗旨。同时按其道"人之所欲，是性，然却有个自然天则在"，"然父子天性所当亲，若一向诿于自然，也不成世界"，实际是欲以"天理自然"与"生理自然"的和合来讲"天命"与"人性"的"合一"。至其后所云"良知即是主宰，即是流行，良知原是性命合一之宗"，更是申明良知作为"天理"具有自然流行义，正如天则原有率性自然义。换言之，龙溪此处又以自然流行言"性"，以天则主宰言"命"，如此，"性"与"命"的"合一"正象征了良知其自然义与主宰义合一、同在，同时也隐喻了良知本具活泼与严肃双重特性。

就第二方面来说，关涉内容较为复杂。首先，晚明人士，尤其是与阳明心学渊源深重的心学人士其论"性命"多杂糅佛道诸说。较为典型的，比如李贽之论：

> 世间人有家小、田宅、禄位、名寿、子孙、牛马、猪羊、鸡犬等，性命非一，自宜十分稳当。②
> 
> 夫以率性之真，推而扩之，与天下为公，乃谓之道……夫天生一人，自有一人之用，不待取给于孔子而后足也。若必待取足于孔子，则千古以前无孔子。③
> 
> 佛说三身，一时具足，如大慧引儒书云："'天命之谓性'，清净法身也。'率性之谓道'，圆满报身也。'修道之谓教'，千百亿化身也。"最答得三身之义明白。然果能知三身即一身，则知三世即一时，我与佛说总无二矣。④

李贽上述有关"性命"的论说，大致呈现了三方面内容：其一，由现实情境出发，直揭"性命非一"；其二，由"才"之不同，揭出性命具有个体化因素；其三，以佛法三身讲儒学"天性""人性"之辩证关系。就前两方面来说，以往儒者从"气"论考虑，也曾表述过相近主张，就后一方面而言，李贽对儒学性命论的诠释显然渗透了其对于佛学较为深度的理解和吸收。李贽如此，

---

① （明）王畿：《与狮泉刘子问答》，《王畿集》卷四，第81页。
② （明）李贽：《焚书》卷二，北京：中华书局，第65页。
③ （明）李贽：《焚书》卷一，第16页。
④ （明）李贽：《焚书》卷四，第173页。

晚明心学人士如罗汝芳及其门人、弟子更是如此。然如前文所述,这一向佛、杂佛的性命之学极大程度上是不能为程朱理学接受的。也因如此,于儒学内部,一场围绕"性命论"议题的"正统""异端"之争全面拉开。在这场争端中,自立于"正统"位置的有三派人士:甘泉学派,以许孚远为典型;东林学派,以顾宪成为典型;蕺山学派,以刘宗周为典型。三派人士有两方面共性,即多对阳明心学有批判或修正意识,又多与程朱理学思想、理学人士有深刻因缘。

首先来看许孚远。晚明儒学界,许孚远与近溪学脉罗汝芳、杨起元之间有较多纷争,这些纷争从学界蔓延至政界,在当时引发了诸多关注,也产生了重大影响。如按一种说法认为,"孚远之学虽出于唐枢,然史称其笃信良知,而恶夫援良知以入佛者,故与罗汝芳、杨起元、周汝登断断相争……最为笃实冯从吾、刘宗周、丁元荐"①。总体可见,许孚远向对罗近溪、王龙溪后学颇有微词。一直以来,研究者多聚焦许、罗之间有关"克己"的诠释差异,聚焦许氏对罗氏近佛、杂禅的批驳等等,较少关注许、罗在"性命之学"的理解和建构上的诸多差异,而据笔者考察,实际正是这一差异某种程度上决定了二者在个别性的理念必然持有不同意见。许孚远曾就"性""命"议题作如下阐发:

> 夫觉也者,人之性也。《书》不云乎?惟人万物之灵。斯灵也,乃所以为觉也,人之生也,目视而耳听,手持而足行。口之于味,鼻之于臭……人之灵觉之性,盖无所不贯也。匪独吾之一身焉而已,其联之而为君臣、父子、昆弟、夫妇、朋友之伦,其散之而为天地万物,古今事变之赜……则觉性之在斯人,其周遍如此也。其慈爱为仁,其裁制为义,其恭敬为礼,其鉴别为智,其诚实为信……流水不能不浑于泥沙,而觉性不能不蔽于气质。当其蔽也,则觉性为迷,然而觉者未尝不存也。故学者贵于觉之而已矣……于是焉,向道而行,循性而动。②

> 其有聪明自用,长傲遂非,以恣情徇欲为当然,而以礼义忠信为不足法者,此觉之反者也。孟子所谓自暴自弃之徒也。其又有祖述性命之谈,侈然将以教诏于天下,而忘其所为自检之道,掩非匿垢,以欺己而欺人者焉。其又有惑于异端之教,肆为窅冥恍惚之谈,以鼓动于斯室而忘其所为天理民彝之正,叛弃圣贤而不顾者焉,斯二者皆觉之贼也……

---

① (明)许孚远:《敬和堂集》,第548页。
② (明)许孚远:《觉觉堂说》,《敬和堂集》,第537页。

天下之理名同而实异，学者求其实，而不徇其名焉可也，然必有取于觉。觉者何也？悼流俗之沉迷，而吾欲觉之，而使觉亦窃附于孟氏之旨者也。①

天命之谓性，原不杂于气质，亦不离乎气质……性不离乎气质，而气质不可以为性，非另有一个气质之性异于天地之性者也。若孟子性也有命焉，命也有性焉之说……究而言之，命无二，性亦无二，但人于声色臭味之欲恒谓之性，生而于君臣父子所处难易顺逆之间，多诿之大命。②

《觉觉堂说》一文中，许孚远指出的"聪明自用，长傲遂非，以恣情徇欲为当然"者，以及"祖述性命之谈，侈然将以教诏于天下，而忘其所为自检之道"者，乃至"惑于异端之教，肆为窅冥恍惚之谈"者，皆指向罗汝芳及其后学众人。而其《答朱用韬》一文则揭明许氏自身乃是坚守孟子学性命论路径，更明确地讲，乃是坚守朱子性命论传统。换言之，许孚远对罗汝芳"性命之学"的批判，实际是立足孔孟、程朱性命论主张反驳一种杂染佛道二氏之学的性命之理。

其次来看顾宪成论"性命"。《小心斋劄记》载曰：

茂才周伯钦问天命之谓性一章，先生道曰：这一章书吃紧处只在"天命"二字……试看《中庸》一书，始之以天，终之以天，中言知天，言配天，言如天，言其天，不一而足，岂不深切著明！③

问天命"命"字如何看？先生曰："命"字有以主宰言者，有以流行言者。以主宰言，这命便是命脉之命，以流行言，这命便是命令之命。④

问此"命"字宜何从？先生曰：这是就流行处指出主宰。说《中庸》原自有个注脚"维天之命，於穆不已"，盖曰天之所以为天也。天之所以为天，即人之所以为人也。更无二物。⑤

离下学而上达，则认天命在耳目心思之外，即下学而上达，则认天命在耳目心思之内。认天命在耳目心思之外，则求之愈远而愈超特，亦

---

① （明）许孚远：《觉觉堂说》，《敬和堂集》，第538页。
② （明）许孚远：《答朱用韬》，《敬和堂集》，第544—546页。
③ （明）顾宪成：《虞山商语》，《泾皋藏稿等四种·顾端文公小心斋劄记》，王立人主编：《无锡文库》第四辑，南京：凤凰出版社，2012年，第342页。
④ （明）顾宪成：《虞山商语》，《泾皋藏稿等四种·顾端文公小心斋劄记》，第343页。
⑤ （明）顾宪成：《虞山商语》，《泾皋藏稿等四种·顾端文公小心斋劄记》，第343页。

以其超特也,反得以施其播弄;认天命在耳目心思之内,则求之愈近而愈平常,亦以其平常也,更无所容其矫饰。论至此,安知深之不为浅,浅之不为深也。是故必六十,才够到耳顺,甚言即形即天命之难也。必七十,才够到从心,甚言即心即天命之难也。可见吾夫子下学而上达,及其上达依旧在下学里磨砻锻炼,所以修则真修,悟则真悟,证则真证,而为中庸之至也。①

参照顾宪成上述阐发,大体上,顾氏更为强调"命"之"天"字义,即其主宰义。故其虽分"命"字义为"命脉之命"与"命令之命",实际皆指向"天命"不容撼动。在此前提下,顾宪成讲到"必七十,才够到从心,甚言即心即天命之难",一方面是在揭示"天命"与"人"之距离,另一方面亦在指出"下学而上达"之工夫路径的必要性。而就后者而言,乃是东林学派共持之工夫理念。比如东林另一人士高攀龙,一样强调"学以去欲"的复性工夫。其云:"古之君子其出也以行道,其处也以求志,未有饱食而无所事事者。夫饱食而无所事事,斯不亦乐乎,又何多事而自取桎梏为耶? 噫,正以其不能无事云尔。夫人有生则有形,有形则有欲,有欲则有忧,以欲去忧,其忧愈大,蚩蚩然与忧俱生,与忧俱死矣。学也者,去其欲以复其性也。必有事以复于无事也,无事则乐,乐则生,生则久,久则天,天则神,而浩然于天地之间。"②高攀龙此说便是要求人在具体行动、实践中,在切实的"下学"工夫中完成复性,并声称经该渐修路径,有事复无事,于德性实践过程中,乐、福、寿自然到来。此又是兼顾世俗"性命"议题言之。事实上,当时的晚明学界,与顾、高二人来往甚密的人士比如冯从吾,在"性命"议题上同样主张"下学而上达"的渐修工夫。如其论:"盖中之为德,庸德也;中之为言,庸言也;喜怒哀乐中节、子臣弟友尽道是也。于此一一中节,一一尽道,直至中和致而位育臻,然后可以合语尽性至命之学。"③此即以"致中和"作为"合语尽性至命之学"的前提。值得关注的是,冯从吾与顾宪成较为一致地,尤其重视"命"之主宰义,二者稍有不同之处仅在,冯从吾论"命"之主宰义不再以"天"之意志为准的,而是强调"人"对自身宿命的主宰,在此意义上,"命"之超越性则呈现于其对"德性"的赋予。冯从吾云:"日者以支干八字概人生平,人皆信之……倘有人焉,慨然思,猛然省,即于此毁、誉、得、失、死、生、荣、辱八字勘

---

① (明)顾宪成:《虞山商语》,《泾皋藏稿等四种·顾端文公小心斋劄记》,第348页。
② (明)高攀龙:《东林会约序》,《高忠宪公诗集》,第112页。
③ (明)冯从吾:《关中书院记》,《冯从吾集》,西安:西北大学出版社,2015年,第272页。

得破,能于此中讨得主张,则一切世味自不得以笼络之,便是鹏抟万里、凤翔千仞格局,便是为圣为贤的命。若是昏昏昧昧,营营逐逐,于此八字勘不破,于此中讨不得主张,则自暴自弃,枉了一生,便是春蚕作茧、秋娥赴灯格局,便是为狂为愚的命……命乎,命乎,岂日者所能测识哉!孔子曰:'不知命,无以为君子。'而孟子亦曰:'夭寿不贰,修身以俟之,所以立命。'於戏,深哉!"①冯从吾以世人用"天干地支"测命讲到孔孟论"命",其试图表达的正是要以孔孟论"命"修正世俗测"命"之习,以此彰显人的主体能动性。冯从吾又云:"余惟圣贤之学,心性之学也。人之一身止有此心,性在何处?不知心所具之生理为性,非心外别有性可对言也。性不可见而见之于情,如孩提知爱,稍长知敬,情也;而必有所以能知爱能知敬者,性也。然其所以能知爱能知敬者,又孰为之?天也。故曰'天命之谓性'。天命之以能爱之性,而后能知爱;天命之以能敬之性,而后能知敬。惟其性善,故其情善;亦惟其情善,故知其性之善耳。"②冯氏此处讲到的"天命之以能爱之性"以及"天命之以能敬之性",皆是将"性"所承载的道德因素追溯至天命的赋予。故而可说,在冯从吾认为,"天命"伟岸之处即在其本是德性之原初载体,并且该载体赋予人的不是强制的、生硬的道德律令,而是"爱""敬"诸德性的能动机制。如此,"天命"与"人性"皆是生成的,而非源于先验。

再来看刘宗周有关"性命"的看法。大致上讲,刘宗周对阳明心学持修正态度,这一点毋庸赘言,相应地,蕺山一样反对晚明部分心学人士高谈性命之风气。如有问:"慎独是第二义,学者须先识天命之性否?"蕺山答曰:"不慎独,如何识得天命之性。"③此即明言"慎独"工夫乃第一义,而识天命之性,乃至空谈"性""命",在工夫未至之前都是不可取的。据此,蕺山针对的不仅是高谈性命的诸儒,亦否定了尤善谈"性"的释氏之学。正如《论释氏》一文中,刘宗周讲到:

> 吾儒本天,所以本心也;释氏之心,非吾所谓心也。天下无心外之学,离心而言天者,罔也……释氏之觉,非吾所谓觉也。吾儒之言觉也以心,而释务觉其心也……释氏之空,非吾所谓空也。吾儒之言空,空也以心;而释务空其心也……释氏之生死,非吾所谓生死也。吾儒之言

---

① (明)冯从吾:《命解》,《冯从吾集》,第267—268页。
② (明)冯从吾:《复性堂记》,《冯从吾集》,第274—275页。
③ (清)黄宗羲辑:《子刘子学言》,《黄宗羲全集》第1册,第292页。

生死也，原始反终，未尝不以心；而释乃谓心无生死也。吾儒有生死而无生死，释氏无生死而有生死也……心，一也。释氏之心，亦吾儒之心也。心一也，而教或异，释氏之教，西方之教也，犹之貊道然。二十取一，法故简矣。是故人道可以同牛马，君亲可以等路人，亦其心之所安者也。安则天矣。以视吾儒，易地则皆然，势不能操章甫而入越也，则亦成其为佛氏之心而已……谓之教外别传，标其号曰"禅"，要不离觉、空、生、死，则皆吾儒近似之说也。去儒弥近，而去佛弥远，质之西方之教之初原不如是，则直谓之丧心之人耳……本天、本心。本心之说出，而吾儒嗫不敢言心。彼禅者则愈攘臂称雄，灼然以心学自命于天下，曰："此吾教所独也。"吾儒不觉爽然自失，相与俯首而从之，终数千年不复睹圣学之真，则亦言道者之过也。①

刘宗周详析儒、佛之同异，涉及更多方面的比较和判教，更以具体的"心学"理念明确了二者边界。其云"吾儒本天，所以本心也"，意在揭示"天道性命通而为一"之理。牟宗三曾批评阳明去"天"是其学流弊的原因之一，使"天"回归的，牟先生没有说，实则正是刘宗周，这是蕺山性命学的重要内容，是其与胡五峰一脉，面对心学可能之隐患与流弊的进一步的修正努力。又在世俗性命观问题上，按蕺山理解，儒本天，尽性至命而已，且义为大，而佛教讲轮回，实则深具重生倾向。据此，刘宗周在揭示儒佛之别的同时，也申明了儒者应有入世、救世之使命担当。与蕺山同时代的儒者黄道周言及"性命"，亦云："夫命之所极，极于受符；命之所穷，穷于牖下……夫一尽也，一以为天命，一以为人事，可不悟哉！"②又云："性是天命，生是物质，物质虽凋，天命不死。"③黄道周对"尽人事""尽天命"的双重强调，亦在揭示"人"之极致担当。就此来说，无论是出于捍卫儒家道学之立场，抑或出于对晚明时局的忧患意识，当时儒者对人之为"人"、成"人"有着更为殷切的"尽性至命"之经世期盼。当然，这也是儒家向来侧重的"人"格挺立的理想化表现。与此同时，需要特别申明的是，晚明清初，萦绕在儒学内外的性命论纷争促使儒家对理想"人"格建构除了强调"尽性至命"的淑世要求之外，更促使儒家必须直面佛道应对现实生活其本具的"性命双修"之理论优势（尽管佛道二家自身对此亦有争议），积极朝向人之为"人"所必然经历的感性生活，给

---

① （明）刘宗周：《论释氏》，《刘宗周全集》第6册，第790—791页。
② （明）黄道周：《解辩命论》，《黄道周集》第2册，北京：中华书局，2017年，第603页。
③ 转引自陈来《黄道周的生平与思想》，参见黄道周：《黄道周集》第1册，第35页。

出"德""福"关系问题的明确主张。这即推进了儒学道德性命论由"高谈"转向平实,转向对世俗人生、性命的兼顾。

## 二、从反"高谈"到反理学:晚明清初儒学性命论诠释风格及内容的平实化转向

经上文分析可见,从许孚远到顾宪成,到刘宗周,晚明深具程朱理学背景的儒者其修正心学、重构儒学多借助性命论的重诠。在此过程中,以阳明后学为主体的思想家其高谈性命之言行受到了普遍关切,准确地说,乃是批判。此便为之后的"性命"诠释转型提供了基本方向。至清初,儒者在论及"性命"议题时,又多夹杂"反理学"之意志,故相较以往,主流思想家所持性命论主张或包容或严苛,但总体趋向务实。

晚明清初,围绕性命论,当时在儒学内部出现了三种声音。有以方以智为代表的部分人士进一步将考据之学与主讲性命的宋明理学区分开来。如其云:"考究之门虽卑,然非比性命可自悟,常理可守经而已。比博学久之,得征乃决。"①此可谓较为客观、严谨的学术研究态度。然此种态度并非主流。主流还在两派人士、两种观点的对立,即一部分儒者持续宋明高谈"性命"之传统,又修正、重诠之,故有推崇六经以解"性命之学",有投入到经世事业中以证"尽性至命"之道。另有部分儒者则开始对高谈性命者,尤其是阳明学士群展开激烈批评。如陆世仪曾道:"俗儒不知内圣外王之学,徒高谈性命,无补于世,此当世所以来迂拙之消也。"②此即基于经世的意识,提出"高谈性命"的无效性。而在清初多番言及性命论的儒者中,首先需要关注的是陈确、张履祥二人有关儒学性命论的意见。之所以如此说,原因在于,二者同为刘宗周弟子,同样在"性命论"议题上提倡"人"之担当,但张履祥虽主张尊经,却无意重诠儒家性命思想,而在"尽性至命"的体悟和实践上则更为认同程朱理学模式,陈确则大有不同。此一不同正启发并引领了清初两种路向的儒学性命思想的诠释及演化。

先来看陈确之论。学界对陈确人性论、心性论已有较多研究,于性命论一项却鲜有充分关注。而笔者留意到,事实上,陈氏正是以其极具代表性的性命思想来理解阳明心学,又以其诠释儒学人性论、工夫论等。如其道:

盖孔孟之言性,本天而责人;诸家之言性,离人而尊天。离人尊天,

---

① (明)方以智:《注释正字说》,《方以智全书》第4册,第11页。
② (清)陆世仪:《思辨录辑要》,徐世昌编纂:《清儒学案》第1册,第98页。

不惟诬人,并诬天矣,盖非人而天亦无由见也。是故蕻蓘勤而后嘉谷之性全,怠勤异获,而曰稗麦之性之有美恶,必不然矣。涵养熟而后君子之性全,敬肆殊功,而曰生民之性之有善恶,必不然矣。人爵君命之,天爵天命之,一也。自一命再命以至九命,皆君命也。指下位之士,而曰君之命止于此,则蔽矣。自有恒以至善人、君子、圣人,皆天命也。指一节之士,而曰天之命止于此,则漏矣。日严祗敬,而后君宠日隆,虽君命也,犹吾自命之耳,故曰:所以立命也。此孟子尽心知性之旨也。①

资始、流形,言天之生物也;各正、葆合,言天之成物也。物成然后性正,人成然后性全。物之成以气,人之成以学。②

一性也,推本言之曰天命,推广言之曰气、情、才,岂有二哉? 由性之流露而言谓之情,由性之运用而言谓之才,由性之充周而言谓之气,一而已矣。③

性之善不可见,分见于气、情、才。情、才与气,皆性之良能也。天命有善而无恶,故人性亦有善而无恶;人性有善而无恶,故气、情、才亦有善而无恶。此孟子之说,即孔子之旨也。④

陈确以"孔孟之言性,本天而责人",即将孟子性善之旨从先验义拉回经验层面,以此为其后"涵养熟而后君子之性全"一说作铺垫。又,其道"人爵君命之,天爵天命之,一也",道"自一命再命以至九命,皆君命也",道"日严祗敬,而后君宠日隆,虽君命也,犹吾自命之耳",此皆辩证地讲"命"之差异与统合。综合陈确对"全性"之法与"自命"之道的阐发,实际皆是遵循渐修、持敬之工夫,此与蕺山之教不无关系,然其欲以"自命"对等"君命",则更为彰显了陆王心学向来强调的主体意识。故陈确以"物成然后性正,人成然后性全"诠释《易经》"各正性命"之旨,更是将这一主体意识推向个体能动性落实差异的理解。正是在此意义上,陈确论及性命,论及"各正性命"之差异的理论基础,又在其对"气""情""才"等相对于"性""命"而言较为外显的"习"之因素的关注。正如其言:"气之清浊,诚有不同,则何乖性善之义乎? 气清者无不善,气浊者亦无不善。有不善,乃是习耳。若以清浊分善恶,不通甚矣。斯固宋人之蔽也。"⑤陈确以"习"之差异取代宋人即程朱人

---

① (清)陈确:《性解上》,《陈确集》下册,北京:中华书局,2009年,第448—449页。
② (清)陈确:《性解下》,《陈确集》下册,第449页。
③ (清)陈确:《气情才辨》,《陈确集》下册,第451—452页。
④ (清)陈确:《气情才辨》,《陈确集》下册,第452页。
⑤ (清)陈确:《气禀清浊说》,《陈确集》下册,第455页。

士以"气之清浊"分辨"性"之善恶的传统,此即立于实践力行的层面区分个体间现实层面的"性""命"差别。正是从"力行"出发,陈确对阳明学说更为支持。其道:"若但知性善,而又不力于善,即是未知性善。故阳明子亟合知行而一之,真孟子后一人……言性善,则天下将无弃人,言知行合一,则天下始有实学。"①据此,陈确肯定的"性善"实际是以知善、行善作为双重前提,故其尤为肯定阳明所道"知行合一",亦更重视"行"之因素。此处,暂且不论陈确理解的阳明"知行合一"说是否准确,然可见得,陈确对阳明心学更为推崇,同时,其理解、诠释阳明心学的路径乃是实现、经验的路数。与其相较,张履祥即有不同,后者更为显明地走向了程朱理学。

关于张履祥,梁启超曾讲到:"杨园虽学于蕺山,而不甚墨守其师说,尝辑《刘子粹言》一书,专录蕺山矫正阳明之语。"②又讲到:"杨园因为是清儒中辟王学的第一人,后来朱学家极推尊他,认为道学正统。依我看,杨园品格方严,践履笃实,固属可敬;但对于学术上并没有什么新发明、新开拓,不过是一位独善其身的君子罢了。"③此即大概指出了张履祥与陈确,与刘宗周学术建构和哲学努力的不同。

整体上讲,张履祥对待先儒之创见,乃是站在程朱理学的立场,对以陈白沙、王阳明为代表的明代心学尤为反感,甚至以"异端"界定阳明心学。其道:"朱子之学精详,陆氏之学简率;薛、胡之律己谨严,陈、王之为教放旷。人情乐放旷而畏谨严,便简率而苦精详,固易向陆避朱,右陈、王而诎胡、薛。"④道:"白沙学术之有疵者也,其诗曰:'廊庙山林俱有事。'若谓逸民处士可以颓然自放,则古今当有一种无事之人,与日月而争光,不与草木而俱腐矣。"⑤又道:"向读《龟山先生集》,见其所言:'道废千载,士大夫溺于异端之习久矣,天下靡然向风,莫知以为非。士志于道者,非见善明,用心刚,往往受变而不自知。此习俗之移人,甚可畏也。若夫外势利声色,不为流俗诡谲之行,以为不受变于俗,则于学者未足道也。'为之憬然于心。窃以为今之靡然向风者,非王氏之学乎?且未论受其变移何如,即所谓外势利声色,不为流俗诡谲之行者,隐微之际,果能一一推勘得过乎?"⑥又论:"姚江以异端害正道,正有朱紫、苗莠之别。其弊至于荡灭礼教。"⑦杨园对待姚江学术

---

① (清)陈确:《圣学》,《陈确集》下册,第442页。
② 梁启超:《中国近三百年学术史》(新校本),第122页。
③ 梁启超:《中国近三百年学术史》(新校本),第122页。
④ (清)张履祥:《答丁子式》,《杨园先生全集》(上册),北京:中华书局,2014年,第98页。
⑤ (清)张履祥:《与严颖生》,《杨园先生全集》(上册),第96页。
⑥ (清)张履祥:《答陈乾初》,《杨园先生全集》(上册),第28—29页。
⑦ (清)张履祥:《答沈德孚》,《杨园先生全集》(上册),第85页。

之态度可见与陈确大有区别。更需关注的是,张履祥以"荡灭礼教"评姚江"异端"之弊,此即暗示对连同孟子学在内的道学理路的批评,故其又论:"孟子良知、良能之言,大约因自暴自弃,及性无善恶,以仁义为外者而发。若曰孩提而有不学虑之知、能,是即所谓仁义也,奈何忘其所固有,旷安宅而舍正路也?非若姚江'知行合一'之说也。姚江特假此言,以证成其直捷顿悟之说耳。"①张履祥以为,孟子"性善"之说是权非实,其"良知""良能"之教亦非阳明心学向来理解的"不学虑之知、能",在此意义上,阳明"知行合一"之旨亦非孟子真意,却有禅宗"顿悟"之嫌。就此来说,张履祥对阳明"知行合一"的批评原则上来说更是针对心学杂禅,趋向异端之势的救正。故其又论:"尝深疾夫近代之好为异论者,如体用本一原也,而倡为有体无用,有用无体之说;三教本三门也,而倡为三教一门之说;知行本二也,故言知先行后可也,知行并进可也,而倡为知行合一之说;君子反经而已矣,权亦只是经也,而世之学者,好为达权通变,经不足守之说。以是人心坏,学术害,横流所极,至于天地易位,生民涂炭,而未知其所止息。"②此一段中,张履祥讲出"三教本三门",指出"知行合一"之偏颇,此即呈现清初儒者对待三教问题,对待心学杂禅问题较之晚明众人更为决然的态度。

张履祥以上立场反映在性命思想层面,又有两方面相当显明的特色。其一,立足程朱理学,讲"人"之作为和担当。如其云:"夫学问者,将以尽性命之理也。苟不本于天之所赋,物之所受,非学问之正也,安可使之有两截乎?"③云:"是以程门相传,惟有'主敬'一法。而后人看'主敬'又太费力,是以先儒复解之曰:'但得心存斯是敬,勿于存上更加功。'盖心之为体,原是整齐严肃,原自光明洞达,由于欲动情胜,此种体段遂至放失耳。《通书》云'无欲故静',此为探本穷原之论。主于敬则自无欲……薛敬轩先生常呼'主人翁在否',即此意也……弟所窃闻于师门如此……"④据此,张履祥对师门之教的理解在于程朱持"敬"主张,其所认定的尽性至命之理以及"主人翁"意识皆在"人"于道德理性的践行。其二,反对高谈"性命",倡尊经典之教。张履祥在与陈确的书札中讲到:"至于性解,古之圣贤发明已无余蕴,学者但汇经书之言性者,参以先儒论说,而验之身心,以及天地万物,则有以默识其所以然者。又何必更为之解?"⑤此即指出陈确大力重诠"性""命"

---

① (清)张履祥:《答沈德孚》,《杨园先生全集》(上册),第86页。
② (清)张履祥:《答陈乾初》,《杨园先生全集》(上册),第30页。
③ (清)张履祥:《与何商隐》,《杨园先生全集》(上册),第112页。
④ (清)张履祥:《答吴仲木》,《杨园先生全集》(上册),第46页。
⑤ (清)张履祥:《答陈乾初》,《杨园先生全集》(上册),第30页。

诸说实际并无甚大意义,若论"性命",可尊经书之教,若证性命,则在"默识"工夫。张履祥此说与明初理学家薛瑄不谋而合。故而某种程度上可以说,张履祥乃是遵循程朱理学以论"性命",其独特处则在对尊经的提倡。而这一尊经意识在其同时代的顾炎武性命思想中亦有呈现。顾氏道:

> "维天之命,於穆不已",其在于人,日用而不知,莫非命也。故《诗》《书》之训有曰"顾諟天之明命",又曰"永言配命,自求多福",又曰"若生子,罔不在厥初生,自贻哲命",又曰"惟克天德,自作元命,配享在下"。而刘康公之言曰:"民受天地之中以生,所谓命也。是以有动作礼义威仪之则,以定命也。""彼其之子,邦之司直",而以为舍命不渝;"乃如之人,怀昏姻也",而以为不知命。然则子之孝,臣之忠,夫之贞,妇之信,此天之所命,而人受之为性者也,故曰"天命之谓性"。求命于冥冥之表,则离而二之矣。"予迓续乃命于天",人事也。理之所至,气亦至焉。是以含章中正,而"有陨自天"。匪正之行,而"天命不祐"。①

顾炎武引《诗》《书》之训阐发"性命"之理,此即立足经学、礼学等汉唐儒学传统,反对宋学、道学阔论"性命之学"之风。与此同时,顾炎武较杨园尊经的超越之处又在两方面:第一,突出了经学考据的具体落实,而非仅在言传层面讲回归经学;第二,顾氏某种意义上乃是回归汉唐儒学宇宙论,以证"天命"与"人性"在礼法层面的对应关系。就此而言,与顾氏同时代的另一大儒王夫之更是进一步强调了"天命"之重义。其云:

> 天命大而性小(性属一人言)。率性虚而道实,修道方为而教已然。命外无性,性外无道,道外无教,故曰"之谓",彼固然而我授之名也。②
> 夫性者生理也,日生则日成也。则夫天命者,岂但初生之顷命之哉!但初生之顷命之,是持一物而予之于一日,俾牢持终身以不失。天且有心以劳劳于给与,而人之受之,一受其成形而无可损益矣。③
> 尽性以至于命。至于命,而后知性之善也。④

---

① (清)顾炎武:《顾炎武全集·日知录(一)》,上海:上海古籍出版社,2012年,第290—291页。
② (清)王夫之:《读四书大全说》,《船山全书》第6册,第536页。
③ (清)王夫之:《尚书引义》,《船山全书》第2册,第299页。
④ (清)王夫之:《思问录内篇》,《船山全书》第12册,第413页。

命曰降,性曰受。性者生之理,未死以前皆生也,皆降命受性之日也。初生而受性之量,日生而受性之真。为胎元之说者,其人如陶器乎!①

王夫之上述言论可以说相当显明地揭示了其于性命论中"命"之"天"字意的强调。其云"天命大而性小",是将"天命"视为最高律则的制定者,而将"性"视为个体性差异得以呈现的因素;云性者"日生则日成"、天命者"俾牢持终身以不失",是将"天命"视为永恒之加持,而将"性"作为渐趋生成之物;云"命曰降,性曰受",更是突显了"命"之主宰义。应该说,王夫之对"命"的倾重,其欲申明的正是对最高律则的推崇。这一律则"降"至人间,人"受"之,即意味对礼法的严格落实。综上而论,无论是诉诸经学考据,还是于一定程度上重启汉唐宇宙论,诉诸"天命"主宰,以督促礼法之落实,顾炎武、王夫之等清初学者已然为"性命之学"其经验义回归和平实化过渡做出了极大努力。

陈确、张履祥之后,儒者中仍持续着"性命之学""言"与"不言"的讨论,只是此时这一"讨论"严格来说成为"争论"。其中,站在"言"之一方的,有李颙、潘平格等与阳明心学具有不同程度因缘之士;力主"不言"的则有以张尔岐、陆陇其、颜李学派等为典型的众儒者。

其中,李颙作为阳明学较为坚定的支持者,其性命思想在于以忏悔意志讲"尽性至命"的落实。如其云:"人苟有纤微之过,尚留方寸,则性必无由以尽;性既不能尽,则命亦无由以至,而其去圣功远矣。故必悔之又悔,新而又新,以至于尽性至命而后可。"②此为儒家性命论思想在清初的新发展。相较李颙,潘平格的性命思想一样强调尽性至命的落实,但其路数则非如李颙般充满西方宗教式的表达,而是回归孟子学、经学传统,重讲"良知",重诠经典,主张回归平常日用践行良知,力行尽性至命之道。潘平格与阳明心学较为紧密的关联在于其对良知学乃至阳明弟子罗洪先的心学主张向有研习,又在"求仁"建树上融入了甚多阳明心学的思想立场。尽管这些立场在潘氏的表达中充斥着不少对阳明学的反省和修正。比如《读书》一篇载曰:

一生阅近溪语,喜其当下指点,使人易得入处。先生曰:"当下指点,是禅宗事。近溪当下指点相沿于心斋。只是指点灵明,适误人耳!

---

① (清)王夫之:《思问录内篇》,《船山全书》第12册,第413页。
② (清)李颙:《二曲集》,北京:中华书局,1996年,第6页。

若某则但教人笃志力行,自有知性之日,不能当下指点人入悟。然不长人虚见,不误人落识神,确然性善真血脉,与孔孟不差毫发。"①

潘平格对罗近溪的批评在于,认为近溪当下指点之旨有近禅之嫌,同时表明自身"力行"知性之理念:不在当下,在渐修。故其又道:"今人每言学道,便如奇特事。不知学道二字,即是'力行'二字。盖道在行处言,《中庸》'率性之谓道'是也。"②此即将道德实践意义上的"尽性至命"转化为经世面向的行动。同时,这种"力行"落实到具体心性工夫上,便是"强恕反求"。潘氏云:"强恕反求,止以扩充其不忍人之心。恕须强,反求又所以强恕。或夺于利害胜负之私,或夺于人我低昂之见,有明知己所不欲而施于人者……或任执拗之识,只见己是;或动胜负之见,坚护己非,有因行之不得而愈求人者。大人正己物正,人之过皆己之过,己实有未尽,安得不反求?"③同时,这一"强恕反求"的工夫配合心性与实践两条路径,呈现极高的可操作性,也呈现了潘平格理想的经世致用之学,其道:"知格致为扩充四端,强恕反求,则察之念虑,验之事为,其大要矣。"④又有《孝弟》一篇,潘平格对阳明心学"满街皆是圣人"也有微词。文载:

> 一友引阳明先生语勖在座云:"满堂皆是圣人。"潘子曰:"满堂皆是人子。"友云:"人人须为圣为贤。"潘子曰:"平格只愿人人为孝子悌弟。"友又解《西铭》云:"乾父坤母,人须识得天地是一大父母,方能一体。"潘子云:"平格只愿各人识自己之父母,自能一体。"⑤

据此,潘氏之意实是试图降低成圣之人格诉求,回归现实个体家庭伦理的建构。应该说,上述两例可见潘平格对阳明学杂禅及过度追求圣人境界等皆有隐微批评,但是值得关注的是,无论他提倡的"力行"之道,还是回归"孝弟"践行君子人格,实际都是阳明学尤为提倡的内容。回归孝弟践行君子人格更是罗近溪思想建构的重要呈现。事实上,潘氏正是在反省、批判阳明学众人主张的基础上,建构了新的"良知学"。这一"良知学"大体上乃是吸收了"良知"对德性自然的极高推崇,却将"良知"融化在"性"之因素中。

---

① (清)潘平格:《潘子求仁录辑要》卷七,北京:中华书局,2012年,第177页。
② (清)潘平格:《潘子求仁录辑要》卷六,第150页。
③ (清)潘平格:《潘子求仁录辑要》卷四,第88页。
④ (清)潘平格:《潘子求仁录辑要》卷三,第66页。
⑤ (清)潘平格:《潘子求仁录辑要》卷六,第140页。

比如潘氏论及"良知"时，往往讲出的是"性之良知"。如其云：

> 吾性之良知，浑然天地万物一体者也。浑然一体，则非炯炯于内而昭昭于外，炯炯于内而昭昭于外者，识也。故以吾心之知，穷天下之理，物物而求之，事事而推之者，识之运也。则穷至事物之理者，所以推极知识也。格通人我者，浑然一体之良知。若徒求之事，则知是知非之灵知，灵知亦识也。然知是知非而有识心，则谓之识；知是知非而无识心，则知是知非而未尝有是非，所谓"当体本空"，所谓"无知而知，知而无知"，佛氏之空慧也。①
>
> 夫"知"者，吾性之良知也，孟子所谓"不虑而知者"是也。孩提之知爱亲，稍长之知敬兄，岂待虑乎……恻隐、羞恶、辞让、是非皆油然而来，盎然而出，不容思虑，吾人虽昏昧之极，蔽锢之深，而此固未尝不直达流行于倏忽感触之际也。故《大学》于知而直曰致，知本不虑，非有工夫可加，致则其工夫矣。②

潘平格云"吾性之良知，浑然天地万物一体者也"，此是将"良知"置于"性"之下属概念下，此便与阳明向来主张"良知即天理"具有区别。又云"格通人我者，浑然一体之良知"，此又是将"致良知"作为格物所达之境界，而非将"良知"视为个体本具。同时，潘氏对"识"与"知"的诠解中又揭示其自身理解的良知之"知"既无关"识"之判断，亦不当以佛教空慧理解之。就此而言，潘氏有关"良知学"的发挥在于两方面：其一，良知非"识"，乃是随真性直达而乍见，不作分别；其二，良知非空慧，其具有"性"之体，情之源。潘氏将良知解作"性之良知"，某种意义上是回到孟子诠释的情感之良知，强调其盎然充沛，而非玄妙之体。而"知本不虑"盎然而出的前提即在情感生发的自然性。故其又道："致知即是扩充四端，四端非悬空无事而扩充之也……知即是识，是俗学也；知体本空，是佛学也。"③又道："良知乃爱亲敬长之仁义，即是性善，则凡扩充四端，强恕反求，集义求仁，皆致良知之事，皆格物之事，而无容他说也。"④此便又是以"扩充善端"诠释"致良知"的落实。

除此之外，潘平格又在《辨清学脉》中将"良知"之解圈定在情感导源层

---

① （清）潘平格：《潘子求仁录辑要》卷三，第79页。
② （清）潘平格：《潘子求仁录辑要》卷三，第55页。
③ （清）潘平格：《潘子求仁录辑要》卷三，第56页。
④ （清）潘平格：《潘子求仁录辑要》卷三，第74页。

面,以复性之学诠释孟子"扩充善端"、阳明"致良知"之学。

> 天地万物一体者,真性也。分人分我者,习见也。习能昧性,不能灭性,故浑然一体之真性时常发见于日用之间。有志于复性者,即我日用之发见扩而充之,以通人我之隔碍而已……格物,即格通身、家、国、天下也。不忍觳觫之牛,良知也,致不忍觳觫之知,在推恩以及百姓;乍见孺子之怵惕恻隐,良知也,致乍见恻隐之知,在扩充以保四海……复性之学,舍扩充四端无由也。①

> 孟子指人皆有不忍人之心,曰:"今人乍见孺子将入于井,皆有怵惕之心。"孟子极力描写,在于"乍"字、"将"字,至此境界,不俟起意,而勃然怵惕恻隐。勃然怵惕恻隐,而总不自知,是谓浑然一体,是谓真性直达。若俟起意而怵惕恻隐,自知觉其怵惕恻隐,即非浑然一体矣,非真性之直达矣。②

> 盖真心见在,当恻隐自恻隐,当羞恶自羞恶,当恭敬自恭敬,当是非自是非……本见在,何俟于理会参求?本无刻不流行,何待于静中养出。③

> 不知真心见在日用而别求心,则或有认灵明知觉为心之本体;知求仁之学脉者,不认灵明知觉……真心之直达流行,本不自识知,不自知故谓之良知。故曰:"不识不知,顺帝之则。"安得认灵明知觉为心之本体?④

据上可见,潘平格对"良知"显发因素的分析,尤其是对"乍"字、"将"字的强调,皆在指出良知之实本在人性的自然呈露,非关个体理性之知与能的达致。在此意义上,潘氏讲出"不自知故谓之良知",又申明良知之显乃是"真心""真性"之呈露,既非思虑,亦非情识,更非部分阳明学人士比如王龙溪等人常讲的"灵知"的形上义的显现。故其又云:"认灵明知觉为心,则必见有起灭而畏其走作,于是有提省、照管、操持、涵养之工夫。灵明知觉者,佛氏之所谓意识也。意本有起灭,不自识知之真心发见,则识神不见,故识亦自有起灭……知求仁之学脉者,知真心是主,意识是贼,真心流行,不自识

---

① (清)潘平格:《潘子求仁录辑要》卷一,第2—3页。
② (清)潘平格:《潘子求仁录辑要》卷一,第4页。
③ (清)潘平格:《潘子求仁录辑要》卷二,第31页。
④ (清)潘平格:《潘子求仁录辑要》卷二,第31页。

知,何可操持？但有明昧,本无走作,何待操持？"①以上说法实际皆是力辨"良知"之正解,即遵循孟子"良知"说,强调"良知"导源于情感,乃性之直达,情之萌动,而无关"意"之思虑与理性判断。

综上,无论是对日用"孝弟"的强调,抑或对"圣人"追求的消解,乃至对良知"真心"属性、自然属性的申明,实际皆在弱化良知形上义,皆在揭示儒学传统之"尽性至命"理应落实于日常实践层面。为此,潘平格在其性命论的诠释上,又曾重解《易经》。其云：

> 善读《易》者,实体于伦常日用；不善读《易》者,虚索于阴阳造化。《易》非知性尽性之圣人不能作,而圣人作《易》,初非以明心性也。后人执之以为是指示性命之书,则失圣人作《易》之本意矣……圣人作《易》,即阴阳之动静,教人以观象、审时而明进退,所以寡过也。夫即阴阳之动静以为教,则非以明心性可知。故必如此而后尽性,即以为指言性,则误也；必如此而后恰浑然一体之仁智,即以为指言仁智,则非也。"②

此即指出《易》之主旨并非在于指示性命之理,非在讲阴阳变幻之道,而在于指导伦常日用,在于教人审时寡过。概言之,《易》之宗旨在于揭示"尽性"之道。据此,潘氏性命思想的重心乃在对"力行"、经世的侧重。

相较上述言"性"论"命"者,清初阶段,无论擅长汉学的经学家、考据学家,抑或是程朱理学家,对待宋明儒所阐发的"性命之理"及其高谈之风实际更多持批判态度。这一态度更准确的说,即可概括为梁启超首倡之"反理学"思潮。

"反理学"思潮实际自中晚明延续至清中期,一批儒者涌现出来,他们高声疾呼,反对高谈性命,经学家、朴学人士更是其中的中坚力量。较为典型的,顾炎武曾据"理在气中",讲出新的"性命之学"必据现实世界修得。其曰：

> 夫子之教人,文、行、忠、信,而性与天道在其中矣。③
> "维天之命,於穆不已",其在于人,日用而不知,莫非命也……然则子之孝,臣之忠,夫之贞,妇之信,此天之所命而人受之为性者也。故曰

---

① （清）潘平格：《潘子求仁录辑要》卷二,第31—32页。
② （清）潘平格：《潘子求仁录辑要》卷五,第120页。
③ （清）顾炎武：《顾炎武全集·日知录(一)》,第306页。

"天命之谓性",求命于冥冥之表,则离而二之矣。①

顾炎武上述言论表面上是要求性命之学回归现实,要世人在经世实践中"尽性至命",更深入地讲,其否认"求命于冥冥之表",某种程度上有斩断"天人合一"之定论,同时破除"天道""人道"之间必然关联的意图。此即意味,原本以敬"天"为主线的性命之学回归"人道"路线或已成为当时之新声。

又如清初经学家张尔岐曾云:

性命之理,夫子固未尝轻以示人,其所与门弟子详言而谆复者,何一非性命之显设散见者欤?苟于"博学""有耻"真实践履,自当因标见本、合散知总,心性天命将有不待言而庶几一遇者。故性命之理,腾说不可也,未始不可默喻;侈于人不可也,未始不可验诸己;强探力索于一日不可也,未始不可优裕渐渍以俟自悟。②

张尔岐上述主张实则代表明清之际较为流行的一种性命论观点,即认为"性命之理"不可轻以示人,可通过"博学""有耻"等真实践履,自悟"性命"。这是对研习之人而言。对传授者来说,性命之理不可腾说、强索,可经由"默喻""验诸己""优裕渐渍"等途径。

当时,即便是有意兼容朱、王者也基本摒弃了玄谈"性命"之风。如汤斌道:

程子曰"天理二字,吾体验而得之",又曰"学者敬以直内为本"。朱子曰:"静者,性之真也。涵养中体出端倪,则一一皆为己物。"豫章、延平师友相传皆是此意。其曰穷理者,亦穷天所与我之理也,故可以尽性而至命,博学、审问、慎思、明辨皆其功也。③

不学不虑之良人,固无异于圣人也,惟圣人为能体察天理之本然,而朝乾夕惕,自强不息;极之尽性至命,而操持不越日用饮食之间;显之事亲从兄,而精微遂至穷神知化之际。④

---

① (清)顾炎武:《顾炎武全集·日知录(一)》,第290—291页。
② (清)张尔岐:《答顾亭林书》,徐世昌编纂:《清儒学案》第1册,第474—475页。
③ (清)汤斌:《学言》,徐世昌编纂:《清儒学案》第1册,第295页。
④ (清)汤斌:《理学宗传序》,徐世昌编纂:《清儒学案》第1册,第295页。

汤斌将"穷理"与"尽性至命"相系，其将所穷之"理"从极具超越义的"天理"降落至极具操作意义的"我之理"，并以此作为"尽性至命"的前提，如此，"博学""审问""慎思""明辨"皆成为"穷理"与"尽性至命"的具体工夫。至于其云"极之尽性至命，而操持不越日用饮食之间"，更是以平实的言说倡明"日用即道"的心学主张。

至于程朱理学的坚定支持者们，更是多番申明"性命"之理不在言谈，而在身心体悟与践行。比如许三礼云：

> 所谓顾天命者，仍从自心自性中常照见天命之原也，不但日子尽孝，臣尽忠，去人欲，存天理云云者，此处则康节与程朱与阳明，想不能或殊，同则在此。若遇事，则康节先生能知人还能知天，能达理又能达教，所谓"卷舒万古兴亡手，出入几重云水身"，而程朱阳明，则俱恐未之有逮，异则在此。①
>
> 《立命篇》说得是，欲求天仙须行数千善……种种善法随便借径，都可成就。②
>
> 如念经一事，吾儒前辈后学，俱讥笑之，譬如嚼蜡，窃久悟之，原是吾儒一件法门，久矣吾儒反不讲矣……不知者反讥之曰惑于异端矣，这叫成呼主为客。③
>
> 泛言理，不若验时命之信得亲且切也。④

许三礼讲"所谓顾天命者，仍从自心自性中常照见天命之原也"，便是将尽性至命落实到生命之亲证、体悟及检验的层面，在此意义上，许三礼同时指出程朱、阳明所论性命之说在"遇事"层面或不具操作性。又讲"泛言理，不若验时命之信得亲且切也"，更是将现实生命之情势作为检验个体性命之道践行力度之标准。

又如张烈作为清初对待阳明心学苛责甚多的儒者，甚至直道性命之理"不必言"，亦"不待言"。其云：

> 悟一贯者，心知性命之妙而不必言；即未悟者，自恂恂于出入孝弟之间，莫非性命之流行，亦不待言也。象山、阳明必先提所谓本心良知

---

① （清）许三礼：《天中许子政学合一集》，《四库全书存目丛书》子部第165册，第577页。
② （清）许三礼：《天中许子政学合一集》，第538页。
③ （清）许三礼：《天中许子政学合一集》，第537页。
④ （清）许三礼：《天中许子政学合一集》，第573页。

第五章　明清儒学转型的哲学实现：主体性思维的迁转与道德性命学的衰颓

者,举此以致之于事物,而以下学讲习为支离无本领,其亦舛矣……阳明言"知善知恶是良知",是矣;谓"为善去恶是格物",已牵强不伦,犹未甚害于理也;必曰"无善无恶心之体",其徒遂举意知物,悉以"无"贯之,谓无善恶为秘旨,知善恶为权教,诧为天机漏泄,颜子、明道所不敢言,何无忌惮之甚也!①

张烈从性命之学的"不必言""不待言",暗喻阳明学"四无说"实则同样是不当言之论。又借颜子、明道的名义,直揭宋明理学家尤其是阳明后学中高谈性命、高倡"四无"诸人士的狂妄与肆无忌惮。

如果说张烈代表的是明末清初程朱理学家的性命论思想的话,那么以颜元、王源为代表,对待宋明理学、道学之整体或有微辞或有重构的学者,则在批判高谈性命之举的同时,进一步追溯至孔子性命之教,揭示了"性命"之用与"性命"之习的重要意义,由此提出研习六经之学与六艺之学,乃至学以致用的必要性。

颜元曾云:"大约宋儒认性,大端既差,不惟证之以孔、孟之旨不合,即以其说互参之,亦自相矛盾、各相抵牾者多矣。如此之类,当时皆能欺人,且以自欺。盖空谈易于藏丑,是以舍古人六府、六艺之学而高谈性命也。"②此便可以大致显示颜元对待高谈性命之宋儒的基本态度,即认为宋儒之论不但与孔孟之旨有违,并且舍弃了古人"六府、六艺之学",此大不可取。颜元又道:

至宋而程朱出,乃动谈性命,相推发先儒未发……仆妄谓：性命之理,不可讲也。虽讲,人亦不能听也;虽听,人亦不能醒也;虽醒,人亦不能行也。所可得而共识之共醒之共行之者,性命之作用,若《诗》《书》六艺而已。即《诗》《书》六艺,亦非徒列坐讲听,要惟一讲即教习,习至难处来问,方再与讲;讲之功有限,习之功无已。孔子惟与弟子今日习礼,明日习射,间有可与言性命者,亦因其自悟已深,方与言。盖性命非可言传也,不特不讲而已也。③

以上,颜元批判宋明理学的起点即在认定始自程朱的"高谈性命"之风,

---

① (清)张烈:《读史质疑》,徐世昌编纂:《清儒学案》第2册,第589页。
② (清)颜元:《性理评》,《颜元集》,北京:中华书局,1987年,第14页。
③ (清)颜元:《存学编》,徐世昌编纂:《清儒学案》第1册,第336页。

一方面对儒学理论并无切实发展,另一方面则又杂染佛道诸说,更有毁儒教。在该认识基础上,颜元提出性命之理不仅"不可讲",且"不能听""不能醒""不能行",故其最终转入对性命议题的世用面向。颜元此说乃是出于对儒学经世之用的考虑,从而站在新的学术起点,对宋学"性命"之教的言说传统作了整体性的批评。颜氏云:"从源头体认,宋儒之误也,故讲说多而践履少,经济事业则更少。若宗孔子下学而上达,则反是矣。"①这里讲到的"源头体认"所指正是宋明儒往往教人从"性命之理"悟入。又云:"陆子说良知良能,人便能如此,不假修为存养;非是言不用修为存养,乃认《孟子》'先立乎其大者,则其小者不能夺'二句稍呆,又不足朱子之诵读训诂,故立言过激,卒致朱子轻之。盖先立其大,原是根本,而维持壅培之无具,大亦岂易言立也!"②此处又驳宋明理学家"立其大"诸说,同样出于世用的考虑,直揭该论的失效。与颜元较为一致,李塨同样将批判范围指向宋学整体,而其批判路数仍立足"世道民命"之需求,直指宋明儒学以性命论为典型的"玩索性天"诸论。其道:"宋儒为学专在读书,内则玩索性天,外亦辅以伦常,至于礼、乐、兵、农,圣门所谓'博学于文'者,《尚书》'教胄子',《周礼》《礼记》学法昭然可考,独置之若遗,以致处无学术,出无政事,世道民命无所托赖,岂小失哉!"③据此,李塨乃是认定宋明儒"专在读书""玩索性天"无济于事,有违"外王"之道。该前提下,其道"宋儒皆为周子所误,周子为寿涯、陈抟所误,以主静为存养,遂板分曰静存动察矣"④,更是直指宋明儒静坐工夫亦非真正意义上的儒学"内圣"之道。

相较颜元,其后学王源在对待宋明性命之学上态度更为决绝,且更具时代儒者之学术重构意识和经世致用之担当。其于《再与毛河右先生书》中云:"愚以为颜先生以六艺为宗,其说非相河汉。六艺不出乎礼,圣人以礼修身,以礼齐家,以礼治国,以礼尽性至命,以礼经纬天地,小大内外,精粗显微,一以贯之。童而习者此也,神而化者亦此也。"⑤此便是于颜元倾重六艺之学的基础上,更将理学之言传扭转为礼学之落实。故而总体上,王源不仅批判高谈性命之儒,更反对极言"性命"诸儒有关程朱、陆王之争议。《与方灵皋书》一篇中,王源讲到:

---

① (清)颜元:《存学编》,徐世昌编纂:《清儒学案》第 1 册,第 340 页。
② (清)颜元:《存学编》,徐世昌编纂:《清儒学案》第 1 册,第 341 页。
③ (清)李塨:《论语传注问》,徐世昌编纂:《清儒学案》第 1 册,第 412—413 页。
④ (清)李塨:《中庸传注问》,徐世昌编纂:《清儒学案》第 1 册,第 417 页。
⑤ (清)王源:《居业堂文集》卷八,王云五主编:《丛书集成初编》,上海:商务印书馆,1936年,第 134 页。

源从事于儒,而不敢以儒自命,何哉? 盖以后世之儒谓之道学,而近之讲道学鲜有不伪者,非借道学以掩其污秽而要禄位,即借之以投时尚而博声名。欺人不得不自欺,自欺不得不大声疾呼,自以为真程朱,又不得不大声疾呼,力诋陆王,以见其所以自命者至纯至正,而无一之不实;著书立说,纵横侈肆,无所不至。乃试问其心术,考其行事,不但不足为君子,并不足为小人……且夫程朱之学,源亦有未尽服者。其德行醇矣,学正矣,然其高谈性命而不能有经天纬地之才,占毕瞑坐,以柔其气而弱其习,必不足以有为,必不足以平天下……程朱之释格物也,上极于性天而下尽于草木,非高远则汗漫;阳明意在致良知,其释格物也,一以为正事物,一以为去物欲,非修身之事,则诚意之功,总于格物之义无当……学礼以立其刚,内而身心动静一致加功,不入空虚,不流泛滥;外而实究专精经世之务,不骛夸诞,不事繁琐。①

王源虽敬服程朱学之醇正,然不满其"高谈性命而不能有经天纬地之才",此即凸显清初儒者的担当,即秉持客观中立的重构态度,否定高谈性命的同时,倡导经世致用。又结合其言"学礼以立其刚,内而身心动静一致加功,不入空虚,不流泛滥;外而实究专精经世之务,不骛夸诞,不事繁琐",此即又以"礼"学贯穿心性与经世之学的重构。《与朱字绿书》一篇,王源道:

今天下之尊程朱诋姚江侈然一代大儒自命而不伪者几人哉……今之诋姚江者无损于姚江毛发,而程朱之见推实程朱万世之大厄尔。君子之辨理也,苟反之吾心而不得其安,验之事物而未见其确然不可易,折中于孔子之言而不合,虽颜孟之言,吾不敢以为然也,况下焉者乎……性善发于孟子,盖举四端之固有于我者,以明道之出乎性,而救人心之陷溺。至于口体耳目之欲,则曰君子不谓性。夫不谓之性,已不得不先谓之性矣。曰乃若其情则可以为善,而不善之情则置而不论矣。况天下确有性恶……不但告子诸人纷纷之辩不容已,即门弟子亦不能深服而不疑。使孔子出而譬之曰:"性相近也,习相远也。唯上知与下愚不移。"则性之说定,而纷纷者不辩而自息矣……夫今之诋阳明者,行伪而品陋,识暗而言欺,天下从而和之者,趋时耳,干利耳……源尝以为孟子殁后千数百年,全体大用、才堪王佐之儒,惟诸葛忠武、王文成两人而已。汉唐之儒章句训诂,宋儒见圣人之体而不能全其用,知经不知

---

① (清)王源:《居业堂文集》卷八,第121—123页。

权,为治世之良臣有余,戡天下大乱不足,为奸雄窃笑久矣。①

于此文,王源对清初漫衍开来的"尊程朱诋姚江"之风潮提出了质疑。认为众参与者实际并未得程朱、阳明精义,反倒陷溺于"辨理",而忽略了心性、知识、圣言等多方面的实践检证。而就"圣言"一项来说,王源更为推崇孔子之言,而非孟子之论。尤其是在性命论问题上。王源首先以现实案例否定了孟子性善学说的绝对性,又引孔子之言,申明了"性相近,习相远"的合理性。王氏云"义理之性天命之,不知气质之性谁命之?将天之外别有物焉命之乎",云"奚独专其命于天为……人心道心与生俱来……纯乎道心者,上智也,纯乎人心者,下愚也。近者杂焉,虽多寡不齐而道心自能知其人心之恶,故良知独归于道心",此即借讲"义理之性"与"气质之性"、"道心"与"人心"的统合为一,来论回归现实以"尽性至命",以经世致用的合理性和必要性。也正是在这一理解的基础上,王源肯定了王阳明"实体诸躬"及"全体大用"的思想理念。

依上分析,清初的儒学性命思想因诸儒对待"高谈性命"之风的较为一致的省察态度,以及对良知学形上义的逐步消解,对经世致用的普遍提倡,儒学性命论整体趋向平实化。这一平实化转向预示传统儒家"道德性命论"有滑落为世俗生命观之势态。

### 三、"天""人"分治:道德性命论向世俗性命观迁转中的主体性思维重构的完成

经上梳理和分析,晚明清初儒者对待性命论,对待"人"格建构实际持两种基本态度:其一,继承传统理念,倡导个体"尽性至命"之道德实践的重要性;其二,关切个体世俗性命的存续及其价值,促成两宋时期既已定型的儒学"道德性命之论"向现实人生的倾斜,完成了其平实化的诠释转向。以上两种基本态度揭示,该时段儒者一方面高扬"性"与"命"的超越义,另一方面亦需正视"人"乃首先作为世俗生命存在,而自有个体化的感性需求的基本事实。综合两方面内容,即预示尤为儒学倾重的主体性思维应有相关变化。

首先来看第一点。晚明清初,程朱学者多高扬"命"本"天"之超越义。黄道周即道:

> 乱患之坊,莫大于《春秋》。圣人本春以立礼,本王以立刑,本天以

---

① (清)王源:《居业堂文集》卷七,第103—106页。

立命。命以坊欲，刑以坊淫，礼以坊德，三坊立而乱患息，乱患息而后礼乐可举也。①

因人之性无有不足，其有不足者，情欲泄败，而末流自匮也。圣人以性坊情，以命坊性，察其原始，而救其末流。②

黄道周言及"本天以立命"，即是将"命"置于主宰位；言及"以性坊情，以命坊性"，更将"性"置于"命"之超越义下，这里的"性"原则上便指向自然之性、个体之性。黄道周有关"性""命"关系的阐发与其经世主张极具相关性。如蔡杰道：

黄道周面对晚明政治与社会的一系列问题，所提出的救治方案具有重要价值。理解其救治方案，可从《春秋》学角度着手，主要是挺立"尊天"一旨而倡导"天治"主张……在性理层面上，立足于天命之坊，防治世人日益泛滥的情欲，并由此作为礼坊、刑坊的根本，使命坊、礼坊、刑坊三位一体又相互为用，完成对文明与教化的守护。③

蔡杰所讲可以说极为确切地揭出了黄道周面对晚明时局变化，其尊崇天"命"、克制人"性"背后的救世情怀和教化意志。

清初儒者的救世意志得以延续，而其付诸之手段则更为多元，如在经典诠释、政治实践等面向皆有所为。比如陆世仪曾道：

读四书五经，古人无时无事不言天……《春秋》言"天命""天讨"，《礼》称"天则"，至于《易》《诗》《书》三经，则言天甚多，又有不可枚举者。④

陆世仪以六经之学亦倡"天命"，大有树"天"之主宰义为世间之道建构极则。

又有张沐以君臣关系解释"性""命"虽一，然有差等之别，故其有"命如诏敕"之说，强调"命"的不可撼动的权威义、首要义。其云："性、命一也，在

---

① （明）黄道周：《坊记集传序》，《黄道周集》卷二十一，第857页。
② （明）黄道周：《坊记集传·大坊章第一》，转引自蔡杰《尊王抑或尊天：基于人伦与性命的晚明治道重建》，《原道》2019年第2期。
③ 蔡杰：《尊王抑或尊天：基于人伦与性命的晚明治道重建》，《原道》2019年第2期。
④ （清）陆世仪：《思辨录辑要》，徐世昌编纂：《清儒学案》，第98页。

天与之谓命,在人受之谓性。命如诏敕,性如职事,所诏敕者即职事,所职事者即诏敕,一也。但命职在君而尽职在臣,君不得而代焉,故天命人以性,不能强人尽性,有能尽性,斯命至矣。"①张沐既云"命如诏敕,性如职事",且以君臣关系喻"命""性"序列,则是将心性论哲学拔升至政治哲学的维度。据此,清初儒者的救世举措其论据之一便在"性命"一说。

再来看第二点。晚明清初儒者一方面极力推崇天"命"主宰义,另一方面又不得不正视"天治"之下,个体生命反涌现出对自身存在之价值和意义更多新思考。这些新思考首先体现在儒者对"自性""自证"的重视。学界周知,晚明儒者陈确有"成性"之说,此说意谓人之"自性"可养而成之。按该理路,人与人之间个体差异的生成全在自为。又如清初二曲先生曾道:

性,吾自性也;德,吾自德也,我固有之也,曷言乎新……若于本体之外欲有所加谓以为新,是喜新好异者之为,而非圣人之所谓新矣。②

若不窥性灵,自成自证,徒模仿成迹,依样画葫芦,饰圣贤皮肤,为名教优孟,后世有述焉,吾勿为之矣。③

二曲谓"自性""自德",意在揭明"性"与"德"的本具;谓自窥性灵,"自成自证",其旨又在揭示工夫进展之矢的即在证得此"本固有之"、不可"加之为新"之"性"与"德"。比较来看,陈确与李二曲二人各自阐发之"自性"实际从本体论至工夫论皆有不同,然有一点值得关注,即从晚明延续至清初,有关"自性"的建构始终在持续。

与此同时,晚明清初时期儒者对个体感性生命的重视,还尤为体现在对个体鲜活的世俗生活及其宗教信仰的关注。这在该时段的儒学性命论中皆有阐发与呈现。首先,晚明清初时期性命论呈现一世俗化倾斜的过程,于此期间,"形""气""才""情"等概念的介入,促使儒学性命论在"性"的讨论上集中于"材质之性"的讨论,在"命"的事项上向世俗感性生命偏移。以上转变对宋明理学而言意义重大。具体而言,自北宋理学家周敦颐提及"性"之概念时,即已将其与"形下"生活分离。按周敦颐道:"然性善,形而上者也;阴阳,形而下者也……然太极无象,而阴阳有气,则亦安得而无上下之殊哉!"④周敦颐将"性善"解作"形而上者",与之相应地,以"阴阳"为表征的

---

① (清)张沐:《至命》,徐世昌编纂:《清儒学案》第2册,第760页。
② (清)李颙:《悔过自新说》,徐世昌编纂:《清儒学案》第2册,第736页。
③ (清)李颙:《答王心敬书》,徐世昌编纂:《清儒学案》第2册,第741页。
④ (宋)周敦颐:《太极图说》,《周敦颐集》卷一,北京:中华书局,2009年,第9页。

"气",乃至由"气"之差异造就的"才""情",以及个体生命之别即世俗性命的寿夭、福祸,皆属"形下"序列。周敦颐的观点虽至程朱又有新发挥,但宋代理学人士对"性""理"的尊崇和形上探讨从未间断,至陆王心学讲"心"即"理",又是将义理阐释之重心转向内之"心"。在此意义上,"性""命"的二分、合一全在"心"之道德主体性的发挥,可以说仍属玄妙且不近"形下"的探讨。该情形直到晚明清初方得明显转变。这一转变首先与当时知识分子身处之社会背景相关。在此,我们以刘宗周、孙奇逢为讨论案例。

刘宗周作为晚明阶段对阳明心学有深刻反省与修正意识的重要人士,牟宗三尝用"归显于密"四字评价刘宗周的学术思想,并视之为"重开一新学路"的思想家。所谓的"密""新"都是相对于阳明心学而言的。有学者解释道:"按照牟宗三的说法,此'归显于密'分为两个步骤:第一步先将心体之显教归于'意根最微'之密教;第二步是教'心体之显教复摄归于性体之密教'。其最终目的是达到心性的归一。其中第一个步骤的说法隐藏了一个前提,那就是阳明良知说为一种外在描述,工夫指点偏于感性层面;而蕺山诚意说为一种内在描述,工夫指点偏于隐秘。"①杨国荣教授则采取比较研究的路径揭出了蕺山学术的重心。他认为,相较泰州学派与李贽对心体个体之维的大力阐发,"刘宗周则更多地注目于心体的普遍性向度,并由此表现出某种回归性体的趋向"②。杨国荣教授此说便是直揭蕺山宗"性"观念的独特意义和重要价值。这一重要价值正体现在刘宗周对"性"体的推崇,一方面如牟宗三先生所说乃是秉持程明道"天道性命贯通为一"的路径,另一方面乃与东林学脉一致,强调"性命"之"天"字重义。黄宗羲记其师曾道:"'天命之谓性',此独体也。'昊天曰明,及尔出王。昊天曰旦,及尔游衍。'故君子终日凛凛,如对上帝。"③据此,在刘宗周性命论主张中,我们可以看到蕺山面对晚明学术分流、人心陷溺之时局,大有救正心学,调和朱、王之意志。就此而言,刘宗周不仅无愧阳明心学"殿军"之名号,更为宋明以来,"道德性命之学"之重要继承人。然与刘宗周几近同时,以孙奇逢为代表的晚明清初学者虽也部分认同儒学传统"性命"论说,但总体上讲,则具有更为显明的务实意识。孙奇逢关于"性命"议题有如下诸说。

在"性""命"关系问题上,孙奇逢道:"性也有命,是就见在去寻源头,不得认形骸为块然之物;命也有性,是就源头还他见在,不得以於穆为窈然之

---

① 何俊、尹晓宁:《刘宗周与蕺山学派》,北京:中国人民大学出版社,2009年,第53—54页。
② 杨国荣:《杨国荣讲王阳明》,北京:北京大学出版社,2005年,第156页。
③ (清)黄宗羲:《子刘子学言》,《黄宗羲全集》第1册,第292页。

精。尽性立命,不容混而为一,亦不容截而为二。"①孙奇逢以上即为说明"性"的超越义与"命"的现实义,就概念内涵和意义侧重上必有区分,然这种区分又使得二者具有补正、和合的需要,故不可二分。如果说孙奇逢在"性""命"关系的主张上实际并没有超脱阳明心学的"合一"观念,那么当夏峰论及"知命""造命""立命"诸说,则尤为显明地揭示了人之主体性思维在时代更迭之际的新变化,这些新变化无一不是从个体之感性生命出发,寻求主体价值的完善建构和臻善发挥。其云:

> 一部大《易》微言,只一"知命"了之。所谓进退存亡不失其正,圣人事也。愚不肖而不知命,必且妄为,则有灭顶之祸;贤知而不知命,必且强为,强为则有壮趾之凶。"顺受"非只听他,正有感格、凝承二意。②

孙奇逢以"知命"二字概括《易经》精髓,且将"知命"与否作为人生祸福的判准,由此可见,在夏峰先生的阐发下,"知命"一说已然与"德福关系"问题相系。又见其解"顺受"容纳"听他""感格""凝承"三则义涵,这便于无形之中强调了儒学性命论的宗教化因素。而该因素的突显也极大程度上揭示了个体生命对生命安全与福报的现实诉求。尽管在根本态度上,孙奇逢仍是持传统儒学节义观念、忠孝思想来诠释其所谓"造命"一说,如其道:"'五十守贫即是道'一语,罔敢失坠,迩闻志是其命,甚觉亲切。子曰:'匹夫不可夺志也。'盖志不可夺,便是造命立命处。"③又道:"忠孝节义,道中之一节一目,文山以箕子自处,便不亟亟求毕旦夕之命。此身一日不死,便是大宋一日不灭,生贵乎顺,不以生自嫌,死贵乎安,不以死塞责。"④但类似论断多是慷慨应世之辞。参照夏峰先生更为引人注目的"性命"言说,"德福一致"之阐发基点以及"自我植立"之主体意识无不渗透其中。如其有关"立命"又道:

> "尽心知性"章,心、性、天、命四字只一样。人具之为心,心之灵为性,性自出于天,天之一定为命。只要人从本来处探讨得真切,而下手"存养"二字。存养工夫又须做到尽头,不可歇手。静时默存,动时惺存,是谓存心;静是寂养,动是顺养,是谓养性。心性合而成身,存养合

---

① (清)黄宗羲:《明儒学案》(下册),第1373页。
② (清)孙奇逢:《四书近指》,徐世昌编纂:《清儒学案》第1册,第8页。
③ (清)黄宗羲:《明儒学案》(下册),第1373页。
④ (清)黄宗羲:《明儒学案》(下册),第1372页。

而成修;寿则心性与身俱存,夭则心性不与身俱灭。天命自我植立,有常存宇宙间者,故曰立命。此知天之至,事天之极,而天命之性完全于心之结果处也。知天是知自心之天,事天是事自心之天,立命是立自心之命。总之,心生天、生命也。①

上述文段中,孙奇逢首先肯定了"性""命"之合即"天""人"之合,又将"存心""养性"工夫与人之"夭""寿"相系,如此便将心性之修与世俗生命、祸福之修融贯合一。其后道出"立命"一说,云"天命自我植立",强调人在"知命""至命"的前提下,完成个体人格即其自身主体性的建构。这一主体性又因夏峰讲出"心生天生命"之论,故具有强烈的心学基础的道德创生论特色。当然,这里的心学基础的道德创生论因其显明的天道信仰、感性追求、因果意识使得其具备更为显明的宗教倾向和个体化色彩。

在性命论降入世俗性命的过程中,其降落之关键基点,即性命论与形、气、情、才之间关系的构建。换言之,即有关"气"的材质之性的诠释得到了极高程度的重视。较为学界熟知的,比如陈确道:"一性也,推本言之曰天命,推广言之曰气、情、才,岂有二哉? 由性之流露而言谓之情,由性之运用而言谓之才,由性之充周而言谓之气。性之善不可见,分见于气、情、才。情、才与气,皆性之良能也。"②陈确此说即是在肯定"气"之材质之性的基础上,阐发其"性""命"不二的主张。又有陆世仪也曾兼"理""气"而言"性""命"。其道:"夫天地之间,盖莫非气,而其所以然之故,则莫非理。理与气在天则为天之命,在人则为人之性。性与命,兼理与气而言之者也。夫性与命兼理与气言,而宋儒专言理,何也? 曰:兼言理、气,道其全也;专言理,明其主也。欲知性知天,则不可不观其全;欲率性事天,则不可不知其主。"③陆世仪首先从生成论视角揭示了"气"的首要性存在,又从本体论角度讲出了"理"的优先性。其后道"性与命,兼理与气而言之",意在揭明"性"与"命"都有形上与器下两层维度,二者的存有关系更是一体相依的,如论"理""气",亦当以"合一"理解之。此所谓"道之全"。唯于"明其主"之际,方可"专言理"。相较陆世仪在顺承程朱"理"学的基础上揭明"气"之重要性,同时期经学家张尔岐更是从创生的意义上讲"气",从"气"之"狭""宏"上讲"命"之差异。其云:"天之生是人也,犹父母之生子也,气至则生矣;而

---

① (清)孙奇逢:《四书近指》,徐世昌编纂:《清儒学案》第1册,第8页。
② (清)陈确:《性解》,徐世昌编纂:《清儒学案》第1册,第88页。
③ (清)陆世仪:《答王周臣天命心性志气情才问》,徐世昌编纂:《清儒学案》第1册,第135页。

人之得之也,则曰命。其得失也,若器受物,狭则受少,宏则受多而已矣,其命是也;若以物与人,适多则与多,适少则与少而已矣。"①张尔岐这一讲法即与宋儒有了明显区别,其不仅揭示较之"理""心","气"才是创生万物之源头,更将人身性命之生灭、夭寿、祸福与"气"理相系。

方以智亦曾论"气"为先,但其所论乃是从宇宙论的视角讲出"气"之生成、周运于人之独性建构的意义。正是这一宇宙论视角,促使方以智相关主张与道家学说,尤其是与庄子学说判摄、融合的可能性。其云:

> 推论所以始,以一卵苍苍为太极壳,充虚贯实,皆气也。所以为气者,不得已而呼之。因其为造化之原,非强造者,而曰自然;因为天地人物之公心,而呼之为心;因其生之所本,呼之为性;无所不禀,呼之为命;无所不主,呼之为天;共由曰道;谓与事别而可密察曰理。若据质论,则有公性、独性、习性、大心、缘心、至理、宰理之分。此分合合分、分即是合者也。②

> 以质论之,气交凝形,而气篝棲灵,此生后之气质也;即未生前,亦缘气以为质也。辟天地一气质也,混天地一气质也,所以为气者,贯乎混、辟气中者也。气凝形者坏,而气不坏;气习聚者散,而大心无聚散。故称性之质为气,而明气之中曰理。物各一理而共一理也,谓之天理。气分阴阳则二其性,分五行则五其性。人物灵蠢各殊,是曰独性,而公性则一也;公性在独性中,遂缘习性。③

> 性寓于气而粹然在中,称则称其德耳。④

> 莫之为而为者天也,莫之致而致者命也。不可知之谓神;言天命则无所容其怨尤矣。子所以孝、臣所以忠也,此圣人之一其致也;言天命则无不可容其怨尤矣。⑤

方以智以"六合万古,一气而已"⑥的姿态高举"气"的重要性,并以此界定人的存在首先是灵知灵觉的作用。其曰:"人身一元气也,通身皆灵知也。"⑦正是强调人之主体性的建构首先是精神性的感知意的存在。这一点

---

① (清)张尔岐:《天道论》,徐世昌编纂:《清儒学案》第1册,第468页。
② (明)方以智:《易余·性命质》,上海:上海古籍出版社,2018年,第14—15页。
③ (明)方以智:《性故》,《方以智全书》第3册,第8页。
④ (明)方以智:《性故》,《方以智全书》第3册,第9页。
⑤ (明)方以智:《性故》,《方以智全书》第3册,第18页。
⑥ (明)方以智:《性故》,《方以智全书》第3册,第21页。
⑦ (明)方以智:《性故》,《方以智全书》第3册,第23页。

与阳明心学具有一定联系。与此同时，方以智又提"一理"与"天理"、"独性"与"公性"之间近似"理一分殊"的关系。再者，方以智又以"慎独"贯通《易传》《中庸》与《庄子》。其云："愚谓庄子者，《易》之风也，《中庸》之魂也，禅之先机也……旷以天海，正为洗心。洗心即是放下，放下方能无累，则旷览乃慎独之砺石。真透六经而读《庄子》者，不增放而加慎。"①以此，便是以儒学之主体性思维融贯儒释道三家之说，成就独家之理。

事实上，真正将儒学"性命论"与世俗性命衔接为一的思想家乃是颜元。颜元曾直指部分儒者"借四子五经之文，行《楞严》《参同》之事"乃是有违儒家性命论对"形体"的兼顾传统。这在某种意义上便凸显了当时儒学性命论对人身性命的侧重，及向世俗性命观的迁转。颜元道：

> 魏、晋以来，佛老肆行，乃于形体之外别状一空虚幻觉之性灵，礼乐之外别作一闭目静坐之存养……借四子五经之文，行《楞严》《参同》之事，以躬习其事为粗迹，则自以气骨血肉为分外，于是始以性命为精、形体为累，乃敢以有恶加之气质，相衍而莫觉其非矣。②

颜元批评佛老"以气骨血肉为分外"，又"于形体之外别状一空虚幻觉之性灵"，就表层意义上讲，乃是在批评释氏弃"形"讲"性"，实际则是指责佛道二氏"性""命"二分。此一批判于二氏而言，恐不能肯认。颜元又道：

> 佛轻视了此身，说被此身累碍……嗟乎！有生方有性，若如佛教，则天下并性亦无矣，又何觉？尧、舜、周、孔之言性也，合身言之，故曰"有物有则"。尧、舜性之，汤、武身之，尧、舜率性而出，身之所行皆性也；汤、武修身以复性，据性之形以治性也。孔门后，惟孟子见及此，故曰"形色天性，惟圣人然后可以践形"。形，性之形也；性，形之性也。舍形则无性矣，舍性亦无形矣，失性者据形求之，尽性者于形尽之。贼其形，则贼其性矣。③

颜元以上将批驳之重心指向释氏，云佛教之过即以此身为累，又将其对比儒学"有物有则"、"性""形"一贯诸论，即为凸显儒学"性""命"合一之优

---

① （明）方以智：《一贯问答》，《方以智全书》第3册，第57页。
② （清）颜元：《存性编》，徐世昌编纂：《清儒学案》第1册，第344页。
③ （清）颜元：《存人编》，徐世昌编纂：《清儒学案》第1册，第347页。

势。关于儒学这一优势,实际可在儒者思想中普遍得以阐发,且儒者"身""形"观念向与佛道不同。如陈立胜曾在《"身不自身":罗近溪身体论发微》一文中揭出罗近溪"身不自身"主张与道家学说具有区别。他讲到:"罗近溪之'身不自身'的观念挺立的是万物一体的责任意识,而与道家之'身不自身'、纵身大化中不喜亦不惧的忘形形成鲜明对照。"①我们认为,陈立胜教授指出的罗汝芳这一"身不自身"观念并非其所独有,乃代表广泛意义上的宋明儒者"万物一体"理念下的主体建构思路。而颜元以儒家"性""形"合一之特色批评佛道"性""命"二分实亦是回应晚明佛道"性命论"争端。《中国佛教通史》记:

> 性命问题,构成为晚明佛道之辨的核心问题。对此,袾宏在其《正讹集·性命双修》条中写道:"道家者流,谓己为性命双修,谓学佛为修性不修命。此讹也。彼盖以神为性,气为命,使神驭气,神凝气结而成丹,名曰性命双修。以佛单言见性,不说及气,便谓修性缺命,目为偏枯,自不知错认性字了也。佛所言性,至广至大,至深至玄,奚可对气平说?气在性中,如一波在沧海耳。见佛性者,尽虚空法界无不具足,何况一身之气而不该摄?故曰:但得本不愁末,则一修一切修,又岂止二事双修而已?"②

> 晚明丛林基于佛教心性一元论的基本立场,特别针对全真道所主张的性命双修的丹道炼养工夫展开了思想论辩,阐述了佛教"性本论"的性命不二与道教"气本论"的性命二分之间的义理差异,进而辨析佛教明心见性与道教修身炼性之间的工夫论差异,致使晚明全真丹道趋归仙佛合宗同修共证的思想融通。晚明佛道之辨的现实效应,同时也使晚明佛教吸收道教修命传统的《功过格》形式加以佛教化的改造,通过"唯心立命"强调佛教心性智慧与因果信仰相结合,一并落归于现实世间的劝善教化。③

由晚明延续至清初的性命论争端中,不仅可见儒释道三家之学在其共同关注之性命论议题上的分判与交融,更可见,时代更迭之际,思想界对个体之"形"、对世俗生命的普遍侧重。而"形"在悄然之间获得普遍重视反映

---

① 陈立胜:《"身不自身":罗近溪身体论发微》,《西北大学学报》2012年第1期,第10页。
② 赖永海主编:《中国佛教通史》第12卷,第547页。
③ 赖永海主编:《中国佛教通史》第12卷,第542—543页。

出三方面重要问题：其一，泰州"尊身"观念某种程度上在清初得到一定的延续；其二，清初学者更为关注"此在"的现实生活；其三，由"性命论"阐发方向的转变揭示儒家德福关系在晚明清初阶段发生变化。在此意义上可以说，晚明清初的儒学转型之标志之一——情欲解放实则是在"身"所表彰的个体"此在"之意义和价值得以凸显的前提下得以成立的。该成立之现实揭示，基于"天人合一"理念下的道德性命论已然完成向凸显个体感性人生、现实人生的世俗性命观、经验论的转进，于此，以"道德性命之学"自称的宋明心性哲学在晚明清初渐趋衰颓，并逐步退出历史舞台。至清中期，儒学性命论的深度转化某种程度上正进一步引导了，且象征了明清儒学转型的实现和完成。大致上讲，清中期以后的儒学性命论基本呈现以下演化趋向：一者，在孟子学模式中否定"复性"之路，在孔学模式中回到孔子论性，《易》道论性，继而转向荀子性命论。其间，荀子"制天命而用之"的理念在清儒经世思想中即有所体现；二者，在儒学语境中，宋明高谈义理之性命之学全然转向依托经学训诂的"性""命"考据之学；三者，于多教融合的复杂格局里，儒学性命论进一步从体用关系层面力排佛道之影响。以上种种皆为冲击宋明孟子学心性论路径的"道德性命之学"的重要因素。

较为典型地，以戴震、章学诚、焦循、阮元、龚自珍等乾嘉乃至其后的儒者其性命论主张虽各有侧重，但主旨精神某种意义上实际正是晚明清初儒学性命论诠释路径和发展方向的延续和深化。这一延续和深化正体现在，乾嘉学者乃是在新"道"学的基础上，借助对"气"论的进一步发挥，具体地说乃是借对"气质之性""血气心知"存在之合理性、优越性的说明，更系统地阐释了感性生命的可贵，此是世俗性命观发展之必然结果。据此结果，由荀学开创之儒学"成性"路径便有了实实在在的现实基础，又得益于该现实基础的成立，儒学性命论切实转向对个体现实生命、感性生命的存有和成长的关注和倾重。

接下来，我们便系统地对清中期以降的儒学性命论之演化势态进行整理和研究，以此回望晚明清初儒学性命论"道德"义衰微，及由此带来的个体主体性兴起之意义和影响。

言及清中叶儒学，乾嘉学派影响甚大，其中在小学考据、义理辨析两个层面皆有建树的儒者当首推戴震。总体上，戴震哲学思想的重要组成即其人性论主张，而他对"性""命"内涵及二者关系的论断尤其值得关注。关注点主要包括两方面：其一，戴震对宋明学术的批判，尤其是针对宋儒的批判基本已动摇了强调以天道、人道贯通为一的道德性命学的理论基础，此为"人"道及与之相关的个体生命观的挺立提供了理论铺垫；其二，以戴震、凌廷堪等人为代表的乾嘉学派与荀子学关系甚大，而荀子学理路的性命论、人性论与标榜孟子"性善"思想的宋明心性哲学理路又有不同，如此，清儒如何在冲突中重构性命论、重构道学，需要给予充分关注。正如清代哲学研究者田富美所讲：

> 不管是顾炎武的"非器则道无所寓"；或戴震以"形以前""形以后"来阐释道与器，从实体实事的层面上论"分理""条理"；或焦循对"攻乎异端"的理解；或程瑶田论"据理而执一"之害；或凌廷堪全面否定"理"字或理学；或阮元对道、器的实象化解释，其实都是"以气为本"观点的延伸，呈现的是异于程朱理学、陆王心学的理论意涵……在此，必须更进一步说明的是，清儒这样的立场是近于荀子而远于孟子的……清儒在气本论的脉络下，透过训诂考据的方式，解"道"为"行"，为"大路"，依次而引申出"道"的概念，乃是就实体实事所遵循的普遍规律而论，强调本诸经验事实的形迹中探究"道"，这样的思考理路无疑是具有强烈的荀学倾向的。①

田富美以上所说不仅将乾嘉学术之"气"本论特色追溯至清初顾炎武之创制，更将这一创制及其延续追究至荀子学在清代的复兴。这一说法于明清儒学人性论、性命论的考察具有重大启示。又有邓国宏讲到："乾嘉时期戴震、章学诚、焦循、凌廷堪和阮元等人的思想普遍地具有鲜明的荀学性格，与荀子的思想理路颇为一致。他们虽然对于荀子思想承接和发展的面向不同，但就总体而言均不失为从其自身时代和理论的立场对于荀子思想的重要推进和改造。从这一继承与发展之中，乾嘉学者整合先秦儒学尤其是荀子思想的理论资源来重构自身新的思想体系的努力得以具体地展示出来，其背后所体现的中国传统思想自身的早期现代转化历程亦可清晰显见。"②邓国宏在其博士论文中对上述诸位思想人士与荀学之关联不仅作了共性考察，又揭明其各自特性，此即基本厘清了明清荀子学发展、演化的基本思路，同时为明清儒学转型研究提供了重要线索。

综上诸论，又结合笔者有关清中期儒学性命论文献的整理和分析，实际无论就戴震、章学诚等人对道德性命之学的批判而言，还是就其对荀子人性论的汲取而言，清中期诸多儒者其哲学努力都在很大程度上宣告了儒学主

---

① 田富美：《清代荀子学研究》，台湾政治大学博士论文，2005年，第162—163页。
② 邓国宏：《戴震、章学诚与荀子思想关系研究》，武汉大学博士论文，2013年，第3页。

体性思维的深度转变,同步宣告了宋明心性哲学传统"修身"理念、修身工夫论的转变,而对上述转变的深掘或将成为明清儒学转型研究的新切口。据此可说,清中期,儒学性命论的深度转化某种程度上进一步引导且象征了明清儒学转型的实现。就该问题,台湾地区学者王慧茹即从"性命论"的观察出发,讲出了戴震、焦循、阮元等人在清代儒学建构上的一脉相承与开拓创新。按其讲到:"戴震和焦循,虽都主张'性一元论',但皆有性命天道相贯通的一面,且二人都表示,其学思建构来自孟子……戴震强调事理、物理、条理,达情遂欲;焦循则主张性'能知故善'、性善可引;其'性、命'之论,或有偏重,但都算能绾合形上思维和经验世界的两端,其具体务实的社会人性关怀,亦皆有可取处……到了阮元,阮元重求是、求实之学,采考据入手以诂经解经,学政兼善……独因其说将'道'的内涵,限缩在'忠、孝'二目,以节性知礼、勤习威仪作为改造社会人心的价值论述,此亦让阮元的性命说,转衍成一种教化治具的倾向,由个人的完善,而社群、而总体,试图由'子—父、臣—君、我—群'的经验互动和落实,突破宋明以来儒学强调以提升个人修养为诉求的道德局限,着眼于群体生活,亦在求实求是之外有'以礼经世'的倾向。"①据此,王慧茹已然留意到清中期以戴震、焦循、阮元为代表的学者,围绕"性命论"议题在儒学重构上的层层推进及各自突破。应该说,正是这种推进和突破最终引导清学以倾向"器下",倾向世俗人格、人生之完善为特色的姿态走向历史舞台。当然,王慧茹对清代儒学性命论的考察仅是以典型人物之典型论说为根据,而依我们对清中期更多儒者性命论的考察,清中期以后的儒学性命论实呈现出更为复杂的演化趋向。以下,我们将通过具体个案的分析予以佐证。

  先来说戴震。《戴震全书》载录戴震"性""命"之说众多,呈现而出的性命论思想也较为丰富、系统,且核心思路亦是相当显明,即在其欲构建的新的"道"学体系下对气化论传统的坚守。正如杨儒宾讲到:"戴震显然也有天道性命之说,他对天道性命的解释来自中国气化论的老传统,他一再引用《大戴礼记》'分于道谓之命,形于一谓之性'之言,此言可视为戴震哲学依循的最上之经典依据。他对此语的解释是相当汉儒式的,是气化宇宙论的模式。"②此说即揭出了戴震性命论的指导思想。同时,杨儒宾此说亦在指出儒学性命论与"气"论之间关联或有两种:其一,是与作为本体论讨论范

---

① 王慧茹:《性与命:焦循、阮元的人性论述》,《辅仁国文学报》2018年第47期,第83—84页。
② 杨儒宾:《异议的意义:近世东亚的反理学思潮》,第67页。

畴的"气"之关系,即与"先天型气学"之关系;其二,是与作为宇宙论范畴的"气"之关联,即与"后天型气学"之关系。两种"气"论模式决定了儒学性命论虽大致皆讲天道性命之说,皆欲构建人道与天道之关联,然各有侧重。参考戴震论"性"、论"命"诸说,其性命论具有与"后天型气学"紧密相关性之外,又有多维展开。

首先,戴震论"性"说"命"尤尊《论语》、《孟子》与《易》,在该基础上,又对《中庸》、《荀子》与《大戴礼记》等有诸多阐释和发挥。而在其阐释、发挥的过程中实际不乏修正、批判之举,包括对"命"之"限分"义的申明,对孟、荀论"性"主张的指正等。此皆可视为清代学者儒学重构意识的呈现。戴震云:

> 凡远乎《易》《论语》《孟子》之书者,性之说大致有三:以耳目百体之欲为说,谓理义从而治之者也;以心之有觉为说,谓其神独先,冲虚自然,理欲皆后也;以理为说,谓有欲有觉,人之私也。三者之于性也,非其所去,贵其所取。彼自贵其神,以为先形而立者,是不见于精气为物,秀发乎神也;以有形体则有欲,而外形体,一死生,去情欲,以宁其神,冥是非,绝思虑,以苟语自然。不知归于必然,是为自然之极致,动静胥得,神自宁也。自孟子时,以欲为说,以觉为说,纷如矣,孟子正其遗理义而已矣。心得其常,耳目百体得其顺,纯懿中正,如是之谓理义。①

> 《论语》曰:"性相近也,习相远也;惟上知与下愚不移。"人与物,成性至殊,大共言之者也;人之性相近,习然后相远,大别言之也。凡同类者举相似也,惟上智与下愚,明暗之生而相远,不因于习。然曰上智,曰下愚,亦从乎不移,是以命之也。"不移"者,非"不可移"也,故曰:"生而知之者,上也;学而知之者,次也;困而学之,又其次也;困而不学,民斯为下矣。"君子慎习而贵学。②

据此,戴震以为,凡远《易》《论语》《孟子》而论"性"诸说皆有纰漏。其中原因在于,《论语》载"性相近也,习相远也",申明了"性"乃"人""物"种属之别的根本规定,然同一种属中,"性"因"习"生变,因此是可发展的;孟子云"……性也,有命焉,君子不谓性也……命也,有性焉,君子不谓命也",正指出了"性""命"对扬关系的根本内涵在于"归于必然,是为自然之极

---

① (清)戴震:《原善》,《戴震全书》第6册,第19页。
② (清)戴震:《原善》,《戴震全书》第6册,第24页。

致",亦即道明了"气质之性"(气)与"天命之性"(理)的合和本就是"理"之当然,亦是"理"之必然。至于《易》,《易》云"成之者,性也",此与戴震上述理解的孔、孟"性命"观一致,更是在气化生生的基础上,强调了"性"同时兼具"各以类滋"的先天规定性与"日生日成"的后天发展性。可见,戴震对"性"之理的分析与其理气关系主张甚为相关。

又《中庸补注》中,对"天命之谓性,率性之谓道,修道之谓教"一句的阐释,戴震在郑玄所注"天命,谓天所命生人者也,是谓性命。木神则仁,金神则义,火神则礼,水神则信,土神则知。《孝经说》曰:'性者,生之质;命,人所禀受度也。'率,循也。循性行之之谓道。修,治也。治而广之,人仿效之,是曰教"①的基础上,补曰:

> 生而限于天,是曰天命。凡分形气于父母,即为分于阴阳五行。人与百物各以类滋生,皆气化之自然。《大戴礼记》曰:"分于道谓之命,形于一谓之性。"分于道者,分于阴阳五行也。性之大别,各以气类,而同类之中,又复不齐,故曰"天命之谓性"。有生以后,则有相生养之道,亦如气化之不可已。经传中或言天道,或言人道。天道,气化流行,生生不息是也。人道,以生以养,行之乎君臣、父子、夫妇、昆弟、朋友之交是也。凡人伦日用,无非血气心知之自然,故曰"率性之谓道"。然心知有明暗,当其明则所行不失,当其暗则有差谬之失。修者,察其得失而使一于善,非于道之外别为法制也,故曰"修道之谓教"。②

此段伊始"生而限于天,是曰天命"便是再次申明"命"之"限分",然与以往宋明儒讲"命"之限定义不同,此"限分"更大程度上并非在讲"命"于"人"之限定,而是在讲"天"于"命"之限定。这一微妙转化便有"天""人"相分之意。戴震又引《大戴礼记》"分于道谓之命,形于一谓之性"之"性""命"分说主张,揭示"性之大别,各以气类,而同类之中,又复不齐,故曰'天命之谓性'",实际同样意在指出"命"之有类受限于"天"。故其后论"天道,气化流行,生生不息是也。人道,以生以养,行之乎君臣、父子、夫妇、昆弟、朋友之交是也",更是极为明显地区分了"天"与"人"之不同,即"天"具有宇宙创生意义上的"气"化流行的原初意义,而"人"代表礼教施行的伦理社

---

① (清)戴震:《〈中庸〉补注》,《戴震全书》第2册,第51页。
② (清)戴震:《〈中庸〉补注》,《戴震全书》第2册,第51页。

会。在此意义上,"天"为根本,"人"为衍生。相应地,"人"与"物"又因"命"之分而有区别。如其道:

> 《中庸》曰:"天命之谓性,率性之谓道,修道之谓教。"莫非天道也,其曰"天命",何也?《记》有之"分于道,谓之命;形于一,谓之性",言分于五行阴阳也。天道,五行阴阳而已矣,分而有之以成性。由其所分,限于一曲,惟人得之也全。此人性之于物性异也。言乎其分于道,故曰"天命之谓性"。耳目百体之欲,求其故,本天道以成性者也。人道之有生则有养也;仁以生万物,礼以定万品,义以正万类,求其故,天地之德也,人道所由立也;咸出于性,故曰"率性之谓道"。①
>
> 性者,分于阴阳五行以为血气、心知,品物区以别焉,举凡既生以后所有之事,所具之能,所全之德,咸以是为其本,故《易》曰"成之者,性也"。气化生人生物以后,各以类滋生久矣;然类之区别,千古如是也,循其故而已矣……凡分形气于父母,即为分于阴阳五行,人物以类滋生,皆气化之自然。《中庸》曰:"天命之谓性。"以生而限于天,故曰天命。《大戴礼记》曰:"分于道谓之命,形于一谓之性。"分于道者,分于阴阳五行也。一言乎分,则其限之于始,有偏全、厚薄、清浊、昏明之不齐,各随所分而形于一,各成其性也。然性虽不同,大致以类为之区别,故《论语》曰"性相近也"……天道,阴阳五行而已矣;人物之性,咸分于道,成其各殊者而已矣。②

戴震上述言论大致呈现了其对于"性""命"关系的一个基本看法,即从气的分化限定来谈"性""命"。就此来说,"性""命"均有偏全、清浊之分,因其本身为气之分化,又因类的不同而各有限定。与之相应地,"天""人"有别,"人""人"有差,"人""物"不同。据此,戴震哲学中"性""命"均落实于经验世界之气化来讲,不再具有宋明理学传统中价值的形上本体的地位。戴震强调"有物有则",认为人须"尽其自然而归于必然""归于必然而适完其自然",实是一在经验世界中创造与成就价值的成性追求,而非宋明儒的复归性命的理路。该理路之差,一定程度上讲,正是孟、荀之别。

实际上,戴震对孟、荀人性论、性命论确有评说。其云:

---

① (清)戴震:《原善》,《戴震全书》第6册,第12页。
② (清)戴震:《孟子字义疏证》,《戴震全书》第6册,第177—178页。

> 盖孟子道性善，非言性于同也；人之性相近，胥善也。明理义之为性，所以正不知理义之为性者也；是故理义，性也。①
>
> 幼者见其长，知就敛饬也，非其素习于仪者也；鄙野之人或不当义，可诘之使语塞也。示之而知美恶之情，告之而然否辨；心苟欲通，久必豁然也。观于此，可以知人之性矣，此孟子之所谓"性善"也。②

上述二例中，戴震否定了世人对孟子性善说的一般理解，即认为孟子性善指的是人性皆同善，皆本来善，而指出理义之性善人人本知、本能。因而，按戴震理解，孟子性善之旨在于揭出人因"能善"而"善"，故与"物"具有区别。此番揭示便为思想家对孟、荀人性论的反省、整合提供了基础。戴震又道：

> 孟子道性善，察乎人之材质所自然，有节于内之谓善也；告子谓"性无善无不善"，不辨人之大远乎物，概之以自然也……主才质而遗理义，荀子、告子是也。荀子以血气心知之性，必教之理义，逆而变之，故谓"性恶"，而进其劝学修身之说。告子以上焉者无欲而静，全其无善无不善，是为至矣；下焉者，理义以梏之，使不为不善。荀子二理义于性之事能，儒者之未闻道也；告子贵性而外理义，异说之害道者也。③

戴震此处虽对荀子论"性"提出了批评，即认为荀子"二理义于性之事能"，但亦指示荀子之高明，即在"以血气心知之性，必教之理义，逆而变之，故谓'性恶'，而进其劝学修身之说"。值得关注的是，荀子这一高明处与戴震尊礼教、倡"强恕"诸主张正相契合。戴震云"去私莫如强恕，解蔽莫如学，得所主莫大乎忠信，得所止莫大乎明善"，这一"强恕"工夫严格来说非为复性工夫，而是为扩充善端，为成性工夫。故其又云："孟子言性善，非无等差之善，不以性为'足于己'也，主扩而充之，非'复其初'也。人之形体与人之心性比而论之：形体始乎幼小，终于长大，方其幼小，非自有生之始即撄疾病小之也……形体之长大，资于饮食之养，乃长日加益，非'复其初'；心性之资于问学，进而贤人、圣人，非'复其初'明矣。"④此即明确提出，孟子学非"复性"之学，其"性善"非本来善之义，而其思路乃是荀子学"化性起伪"、

---

① （清）戴震：《原善》，《戴震全书》第6册，第17页。
② （清）戴震：《原善》，《戴震全书》第6册，第17页。
③ （清）戴震：《原善》，《戴震全书》第6册，第18页。
④ （清）戴震：《孟子私淑录》，《戴震全书》第6册，第70页。

成以教化之思路。

其次，戴震在"气"本论的基础上，重构了"性"与"命"、"天"与"人"之间的统类关系，并以"本然""自然""必然"之辩证关系形容之。其云：

> 五行之成形质者，则器也；其体物者，道也，五行阴阳，得之而成性者也。①
>
> 本阴阳五行以为血气心知，方其未感，湛然无失，是谓天之性，非有殊于血气心知也。是故血气者，天地之化；心知者，天地之神；自然者，天地之顺；必然者，天地之常。②
>
> 凡言命者，受以为限制之称，如命之东则不得而西。故理义以为之限制而不敢逾，谓之命；气数以为之限制而不能逾，亦谓之命。③

以上诸例皆可见戴震对"气"本论的推崇。而此"气"非理气之"气"，非虚空之"气"，而是形而下的，有形质的血气之"气"。关于形上、器下，戴震的解释为"形，谓已成形质；形而上犹曰形以前，形而下犹曰形以后。阴阳之未成形质，是谓形而上者也，非形而下明矣。器言乎一成而不变，道言乎体物而不遗"④。此说亦以"气"之生成与显现讲"形上""器下"之别。应该说，戴震论"性"说"命"的过程中对"气"本论的强调，极大程度上消解了宋明以降，儒学对"心"本体、"理"本体的倡导，而尊"气"的同时，戴震对"心""理"的阐发，更是将其拉回人之经验生活的解释中。如其论曰：

> 心能使耳目鼻口，不能代耳目鼻口之能，彼其能者各自具也，故不能相为。⑤
>
> 心为形君，耳目百体者，气融而灵，心者，气通而神。⑥
>
> 恻隐、羞恶、恭敬、是非之心，孟子谓之心，不谓之情。心能辨是非，所以能辨者智也；智由于德性，故为心之能而称是非之心。心则形气之主也，属之材者也，分于阴阳五行而成性各殊。⑦
>
> 孟子而后，惟荀子见于礼义为必然，见于不可徒任自然，而不知礼

---

① （清）戴震：《原善》，《戴震全书》第 6 册，第 8 页。
② （清）戴震：《原善》，《戴震全书》第 6 册，第 10—11 页。
③ （清）戴震：《孟子私淑录》，《戴震全书》第 6 册，第 45 页。
④ （清）戴震：《孟子私淑录》，《戴震全书》第 6 册，第 38—39 页。
⑤ （清）戴震：《孟子私淑录》，《戴震全书》第 6 册，第 57 页。
⑥ （清）戴震：《孟子私淑录》，《戴震全书》第 6 册，第 68 页。
⑦ （清）戴震：《绪言》，《戴震全书》第 6 册，第 112 页。

义即自然之极则；宋儒亦见于理为必然，而以理为太极，为"生阳生阴之本"，为"不离阴阳，仍不杂于阴阳"，指其在人物为性，为"不离气质，仍不杂乎气质"。盖不知理者，自然之极则也，视理俨如一物，加以主宰、枢纽、根柢之说，一似理亦同乎老、释所指者之于人为本来面目。①

据此，戴震终将宋明儒所倡形上之"心"、在天之"理"打回原形。以"心"为"腔子里"的，可感知、可思虑之意识；以"理"为"律则"，为日用伦常之理性经验之总结，故其又谓"知条理之说者，其知理之谓矣"②。至此，"天"之生成与"人"之生活各有不同，"人"于"天"可审视，却不可轻言"贯通为一"。戴震又道：

> 天道以天地之化言也，人道以人伦日用言也。是故在天地，则气化流行，生生不息，是谓道；在人物，则人伦日用，凡生生所有事，亦如气化之不可已，是为道。《易》曰"一阴一阳之谓道"，此言天道也；《中庸》曰"率性之谓道"，此言人道也。③
> 
> 善曰仁，曰礼，曰义，斯三者，天下之大衡也。上之见乎天道，是谓顺；实之昭为明德，是谓信；循之而得其分理，是谓常。道，言乎化之不已也；德，言乎不可渝也；理，言乎其详致也；善，言乎知常、体信、达顺也；性，言乎本天地之化，分而为品物者也。限于所分曰命，成其气类曰性；各如其性以有形质，而秀发于心，征于貌色声曰才。资以养者存乎事，节于内者存乎能，事能殊致存乎才，才能类别存乎性……如听于所制者然之谓命。④

此便重申了"天道""人道"之别，即"天道以天地之化言也，人道以人伦日用言也"。而天道与人道的分隔还体现在"形上"之前、后之差，同时，人与人之差异其因在"气"，其显则在"情""才"。应该说，戴震对"天""人"、"人""人"之区别的审视和统类观念即已凸显清代学者有别于宋明道德实践路径的主体性思维，更准确地说，清儒乃是在"天""人"二分的基础上，强调了主体性建构的"个体性"差异。于此，宋明学术多番申明的"天道性命贯通为一"之"道德性命学"在清中期终退下历史舞台。

---

① （清）戴震：《孟子私淑录》，《戴震全书》第6册，第74页。
② （清）戴震：《孟子私淑录》，《戴震全书》第6册，第45页。
③ （清）戴震：《孟子私淑录》，《戴震全书》第6册，第37—38页。
④ （清）戴震：《原善》，《戴震全书》第6册，第7—8页。

在不求"合一",而讲统类的前提下,戴震对"性""命"关系的看法较之前儒,呈露出若干新意。其云:

> 孟子曰:"口之于味也,目之于色也,耳之于声也,鼻之于臭也,四肢之于安佚也,性也,有命焉,君子不谓性也;仁之于父子也,义之于君臣也,礼之于宾主也,知之于贤者也,圣人之于天道也,命也,有性焉,君子不谓命。"存乎材质所自为,谓之性;如或限之,谓之命,存乎材质所自为也者,性则固性也,有命焉,君子不以性而求逞其欲也;如或限之,谓之命,存乎材质所自为也者,性则固性也,有命焉,君子不以性而求逞其欲也;如或限之也者,命则固命也,有性焉,君子不以命而自委弃也。①

牟宗三曾以"性命对扬"讲宋明理学语境的"性""命"关系,戴震作为清儒,以"自然""必然"之间的辩证关系诠释其"性命论",这其中即有牟氏之指。戴震又云:"性者,有于己者也;命者,听于限制也。'谓性',犹云借口于性耳,君子不借口于性之自然以求遂其欲,不借口于命之限之而不尽其材。"②此即蕴含"率性"以合道与"力行"以尽之双重要求。而其思路正是牟宗三所谓的"性命对扬"理念。然按戴震,这一"对扬"关系更明确的解释乃是"本然""自然""必然"间辩证式的关系。戴震云:

> 人与物同有欲,欲也者,性之事也;人与物同有觉,觉也者,性之能也。欲不失之私,则仁;觉不失之蔽,则智。仁且智,非有所加于事能也,性之德也。言乎自然之谓顺,言乎必然之谓常,言乎本然之谓德。天下之道尽于顺,天下之教一于常,天下之性同之于德……善,以言乎天下之大共也;性,言乎成于人人之举凡自为。性,其本也。所谓善,无他焉,天地之化,性之事能,可以知善矣。君子之教也,以天下之大共正人之所自为,性之事能,合之则中正,违之则邪僻,以天地之常,俾人咸知由其常也。明乎天地之顺者,可与语道;察乎天地之常者,可与语善;通乎天地之德者,可与语性。③
>
> 由天道而语于无憾,是谓天德;由性之欲而语于无失,是谓性之德。性之欲,其自然之符也;性之德,其归于必然也。归于必然适全其自然,

---

① (清)戴震:《原善》,《戴震全书》第6册,第11页。
② (清)戴震:《绪言》,《戴震全书》第6册,第102页。
③ (清)戴震:《原善》,《戴震全书》第6册,第9页。

此之谓自然之极致……凡动作威仪之则,自然之极致也,民所秉也。自然者,散之普为日用事为;必然者,秉之以协于中,达于天下。知其自然斯通乎天地之化;知其必然斯通乎天地之德。①

性原于阴阳五行,凡耳目百体之欲,血气之资以养者,皆由中达外,性为之本始,而道其所有事也;命即人心同然之理义,所以限制此者也。古人多言命,后人多言理,异名而同实。耳目百体之所欲,由于性之自然;明于其必然,斯协乎天地之中,以奉为限制而不敢逾,是故谓之命。命者非他,就性之自然,察之精明之尽,归于必然,为一定之限制,是乃自然之极则。②

戴震并未回避"欲"之流行,然其从"觉"之能讲起,而将此能纳入"性之德"的范畴,并讲到"言乎自然之谓顺,言乎必然之谓常,言乎本然之谓德"。如此,"性"同时兼具自然、必然、本然三种情态,当言"率性"便是凸显其"自然"之一面,言"天命之谓性"则在于呈现"性"之恒常特性,言"尽性至命"在申明道德实践之意义。与之相应地,戴震云"性之欲,其自然之符也;性之德,其归于必然也。归于必然适全其自然,此之谓自然之极致"便是试图消解"欲"与"德"之矛盾,化自然归于必然。而就"必然"上讲,"命"之限定义也正凸显其作为"极则"所本具的"必然"性。就此来说,"自然""必然"之间的相化也是"性"向"命"的无限贴近。据此而言,"性""命"之别正如"自然""必然"之间的辩证关系,而二者之统合则意味"尽性至命"的落实。

综合以上,戴震性命论思想有其哲学主旨的呈现,更有考据学复兴之时代学术特色的显露。这在其后学王念孙、王引之等人学术思想中却并未得以延续,二王将"性命"的诠释近乎完全落定在训诂、考据的面向。如王念孙曾就"是以孔子论六经,纪异而说不书。至天道命,不传"一语注云:"'天道命'当作'天道性命'。《论语》曰:'夫子之言性与天道,不可得而闻也。'此本《论语》为说,则'命'上当有'性'字。《正义》内两言'天道性命',是其明证矣。《孔子世家》亦曰:'夫子言天道与性命,弗可得而闻也已。'"③此即全以考据论"性""命"之解。此后,王引之承继王念孙考据学理念和主张,在义理上一样缺少发挥。其释《国语》"厚其性"、《大戴礼记》"故命者三句"等皆尊考据学路数,以考代论:

---

① (清)戴震:《原善》,《戴震全书》第6册,第11页。
② (清)戴震:《绪言》,《戴震全书》第6册,第102页。
③ (清)王念孙:《读书杂志·史记第二》,上海:上海古籍出版社,2017年,第239页。

"先王之于民也,懋正其德而厚其性,阜其财求而利其器用",韦注曰:"性,情性也。"家大人曰:性之言生也……文七年《左传》曰:"正德、利用、厚生,谓之三事。"杜解"厚生"曰:"厚生民之命。"此云"懋正其德"即"正德"也,云"厚其性"即"厚生"也,云"阜其财求而利其器用"即"利用"也。成十六年《传》曰"民生厚而德正,用利而事节",襄二十八年《传》曰"夫民生厚而用利,于是乎正德以幅之",文六年《传》曰"时以作事,事以厚生",皆其证也。①

"故命者性之终也,则必有终矣",家大人曰:此当依《家语》作"故命者性之始也,死者生之终也,有始则必有终矣",文义始通,且与上文相合。今本脱去"始也死者生之"六字及"有始"二字,则文不成义。注曲为之说,非也。②

王引之上述言说,基本无关思想义理的发挥,仅是就字义文句开展朴学考据的工作。

如果说戴震后学王念孙、王引之等本无意"性命"义理的阐发,那么当时亦有部分擅长经学考据之人如程瑶田虽有意"性命之学"的阐释,但仍难及戴氏之功。

程瑶田极为突出的思想贡献是将"为己之学"推向个体为"人"之学,并试图将力倡主静工夫之人推向人伦社会,故其强调"礼"的施行。与之相应地,程氏塑造的儒者形象乃是尊礼重道德的刚健君子形象。程瑶田道:

儒者之道,尽伦也,尽礼也……嘉见于经以待人而行者之谓礼。③
学也者,学为人子,学为人臣,学为人弟,学为人友之道也。④
君子所以志于学,以求立乎斯世而成其为人者,曷藉乎?藉于礼而已矣……礼之于人大矣!以求之其子者而事父,以求之其臣者而事君,以求之其弟者而事兄,以求之其友者而先施,礼也。
夫圣人之学,天行也,自强不息……学者即不敢自谓遽求至于圣人,然亦不可不以君子自勉也。⑤

---

① (清)王引之:《经义述闻》,上海:上海古籍出版社,2017年,第1162页。
② (清)王引之:《经义述闻》,第759页。
③ (清)程瑶田:《论学小记》,《程瑶田全集》,合肥:黄山书社,2008年,第77页。
④ (清)程瑶田:《论学小记》,《程瑶田全集》,第13页。
⑤ (清)程瑶田:《论学小记》,《程瑶田全集》,第17页。

应该说，程瑶田对于"礼"教的推崇，及对刚健君子形象的提倡与其"气"本论主张、"天人关系"主张，乃至性命论理念皆有一定关联。具体言之，程瑶田同戴震一样从"气"本论出发，论"身"、论"心"，论天地之性、人之性与物之性的区别，认为前二者具有德性而性善，后者则未必然，进而又从"气质之性"的问题讲到"性命"议题。程氏道：

> 依乎礼而无悖乎其伦，修身顺命，夭寿不贰，至于血枯，而其气亦绝矣。是气也，分于天地，而聚于吾之身；至是，则去乎吾之身，而散而归于天地。①

> 夫心，只一血气之心也。论其所存，则义理藏血气中，故以血气言，则五藏并有盛衰……天下无不用心之圣人，天下亦无不死之圣人也……古之圣人亘万世而常存者，存其名也。若心以血气尽而与身俱糜，岂得谓圣人之心独不病乎？②

> 有天地然后有天地之性，有人然后有人之性，有物然后有物之性。有天地、人、物，则必有其质、有其形、有其气矣。有质、有形、有气，斯有其性，是性从其质、其形、其气而有者也。是故天地位矣，则必有元亨利贞之德，是天地之性善也。人生矣，则必有仁义礼智之德，是人之性善也。③

> 性也而安得有二哉！安得谓气质中有一性，气质外复有一性哉！且无气质则无人，无人则无心；性具于心，无心，安得有性之善？故溯人性于未生之前，此天地之性，乃天道也……故曰"一阴一阳之谓道"也。道在于天，生生不穷，因物付物，乃谓之"命"，故曰"维天之命，於穆不已"也。④

程瑶田以上诸论皆本于"气"，故其同戴震较为一致地认为"心""只一血气之心也"，由此，"义理之性""气质之性"皆源于"气"，无须二分。而在程氏认为，需要分讲的乃是"天道"与"人道"，二者差别正在人之生之前、后之别。此与戴震主张具有近似处，同时，程氏由天道说出的乃是"命"，此即可解瑶田对"命"之"天"字义的推崇缘由。因而程瑶田又云：

> 仰而望之，可见者非天乎？天非形乎？形非质乎？形、质非气乎？

---

① （清）程瑶田：《论学小记》，《程瑶田全集》，第77页。
② （清）程瑶田：《论学小记》，《程瑶田全集》，第75—77页。
③ （清）程瑶田：《论学小记》，《程瑶田全集》，第38页。
④ （清）程瑶田：《论学小记》，《程瑶田全集》，第40页。

是故天者,积气而已矣。有气斯有道,有道斯有命,有命斯有性,有性复有道。道一而已,气之流行者皆是也,莫非气也,即莫非道也。未有命,已有道。《太傅礼》曰:"分于道谓之命。"言有道斯有命也。流行之谓道,赋予之谓命,禀受之谓性,气之有先后次第者如是也。然是气也,曷尝有须臾不流行者乎?无有始也,无有终也。故人既受命而成性矣,道即从性中流行而不已。①

孟子曰:"弥子曰:'孔子主我,卫卿可得也。'孔子曰:'有命。'孔子进以礼,退以义,得之不得曰'有命'。"此皆言以"义"治"命","义""命"分说,不以"义"为"命"而合言之也。"义""命"分说,故孟子"性""命"亦分说,故曰:"口之于味,目之于色,耳之于声,鼻之于臭,四肢之于安佚,性也,有命焉,君子不谓性也。仁之于父子,义之于君臣,礼之于宾主,智之于贤者,圣人之于天道,命也,有性焉,君子不谓命也。"②

据此,程瑶田以"积气"为"天",流行为"命","天""命"和合为一;又以"义"、"命"分说对讲"性""命"二分。其理据便在认定"命"倾向于天之意志,"义"属人之作为,二者不对等,故"性""命"虽紧密相关,但原本有别。程氏以上立足"气"本论,对"性""命"之间差异的描述与宋明学术力倡"合一"的传统大有区别。又据其论:

孟子曰:"口之于味也,目之于色也,耳之于声也,鼻之于臭也,四肢之于安佚也,性也,有命焉,君子不谓性也。"谓我之口而嗜乎味,我之目而美乎色,我之耳而悦乎声,我之鼻而知乎臭,我之四肢而乐乎安佚,其必欲遂者,与生俱生之性也;其不能必遂者,命之限于天者也。五者,吾体之小者也。遂己所成之性恒易,而顺天所限之命恒难。性易遂,则必过乎其则;命难顺,则不能使不过乎其则。治性之道以不过乎则为断,节之以命而不畏其难顺,斯不过乎其则矣。③

"……命也,有性焉,君子不谓命也",谓以吾心之仁而施于父子,以吾心之礼而施于宾主,以吾心之智而施于贤者,以吾心所具圣人之德而与天道相贯通,其必欲遂者,与生俱生之性也;其不能必遂者,命之限于天者也。五者,吾体之大者也。遂己所成之性恒难,而顺天所限之命恒

---

① (清)程瑶田:《论学小记》,《程瑶田全集》,第51页。
② (清)程瑶田:《论学小记》,《程瑶田全集》,第52页。
③ (清)程瑶田:《论学小记》,《程瑶田全集》,第37页。

易。性难遂,则必不及乎则;命易顺,则姑任其不及乎则。治性之道以必及乎则为断,勉之以性而不畏其难遂,斯必及乎其则矣。①

以上,程瑶田实际仍是以"义""利"之辨讲"性""命"之别。其云"性易遂,则必过乎其则;命难顺,则不能使不过乎其则",云"治性之道以不过乎则为断,节之以命而不畏其难顺,斯不过乎其则矣",虽揭明了"性""命"之间紧密关联,然其意更在提示"命""则"之难违。换言之,程瑶田讲"性""命"之合实际是有偏义的。

通过对程瑶田性命思想的分析,我们发现,其主张多与戴震有近似之处,但其阐发或并未得戴氏真解。而真正理解戴震思想的实际另有其人,此人便是章学诚。

章学诚与戴震最为一致之处便在对荀子学的遵循和开拓层面。如有学者认为,"章在任何意义上都不是孟子主义者,虽然他草率地接受了孟子的人性观……如果章认为,戴虽自称为孟子主义者而实际上像荀子一样思考,那么在回应戴的过程中,章更直率地发展了一种荀子主义的观点,这是不奇怪的"②。此外,以章氏"六经皆史"观点为例,邓国宏曾指出"章学诚这种'约六经之旨而随时杜撰'的要求与荀子'宗原应变'、'法先王'与'法后王'相统一的思想史一致"③。同时,章与戴之近似还在对"天道"的尤为推崇的层面,即在区分"天""人"的基础上,强调了"天命""天道"之主宰义。其云:

"道之大原出于天",天固谆谆然命之乎?曰:天地之前,则吾不得而知也。天地生人,斯有道矣,而未形也;三人居室,而道形矣,犹未著也……仁义忠孝之名,刑政礼乐之制,皆其不得已而后起者也。④

人生有道,人不自知……故道者,非圣人智力之所能为,皆其事势自然,渐形渐著,不得已而出之,故曰"天"也。⑤

道有自然,圣人有不得不然,其事同乎?曰:不同。道无所为而自然,圣人有所见而不得不然也。圣人有所见,故不得不然;众人无所见,则不知其然而然。孰为近道?曰:不知其然而然,即道也。非无所见

---

① (清)程瑶田:《论学小记》,《程瑶田全集》,第37—38页。
② 〔美〕倪德卫:《儒家之道:中国哲学之探讨》,南京:江苏人民出版社,2006年,第336页。
③ 邓国宏:《戴震、章学诚与荀子思想关系研究》,第110页。
④ (清)章学诚撰,吕思勉评:《文史通义》,上海:上海古籍出版社,2008年,第33页。
⑤ (清)章学诚撰,吕思勉评:《文史通义》,第33页。

也，不可见也。不得不然者，圣人所以合乎道，非可即以为道也。①

章学诚以史学研究之客观、严谨态度兼顾了"天"之宇宙论的描述与"天道"之义理观的发挥，此即于"器下""形上"两个层面保持了"天道"的超越性。

然与戴震较为不同之处，章学诚在性命思想层面并未系统展开，毕竟按其认为，"天人性命之理，经传备矣。经传非一人之言而宗旨未尝不一者，其理著于事物而不托于空言也"②，又认为"性命之说，易入虚无。朱子求一贯于多学而识，寓约礼于博文，其事繁而密，其功实而难，虽朱子之所求，未敢必谓无失也……夫实学求是，与空谈性天，不同科也"③，即认为"性命"之说依经传所载即可，无需高谈阔论，阔论则易入虚无。因此，多数情况下，章氏仅是就清代向来流行的尊朱攻王的问题顺便讲出。其道：

> 陆王之攻朱，足以相成而不足以相病。伪陆王之自谓学朱而奉朱，朱学之忧也。盖性命事功学问文章合而为一，朱子之学也。求一贯于多学而识，寓约礼于博文，是本末之兼该也。④

> 今攻陆王之学者，不出博洽之儒而出荒俚无稽之学究，则其所攻与其所业相反也。问其何为不学问，则曰支离也；诘其何为守专陋，则曰性命也。是攻陆王者未尝得朱之近似，即伪陆王以攻真陆王也，是亦可谓不自度矣。⑤

综合章学诚上述之说，实际是将"性命之学"与"事功"之业区别看待，而其认为朱子学本是兼论"性命事功学问文章"，故攻朱者无需以善谈"性命"自居；相应地，攻陆王者则多有迂腐学究之态，而忽略了朱子学之整全特色。

戴震、程瑶田、章学诚之后，在乾嘉学术后期，凌廷堪、焦循、阮元又有各自性命论主张。三人性命论主张各有创新之处，但就理论根源而言，多与前述诸人具有一定共性，比如同样遵循"气"本论，同样不同程度地与荀子学具有一定关联，同样呈现愈加鲜明的时代特色，即经世理念。

---

① （清）章学诚撰，吕思勉评：《文史通义》，第34页。
② （清）章学诚撰，吕思勉评：《文史通义》，第78页。
③ （清）章学诚撰，吕思勉评：《文史通义》，第80页。
④ （清）章学诚撰，吕思勉评：《文史通义》，第79页。
⑤ （清）章学诚撰，吕思勉评：《文史通义》，第78页。

## 第五章 明清儒学转型的哲学实现：主体性思维的迁转与道德性命学的衰颓

凌廷堪较以往乾嘉儒者，其治学呈现更为浓厚的客观态度和求是精神。如其论"气"便不纯粹是义理层面的展开，而是历史视野的观望。凌廷堪云："今夫天地之气，一废一兴，一盛一衰，学术之变迁亦若斯而已矣……且吾闻之，气之所开，势不能禁。庸众以从俗为良图，豪杰以复古为己任，何吾子訾之太甚也？"①此即将对"气"的认知诠释拓展到历史兴衰与学术演化的层面。又如《戴东原先生事略状》一篇中，凌氏道："夫实事在前，吾所谓是者，人不能强辞而非之，吾所谓非者，人不能强辞而是之也，如六书、九数及典章制度之学是也。虚理在前，吾所谓是者，人既可别持一说以为非；吾所谓非者，人亦可别持一说以为是也，如理义之学是也。"②此即以"求是"之态度批判了宋明义理之学言"虚"特色。按邓国宏评曰："凌廷堪的实事求是主张不仅要在学术上追求真实客观的历史知识，而且更为重要的是为实践求得普遍承认的客观行为规范。两种意义上的实事求是，虽然都是致力于'客观性'之寻求，但是一在纯粹认知领域，一在伦理实践的领域，涵义有所不同。"③邓国宏以上所说启发研究者需要从认知领域、伦理实践领域两个层面重申凌廷堪于学、于事的双重客观化追求。

凌廷堪的客观化追求反映在其学术思想层面，即表现在对荀子学的重新审视，对其礼学、教化主张的细致阐发上。《荀卿颂》一篇中，凌廷堪讲到：

> 夫人有性必有情，有情必有欲，故曰"饮食男女，人之大欲存焉"。圣人知其然也，制礼以节之……无一事不依乎礼而莫之敢溃也。然后优柔厌饫，徐以复性，而至乎道。周公作之，孔子述之，别无所谓性道也。刘康公曰："民受天地之中以生，所谓命也。"是以有动作、礼义、威仪之则以定命也……盖礼者，身心之矩则，即性道之所寄焉矣……守圣人之道者，孟荀二子而已。孟子长于《诗》《书》，七篇之中，称引甚广。至于《礼经》，第曰"尝闻其略"。考其父命厥子，已与《士冠》相违；往送之门，又与《士昏》不合。盖仅得礼之大端焉耳……夫孟氏言仁必申之以义，荀氏言仁必推本于礼。推本于礼者……其与圣人节性防淫之旨，威仪定命之原，庶几近之……后人尊孟而抑荀，无乃自放于礼法之外乎！④

---

① （清）凌廷堪：《辨学》，《凌廷堪全集》第 3 册，第 34—35 页。
② （清）凌廷堪：《戴东原先生事略状》，《凌廷堪全集》第 3 册，第 328 页。
③ 邓国宏：《戴震、章学诚与荀子思想关系研究》，第 152—153 页。
④ （清）凌廷堪：《荀卿颂》，《凌廷堪全集》第 3 册，第 74—75 页。

凌廷堪直言"后人尊孟而抑荀，无乃自放于礼法之外乎"，此一方面有提升荀子在儒学道统中的地位之意，另一方面也是为礼学的推行寻找最为可靠的经典依据。尤其值得关注的是，凌廷堪讲的"礼"如其所说，乃是命定之则。其云"是以有动作、礼义、威仪之则以定命"，如此"天命"之流行即"礼"之流行。此外，《复礼》中，凌廷堪又云：

> 夫人之所受于天者，性也；性之所固有者，善也；所以复其善者，学也；所以贯其学者，礼也。是故圣人之道，一礼而已矣……夫性具于生初，而情则缘性而有者也。性本至中，而情则不能无过不及之偏，非礼以节之，则何以复其性焉……盖至天下无一人不囿于礼，无一事不依于礼，循循焉日以复其性于礼而不自知也……故曰："天命之谓性，率性之谓道，修道之谓教。"①
> 
> 夫圣人之制礼也，本于君臣、父子、夫妇、昆弟、朋友五者，皆为斯人所共由，故曰道者，所由适于治之路也……是故礼也者，不独大经大法悉本夫天命民彝而出之，即一器数之微，一仪节之细，莫不各有精义弥纶于其间，所谓"物有本末，事有终始"是也。格物者，格此也。《礼器》一篇皆格物之学也，若泛指天下之物，有终身不能尽职者矣。盖必先习其器数仪节，然后知礼之原于性，所谓致知也。②
> 
> 其所以复性者，复于礼也。故曰："一日克己复礼，天下归仁焉。"③

凌廷堪上述言论不仅重申了"礼"之推行的重要意义，并且提出了一重要观点，即"圣学'礼'也，不云'理'也"，此便有"以礼代理"之倾向④。此即否定了宋明理学存在的必要性，否定了"道德性命学"之价值。

事实上，凌廷堪针对"道德性命之学"确有较为明确的批判。其云：

> 明以来讲学之途径虽多，总之不出新安、姚江二派，盖圣学为禅学所乱将千年矣。自唐以后，禅学盛行，相沿既久，视为固然，竟忘"理事""体用"本非圣人之言也，悲哉……宋儒最喜言《学》《庸》，乃置好恶不论，而归心释氏，脱口即理事并称，体用对举。不知先王礼制皆所以节

---

① （清）凌廷堪：《复礼上》，《凌廷堪全集》第1册，第13—15页。
② （清）凌廷堪：《复礼中》，《凌廷堪全集》第1册，第16—17页。
③ （清）凌廷堪：《复礼下》，《凌廷堪全集》第1册，第19—20页。
④ 参见邓国宏之说："凌廷堪论礼超越荀子的特出之处在于其对'礼'与'理'的区别和'以礼代理'主张的提出ành。"《戴震、章学诚与荀子思想关系研究》，第152页。

民之性,好恶其大焉者也……近时如昆山顾氏、萧山毛氏,世所称博极群书者也,而昆山攻姚江不出罗整庵之《剩言》,萧山攻新安但举贺凌台之《绪语》,皆入主出奴余习,未尝洞见学术之隐微也。又吾郡戴氏,著书专斥洛闽,而开卷仍先辨"理"字,又借"体""用"二字以论小学,犹若明若昧,陷于阱攫而不能出也。其余学人,但沾沾于汉学宋学之分,甚至有云"名物则汉学胜,理义则宋学胜"者,宁识宋儒之理义乃禅学乎?或谓禅学以理为障,宋儒以理为性,其宗旨自别。此黠者欲盖弥彰之说也。①

凌廷堪从体用议题上讲儒佛之辨,讲儒学受染之因,借此明确反对宋以来的体用之说,认为此非正统儒学所言,认为儒学自此自投佛学之域,此即可视为清儒对道学的反抗。毕竟参杂"体用"以构儒学实际正是宋明"道德性命学"之特色。如徐洪兴教授揭示的那样:

> 真正触及道学思潮主题的,是与欧阳修同时代的胡瑗。胡瑗在创立其教育宗旨时,无意中揭示出了道学的主题,那就是他提出的"明体用之学"……"明体用"三字可看作道学思潮兴起时的主题或纲领。②
> 重要的是,胡瑗把"体用"范畴引入到了儒家的思想中,这对以后的道学思潮乃至心学思潮都可谓关系重大,以致其大有不可取代的重要地位……胡瑗引入"体用"范畴,标志着儒学真正开始向哲学本体论方向发展。即儒学不再仅限于人伦道德的实践及宇宙始源生化和"天人相副"目的论的解释,而是首先努力确立起人伦道德之所以存在的最终依据,然后再从中引申出各种"修己"的道德践履工夫,以及"安人"的经世致用,治国平天下的政治方略。③

应该说,凌廷堪虽试图回到圣学源头重诠儒佛之别,以此对清初学者批判宋学之不着重点提出批评,但其为回避义理之辨而不辨义理,甚至不讲"体""用"关系,则其关于宋学的批评甚至其重构儒学之思路仍是停留在表面的,又其引《楞严》论《华严》之说,亦难撇清其自身对释氏学说的熟习。

再来看焦循性命思想。焦循哲学建构中较为突出的内容便是人性论、

---

① (清)凌廷堪:《好恶说下》,《凌廷堪全集》第3册,第141—144页。
② 徐洪兴:《唐宋之际儒学转型研究》,第28—29页。
③ 徐洪兴:《唐宋之际儒学转型研究》,第29—30页。

性命论的部分。焦循论"性"多立于训诂、考据之视角,重诠孔孟人性论、性情论及其主体宗旨。其云:

> 《说文》心部云:"性,人之阳气,性善者也。""情,人之阴气,有欲者。"情阴而有欲,故贪淫争夺,端由此起,《荀子》谓"从人之性,顺人之情,必出于争夺,合于犯分乱理而归于暴"是也……此孟子所谓"可以为善"也。荀子据以为"性恶",荀子但知《礼》而不通《易》者也。孟子据以为"性善",孟子深通于《易》而知乎《礼》之原也。孔子以旁通言情,以利贞言性,情利者,变而通之也。以己之情,通乎人之情;以己之欲,通乎人之欲……人之性可因教而明,人之情可因教而通。禽兽之性虽教之不明,禽兽之情虽教之不通。①

焦循从《说文》讲起,讲到孟、荀人性论差异,又依据对《礼》《易》贯通与否判断孟、荀"性善""性恶"孰为高明。焦循据文字考证与经义诠释阐发孟荀人性论,本质上即突显出其于儒学客观化之追求。在此意义上,焦循道:"性何以善?能知,故善。"②又道:"性善之说,儒者每以精深言之,非也。性无他,食色而已。饮食男女,人与物同之。当其先民,知有母不知有父,则男女无别也……有圣人出,示之以嫁娶之礼,而民知有人伦矣……禽兽不知,则禽兽之性不能善。人知之,则人之性善矣……禽兽之性不能善,亦不能恶。人之性可引而善,亦可引而恶,惟其可引,故性善也……是故惟习相远,乃知其性相近,若禽兽,则习不能相远也。"③焦循以"能知善""能引善"诠释孟子"性善"说,此即与戴震思路保持一致。同时,焦氏虽于言传上赞同孟子性善论,但其重点阐发的乃是荀子"化性起伪"、重礼教等主张。以上主张实际皆有利于儒学客观化之建构。该建构在焦循思想体系中多有呈现,比如又在"效验"议题上,焦循道:

> 文学技艺,才巧勇力,有一人能之,不能人人能之,惟男女饮食,则人人同此心。故论性善,徒持高妙之说,则不可定,第于男女饮食验之,性善乃无疑耳。④

---

① (清)焦循:《雕菰楼经学九种·孟子正义》,南京:凤凰出版社,2015 年,第 1656—1658 页。
② (清)焦循:《性善解三》,《焦循诗文集》卷九,扬州:广陵书社,2009 年,第 159 页。
③ (清)焦循:《性善解一》,《焦循诗文集》卷九,第 158 页。
④ (清)焦循:《性善解三》,《焦循诗文集》卷九,第 159 页。

> 圣人何以知性之皆善？以己之性推之也。己之性既能觉于善，则人之性亦能觉于善，第无有开之者耳。使己之性不善，则不能觉，已能觉，则己之性善。己与人同此性，则人之性亦善，故知人性之善也。①
>
> 性善之可验者有三：乍见孺子入井，必有怵惕恻隐之心，一也；临之以鬼神，振之以雷霆，未有不悔而祷者，二也；利害之际，争讼喧嚣，无不自引于礼义，无不自饰以忠孝友悌，三也。善之言灵也，性善犹言性灵，惟灵则能通，通则变，能变，故习相远。②

参照征引文段，焦循以情、礼，乃至宗教性的"上帝监临"三个方面说明孔孟"性善"宗旨可验、可证，以揭"性善"具有普遍性。

在性命论问题上，焦循以其所论"性善"说为基本思路，进一步在"气本论"基础上论"天道"、论"性"，呈现出较为显明的科学理性义；然其论"命"，又论"天命"之宿命义及其限定机制，故其虽去除"理"的先验义和主宰机制，实际并不能尽除儒学宗教性的内容。故概而言之，焦循人性论、性命论涌现出更丰富的因素：

> 天道，即元亨利贞之天道。乾道变化，各正性命，保合太和，此天道也。通神明之德，使天下各遂其口鼻耳目之欲，各安其仁义礼智之常，此圣人之于天道也。乃伏羲神农黄帝尧舜禹汤文武得位而天道行，所谓"道之将行也与命也"。孔子不得位而天道不行，所谓"道之将废也与命也"……道大莫容，命也。而孔子则栖栖皇皇，不肯同沮、溺之辟世，荷蓧之洁身，而明道于万世，此圣人于天道，君子不谓命也。《大戴记·千乘》篇云："以为无命，则民不偷。"以为无命，即是不谓命。③
>
> 《中庸》"天命之谓性"，谓气禀之不齐，各限于生初，非以理为在天在人异其名也……人之为人，舍气禀气质，将以何者谓之人哉？是孟子言人无有不善者，程子、朱子言人无有不恶，其视理俨如有物，以善归理，虽显遵孟子性善之云，究之孟子就人言之者，程、朱乃离人而空论夫理，故谓孟子"论性不论气不备"……孟子不曰性无有不善，而曰"人无有不善"。性者，飞潜种植之通名；性善者，论人之性也。如飞潜动植，举凡品物之性，皆就其气类别之。人物分于阴阳五行以成性，舍气类更

---

① （清）焦循：《性善解二》，《焦循诗文集》卷九，第158页。
② （清）焦循：《性善解四》，《焦循诗文集》卷九，第159页。
③ （清）焦循：《雕菰楼经学九种·孟子正义》，第1965页。

无性之名……知其性者,知其气类之殊,乃能使之硕大蕃滋也。①

焦循以孔子"不谓命"之举强调了人之主体性发挥的重要性,又将"性善"落实于个体"人"身,以此申明人性与物性具有区别,并且要求尽识物性,以成"物",即"使之硕大蕃滋",此即秉科学精神申明"开物成务"之主张。此主张更要求"人"充分发挥能动性,以充分客观的主体精神改造世界。这即有"造命"之意。焦循又道:

> 凡死生穷达,属于天者为命,不属于天者则非命……正谓不可死于非命。颜子三十二而终,此受于天之命也,不可强者也……不可转移趋辟者,命也。是故命宜死而营谋以得生,命宜穷而营谋以得达,非知命也。命可以不死,而自致于死;命可以不穷,而自致于穷,亦非知命也。举一概而皆委之于命,是为不知命。②

此段中,"命"的"天"字义、宗教义、世俗义得到全面呈现,此即为"命"之超越义和"造命"之可能全全留下余地和空间。又《知命解》中,焦循道:

> 圣人在尊位,君天下,则可造天下之命,君一国,则可造一国之命,故自王侯以至令长,皆有以司人之命。孔子不能得位,则道不行,而天下之命不能造……圣人不得位,民之德无以育,而己之德则不必待人而后育,故庸行之谨,庸言之行,率之于性,而不听之于命也,是知命也。圣人以己之命听诸天,以天下之命任诸己,故栖栖皇皇,不肯与沮溺、荷蒉同其辟世。圣人于天道,不谓命也。孔子"五十而知天命",知,即知此命也……"君子"者,长人者也,能造命则仁矣,故曰:"体仁足以长人。"视百姓之饥寒,不能拯之衽席,视百姓之愚不肖,不能开其习俗,付之无可如何,是不知命。不知命,故无以为君子。《易传》曰:"乐天知命,故不忧。""乐天"者,保天下,则溺由己溺,饥由己饥,"各正性命,保合太和"矣。如是为乐天,即如是为知命。第以守穷任运为知命,非孔子之所云知命也。③

焦循上述所说乃是将天命赋予圣人,又将圣人之尽命与否直系百姓之

---

① (清)焦循:《雕菰楼经学九种·孟子正义》,第 1650—1651 页。
② (清)焦循:《知命解上》,《焦循诗文集》卷九,第 160—161 页。
③ (清)焦循:《知命解下》,《焦循诗文集》卷九,第 161—162 页。

命运。具体而言,焦循对"各正性命,保合太和"的诠释,遵循两条内容:其一,圣人、凡人具有分别,即个体间因"习"之不同而存在的差异不能抹去,"各司其职""各有担当"或是和谐社会建构之必要因素;其二,百姓之命系于圣贤"造命",而圣贤能否为百姓"造命"又在于天道、天命之主宰,因而焦循性命论之卓越处即在宣明一种刚健有为的主体建构,而这种卓越处实际又是全然符合甚至配合有清一代愈加严密的天命—君主—百姓三位一体的等级制度。这一制度一定程度上可视为荀子"人之命在天,天之命在礼"①主张的细化。

至于阮元,作为乾嘉后期善谈"性命"的儒者,阮元"性命"诠释特色可谓史论结合,此"史"的面向便体现在汉学考据方面。如其云:"凡言性命者,舍五经质实之言,而别求高妙,未有不误者。"②在此基础上,阮元尊古训,道出宋学人士的"性命论"实已脱离正统儒家之主张。其道:

> 商周人言性命多在事,在事故实,而易于率循。晋唐人言性命多在心,在心固虚,而易于传会,习之此书是也。《尚书》《毛诗》无言不实,惟《周易》间有虚高者,然彼因言神明、阴阳、卜筮之事,是以圣人系辞不得不就《易》道以言之。③

> 释氏所说"直指人心,见性成佛"之"性"字,似具虚寂明照净觉之妙……六朝人不讳言释,不阴释而阳儒,阴释而阳儒,唐李翱为始。魏收所云"虚静通照,湛然感应"者,此明说是佛性,不言是孔孟之性,不必辩也。李翱所言"寂然静明,感照通复"者,此直指为孔孟之性,不得已不辩也。象山、阳明更多染梁以后禅学矣。④

> "寂然静明,感照通复",以此为事,可以炼身体,可以生神智,可以为君子,可以为高士,可以为名臣……亦有用有益也。然以为尧、舜、孔、孟相传之心性,则断断不然。⑤

阮元立足汉宋之争议题,对儒学性命论做了系统梳理和归纳,其大致观点是认为自道学兴起,又经宋明儒者的发挥,儒学性命论一方面"流于言传",呈"虚高"特色;另一方面已经杂染佛家义理,阳儒阴释。故阮元以儒

---

① 张觉:《荀子译注·天论第十七》,第239页。
② (清)阮元:《性命古训》,《揅经室集》上册,北京:中华书局,2006年,第231页。
③ (清)阮元:《性命古训》,《揅经室集》上册,第235页。
④ (清)阮元:《性命古训》,《揅经室集》上册,第236页。
⑤ (清)阮元:《性命古训》,《揅经室集》上册,第236页。

佛之辩为切口,从"性"之诠释,将矛头指向道学之整期历史,乃至心性之学整期。以上两方面皆表明,在阮元看来,宋学人士的"性命论"实已脱离正统儒家之主张。

在具体"性命"主张上,阮元认同赵岐对"孟子曰:'口之于味也……有性焉,君子不谓命也。'"章的诠释,并创造性提出了"节性"尽命以践行"仁"道之主张。因此可谓,阮元性命论原则上亦是其"仁"学思想的重要面向。有关孟子性命论经典内容,阮元云:

> 此章赵岐注最为详明质实。汉以前,直至三代,所谓性命者,不过如此。若谓性命之道过于精微,是舍质实而蹈虚玄也。《论语》夫子言性与天道不可得而闻,即《孟子》所谓圣人之于天道也。此言王者受命等事,故不可得闻。(赵注曰:"口之甘美味,目之好美色,耳之乐音声,鼻之喜芬香臭香也。《易》曰:'其臭如兰。'四体谓之四肢,四肢解倦,则思安佚不劳苦。此皆人性之所欲也。得居此乐者,有命禄人不能如其愿也,凡人则触情从欲而求可乐。君子之道,则以仁义为先,礼节为制,不以性欲而苟求之也,故君子不谓性也。仁者得以恩爱施于父子,义者得以义理施于君臣,好礼者得以礼敬施于宾主,知者得以明智知贤达善,圣人得以天道王于天下,此皆命禄,遭遇乃得居而行之,不遇者不得施行。然亦才性有之,故可用也。凡人则归之命禄,任天而已,不复治性。")又孟子直谓形色为天性,殀寿为天命,更明白矣。①

以上,阮元以"仁义为先,礼节为制,不以性欲而苟求"论"命",又以"恩爱施于父子"论"仁",皆是将道德从伦理讲出。同时,阮元承认"命"之"天"字义,此即为其以"节性"解"尽命"之思路作了铺垫。其云:

> 《召诰》所谓命,即天命也。若子初生,即禄命福极也。哲与愚,吉与凶,历年长短,皆命也。哲愚授于天为命,受于人为性,君子祈命而节性,尽性而知命。故《孟子·尽心》亦谓口目耳鼻四肢为性也。性中有味、色、声、臭、安佚之欲,是以必当节之。古人但言节性,不言复性也……《孟子》此章,性与命相互而为文,性命之训,最为明显……所以性必须节,不节则性中之情欲纵矣。②

---

① (清)阮元:《孟子论仁论》,《揅经室集》上册,第207页。
② (清)阮元:《性命古训》,《揅经室集》上册,第211—212页。

阮元对孟子"性命论"的诠释大致表达了一基本观点,即以"节制"讲尽"性"至"命"。该思路实际与其"克己"之阐发相契合,同时为主体间性思路的"仁"学诠释提供了铺垫。

阮元论"克己"时讲到:

> 颜子"克己","己"字即"自己"之"己",与下"为仁由己"相同,言能克己复礼,即可并人为仁……仁虽由人而成,其实当自己始,若但知有己,不知有人,即不仁矣……若克己而能非礼勿视、勿听、勿言、勿动,断无不爱人,断无与人不相人偶者,人必与己并为仁矣。①

阮元以"勿己"解"克己",然其诠释重心并非在于强调个体性的修身之道,而在于说明,若能恰当地控制私欲,则"断无不爱人,断无与人不相人偶者",即"克己"是为"爱人",由此进路,成"仁"非个体事业,却是全体成就。阮元这一解释,为个体参与社会建构之必要性提供了极为重要的理论依据。据此,心性哲学推崇的"静修"涵养之路数必然转向勇于担当、力行实践的经世儒学门径。阮元以上所说又涉及主体性哲学"主体间性"议题的讨论。其又道:

> 《春秋》时,孔门所谓仁也者,以此一人与彼一人相人偶,而尽其敬礼忠恕等事之谓也。相人偶者,谓人之偶之也。凡"仁",必于身所行者验之而始见,亦必有二人而仁乃见,若一人闭户斋居,瞑目静坐,虽有德理在心,终不得指为圣门所谓之仁矣。盖士庶人之仁,见于宗族乡党,天子诸侯卿大夫之仁,见于国家臣民,同一相人偶之道,是必人与人相偶而仁乃见也。郑君"相人偶"之注,即曾子"人非人不济",《中庸》"仁者人也",《论语》"己立立人""己达达人"之旨。②
> 圣贤之仁,必偶于人而始可见,故孔子之仁必待老少始见。③

对于阮元上述所说,后世学者颇为关注。比如杨儒宾先生就从反理学思潮引发之关联反映的视角讨论了阮元此说实际是"气"论演化的后续结果,亦是对戴震情理观的一种继承和发挥。杨儒宾先生道:

---

① (清)阮元:《论语论仁论》,《揅经室集》上册,第181页。
② (清)阮元:《论语论仁论》,《揅经室集》上册,第176—177页。
③ (清)阮元:《论语论仁论》,《揅经室集》上册,第178页。

反理学思潮论及真正的道德在于人间性而非超越性，最重要的理论当是丁若镛、阮元等人所提供的相偶性伦理学……相偶性伦理学固然可以和礼结合，可以当作一种社会学的概念来看。但笔者认为"相偶性"的根源义仍是一种特殊的主体性概念，它强调主体的"脱己"性格，主体要在与他者的互动中才能显现。离开"人伦"的任何一头，不管是父子、夫妇、兄弟的任一端，都无道德可言。①

杨儒宾此处讲到的"相偶性伦理学"，是与"制度论的儒学"相对的"间主体性的儒学"之代名词②。按杨先生讲到的，"'相偶性的儒学'建立在气化感通的人性论上，它认为儒学的基础不是客观的政教，不是程朱所说的性理，而是一种奠立在人与人之间的道德共感"③，"'相偶说'的世界观基本上是建立在'人'此一种属的基础上之社会哲学，它重人道而轻天道……依据相偶性，真正的道德不须逆觉溯源，它就是两个相对应的人伦之间的合理关系。仁不是自然哲学的'生生'，也不是在其自体的恻隐之心，也不是照顾他者的博爱，而是相互主体的伦理关系"④，以及"'相偶性'不是建立在原子论的个体主义之基础上，而是建立在流动性的情境主体上面，相偶性主体没有特别的疆域，它是不断跃出的"⑤等等，此"相偶性的儒学"是在承认人之气质之性的自然属性的基础上，又以"气化感通"之能，而具有生发之自然性、当然性以及必然性。如此，便与"制度论儒学"的强硬色彩形成明显对比。毕竟后者申明的儒学"对人性没有大的信心，也可以说对人性论没有那么大的兴趣"⑥，故杨儒宾先生道："'制度论'儒学关心的重点在'礼'，'制度论'儒学可以说即是另一种的礼学之儒学。此一儒学关心的道德与其说是'个人的存在意义感'的，还不如说是'公共秩序的规范'的。他们认为制度（礼）先于个人，在主体的构造上，礼的秩序性也是优先于气的感通性。"⑦对比之下，以阮元为代表的"相偶性伦理学"持有者似乎更符合儒家对人情伦理，对"仁"，对"人性"的诠释思路，也更适合德性社会、伦理社会的构建。

又有张丽珠认为，阮元以"相人偶"释解"仁"义其重要意义还在开拓群己关系、讲求平等对待原则的"仁"论，为儒学演进从"束身寡过"、修身养性

---

① 杨儒宾：《异议的意义：近世东亚的反理学思潮》，第28页。
② 杨儒宾：《异议的意义：近世东亚的反理学思潮》，第32页。
③ 杨儒宾：《异议的意义：近世东亚的反理学思潮》，第32页。
④ 杨儒宾：《异议的意义：近世东亚的反理学思潮》，第61页。
⑤ 杨儒宾：《异议的意义：近世东亚的反理学思潮》，第62页。
⑥ 杨儒宾：《异议的意义：近世东亚的反理学思潮》，第32页。
⑦ 杨儒宾：《异议的意义：近世东亚的反理学思潮》，第32页。

的"仁"学传统,到后来讲求社会体制、社会公德等社群伦理的"群"学传统,建立起会通两者所必要的价值转换,以及经验领域思想落实之基础①。又邓国宏讲到:"阮元以为,仁与不仁的道德判断和评价只能对于人与人之间的伦理关系而发。这与当代马克思主义伦理学从人与人的关系方面理解道德性的主张是一致的。"②应该说,无论是张丽珠的高度认可抑或邓国宏的基本认识实际都不同程度地忽略了阮元"相人偶"诠释的思想背景,即首先是针对宋明理学之"仁"学本体,即形上路径有意而发,故阮元将"仁"落实在伦理现实之中;其次,特别针对阳明心学高扬之主体实践理性有意而发,故将"仁"的解释以主讲主体间性的交往理论诠释之。据此,我们认为张丽珠的分析实际有拔高之嫌,因如按《论语》"仁"论的诠释传统梳理下来,阮元之说并非没有根据,亦是遵传统而发;同样,邓国宏将阮元之论与马克思伦理学理解道德性之路径相提并论实际忽略了马克思此一思路实际正是为对治现代主体性议题而发。而真正有所突破,也确需值得关注的,却是哈贝马斯的人际交往理论,因后者正是通过"以沟通为模式"的理论建构为伦理社会中人与人之间的和谐共处,乃至社会整体的有序运行提供了理论支撑。而阮元在传统儒学"成己""成物"诸说的基础上进一步发挥了儒学之主体间性理论。其道:

> 一介之士,仁具于心,然具心者,仁之端也,必扩而充之,著于行事,始可称仁……孟子又曰:"仁之实,事亲是也。"是充此心,始足以事亲,保四海也……孟子论良能、良知,良知即心端也,良能实事也。舍事实而专言心,非《孟子》本指也。《孟子》论仁,至显明,至诚实,亦未尝举心性而空之迷惑后人也。③

此即将践"仁"行动落实在"事亲"一事上,将人之主体性,及人与人之主体间性的建构落实于人的有秩序的伦理生活中。

稍晚于凌廷堪、焦循、阮元的龚自珍,其性命论主张更显明地呈现了清代学术之经世特色。龚自珍道:"儒家之言,以天为宗;以命为极,以事父事君为践履。君有父之严,有天之威;有可知,有弗可知,而范围乎我之生。君之言,唐、虞谓之命,周亦谓之命;龙所官,仲山甫所职,君子顾其名,绎其

---

① 张丽珠:《清代义理学新貌》,台北:里仁书局,1999年,第334页。
② 邓国宏:《戴震、章学诚与荀子思想关系研究》,第161页。
③ (清)阮元:《孟子论仁论》,《揅经室集》上册,第195—196页。

义焉。"①此即意在表达尊君以尊命的思想,其具体思路是将"天命"落实至君命,而后要求人以臣子身份尽性至命。又于《尊命二》中,龚自珍道:

> 夫六经之称命罕矣,独《诗》屡称命,皆言妃匹之际,帷房之故者也。文王取有莘氏之女姒氏,生九男,夫妇并圣。唯此神圣,克劵灵命,命以莫不正……此命之无如何,而不失为正命者也,乃有无如何而不受命者矣,不受命而卒无如何者矣……未闻之而不能不立一说,使正者受,不正者亦受,无如何者亦受,强名之曰命。总人事之千变万化,而强诿之曰命,虽不及天竺书,要之儒者之立言,觉世而牖民,莫善于此,莫善于此! 或问之曰:《传》曰"发乎情,止乎礼义"其言何若? 应之曰:子庄言之,我姑诞言之;子贡言之,我姑迂言之。夫我也,则发于情,止于命而已矣。②

据此,龚自珍乃是以"命"代"礼"之执行,又以"妃匹"之事主言"礼"与"命",强调"顺命",结合其所举例,实际乃是赞同顺"君命"的同时,主张引导民众顺从天命乃至宿命之"义"以辅助"礼"的推行。据此,龚自珍的性命论全面降落到人间事物治理的层面,因而更具经世面向的现实意义。综上,龚自珍以君命诠释天命,以"天命"之权威落实"礼"之极则义,此即进一步将宋明儒高谈阔论之道德实践面向的性命论化约为以尊君、崇礼为主旨的政治面向的经世思想。由此,无论是戴震性命论对经验人生的关注,抑或阮元性命论的实学倾向,乃至龚自珍性命论的经世内涵,成熟期的清代儒学已然走出宋明理学建构在"天人合一"前提之下,主讲德性实践的成己、成圣的道统之路,转向强调个体自觉、能动为基础的,面向经验人生、现实社会的学统、政统之途。

据上分析,宋明"道德性命之学"在晚明清初这一历史时期即已呈现颓势,至清乾嘉,尤近消弭,故从学术分期上讲,明清儒学的转型直至乾嘉,方可谓"实现"与"完成"。

---

① (清)龚自珍:《尊命》,《龚自珍全集》,第83页。
② (清)龚自珍:《尊命二》,《龚自珍全集》,第84—85页。

# 结　　语

晚明清初的儒学转型研究若从学术史的整体视域考察，涉及社会史、政治史、思想史、哲学史等面向的考察，拙作聚焦在思想史与哲学史的探讨。与前人研究较为一致地，笔者试以充分发掘晚明清初儒学演化之缘由、契机、端倪、线索、趋势等要素，但尤为不同的是，针对旧议题，笔者更为侧重新文献的补充和分析，又在分析所得新结论的前提下，发掘出若干新议题，并针对新议题，开展了更为细致、审慎的思想史考察和哲学史研究。故在研究方法的选择上，笔者主要采取下述三种：第一，历史研究法。注重新史料的搜辑分析，融贯晚明清初社会史、思想史研究；第二，概念分析法。发掘关键范畴诠释之变，细部考察晚明清初儒学演化之历程；第三，比较研究法。将横向比较即儒释道比较与纵向比较即明清儒学比较相结合。研究方法的选择于学术创新层面具有一定作用力。本书学术创新集中体现在三个方面：第一，突破历史分期局限，发掘、追溯"泛阳明学"时代形成、衰颓之学理依据；第二，以概念史研究进入，发掘晚明清初儒学核心范畴诠释思路、解读方法之变；第三，融合思想史研究与哲学研究为一体，史论结合，以提炼明清儒学研究新内容。

具体来说，本书于前人丰富成果基础上，搜辑、补充了大量新文献，并借此对明清儒学转型开展了新视角的考察和研究。主体内容包括下述五方面：

第一，厘清了有关明清儒学转型之历史分期与学术分期的概念及研究内容差异，由此揭示了晚明清初的儒学转型实际正是经历了"泛阳明学"由漫衍到解体的过程。具体言之，书稿经对学界惯用之"晚明清初"概念所涉及历史分期、学术分期作细致考察、比较分析，在厘清两概念各自指意的同时，明确了所谓"晚明清初"，实囊括明隆庆、万历，至崇祯，又至清顺治、康熙，整期跨越一个半世纪。在此结论下，又据对更广阔视野的学术分期的分析，揭示了"晚明清初"这一历史概念涉及之儒学分期正是宋明理学经历"泛阳明学"时代漫衍至解体之时段，再具体地说，乃是阳明心学经历"阳明后学"到"阳明后学之后"的时段。最后,在明辨上述所论各类概念具体指意和运用差别之后,笔者延续了阳明心学发展分期的讨论,积极正视晚明儒学学派意识淡薄之实情,给出了"泛阳明学"时代由盛及衰之历史进程的说明,为历史、逻辑地开展明清儒学转型研究提供了基本依据。

第二,借由对龙溪学脉、近溪学脉其师承、学承流变的整理,及对泰州门人子弟与东林党人、学人关系的研究,深入考察了晚明心学人士的流动、走出与"泛阳明学"时代解体之势的形成之间的关系。具体言之,该部分内容的呈现主要是借助文献整理,及社会史、政治史等视角,开展晚明清初阶段的儒学思想史考察。就文献研究来说,笔者通过对一手史料的搜辑、整理与研究,对主流阳明后学派系——龙溪学脉、近溪学脉的形成、发展、解体之过程进行了较为集中的考述。就社会史研究来说,书稿将注意力投向了对"人"的活动,严格来说是投向阳明心学末派人士的交游活动的考察和研究。经对龙溪、近溪门人、弟子(包括亲传、再传、私淑)等人士各自与当时思想界、文化界,乃至朝堂、佛道人士之间往来情况的考察和梳理,大致厘清了龙溪一脉,及近溪开创的"旴江一脉"在晚明清初活动之实情,又依此实情,分析了"二溪"及其各自后学思想演化、转承的基本趋向。就政治史角度而言,书稿又以泰州、东林为例,详考了泰州人士与东林学派、党派之间的往来经历,梳理出两大思想流派之间关系从切近到疏远之过程,及此间促成两派关系亲疏迁转的原因。依据上述内容的讨论,书稿揭示了,晚明清初,以近溪一脉为代表的王学末派渐趋流散终至解体的最关键的人为因素,乃是由各文化流派学人交游、互动促成"泛阳明学"呈虚表兴盛、繁荣的同时,关学、洛学、朱子学、白沙学诸学派门弟涌入浙中、江右,由此造成王学重镇之地诸儒其思想建构愈发展露出更为开阔的学术视野和更具深度的思想融合意识。鉴于此,笔者提出,"泛阳明学"后期众儒者因流动间域的扩展,其学脉意识越发淡薄,他们融汇诸学,呈现更为强烈的主体建学意志。该意志牵动道德理性意义上的"成己"之学最终走向更为凸显个体面向的成"我"之学。

第三,书稿较为集中且系统地梳理、剖析了晚明清初阳明学、朱子学诠释路径和发展实情,又通过对贯通其间的学案书写风潮的整理、研究,揭示了当是时儒学修正与判教之思,更进一步由对清儒深入理学之诸类方式的厘清,较为具体地呈现了明清思想衍化的细部因素和重要内容。具体而言,晚明清初时段向有"由王返朱"之说,又有心学修正思想的流行,更有道学重构思潮的涌现,然上述判断多是研究者经宏观探讨所得。与以往宏大研究不同,笔者是以更为细节性的研究深入诸类议题的讨论。首先,笔者以杨起元"致虚立本"一说讲起,通过追溯此说与白沙心学、近溪立论之间关系,揭示杨起元在"致虚立本"议题上大致发挥了白沙、近溪有关境界工夫、自然之学的主要理念,但其发挥过程中明显存在对儒学经典诠释不足,且流于外道之倾向。更为明显之缺漏在于,当杨起元讲"本无不虚,惟执己见,则有我而不能虚",并由此以"舍己从人"理解"致虚"内涵之时,不仅宣告其重新回归宋明理学整体主义大势之中,并且将"致虚立本"的心性哲学精义草率转换为世俗面向的道德教化内容。据此可知,晚明"心"学诸类主张已经不能代表某一特定学派之思想宗旨,而仅可视为某一个体学人之所立说。晚明心学如此,"返"程中的朱子学又多在争论中成为工具性的存在。此外,亦经对当时同样标举朱子学之大家许孚远、高攀龙围绕朱子"格物"说展开的争论的梳理、分析,书稿细致呈现了晚明朱子学因诸儒重构、自构的需要显露而出的多种诠释错越和附会嫌疑。在以个案探讨呈现晚明心学、朱子学基本面貌之后,书稿又以学案研究切入晚明清初儒者系统性反省、重构道学之努力的考察,为晚明清初儒者其道统理解和传承提供了基本解释,并据此回应了当前学界关于晚明清初学人对阳明后学派系理解混乱的缘由。同时,书稿集中讨论了明清之际诸儒深入理学之不同进路对晚明清初儒学转型及清学特色形成、发展的具体影响,重点发掘了黄宗羲"理气"关系论对阳明心学的吸收,及对后儒戴震心性思想建构的重要启发。

第四,细致厘清了阳明心学境界诉求的衍化趋势,发掘"效验"议题经由阳明学至清初诸儒的发挥、重诠之重要价值、影响,由此揭明了清学特具要素——实证主义生成的契机和具体呈现。展开来说,该部分内容是在前文思想史研究的基础上,深入哲学问题的探讨,探讨重心即在揭示明清儒学转化的逻辑必然性。具体地说,即意在发掘以阳明心学为主体内容的晚明儒学如何在其内部为清学诞生提供演化新机。书稿首先分析了阳明心学境界诉求及其后期演化的必然趋势,此为促成阳明心学自晚明以降衍化、分流之法理因素。其次,在揭明了王学于境界哲学层面之突出表现之后,笔者围绕"工夫境界"与"境界工夫"在阳明后学思想家哲学体系中的发展、演变,揭出了王学后期,"境界工夫"实为工夫论主流,由此招致明清之际儒者激烈批判。经此批判,"境界工夫"之典型——"默识"工夫在清初儒者诠释下,工夫进展之目标由宋明儒强调之"真得"趋向"得真"。与之同步地,此间道德修养领域与知识论领域皆有工夫、境界共证与明见之诉求。且该诉求更明确地说,渐趋发展为晚明清初文化界之共同诉求。这之后,笔者更进一步梳理了"效验"议题在晚明清初的显露过程,以此揭示了心学"效验"论向实证主义的过渡、转进历程。

  第五,对晚明清初儒学主体性思维的迁转历程与宋明道德性命学在此之际的衰颓之势做了系统梳理和分析,揭示了明清儒学转型的哲学实现过程和表现。具体言之,书稿中,笔者首先对晚明清初儒学主体性思维研究的现有路径进行了全面反省和检讨;其次,厘清了明清儒学"心"之义的诠释变迁与主体性思维转向间的细密关联;再者,藉由对晚明清初道德性命论的演化情势,揭明了个体主体性在当时的演进。展开来说,书稿由对宋明道德性命学演化历程及内涵的梳理和分析,进入明清儒学性命论的考察,为宋明理学向清学过渡提供了一核心线索的考察。遵循上述思路,书稿立足晚明清初儒学主体性思维其内涵的发掘,及同时期儒学客观化问题突显的探讨,在批判性吸收以往有关儒学主体性思维的研究路径、成果的基础上,围绕"心"体诠释思路之演化进程的分析,系统呈现了晚明清初阳明心学"合一"意志趋向"二分"思维之经过,又系统厘清了晚明以降延至清中期的儒学性命论由形上义趋向世俗化之过程,继而较全面地考察了当时个体化因素呈露之线索,并最终揭示,基于"天人合一"理念下的道德性命论于晚明清初已完成向凸显个体感性人生、现实人生的世俗性命观的转进。于此,秉承"道德性命之学"宗旨的宋明理学在晚明清初渐趋衰颓,此便促使心性之学暂退历史舞台成为定势。

  综合以上,笔者有关晚明清初儒学演化的探讨得出了如下结论:晚明清初儒学转型排除社会历史的因素,其最为重要的背景乃是"泛阳明学"的解体,以及伴随其间的各类思潮的涌动、各种观念的解放。至于转型的表现,最关键的内容包括"理""气"关系的诠释变迁、"效验"追求的实证倾向的凸显、"性命论"的世俗化转向,及主体性思维从超越义的解脱。正是通过对转型诸新内容、新要素的发掘、揭示,更可见明清儒学转型的关键价值——证实了现代性因素由传统儒学内部应运而生,其日渐挺立牵动了近世文化的整体演化。鉴于上述结论,笔者对晚明清初的儒学转型作出了如此评判——正是这场声势浩荡的儒学转型加速了传统文化的更新,推进了以儒学为主体的古典学术与世界哲学的接轨。

  书稿几经修改,笔者自知尚有诸多不足。首先,限于本人对明清学术各领域的认知、理解不足,又在学术积累和研究能力、水平等等方面尚在努力精进中,目前成果未能从近世学术之整体脉络回望晚明清初儒学转型的全部内容和深远影响。其次,细部研究仍有待多层次开展。如涉及对"泛阳明"衍化、分流及解体的讨论,当前书稿仅涉及阳明学重要支脉——龙溪学脉、近溪学脉师承关系的梳理,其他支脉的流变考述尚有待持续整理研究与补入。又,清代儒者对宋明理学的深入方式多元,书稿中只言及三种,尚有其他路径及其他儒者的学术努力有待持续揭出。再者,跨学科研究的深度、广度仍有待拓展,且书稿在社会史、政治史等领域的文献搜辑和研究等层面皆有局限,对个别议题的探讨深度仍不够。针对上述不足,笔者计划在未来研究中持续跟进。

# 参考文献

## 一、古籍

王守仁：《王阳明全集》，上海：上海古籍出版社，2013年。
束景南：《王阳明佚文辑考编年》，上海：上海古籍出版社，2015年。
湛若水：《甘泉先生续编大全》，台北："中研院"文哲研究所，2018年。
罗汝芳：《罗汝芳集》，南京：凤凰出版社，2007年。
罗汝芳：《近溪子明道录》，《四库全书存目丛书》子部第86册。
邹元标：《愿学集》，《文渊阁四库全书》第1294册。
赵南星：《赵忠毅公诗文集》，《四库禁毁书丛刊》集部第68册。
黄道周：《黄石斋先生文集》，《续修四库全书》第1384册。
顾宪成：《顾端文公遗书》，《续修四库全书》第943册。
周念祖：《万历辛亥京察记事始末》，《续修四库全书》第435册。
高攀龙：《高攀龙全集》，南京：凤凰出版社，2020年。
高攀龙：《高忠宪公诗集》，凤凰出版社，2012年。
陈献章：《陈献章集》，北京：中华书局，2012年。
刘元卿：《诸儒学案》，《四库全书存目丛书》子部第12册。
朱杰人主编：《朱子全书》，上海：上海古籍出版社，合肥：安徽教育出版社，2002年。
朱熹：《四书章句集注》，北京：中华书局，2012年。
黎靖德编：《朱子语类》，北京：中华书局，2016年。
许孚远：《敬和堂集》，《四库全书存目丛书》集部第136册。
周汝登：《圣学人物志》，《四库全书存目丛书》史部第98册。
黄汝成集释：《日知录集释》，北京：中华书局，2020年。
孙奇逢：《理学宗传》，《续修四库全书》第514册。
季本：《季彭山先生文集》，《北京图书馆古籍珍本丛刊》第106册，北京：书目文献出版社，1998年。

季本：《四书私存》，台北："中研院"文哲研究所，2013年。
刘宗周：《刘宗周全集》，杭州：浙江古籍出版社，2012年。
费纬祹：《圣宗集要》，《四库全书存目丛书》史部第123册。
杨起元：《证学编》，上海：上海古籍出版社，2016年。
吴道南：《吴文恪公文集》，明崇祯吴之京刻本。
张元忭：《张元忭集》，上海：上海古籍出版社，2020年。
李会富编校：《陶望龄全集》，上海：上海古籍出版社，2019年。
张廷玉等撰：《明史》，北京：中华书局，2020年。
欧阳德：《欧阳德集》，南京：凤凰出版社，2007年。
阮元校刻：《十三经注疏》，北京：中华书局，2009年。
罗洪先：《罗洪先集》，南京：凤凰出版社，2007年。
陆九渊：《陆九渊集》，北京：中华书局，2018年，第8页。
朱熹：《晦庵先生朱文公文集》（第六十七卷），四部丛刊本。
陈九川：《明水陈先生文集》，《四库全书存目丛书》集部第72册。
张岱：《四书遇》，杭州：浙江古籍出版社，2013年。
孟称舜：《孟称舜集》，北京：中华书局，2005年。
荆门市博物馆编：《性自命出》，北京：文物出版社，2016年。
王畿：《王畿集》，南京：凤凰出版社，2007年。
徐渭：《徐渭集》，北京：中华书局，1983年。
杨简：《慈湖先生遗书》，济南：山东友谊书社，1991年。
钱明编校：《徐爱 钱德洪 董沄集》，南京：凤凰出版社，2007年。
聂豹：《聂豹集》，南京：凤凰出版社，2007年。
程颐：《周易程氏传》，北京：中华书局，2011年。
郝敬：《周易正解》，《续修四库全书》第11册。
章潢：《周易象义》，《续修四库全书》第9册。
蔡节：《论语集说》，《文渊阁四库全书》第200册。
陈淳：《北溪大全集》，《文渊阁四库全书》第1168册。
杨简：《杨简全集》，杭州：浙江大学出版社，2015年。
魏天应编选，林子长笺解：《论学绳尺》，《文渊阁四库全书》第1358册。
焦竑：《焦氏笔乘》，《四库全书存目丛书》子部第107册。
鹿继善：《四书说约》，《续修四库全书》第162册。
韩愈、李翱：《论语笔解》，《文渊阁四库全书》第196册。
薛瑄：《读书续录》，《文渊阁四库全书》第711册。
湛若水：《湛甘泉先生文集》，桂林：广西师范大学出版社，2014年。

钱穆：《论语新解》，北京：生活·读书·新知三联书店，2002年。
真德秀：《四书集编》，《文渊阁四库全书》第200册。
李材：《见罗先生书》，《四库全书存目丛书》子部第12册。
耿定向：《耿天台先生文集》，《四库全书存目丛书》集部第131册。
王夫之：《船山全书》，长沙：岳麓书社，2011年。
焦袁熹：《此木轩四书说》，《文渊阁四库全书》第210册。
梁章钜：《论语旁证》，《续修四库全书》第155册。
萧子显：《南齐书》，《文渊阁四库全书》第259册。
柳宗元：《柳河东集》，《文渊阁四库全书》第1076册。
曾恬、胡安国录：《上蔡语录》，《文渊阁四库全书》第698册。
杨时：《龟山集》，《文渊阁四库全书》第1125册。
胡宏：《胡宏集》，北京：中华书局，2012年。
姚勉：《雪坡舍人集》，《文渊阁四库全书》第1184册。
冯从吾：《冯从吾集》，西安：西北大学出版社，2015年。
张觉：《荀子译注》，上海：上海古籍出版社，2012年。
黄晖：《论衡校释》，北京：中华书局，1990年。
方以智：《方以智全书》，合肥：黄山书社，2018年。
方以智：《易余》，上海：上海古籍出版社，2018年。
管志道：《问辨牍》，《四库全书存目丛书》子部第87册。
焦竑：《澹园集》，北京：中华书局，1999年，第82页。
周敦颐：《周敦颐集》，北京：中华书局，2009年。
黄道周：《黄道周集》，北京：中华书局，2017年。
陈确：《陈确集》，北京：中华书局，2009年。
梅文鼎：《绩学堂诗文钞》，合肥：黄山书社，1995年。
黄宗羲：《黄宗羲全集》，杭州：浙江古籍出版社，2005年。
黄宗羲：《明儒学案》，北京：中华书局，2008年。
潘平格：《潘子求仁录辑要》，北京：中华书局，2012年。
许三礼：《天中许子政学合一集》，《四库全书存目丛书》子部第165册。
徐世昌编纂：《清儒学案》，北京：人民出版社，2010年。
万斯同：《儒林宗派》，《文渊阁四库全书》第458册。
颜元：《颜元集》，北京：中华书局，1987年。
王源：《居业堂文集》，王云五主编：《丛书集成初编》，上海：商务印书馆，1936年。
戴震：《孟子字义疏证》，北京：中华书局，2008年。

戴震：《戴震全书》，合肥：黄山书社，2010年。

凌廷堪：《凌廷堪全集》，合肥：黄山书社，2009年。

阮元：《揅经室集》，北京：中华书局，2006年。

焦循：《雕菰楼经学九种》，南京：凤凰出版社，2015年。

焦循：《焦循诗文集》，扬州：广陵书社，2009年。

龚自珍：《龚自珍全集》，上海：上海古籍出版社，2019年。

纪昀：《四库全书总目提要》，石家庄：河北人民出版社，2000年。

郭庆藩：《庄子集释》，北京：中华书局，2016年。

晁迥：《法藏碎金录》，《文渊阁四库全书》第1052册。

沈士荣：《续原教论》，光绪元年金陵刻本。

彭绍升：《居士传》，扬州：江苏广陵古籍刻印社，1991年。

幽溪传灯：《性善恶论》，《卍续藏》第57册。

胡道静等编：《藏外道书》，成都：巴蜀书社，1994年。

宗密、德清：《圆觉经注疏》，北京：线装书局，2016年。

蕅益智旭：《〈楞严经〉文句》，北京：线装书局，2016年。

成观：《大佛顶首楞严经义贯》，西安：中财印务有限公司，2012年。

周玄贞：《高上玉皇本行经集注》，《中华道藏》第6册，北京：华夏出版社，2004年。

## 二、专著

臧峰宇主编：《比较哲学与当代中国哲学创新》，北京：中国人民大学出版社，2019年。

嵇文甫：《晚明思想史论》，北京：北京出版社，2014年。

史革新：《清代理学史》，广州：广东教育出版社，2007年。

梁启超：《中国近三百年学术史》（新校本），北京：商务印书馆，2020年。

钱穆：《钱宾四先生全集》，台北：联经出版事业股份有限公司，1998年。

孙钦善：《清代考据学》，北京：中华书局，2018年。

鱼宏亮：《知识与救世：明清之际经世之学研究》，北京：北京大学出版社，2008年。

柴德赓：《清代学术史讲义》，北京：商务印书馆，2013年。

吕妙芬：《阳明学士人社群——历史、思想与实践》，北京：北京师范大学出版社，2017年。

束景南：《阳明大传："心"的救赎之路》，上海：复旦大学出版社，2020年。

何俊：《西学与晚明思想的裂变》，上海：上海人民出版社，1998年。

吴震：《阳明后学研究》（增订本），上海：上海人民出版社，2016年。
陈荣捷：《王阳明〈传习录〉详注集评》，重庆：重庆出版社，2017年。
张昭炜：《阳明学发展的困境及出路》，北京：中国社会科学出版社，2017年。
吴震：《泰州学派研究》，北京：中国人民大学出版社，2009年。
徐复观：《中国思想史论集续编》，北京：九州出版社，2014年。
龚鹏程：《晚明思潮》，北京：商务印书馆，2005年。
程玉瑛：《晚明被遗忘的思想家罗汝芳（近溪）诗文事迹编年》，台北：广文书局，1995年。
潘荣胜：《明清进士录》，北京：中华书局，2006年。
牟宗三：《心体与性体》，长春：吉林出版集团，2015年。
谢国桢：《明清之际党社运动考》，北京：北京出版社，2014年。
牟宗三：《从陆象山到刘蕺山》，长春：吉林出版集团，2010年。
杨国荣：《王学通论——从王阳明到熊十力》，上海：华东师范大学出版社，2003年。
张祥龙：《儒家心学及其意识依据》，北京：商务印书馆，2019年。
陈荣捷：《〈近思录〉详注集评》，上海：华东师范大学出版社，2007年。
钟彩钧：《明代程朱理学的演变》，台北："中研院"文哲研究所，2018年。
劳思光：《新编中国哲学史》，北京：生活·读书·新知三联书店，2015年。
陈祖武：《中国学案史》，上海：东方出版中心，2008年。
陈祖武：《清儒学术拾零》，长沙：湖南人民出版社，1999年。
张世英：《天人之际——中西哲学的困惑与选择》，北京：北京大学出版社，2016年。
任文利：《心学的形上学问题探本》，郑州：中州古籍出版社，2005年。
吴汝钧：《佛教的概念与方法》，北京：世界图书出版公司北京公司，2015年。
张任之：《心性与体知：从现象学到儒家》，北京：商务印书馆，2019年。
杨儒宾：《儒门内的庄子》，台北：联经出版事业股份有限公司，2016年。
杨儒宾：《异议的意义：近世东亚的反理学思潮》，台北：台大出版中心，2016年。
刘又铭：《理在气中——罗钦顺、王廷相、顾炎武、戴震气本论研究》，台北：五南图书出版有限公司，2000年。
郭湛：《主体性哲学——人的存在及其意义》，北京：中国人民大学出版社，2011年。

陈鼓应：《庄子人性论》,北京：中华书局,2017年。
李晨阳：《道与西方的相遇——中西比较哲学重要问题研究》,北京：中国人民大学出版社,2005年。
徐复观：《中国人性论·先秦篇》,北京：九州出版社,2014年。
陈来：《仁学本体论》,北京：生活·读书·新知三联书店,2014年。
陈立胜：《王阳明"万物一体"论——从"身—体"的立场看》,北京：北京燕山出版社,2018年。
林月惠：《诠释与工夫：宋明理学的超越蕲向与内在辩证》,台北："中研院"文哲研究所,2012年。
王瑷玲主编：《明清文学与思想中之主体意识与社会》,台北："中研院"文哲研究所,2004年。
盛志德：《牟宗三与康德关于"智的直觉"问题的比较研究》,桂林：广西师范大学出版社,2010年。
宋宽锋：《科学的哲学解读与西方哲学的知识论传统》,北京：人民出版社,2016年。
杜保瑞：《中国生命哲学真理观》,北京：人民出版社,2019年。
梁漱溟：《梁漱溟全集》,济南：山东人民出版社,1993年。
牟宗三：《圆善论》,长春：吉林出版集团,2015年。
牟宗三：《中国哲学十九讲》,长春：吉林出版集团,2015年。
谈锡永：《〈解深密经〉密意》,上海：复旦大学出版社,2013年。
杨国荣：《成己与成物——意义世界的生成》,北京：北京大学出版社,2011年。
韩廷杰：《成唯识论校释》,北京：中华书局,2015年。
张卫红：《由凡至圣——阳明心学工夫散论》,北京：生活·读书·新知三联书店,2016年。
陈立胜：《入圣之机：王阳明致良知工夫论研究》,北京：生活·读书·新知三联书店,2019年。
傅杰编：《章太炎学术史论集》,北京：中国社会科学出版社,1997年。
徐复观：《中国思想史论集》,北京：九州出版社,2014年。
宋芝业：《会通与嬗变：明末清初东传数学与中国数学及儒学"理"的观念的演化》,上海：上海古籍出版社,2016年。
李明辉：《儒家视野下的政治思想》,北京：北京大学出版社,2005年。
张寿安：《十八世纪礼学考证的思想活力——礼教论争与礼秩重省》,北京大学出版社,2005年。

刘永青：《情礼之间——论明清之际的礼学转向》，北京：人民出版社，2014年。

赖永海主编：《中国佛教通史》，南京：江苏人民出版社，2010年。

傅伟勋主编：《从传统到现代：佛教伦理与现代社会》，台北：东大图书股份有限公司，2009年。

谭安奎编：《公共理性》，杭州：浙江大学出版社，2011年。

蒙培元：《中国哲学主体思维》，北京：人民出版社，1997年。

牟宗三：《道德的理想主义》，长春：吉林出版集团，2015年。

张汝伦：《〈存在与时间〉释义》，上海：上海人民出版社，2014年。

徐洪兴：《唐宋之际儒学转型研究》，上海：上海人民出版社，2018年。

陈宝良：《明代社会转型与文化变迁》，重庆：重庆大学出版社，2014年。

张世英：《天人之际：中西哲学的困惑与选择》，北京：北京大学出版社，2016年。

张立文主编：《中国哲学范畴精粹丛书》，北京：中国人民大学出版社，1996年。

牟宗三：《名家与荀子》，长春：吉林出版集团，2015年。

倪梁康编：《心的现象——耿宁心性现象学研究文集》，北京：商务印书馆，2012年。

牟宗三：《认识心之批判》（上册），长春：吉林出版集团，2015年。

圣严法师：《明末佛教研究》，北京：宗教文化出版社，2006年。

钱新祖：《焦竑与晚明新儒思想的重构》，上海：东方出版中心，2017年。

何俊、尹晓宁：《刘宗周与蕺山学派》，北京：中国人民大学出版社，2009年。

杨国荣：《杨国荣讲王阳明》，北京：北京大学出版社，2005年。

吴根友、孙邦金：《戴震乾嘉学术与中国文化》，福州：福建教育出版社，2015年。

〔日〕森三树三郎：《中国思想史》，东京：第三文明社，2016年。

〔日〕沟口雄三：《中国思想史中的公与私》，佐佐木毅、金泰昌主编：《公与私的思想史》第一卷，北京：人民出版社，2009年。

〔日〕岛田虔次：《朱子学与阳明学》，蒋国保译，西安：陕西师范大学出版社，1986年。

〔美〕弗莱德·R.多迈尔著：《主体性的黄昏》，万俊人译，桂林：广西师范大学出版社，2013年。

〔德〕海德格尔撰：《存在与时间》，陈嘉映译，北京：生活·读书·新知三联书店，2006年。

〔德〕马丁·布伯撰：《我与你》，陈维纲译，北京：商务印书馆，2017年。

〔法〕米歇尔·福柯撰,汪民安编:《自我技术:福柯文选Ⅲ》,北京:北京大学出版社,2016年。

〔瑞士〕耿宁:《人生第一等事——王阳明及其后学论"致良知"》,倪梁康译,北京:商务印书馆,2014年。

## 三、论文

黄熹:《晚明儒学转向与内在理路说的问题与实质:以焦竑为中心的考察》,《华中国学》,武汉:华中科技大学出版社,2013年。

陈椰:《杨复所与晚明思潮研究》,中山大学博士论文,2013年。

张锡勤:《论陆王心学中可能诱发"异端"思想的因素》,《哲学研究》2001年第5期。

刘卫红:《陈白沙心学的虚、实观》,《兰州大学学报》(社会科学版)2015年第4期。

王记录:《以史明道:清初的学术反思与学术史编纂》,《四川师范大学学报》2020年第5期。

袁立泽:《从〈理学宗传〉到〈明儒学案〉——"以经学济理学之穷"视角下学案体史籍初论》,《清史论丛》2016年第1期。

陈少明:《"吾丧我":一种古典的自我观念》,《哲学研究》2014年第8期。

吴根友:《"天籁"与"卮言"新论》,《哲学动态》2014年第9期。

李素军:《老庄天道观下的全主体性生存构建》,《社科纵横》2019年第8期。

陶悦:《从"齐物"与"物物"的矛盾化解看庄子哲学的主体性思想》,《哲学研究》2015年第12期。

彭高翔:《孟子"万物皆备于我"章释义》,《中国哲学史》1997年第3期。

何中华:《孟子"万物皆备于我"章臆解》,《孔子研究》2003年第5期。

孔文清:《恻隐之心、万物皆备于我与感同身受——论孟子是否谈论过感同身受》,《道德与文明》2017年第21期。

衷尔钜:《孟子"万物皆备于我"原意辨析》,《东方论坛》2014年第2期。

刘泽亮:《万物皆备于我考辨》,《湖北大学学报》1992年第2期。

吴震:《万物一体——阳明心学关于建构理想社会的一项理论表述》,《杭州师范大学学报》2010年第1期。

方旭东:《同情的限度——王阳明万物一体说的哲学诠释》,《浙江社会科学》2007年第2期。

倪梁康:《东西方意识哲学中的"意向性"与"元意向性"问题》,《文史哲》

2015年第5期。

方向红：《自我有广延吗？——兼论耿宁的"寂静意识"疑难》，《哲学分析》2014年第5期。

郁振华：《当代英美认识论的困境和出路——基于默会知识维度》，《中国社会科学》2018年第7期。

张卫红：《邹守益戒惧以致良知的工夫实践历程》，《中国哲学史》2017年第4期。

宋道发：《周敦颐的佛教因缘》，《法音》2000年第3期。

陈立胜：《静坐在儒家修身学中的意义》，《中国儒学》第10辑，北京：中国社会科学出版社，2017年。

陈立胜：《作为修身学范畴内的"独知"概念之形成——朱子慎独工夫新论》，《复旦学报》2016年第4期。

宋道贵：《良知是造化的精灵——王阳明良知概念的实体化倾向》，《兰州学刊》2008年第11期。

吴震：《论王阳明"一体之仁"的仁学思想》，《哲学研究》2017年第1期。

倪梁康：《"唯我论难题"、"道德自证分"与"八识四分"——比较哲学研究三例》，《唯识研究》第6辑，北京：商务印书馆，2019年。

俞汉群：《幽溪传灯法师性具思想析论——以〈性善恶论〉为中心》，《浙江学刊》2015年第2期。

张文修：《中国哲学中的证明问题》，《文史哲》2015年第4期。

曾奕：《〈大学〉中的"功夫—效验"问题与朱子的工夫论学说》，《湖南大学学报》2012年第6期。

冯国栋：《帝、儒、中、心之间——朱子前十六字心诀流传阐释考论》，《哲学研究》2015年第1期。

吴震：《心学道体论——以"颜子没而圣学亡"为中心》，《浙江大学学报》2017年第3期。

楼宇烈：《中国文化阐释要以"人"为本》，《中国文化研究》2017年冬之卷。

刘敏：《从"冥神"到"畅神"——论佛教与魏晋审美精神自觉》，《文史哲》2014年第1期。

刘恩至：《彼岸世界场域中的主体解脱——马克思主义宗教观的佛教个案考察》，《云南社会科学》2018年第2期。

张震：《"本觉"与"无我"——佛教"心性论"的主体与非主体之辨》，《世界哲学》2016年第1期。

廖晓炜：《孔孟性命观的现代诠释：以牟宗三、劳思光为中心》，郑宗义编：

《中国哲学研究之新方向》,《新亚学术集刊》第 20 期,香港:香港中文大学新亚书院,2014 年。

刘国英:《劳思光:当代中国的批判思想家和世界意义的哲学家》,《南京大学学报》2013 年第 2 期。

东方朔:《"道礼宪而一制度"——荀子礼论与客观化的一种理解》,《陕西师范大学学报》2017 年第 3 期。

陈媛媛:《王阳明心学之道德主体性研究》,河北大学博士论文,2014 年。

董平:《主体性的自我澄明:论王阳明"致良知"说》,《中国哲学史》2020 年第 1 期。

张新国:《身体、心灵与自然的融通——王阳明心学主体性的结构》,《哲学研究》2020 年第 2 期。

余治平:《超越与内在——比较康德的实践理性与王阳明致良知学说》,《浙江学刊》2000 年第 5 期。

李海超、黄玉顺:《个体主体性的虚显:儒学现代化受限的根源》,《南京社会科学》2018 年第 11 期。

李海超、黄玉顺:《阳明心学的真精神:个体自由可能性的敞开》,《江淮论坛》2017 年第 6 期。

黄玉顺:《论儒学的现代性》,《社会科学战线》2016 年第 6 期。

林安梧:《明清之际:一个思想观念史的理解——从"主体性"、"意向性"到"历史性"的一个过程》,《宗教与哲学》第 4 辑,北京:社会科学文献出版社,2015 年。

张锡勤:《论陆王心学中可能诱发"异端"思想的因素》,《哲学研究》2001 年第 5 期。

张卫红:《朱子"心论"的层面与超越性特质——兼与阳明"心论"比较》,《中国文化》2020 年第 1 期。

向世陵:《论朱熹的"心之本体"与未发已发说》,《湖南大学学报》2012 年第 1 期。

冯国栋:《道统、功夫与学派之间——"心学"义再研》,《哲学研究》2013 年第 7 期。

陈立胜:《"以心求心"、"自身意识"与"反身的逆觉体证"——对宋明理学通向"真己"之路的哲学反思》,《哲学研究》2019 年第 1 期。

郑泽绵:《"以心求心"与"以禅抑禅"——论大慧宗杲思想对朱熹批评湖湘学派的影响》,《东吴哲学学报》2021 年第 43 期。

郭沂:《〈性自命出〉校释》,《管子学刊》2014 年第 4 期。

彭国翔:《王畿的良知信仰论与晚明儒学的宗教化》,《中国哲学史》2002年第3期。

吴震:《晚明心学与宗教趋向》,《云南大学学报》2009年第3期。

王文琦:《晚明儒学的宗教化与世俗化转向》,《唐都学刊》2019年第3期。

陈立胜:《宋明理学如何谈论因果报应》,《中国文化》2020年第1期。

王美凤:《从冯从吾"儒佛之辨"看晚明关学之佛学观》,《西北大学学报》2010年第2期。

陈立胜:《"王阳明模式"——一种新的宗教对话模式之提出》,《哲学动态》2020年第2期。

蔡杰:《尊王抑或尊天:基于人伦与性命的晚明治道重建》,《原道》2019年第2期。

陈立胜:《"身不自身":罗近溪身体论发微》,《西北大学学报》2012年第1期。

赵法生:《心术还是心性?——〈性自命出〉心术观辩证》,《哲学研究》2017年第11期。

赵法生:《性情论还是性理论?——原始儒家人性论义理形态的再审视》,《哲学研究》2019年第3期。

吴根友:《即哲学史讲哲学——关于哲学与哲学史研究方法的再思考》,《哲学研究》2019年第1期。

邓国宏:《戴震、章学诚与荀子思想关系研究》,武汉大学博士论文,2013年。

〔日〕中岛琼:《陆九渊哲学新考——陆九渊是否为"心学"思想家》,《江南大学学报》2015年第3期。

〔瑞士〕耿宁:《中国哲学向胡塞尔现象学之三问》,《哲学研究》2009年第1期。

# 后　　记

　　本部书稿在构思、撰写期间，陆续得到国内外诸位专家、学者提点与指导，笔者获益匪浅。尤其是课题获批后，评审专家曾针对初稿提出了宝贵意见，正是这些指导意见极大程度鼓舞了本人的学术研究热情，更启发、引导笔者对原初内容和框架展开了更为深入的思考。在此，衷心感谢诸位专家给予的鼓励和帮助！

　　感谢邓国宏老师。邓老师致力于清代儒学研究，"晚明清初儒学转型研究"的选题正是在与邓国宏老师的多次讨论中定下的方向。感谢吴根友老师。2022年，本人曾携书稿主体内容前往武汉大学研修，期间多得吴老师提点，尤其是明清"气"论部分的探讨。感谢丁四新老师。平时虽甚少有时机向丁老师当面请教，但书稿所涉明清"性命论"的探讨，是笔者在拜读丁四新老师相关研究的过程中获得的启发。正是受三位老师的影响，笔者认真拜读了萧萐父先生有关明清学术的研究论著，对萧先生在明清哲学领域所做出的开创性贡献深表敬意！

　　感谢恩师束景南先生。先生于我有再造之恩。博士毕业拜别先生，先生教导云："治学在自信，在勤奋，未来在思辨能力方面还要继续提升。"2023年9月，书稿完成主体部分，笔者携书稿探望先生，请他批评、指导。11月，接老师电话，云"欣慰"，云"再接再厉"，等等，又发来所写序言。作为学生，笔者何等欣喜！何等倍受鼓舞！当时不知，束先生的身体情况已经不容乐观，老师实是拖着病躯，相当艰难地阅稿、撰序。2024年3月，先生托师母转发给我一纸留言——"我一个孤独、伟大的文化学者，一生不说胡话，只说真话，还原历史的本相，揭示人性演化中真善美与假恶丑的永恒斗争"。这是束先生对自己一生奋斗之初衷、之目的的总结。两个月后，5月22日，先生逝世。时至今日，每读先生所写序言，百感交集。对于恩师，本人心怀感激，亦有愧疚。学有所得，感激先生谆谆教诲；力有未及，愧对先生悉心栽培。万般心绪，于当前，唯勇往直前，以待来日有所长进，方可告慰先生！先生千古！

鹿博　贵阳花溪　2024.12.17

图书在版编目（CIP）数据

晚明清初儒学转型研究 / 鹿博著. -- 上海 : 上海古籍出版社, 2025. 3. -- ISBN 978-7-5732-1520-8

Ⅰ.B222.05

中国国家版本馆 CIP 数据核字第 2025BH3897 号

**晚明清初儒学转型研究**

鹿 博 著

上海古籍出版社出版发行

（上海市闵行区号景路 159 弄 1-5 号 A 座 5F 邮政编码 201101）

（1）网址：www.guji.com.cn
（2）E-mail：guji1@guji.com.cn
（3）易文网网址：www.ewen.co

上海商务联西印刷有限公司印刷

开本 700×1000 1/16 印张 23.5 插页 2 字数 405,000

2025 年 3 月第 1 版 2025 年 3 月第 1 次印刷

印数：1—1,100

ISBN 978-7-5732-1520-8

B·1442 定价：98.00 元

如有质量问题，请与承印公司联系